新闻学国家级特色专业教学案例与文选丛书　蒋含平　主编

-NEWS-

WAI GUO XIN WEN CHUAN BO SHI ZI LIAO HUI BIAN

外国新闻传播史资料汇编

刘　勇　刘　丽◎编

合肥工业大学出版社

编 写 说 明

　　《外国新闻传播史文选》是作为本校《简明中外新闻事业史》教材的配套参考资料，供新闻传播学院相关专业的本科生、欲报考新闻传播专业的研究生、对外国新闻传播史感兴趣的读者，学习外国新闻史时使用。

　　我们在教学中发现，外国新闻传播史因为涉及的时间长、国家多、体例杂，历来是新闻传播类学生学习与考试的一门比较头疼的课程。大多数教材，多在历史的脉络中，把一连串的媒介、事件、人物连缀在一起，使人们很难完整、清晰地把握重要的史实，尤其对于一些在新闻史上有重大意义的典籍只介绍它的地位与贡献，缺乏对其主要内容的介绍。

　　因此，学生在学习过程中，需要一本与外国新闻史配套的参考资料，来专门解决这个问题。根据我们的观察，现在国内对中国新闻史出版的配套参考资料较多，而针对外国新闻史出版的配套参考资料比较少，因此编写了本书。

　　本书体例上包括四个部分，分别是：经典篇、媒介篇、人物篇、事件篇。经典篇所涉内容，都是世界新闻发展史上的重要著作或重点国家的典型媒介中的代表人物（包括了古代、近代与当代）的言论、讲话。媒介篇所介绍的媒体，主要是新闻发展史上以及当代世界范围内有影响力的媒介，内容包括媒介创办、发展、基本结构、重大成就以及著名媒体最新发展情况。人物篇所介绍的人物，都是在新闻发展史上、媒介发展史上或重大报道中有突出贡献与成就的媒体大亨、出版家、新闻记者、主持人等。事件篇所涉事件，均为世界新闻发展史以及各国新闻发展史上比较轰动的事件，都是教材涉及或简略提到而没有深入的事件，依托教材选取资料；突出重点国家：英国、美国；突出传统媒介中的报纸与电视。

　　本书相对于《简明中外新闻事业史》教材有三点突出的优势：一是教材囿于篇幅所限，所列史实、媒体有限，本书可起到补充作用；二是教材把众多史实、时间、媒介与人物融合在一起，令学生难以清晰把握，本参考资料分门别类，可起到条分缕析的作用；三是教材在对史料的处理上，以客观陈述为主，架构完整，但缺乏血肉，本书则增添了细节、故事性的人物描写，更具可读性，望能调动起同学的兴趣。

　　这本参考资料，刘勇负责了整体框架的设定、体例的规划，除经典篇外的资料的选取与编写。新闻传播学院教师刘丽负责了经典篇绝大部分资料的选取与编写。安徽大学新闻传播学院 2016 级研究生冉含笑、蔡磊平参与了经典篇、人物篇的部分资料的搜集、整理与编写，并承担了全部的编辑工作。

　　最后，对本书所引用的各种著作、文献资料的作者，表示衷心感谢。

编　者

目　　录

经　典　篇

媒 介 篇

人　物　篇

事　件　篇

经典篇

印刷术 14—15 世纪：《美国新闻史——大众传媒解释史》（节选）

印刷术的发展

最先进行采集和发布信息的系统性尝试的当属《每日纪闻》（*Acta Diurna*）——公元前 59 年至公元 222 年间定期张贴在古罗马广场上的手工抄写的"每日公报"。这些报道由已知最早的新闻撰稿人 actuariri（拉丁文，原意是"文件登记者""速记者"——译注）撰写，报道记述的是有关元老院的投票情况和公共事件，再由抄写员誊抄，然后发送到帝国各地。这一开明行动深受罗马人的欢迎，他们可以借此了解到官方法令、法律告示，甚至是最新的决斗结果。在它之前，为了使储存和发布信息更为方便，已经有人做过不少尝试。在大约公元前 3500 年的时候，历史上两河流域的苏美尔人发明了一种保存记录的方法：用圆筒印章在湿泥板上滚转以留下记号和符号，然后在太阳底下曝晒，他们还设计了一种楔形文字书写系统，用骨头在湿泥板上刻记号。在这 1000 年以前，用以标志个人所有权的印章就已常见。象形文字和表意文字——人们熟悉的动物、物体和人的图案——在地中海地区、中国、印度和现在是墨西哥和埃及的地方（即所知象形文字的发源地）都已流行。在公元前 1700 年的小亚细亚，就有人发明了一种活字印刷术，这有在克里特岛发现的一只黏土制浅盘为证。这只盘子上有 45 种记号，它们被先刻成单个的字符，然后压印到黏土盘上。

在大约公元前 1500 年的时候，精细石雕和木雕在东地中海地区就已经普及，这个时间与 1000 年前的腓尼基人发明声音符号与字母表的时间大体一致。他们使用有色液体给"字母"描边，从而创造出字母文字。在大约公元前 500 年，古埃及人利用在尼罗河沿岸发现的一种野草制造出莎草纸，书写者因此可以使用毛笔或羽毛笔"书写"象形文字，这种莎草纸可以连接起来制成纸卷。数百年来，这种纸卷被收藏在学府里。如果说用黏土和石块制成的印版十分沉重，不易储藏或远距离携带，那么用埃及纸莎草制成的纸张和书卷使信息的共享变得简便了。

从大约公元 100 年开始，皮革被用作为一种书写材料，用动物皮革制成的皮纸被希腊和罗马帝国用来书写特殊手稿和信函。在同一时期，中国人用树浆和纤维发明了一种光洁的白纸，他们还发明了一种方法，把石刻字模蘸上油墨后转印到纸张上。把这些字模排列在一块就可以制出精美的彩色文卷来。

王玠印刷了一本被认为是世界上唯一迄今保存完整的最古老的书（指唐咸通九年雕版印制的《金刚般若波罗蜜经》，现存伦敦大英博物馆——译注），它是在公元 868 年用木刻版印刷出来的。大块的木刻版可以加以雕刻，这样一张纸在双面印刷后可以被折成 32 开书本大小的纸页。冯道（882—954，五代十国时后唐、后晋的宰相——译注）在公元 932 年至 953 年间印刷了孔子的经典著作。在大约公元 1045 年时，工匠毕昇受到启发而发明了一套泥活字——可以反复使用的陶制"活字"，这种方法后来也在波斯和埃及得到应用。雕版印刷术由马可·波罗（Marco Polo）于 1295 年从中国返回后介绍到欧洲，并从 14 世纪和 15 世纪开始在欧洲流行。这种印刷术的最著名应用是出版了配有插图的书籍。与此同时，印刷术的革新在亚洲继续进行，1241 年在朝鲜，已经有人使用了铜制和青铜制的活字。

欧洲最先发明活字印刷术的人是美因茨和斯特拉斯堡的约翰·古登堡（Johan Gutenberg）。从 1450 年起，古登堡在他的搭档约翰·福斯特（Johan Fust）的帮助下，使用铅与其他金属的合金浇铸的单个字母，上面的字是用浮雕法雕刻而成的反向文字。很显然，他当时并不知道中国早就已经在使用这种印刷术了。在利用由榨汁机改装的印刷机印刷了数本书籍后，他在 1456 年开始重印《圣经》。然而，由于无法偿还福斯特的贷款，古登堡在第二年就失去了他的店铺，而福斯特在 1460 年才完成了《圣经》的印刷。威廉·卡克斯顿（William Caxton）在 1476 年将第一台印刷机引入英格兰；而到了 1490 年，每座欧洲大城市至少有一台印刷机在使用。

印刷机作为变革力量

在西欧，印刷机的出现对生活所产生的影响是巨大的。伊丽莎白·爱森斯坦博士（Dr. Elizabeth Eisenstein）在她所做的研究报告中收集了一些证据来证明她所提出的如下论点：在 15 世纪末至 16 世纪，印刷术的扩散撕裂了西欧的社会生活结构，并用新的方式将它重新组合，从而形成了近现代模式的雏形；印刷材料的使用促成了社会、文化、家庭和工业的变革，从而推动了文艺复兴、宗教改革和科学革命。

活字印刷术是如何促使几个世纪来人们既定的思维和习惯发生这样剧烈变革的呢？首先，它降低了文学作品和印刷材料的价格，使大众能够获得它们。用手工制作一本书籍或一封新闻信，成本既是高昂的，又是费力的。其次印刷机不仅降低了单位成本，而且可以批量生产，这意味着知识不再是特权阶级的独有财富。最后，廉价的印刷读物有助于提高识字率，读书识字则可激发一个人的好奇心，道理很简单：一些原本没想到过的事情引起了人们的关注。随着中世纪的终结，许多社会新趋势打破了陈规陋习，开辟了一个讨论的时代。

公元 15 世纪的所谓原始书籍与它们的前身手抄本十分相似。但是印刷机很快就印刷出了更简便的书籍、小册子和单张印刷品。书籍出版也从大学和修道院扩展到小城镇和村庄。马丁·路德（Martin Luther）及其追随者们在 1520 年之后用印刷品在德意志乡村广泛传播新教教义，它们被广为复制和讨论。由于听众中许多人缺乏必要的文化背景和推理的经历，因此演说者们通常要通过抒发情感来发出有关呼吁。而当人们用感性而不是理性思维作出反应时，有时就会摒弃秩序井然的现状和因行为温驯而产生的安全性，而这两点正是统治中世纪社会的贵族阶层和天主教会的标志。因此，传统的精英集团有充分理由担心印刷界打破常规的诉诸感情的做法所导致的社会后果。有鉴于马丁·路德在德意志推行的以读书为本、以新教为基础的宗教改革取得的成功，亨利八世（Henry Ⅷ）（1491—1547，英格兰国王，1534 年经国会确立为英国国教会首脑——译注）很快就采取措施对英格兰的印刷业实施限制。

报纸是印刷机制造的最新奇的产品。随着报纸开始发展出提供新闻和娱乐的功能，它就成了印刷机影响社会和政治变革的主要催化剂。本书的一个重要主题就是叙述有关这些报纸及其印刷商和撰稿人的故事。然后，本书将叙述印刷媒介与视听和电子媒介的融合，以及他们在当今发挥的传播信息和新闻的重要作用。

早期写作：保存历史

有历史记载的历时最久的信息工程是在中国实施的，因为大约从公元 750 年开始，中国宫廷就每半年发行一次有关臣民状况的报告，同时还发行月报和皇历。大约从 1360 年起，这类公报改为每周出版；到了 1830 年，它们又成为了每日出版物。被人们称为《京报》的公报一直出版到 1911 年，另外一种为省级长官印制的出版物是在大约公元 950 年出现的，它也出版到 1911 年。

从最初开始，史学家的一个目标就是保存历史。报刊史学家罗伯特·德斯蒙德博士（Dr. Robert W. Desmond）在他出版的 4 卷本的《世界新闻报道史》鸿篇巨著的开篇里提出，早期的作家们所发挥的作用"与后世的文人和印刷媒介的记者们相类似，他们所写的是自己所处的时代和人物，他们在采集和记录信息"。德斯蒙德将以下归于此列：古希腊诗人荷马（Homer）与他的作品《伊利亚特》（*Iliad*）和《奥德赛》（*Odyssey*）；遍游中东的"历史之父"希罗多德（Herodotus）经常为他人撰写讲稿、类似今日公关专家的雅典人狄摩西尼（Demosthenes）；孔子描述的是自己所处的时代和同时代人物；修昔底德（Thucydides）创作了有关雅典人与斯巴达人战争的 8 卷史书；朱利叶斯·恺撒（Julius Caesar）在他的《内战记》（*Commentaries*）中报道了罗马人的多场战争；普鲁塔克（Plutarch）撰写了多篇著名领袖人物的"传记"；记载耶稣基督（Jesus Christ）生平的《新约全书》和使徒保罗（Paul）的书信感染了无数的人；《每日纪闻》抄本被公众保存在一座特殊的建筑里，同样有许多经卷保存在各地；由马可·波罗手写的详细记录他两次访问中国、历时 33 年的书卷，在其后 250 多年中一直被人们广泛誊抄和传播，在 1559 年《马可·波罗游记》作为欧洲最早出版的书籍之一正式诞生了。在 14 世纪初，蒙古史学家拉希德丁（Rashid al-Din）撰写了一部《世界全史》。该书中至少有 3 卷是以阿拉伯文的形式出现的，记载的是有关成吉思汗、先知穆罕默德、中国史、印度史［包括佛陀（Buddha）的生活］、《旧约全书》的历史故事和对蒙古人在 13 世纪入侵时所遭遇的其他民族的非议。1980 年，该书第二卷中配有精美插图的部分手稿在失踪近 500 年后出现，在伦敦以 200 万美元的价格售出。

选自：［美］迈克尔·埃默里、埃德温·埃默里著，展江、殷文译，《美国新闻史：大众传播媒介解释史》（第八版），新华出版社 2001 年版，第 1-5 页；参看：《简明中外新闻事业史》283-284 页。

约翰·弥尔顿的《论出版自由》（节选）

　　节制是多么伟大的美德，在人的一生中又是多么重要啊！但上帝把这样大的事情完全交给了成年人，让他们凭自己的品性做决定，此外并没有提出任何法律或规定。因此，当他在天上亲自为犹太人定律法的时候，每人每天所得的食物是一俄梅珥。这一分量纵使是胃口最好的人吃三天也吃不完。这些"都是入口的而不是出口的，不可能污秽人"。于是上帝便不会把人们永远限制在一切规定好了的幼稚状态之下，而使他自己具有理智来选择。如果对于一向用说服来管理的事物转瞬间增加许多法律和强制规定，那么说教就没有工作可做了。所罗门告诉我们说阅读会使身体疲乏，但不管是他还是其他英明的圣经作者都没有说阅读是不合法的。如果上帝认为限制阅读是有益的，那么他告诉我们阅读那类书籍不合法比告诉我们阅读会使身体疲乏要简单得多。至于受圣·保罗劝导而改奉基督的人焚烧以弗所那些书的问题，答复是那次烧的都是关于幻术的书。这是叙利亚人烧的，是一种平民自发的行为，我们可以自发地加以模仿。那些人在悔恨之中把自己所有的书烧掉了。当地的长官并没有授权办这种事。叙利亚人实行了那些书中的邪术，其他的人如果只是阅读的话，便可能从其中获得益处。我们知道，在这个世界中，善与恶几乎是无法分开的。关于善的知识和关于恶的知识之间有着千丝万缕的联系和千万种难以识别的相似之处，甚至连赛克劳碌终生也拣不清的种子都没有这样混乱。在亚当尝的那个苹果的皮上，善与恶的知识就像连在一起的一对孪生子一样跳进世界里来了。也许正是由于这一劫数，亚当才知道有善恶，也就是说从恶里知道有善。因此，就人类目前的情况说来，没有对于恶的知识，我们又有什么智慧可做选择，有什么节制的规矩可以规范自己呢？谁要是能理解并估计到恶的一切习性和表面的快乐，同时又能自制并加以分别而选择真正善的事物，他便是一个真正富于战斗精神的基督徒。如果善是一种隐秘而不能见人的，没有活动，也没有气息，从不敢大胆地站出来和对手见面，而只是在一场赛跑中偷偷地溜掉，这种善我是不敢恭维的。在这种赛跑中，不流汗、不吃灰决得不到不朽的花冠。的确，我们带到世界上来的不是纯洁，而是污秽。使我们纯化的是考验，而考验则是通过对立物达到的。因此，善在恶的面前如果只是一个出世未久的幼童，只是因为不知道恶诱惑堕落者所允诺的最大好处而抛弃了恶，那便是一种无知的善，而不是一种纯真的善，它的洁白无瑕只是外加的一层白色而已。

……

应当注意的是我们像这样消除了多少罪恶，就会破坏同样多的美德。因为德与恶本是一体，消除其中之一，便会把另一个也一起消除了。这就证明上帝的至高天意是有理由的，他一方面命令我们节制、公正和自治，但又在我们周围大量撒下令人贪恋的东西，同时又赐给我们一个漫无限制而无法满足的心灵。试问我们又为什么要制定出一套严格的制度，忤逆上帝和自然的意旨，取消那些考验美德和体现真理的东西呢？而书籍如果允许自由出版，就正是这样的东西。我们最好能认识到：法律如果限制了本性无定，并且可以不分轩轾地产生善果与恶果的东西，它本身就必然也是漂浮不定的。如果让我来选择的话，我就宁愿要一点一滴的善行而不要大量强力限制恶行的东西。因为上帝对于一个贤德之人的成长和完整，比对限制十个恶人的问题要关心得多。其实我们的视、听、言、行，都可以说是我们写出的书，其效果和写作是一样的。如果被禁止的仅仅是书籍，那么这一条法令似乎从根本上就不能达到本身的目的。我们难道没有看见非议国政的刊物在不断地攻击议会和我们这个城市吗？这还不止是一次两次，而是每星期都有。墨迹未干的刊物就能向我们证明许可证制究竟做了一些什么。然而有人又会认为这就正好证实了这条法令的作用，他们会说："这就是实行了这个法令。"但肯定地说，假如这项法令对这个特殊事例的作用就是放纵无度和盲目行事，那么今后对其他的书籍又将怎样呢？上议员和下议员们，如果你们想使这条法令不形同具文，那就必须取消和禁止一切未经许可而已经刊印散发的诽谤性书籍。只有在你们把这些书都开列出清单来，人们才能知道哪些是禁止的，哪些是不禁止的。同时还要下令，一切外国书籍，未经审阅不得流传。这样的机关就不是少数几个检查员终日劳碌所能应付得了，而且这种人还不能是一般的庸人。此外还有些书籍是一部分有用而且绝妙，另一部分却有毒而且有害，为了使学术的共和国不受到损害，就必须有更多的官员来加以删改。最后，当他们手中大量书籍不断增加的时候，诸位大概还必须把屡犯不改的印刷商开具名单，禁止他们收进任何可疑的活版。简单地说，如果诸位要使这条法令执行得严格而没有漏洞，那就必须完全根据特利腾宗教会议和西班牙宗教法庭的方式加以修改，然而这些我认为诸位是绝不愿意做的。

……

　　虽然各种学说流派可以随便在大地上传播，然而真理却已经亲自上阵；我们如果怀疑她的力量而实行许可制和查禁制，那就是伤害了她。送她和虚伪交手吧，谁又看见过真理在放胆地交手时吃过败仗呢？她的驳斥就是最好的和最可靠的压制。有的人听见我们祈祷上天赐给我们光明和更清晰的知识，就以为在日内瓦教派体系之外安排的其他一切的东西，都已经掌握在我们手里了，而且都是现成的。而当我们所祈求的新光明真的照射到我们身上时，只要没有首先照到某些人的窗子上，他们就会因为嫉妒而提出反对。当贤哲们劝告我们日夜辛勤地像探寻宝藏一样去寻求智慧时，竟有另一些人命令我们除开法律所规定的以外什么也不许知道，这又是一个多么大的阴谋啊？比方说，一个人在深邃的知识的矿藏里进行过艰苦的劳动以后，已经装满了他的发现物，接着就像上战场一样把他的理性拿出来，摧枯拉朽地击溃了途中所遇到的一切障碍；然后把他的对手叫到平地里来，让他享受阳光与新鲜空气的便利条件，只要求他愿意用辩论的方式来论证一下事理。这时他的对手如果退缩、设下埋伏，并摆出一个许可制的窄桥让挑战者通过；这在战阵中也是很勇敢的，但在真理的战斗中却是懦弱和胆怯的表现。谁都知道，除开全能的主以外就要数真理最强了。她根本不需要策略、计谋或者许可制来取得胜利。这些都是错误本身用来防卫自己、对抗真理的花招。只要让真理有施展的余地，而不要在睡着了的时候把她捆住就行了。如果把她捆起来，她就不会再说真话，而会像普劳迪乌斯被捉住时只说寓言一样。这时她就会变成各种各样的形态，而不现出自己的原形。同时也会像米该雅在亚哈面前的情形一样，只说顺情的话，直到亚哈恳请他，他才会说真话。真理的形式可能不止一种，对于某些东西说来，真理在这一边或那一边看上去都很像，那么这类的东西不是无所谓的东西又是什么呢？当这些命令取消了，条文被钉在十字架上时，它不是一纸空文又是什么呢？保罗常常夸耀的基督的自由又到哪里去了呢？他的理论是吃不吃、守日不守日都是为的主。如果我们具有慈爱精神，如果我们不把互相议论作为我们虚伪精神的主要支柱，那么又有多少东西可以和平相容而交由良心解决啊！但是我恐怕这种外表一致的枷锁已经在我们的颈项上留下了奴隶的烙印；亚麻法衣下的繁文缛礼还在缠绕着我们的心灵。

　　选自：约翰·弥尔顿著，吴之椿译，《论出版自由》，商务印书馆1958年版，第15-25、46-48页；参看：《简明中外新闻事业史》289-291页。

密尔的《论自由》（节选）

第一章 引论

　　这篇论文的主题不是所谓意志自由，不是这个与那被误称为哲学必然性的教义不幸相反的东西。这里所要讨论的乃是公民自由或称社会自由，也就是要探讨社会所能合法施用于个人的权力的性质和限度。这个问题，很少有人用一般性的说法予以提出，更从来没有人用一般性的说法加以讨论，但是它却在暗中深刻地影响着当代一些实践方面的争论，并且看来不久就会被公认为将来的重大问题。它远非什么新的问题，从某种意义说，它几乎从最远的年代以来就在划分着人类；不过到了人类中比较文明的一部分，现在已经进入的进步阶段，它又在新的情况下呈现出来，要求人们给以一种与前不同而且较为根本的处理。

　　自由与权威之间的斗争，远在我们所最早熟知的部分历史中，特别在希腊、罗马和英国的历史中，就是最为显著的特色。但是在旧日，这个斗争乃是臣民或者某些阶级的臣民与政府之间的斗争。那时所谓自由，是指对于政治统治者的暴虐的防御。在人们意想中（除开在希腊时代一些平民政府中而外），统治者必然处于与其所统治的人民相敌对的地位。所谓统治者，包括实行管治的"一夫"，或者实行管治的一族或一个世袭阶级，其权威系得自继承或征服；无论如何，他们之握持权威绝不觑被管治者高兴与否；人们对其至尊无上的地位从不敢有所争议，或许竟不想有所争议，不论会采取什么方策来预防其压迫性的运用。他们的权力被看作是必要的，但也是高度危险的；被看作是一种武器，统治者会试图用以对付其臣民，正不亚于用以对付外来的敌人。

　　……

　　随着这种要使统治权力出自被统治者的定期选择的斗争的前进，有些人开始想到，从前对于限制权力本身这一点倒看得过重了。那（看来可能）原处用以抵制在利害上惯于和人民反对的统治者的一种办法。而现在所要的则是，统治者应当与人民合一起来，统治者的利害和意志应当就是国族的利害和意志。国族无须对自己的意志有所防御，不必害怕它会肆虐于其自身。只要有效地做到使统治者对国族负责，可以及时地被国族撤换，那么国族就不怕把自己能够支配其用途的权利托给他们。统治者的权利实即国族的权利，不过是集中了，寓于一种便于运用的形式罢了。这种思想形态，或许毋宁说是感想形态，在前一代欧洲的自由主义当中曾很普遍，而在大陆的一支当中则至今还明显地占着优势。现时在欧洲大陆上，若还有人认为对政府所可做的事情可以有所限制——对于他们认为根本不应存在的那种政府是另一说——他就要算是政治思想家当中光辉的例外了。拿我们自己的国度来看，同样的情调也许到今天还会得势，假如那种在一个时期曾经鼓励这种情调的形势始终未变的话。

　　但是，在政治理论和哲学理论当中，正和在人当中一样，成功倒会把失败所会掩住的错误和弱点暴露出来。那个认为人民无须限制自己施用于自己的权力的观念，当平民政府还只是一个梦想的东西的时候，或者还只是一个见诸载籍存于远古的东西的时候，听来颇成一条自明的公理。一些暂时性的反常情况，就像法国革命那样，也并不必然会摇动那个观念，因为那种情况最坏也不过是篡窃者少数的运用，无论如何也不属于平民政治的恒常运用，而只算是反对君主专制和贵族专制的一个突然的、骚动性的爆发。可是，时间过去，终于出现了一个民主共和国，占据着地球上面很大的一块，表现为国族群体中最强有力的成员之一；既有这强大的现存事实提供窥察，于是这种选举制和责任制政府就成为观察和批评的对象。这时人们就觉察出来，原来所谓"自治政府"和所谓"人民施用于自身的权力"等类词句，并不表述事实的真实状况。运用权力的"人民"与权力所加的人民并不永是同一的；而所说的"自治政府"亦非每人管治自己的政府，而是每人都被所有其余的人管治的政府。至于所谓人民意志，实际上只是最多的或者最活跃的一部分人民的意志，亦即多数或者那些能使自己被承认为多数的人们的意志。于是结果是人民会要压迫自己数目中的一部分；而此种妄用权力之需加防止正不亚于任何他种。这样看来，要限制政府施用于个人的权力这一点，即在能使掌权者对于群体，也就是对于群体中最有力的党派正常负责的时候，也仍然丝毫不失其重要性。这个看法，因其既投合思想家们的智虑，又同样投合欧洲社会中那些在其真实的或假想的利害上与民主适相反对的重要阶级的意向，自然不难树立起来；在今天的政治思想中，一般已把"多数的暴虐"这一点列入社会所须警防的诸种灾祸之内了。

和他种暴虐一样，这个多数的暴虐之可怕，人们起初只看到，现在一般俗见仍认为，主要在于它会通过公共权威的措施而起作用。但是深思的人们则已看出，当社会本身是暴君时，就是说，当社会作为集体而凌驾于构成它的各别个人时，它的肆虐手段并不限于通过其政治机构而做出的措施。社会能够并且确在执行它自己的诏令。而假如它所颁的诏令是错的而不是对的，或者其内容是它所不应干预的事，那么它就是实行一种社会暴虐；而这种社会暴虐比许多种类的政治压迫还可怕，因为它虽不常以极端性的刑罚为后盾，却使人们有更少的逃避办法，这是由于它透入生活细节更深得多，由于它奴役到灵魂本身。因此，仅只防御官府的暴虐还不够；对于得势舆论和得势感想的暴虐，对于社会要借行政处罚以外的办法来把它自己的观念和行事当作行为准则来强加于所见不同人，以束缚任何与它的方式不相协调的个性的发展，甚至，假如可能的话，阻止这种个性的形成，从而迫使一切人物都按照它自己的模型来剪裁他们自己的这种趋势——对于这些，也都需要加以防御。关于集体意见对个人独立的合法干涉，是有一个限度的；要找出这个限度并维持它不遭侵蚀，这对于获致人类事务的良好情况，正同防御政治专制一样，是必不可少的。

......

第二章　论思想自由和讨论自由

这样一个时代，说对于"出版自由"，作为反对腐败政府或暴虐政府的保证之一，还必须有所保护，希望已经过去。现在，我们可以假定，为要反对允许一个在利害上不与人民合一的立法机关或行政机关硬把意见指示给人民并且规定何种教义或何种论证才许人民听到，已经无须再做什么论证了。并且，问题的这一方面已由以前的作家们这样频数地又这样胜利地加以推进，所以此地就更无须特别坚持来讲了。在英国，一项出版的法律虽然直到今天还和在都铎尔王朝（Tudors）一样富于奴性，可是除在一时遇到某种恐慌而大臣们和法官们害怕叛乱以致惊慌失态的时候而外，却也不大有实际执行起来以反对政治讨论的危险；而一般说来，凡在立宪制的国度里，都不必顾虑政府——无论它是不是完全对人民负责——会时常试图控制发表意见，除非当它这样做时是使自己成为代表一般公众不复宽容的机关。这样说来，且让我们假定政府是与人民完全合一的，除非在它想来是符合于人民心声时从来就不想使出什么压制的权力。但是我所拒绝承认的却正是人民运用这种压力的权利，不论是由他们自己来运用或者是由他们的政府来运用。这个权利本身就是不合法的。最好的政府并不比最坏的政府较有资格来运用它。迎合公众的意见来利用它比违反公众的意见，使用它同样有害，或者更加有害。假定全体人类持有一种意见，而仅仅一人持有相反的意见，这时，人类要使那一人沉默并不比那一人（假如他有权利的话）要使人类沉默较可算为正当。如果一个人的意见是除对所有者本人而外便别无价值的个人所有物，如果在对它的享用上有所阻碍仅仅是一种对私人的损害，那么若问这损害所及是少数还是多数，就还有些区别。但是迫使一个意见不能发表的特殊罪恶乃在它是对整个人类的掠夺，对后代和对现存的一代都是一样，对不同意与那个意见的人比对抱持那个意见的人甚至更甚。假如那意见是对的，那么他们是被剥夺了以错误换真理的机会；假如那意见是错的，那么他们是失掉了一个差不多同样大的利益，那就是从真理与错误冲突中产生出来的对于真理的更加清楚的认识和更加生动的印象。

有必要对上述两条假设分别作一番考虑，每条在与之相应的论据上自有其各自的一支。这里的论点有两个：我们永远不能确信所力图窒闭的意见是一个谬误的意见；假如我们确信，要窒闭它也必然是一个罪恶。

第一点：所试图用权威加以压制的那个意见可能是正确的。想要压制它的人们当然否认它的正确性。但是那些人不是不可能错误的。他们没有权威去代替全体人类决定问题，并把每一个别人排拒在判断资料之外。若因他们确信一个意见为谬误而拒绝倾听那个意见，这是假定他们的确定性与绝对的确定性是一回事。凡压默讨论，都是假定了不可能错误性。它的判罪可以认为是根据了这个通常的论据，并不因其为通常的就更坏一些。

对于人类的良好辨识可称不幸的是，在他们实践的判断中，他们的可能错误性这一事实远没有带着它在理论中倒常得到承认的那种分量；即每人都深知自己是可能错误的，可是很少有人想着有必要对自己的可能错误性采取什么预防办法，也很少人容有这样一个假定，说他们所感觉十分确定的任何意见可能正是他们所承认自己易犯的错误之一例。一些专制的君主，或者其他习惯于受到无限度服从的人们，几乎在一切题目上对于自己的意见都感有这样十足的信心。有些处境较幸的人，有时能听到自己的意见遭受批驳，是错了时也并不完全不习惯于受人纠正——这种人则是仅对自己和其周围的或素所顺服的人们所共有的一些意见才予以同样的无限信赖；因为，相对于一个人对自己的孤独判断之缺乏信心，他就常不免带着毫不置疑的信托投靠在一般"世界"的不可能错误性。而所谓世界，就每一个人来说，是指世界中他所接触到的一部分，如他的党、他的派、他的教会、他的社会阶级；至于若有一些人以为所谓世界是广泛到指着他自己的国度或者他自己的时代，那么，比较起来，他就可称为几近自由主义的和心胸广大的人了。这个人对于这种集体权威的信仰，也绝不因其明知其他时代、其他国度、其他党、其他派、其他教会和其他阶级过去曾经和甚至现在仍然抱有正相反的思想这一事实而有所动摇。他是有把权利反对他人的异己世界的责任转交给他自己的世界了；殊不知决定他在这无数世界之中要选取哪个作为信赖对象者乃仅仅是偶然的机遇，殊不知现在使他在伦敦成为一个牧师的一些原因同样也会早使他在北京成为一个佛教徒或孔教徒——而这些他就不操心过问了。可是，这一点是自明的，也像不拘多少论据能够表明的那样，时代并不比个人，较为不可能错误一些；试看，每个时代都曾抱有许多随后的时代视为不仅伪误并且荒谬的意见；这就可知，现在流行着的许多意见必将为未来时代所排斥，其确定性正像一度流行过的许多意见已经为现代所排斥一样。

　　选自：约翰·密尔著，许宝骙译，《论自由》，商务印书馆 2009 年版，第 1-3、17-19 页；参看：《简明中外新闻事业史》第十三章。

约翰·洛克的《政府论》中关于
多数人对少数人暴政的思想

《政府论》下篇——论政府的真正起源、范围和目的

第八章 论政治社会的起源

人类天生是自由、平等和独立的，如不得本人的同意，不能把任何人置于这种状态之外，使某受制于另一个人的政治权力。任何人放弃其自然自由并受制于公民社会的种种限制的唯一的方法，是同其他人协议联合组成为一个共同体，以谋他们彼此间的舒适、安全和和平的生活，以便安稳地享受他们的财产并且有更大的保障来防止共同体以外任何人的侵犯。无论人数多少都可以这样做，因为它并不损及其余人的自由，后者仍然像以前一样保有自然状态中的自由。当某些人这样地同意建立一个共同体或政府时，他们因此就立刻结合起来并组成一个国家，那里的大多数人享有替其余的人做出行动和决定的权利。

这是因为，当某些人基于每人的同意组成一个共同体时，他们就因此把这个共同体形成一个整体，具有作为一个整体而行动的权力，而这是只有经大多数人的同意和决定才能办到的。要知道，任何共同体既然只能根据它的各个个人的同意而行动，而它作为一个整体又必须行动一致，这就有必要使整体的行动以较大的力量的意向为转移，这个较大的力量就是大多数人的同意。如果不是这样，它就不可能作为一个整体、一个共同体而有所行动或继续存在，而根据组成它的各个个人的同意，它正是应该成为这样的整体的；所以人人都应根据这一同意而受大多数人的约束。因此，我们看到有些由明文法授权的议会，在明文法上规定其进行行为的法定人数，在这种场合，根据自然和理性的法则，大多数具有全体的权力，因而大多数的行为被认为是全体的行为，也当然有决定权了。

因此，当每个人和其他人同意建立一个由一个政府统辖的国家的时候，他使自己对这个社会的每一成员担负着服从大多数的决定和取决于大多数的义务；否则他和其他人为结合成一个社会而订立的那个原始契约就毫无意义，而如果他仍然像以前在自然状态中那样地自由和除了受以前在自然状态中的限制以外不再受其他拘束，这契约就不称其为契约了。因为，假如这样，那还像什么契约呢？如果他除了自己认为适当的和实际上曾表示同意的法令之外，不受这个社会的任何法令的拘束，那还算什么承担新的义务呢？这样，他的自由就可能仍然像在订立契约以前他所享有的或在自然状态中的任何人所享有的自由一样大，因为他可以在他认为适当时才服从和同意社会的任何行为。

假使在理性上不承认大多数的同意是全体的行为，并对每一个人起约束的作用，那么，只有每一个人的同意才算是全体的行为；但是要取得这样一种同意几乎是不可能的，如果我们考虑到必然会有许多人因病、因事不能出席公共集会，尽管其人数远不如一个国家成员的总数。此外，意见的分歧和利害的冲突，在各种人的集合体中总是难免的。假如基于这样的条件而进入社会，那就只会像伽图走进戏院那样，一进场就出去。这种组织将会使强大的利维坦比最弱小的生物还短命，使它在出生的这一天就夭亡；除非我们认为理性的动物要求组织成为社会仅仅为了使它们解体，这是不能想象的事。因为假如大多数不能替其余的人做出决定，他们便不能作为一个整体而行动，其结果只有重新解体。

因此，凡是脱离自然状态而联合成为一个共同体的人们，必须被认为他们把联合成共同体这一目的所必需的一切权力全交给这个共同体的大多数，除非他们明白地议定交给大于大多数的任何人数。只要一致同意联合成为一个政治社会，这一点就能办到，而这种同意，是完全能作为加入或建立一个国家的个人之间现存的或应该存在的合约的。因此，开始组织并实际组成任何政治社会的，不过是一些能够服从大多数而进行结合并组成这种社会的自由人的同意。这样，而且只有这样，才会或才能创立世界上任何合法的政府。

第十八章　论暴政

假如说篡夺是行使另一个人有权行使的权力，那么暴政便是行使越权的、任何人没有权利行使的权力。任何人运用他所掌握的权力，不是为了处在这个权力之下的人们谋福利，而是为了获得他自己私人的单独利益。统治者无论有怎样正当的资格，如果不以法律而以他的意志为准则，假如他的命令和行动不以保护他的人民的财产而以满足他自己的野心、私愤、贪欲和任何其他不正当的情欲为目的，那就是暴政。

......

如果以为只有君主制才有这种缺点，那是错误的；其他的政体也同君主制一样，会有这种缺点。因为权力之所以授予某些人是为了管理人民和保护他们的财产，一旦被应用于其他目的的，以及被利用来使人民贫穷、骚扰他们或使他们屈服于握有权力的人的专横的和不正当的命令之下时，那么不论运用权力的人是一个人还是许多人，就立即成为暴政。所以我们在历史上看到雅典有三十个暴君，西拉科斯便是其中一个；而罗马的十大执政不能令人忍受的统辖，也不见得比较好些。

若法律被违犯而结果与旁人有害，则法律一停止，暴政就开始了。如果掌握权威的人超越了法律所授予他的权力，利用他所能支配的强力强迫臣民接受违法行为，他便不再是一个长官；未经授权的行为可以像以强力侵犯另一个人的权利的人那样遭受反抗。这一点对下级官员来说是被承认的。一个有权在街上逮捕我的人，如果企图闯入我的住所来执行令状，我纵然知道他持有逮捕状并具有合法的职权可以有权在宅外逮捕我，而我仍可把他当做盗贼那样抗拒他。为什么对于最下级的官员可以这样，而对于最高的长官就不可以这样呢？我倒很乐意有人对我说明。假如说长兄因为拥有他的父亲的产业的最大部分，就有权剥夺他的任何一个兄弟分得的财产，这是不是合理呢？或者一个占有整个地区的富人，他是否就享有随便霸占他的穷苦的邻人的茅舍和园圃的权利呢？合法地拥有远远超过绝大部分亚当子孙们所有的广大权力和财富，不仅不能作为借口，更不能作为理由来进行不依职权而损害别人的掠夺和压迫，相反，这只能使情况更加严重。因为，超越职权的范围，对于大小官员都不是一种权利，对于国王或警察都一样无可宽恕。可是，只要他受人民更大的托付不管是谁，比他的同胞已享有更大的份额，并且由于他的教育、职守、顾问等便利条件，理应对于是非的权衡认识得更加清楚，假如他竟还如此，当然是更加恶劣。

那么，君主的命令是可以反抗的吗？是否一个人只要觉得自己受害，并且认为君主并不享有对他这样做的权利，就可以随时加以反抗呢？这样就会扰乱和推翻一切制度，所剩下的不是国家组织和秩序，而只是无政府状态和混乱罢了。

对于这一点，我的回答是：强力只能用来反对不义的和非法的强力。但凡是在其他任何场合进行任何反抗的人，会让自己受到上帝和人类的正当的谴责，所以就不会引起有些人常说的那种危险或混乱。

选自：［英］洛克著，《政府论》，北京出版社 2007 年版，第 59-62、123-127 页；参看：《简明中外新闻事业史》第十三章。

卢梭的《社会契约论》（节选）

【第一卷】

我要探讨在社会秩序之中，从人类的实际情况与法律的可能情况着眼，是否有某种合法的而又明确的政权规则。在这一研究中，我将努力把权利所许可的同利益所要求的结合起来，使正义与功利二者不至于有所分歧。

我还没证明我的题旨的重要性，就着手探讨本题。人们或许会问，我是否是一位君主或一位立法者，而要来论述政治呢？我要回答，不是；而且正因为如此，我才要论述政治。假如我是君主或者立法者，我就不会浪费自己的时间来空谈应该做什么事了；我会去做那些事情的，不然，我就会保持沉默。

作为一个自由国家的公民并且是主权者的一员，无论我的呼声在公共事务中的影响是多么微弱，可是对公共事务的投票权就足以使我有义务去研究它们。我每次对各类政府进行思索时，总会十分欣慰地在我的探讨之中发现有新的理由来热爱我国的政府！

第一章　第一卷的题旨

人是天生自由的，却无往不在枷锁之中。自认为是其他一切的主人的人，反而比其他一切更是奴隶。这种变化是如何形成的？我不清楚。是什么使得这种变化成为合法的呢？我自信能够解答这个问题。

假使我仅仅考虑强力以及由强力所得出的效果，我就要说："当人民被迫服从而服从时，他们做得对；可是，一旦人民可以打破自己身上的枷锁而打破它时，他们就做得更对了。因为人民正是根据别人剥夺他们的自由时所根据的那种同样的权利，来恢复自己的自由的，所以人民就有理由来重新获得自由；否则别人当初夺去他们的自由就是毫无理由的了。"

社会秩序是为其他一切权利提供了基础的一项神圣权利，然而这项权利决非出自自然，而是建立在约定之上的。问题在于懂得这些约定是什么。可是在谈到这一点之前，我应该先确定我所要提出的东西。

【第四卷】

第一章　论公意是不可摧毁的

一旦有若干人结合起来自认为一个整体，他们就只能有一个意志，这个是意志关系共同的生存以及公共的幸福。此时，国家的全部精力是蓬勃而单纯的，它的准则是光辉而明晰的；这里绝不会有各种错综复杂、互相矛盾的利益，公共福利到处都明白准确地表现出来，只要有理智就能看到它们。和平、团结、平等是政治上一切尔虞我诈的敌人。纯朴正直的人们正是由于他们单纯，所以难于欺骗；诱惑和甜言蜜语对他们都无用，他们甚至还不够精明得足以当傻瓜呢。当我们看到在世界上最幸福的人民那里，一群群农民在橡树底下规划国家大事，而且总是处理得十分明智；这时候，我们能不鄙视那些以种种伎俩和玄虚使得自己声名远扬而又悲惨不堪的国家的精英吗？

一个这样治理着的国家那么只需要很少的法律，而随着颁布新法律之成为必要，这种必要性早已普遍地被人们看到了，第一个提议那些法律的人，只不过是道出了大家都已经感到了的东西罢了；把人人都已经决意要做的事情变成法律，这既不是一个阴谋问题，也不是一个雄辩问题，只要他能肯定别人也会照他这样做就行，使理论家们陷于错误的，就在于他们只看到了那些刚开始体制就不好的国家，所以他们就认为在这些国家里是不可能维持这样一种政治制度的。他们喜欢想象一个机警的骗子或者一个巧妙的说客，所能用以诱说巴黎人民或伦敦人民的种种无稽之谈。他们不明白克伦威尔是会被伯尔尼的人民关进钟楼的，波佛公爵也会被日内瓦人严加管束的。可是当社会团结的纽带开始松弛而国家开始削弱的时候，当个人利益开始为人所感觉而一些小社会开始影响到大社会的时候；此时，公共利益就发生变化并且出现了对立面，投票就不再由全体一致所支配了，公意就不再是众意，矛盾和争论就露头了，所以最好的意见也都不会毫无争论地顺利通过。最后，国家在濒于毁灭之时，就只能是以一种幻觉的而又空洞的形式生存下去，社会的联系在每个人的心里全都已经破灭了，最卑鄙的利益竟厚颜无耻地伪装上公共幸福的神圣名义。此时，公意沉默了，人人都受着自私的动机所引导，也就再不作为公民而提出意见了，像是国家从未曾存在过似的；人们还冒充法律的名义来通过仅以个人利益为目的的种种不公正的法令。

那么会不会因此之故，公意就消灭或者腐化了呢？不会的，公意永远是稳固的、不变的而又纯粹的；可是它却可以向压在它身上的其他意志屈服。每一个使自己的利益脱离公共利益的人都看得很清楚，他并不能把两者完全分开；但是在和他所企求获得的排他性的私利相比之下，则他所分担的那份公共的不幸对他来讲就算不上什么了。可除了这种私利之外，则他为了自己的利益也还是会和任何人一样强烈地要求公共福利的。甚至于是为了金钱而出卖自己选票时，他也并未消灭自己内心的公意，他只是回避了公意而已。他所犯的错误就是改变了问题的状态，就是对于人们向他所提出的问题答非所问而已；从而他不是以自己的投票在说："这是有利于国家的"，反倒在说，"通过这些意见，乃是有利于某个人或某个党派的"。

于是集会中的公共秩序的法则就不全然是要在集会中维持公意了，反而更是要对公意常常加以疑问，并由它来经常做出答复。在主权的各种行为中，仅就投票这一项权利——这是任凭什么都不能剥夺于公民的权利——我在这里就有很多的意见可写。另外，还有关于发言权、提议权、分议权、讨论权等，这些权利政府总是煞费心机地要全部保留给它自己的成员。可是这些重要的题材就可另写一篇论文，我无法在本书里一一谈到。

第三章　论选举

关于君主与行政官的选举——我已经说过它是一种复合的行为——也有两种途经可以进行，即选定与抽签。这两种中的任何一种，都曾经在各个不同的共和国里使用过，而且至今在选举威尼斯大公时，我们还能看到这两者的非常复杂的糅合。孟德斯鸠说："以抽签来进行选举，乃是民主制的本性。"我同意这种说法，可为何如此是这样的呢？

孟德斯鸠接着说："抽签是一种不会伤害别人的选举方式；它使每个公民都能有一种为祖国服务的合理愿望。"这就不成为理由了。假如我们能注意到选举首领乃是政府的一种职能，而并不是主权的一种职能，那么我们就可以看出为什么抽签的办法最具有民主制的性质；因为在民主制里，行政机构的行为愈少，则行政机构也就愈好。在一切真正的民主制之下，行政职位并非一种便宜，而是一种沉重负担；人们无法公平地把它加给这个人，而不加给另一个人。唯有法律才能把这种负担加与中签的人。因为抽签时，人人的条件都是相等的，而且选择也并不取决于任何人的意志，所以就绝不会有任何个人的作用可以改变法律的普遍性。在贵族制之下，是由君主来选择君主，由政府自己来保存自己的；恰是在这里，用投票的方法才是十分合宜的。威尼斯大公选举的例子，绝不是推翻了这种区别，反倒证实了这种区别，那种杂糅的形式正适合于混合政府。因为如果把威尼斯政府认为是一种真正的贵族制，原本就是一种错误。如果说那里的人民在政府里根本没有份的话，那么那里的贵族本身就是人民了。众多贫穷的巴拿波特是永远不会接近任何行政职位的，而它那贵族也只是拥有"阁下"的空头衔以及出席大会议的权利罢了。那个大会议的人数众多，正和我们日内瓦的全体会议一样，其中最显赫的成员也并不比我们的普通公民更有特权。是的，撇开两个共和国的极端差异之处不谈，则日内瓦的市民正好就相当于威尼斯的贵族，我们的土著与居民就相当于威尼斯的 citadins（公民）。

与人民，我们的乡民则相当于威尼斯大陆的臣民。最后，不管人们是以何种方式去考察那个共和国，但除了它的地域广阔之外，它的政府绝不会比我们的政府更加是贵族制。所有的不同只在于我们并没有一个终身的首领，所以我们完全不需要抽签。在真正的民主制之下，抽签选举并不会有多大方便；因为在那里人人平等，不论是在道德和才能方面，还是在品行和财富方面，所以不管选择什么人似乎都无所谓。但是我已经说过，真正的民主制是根本就不存在的。当选举与抽签两者并用的时候，只需要专门才能的地方，例如军事职务，就应该由选举来充任；而抽签则适宜于只需要有健全的理智、公正与廉洁就够了的地方，例如审判职务，因为在一个体制良好的国家里，这些品质是任何公民所共有的。在君主制的政府之下，无论是抽签还是选举都没有任何地位。国君既然是当然的、独一无二的君主与行政官，所以对他部属的选择权就只能属于他本人。当圣彼得修道院长建议要大肆扩充法国国王的御前会议，并以投票来选举它的成员时，他并没有想到他是在建议改变政府的形式。我还应当谈一下人民大会上的投票与计票的方式；然而，也许罗马政治制度史在这方面能够更清楚地阐明我所要奠定的全部准则。一个慎思明辨的读者，能略加详细地看一看在一个二十万人的会议上人们怎么来处理公共的和个别的事务，也许是不无裨益的吧。

选自：卢梭著，袁岳译，《社会契约论》，中国长安出版社 2010 年版，第 104-109 页；参看：《简明中外新闻事业史》296-297 页。

托马斯·潘恩的《常识》

论君主政体和世袭

在宇宙万物的体系中，人类本来是平等的，这种平等只能为以后的某一桩事故所破坏：贫富的差别是很可以加以说明的，而且在说明的时候不必采用压迫和贪婪之类刺耳的、难听的字眼。压迫往往是财富的后果，而很少是或绝不是致富的手段；虽然贪婪会使一个人不致陷入赤贫的境地，但一般说来它却使他变得怯懦，发不了大财。

可是，还有一种不能用真正自然的或宗教的理由来解释的更大的差别，那就是把人们分成"国王"和"臣民"的差别。阳性与阴性是自然做出的差别，善与恶是上苍做出的差别；但是有一类人降生世间，怎么会高出于其余的人之上，俨然像一个新的人种那样与众不同，倒是值得加以探究，了解他们究竟是促进人类幸福的手段还是招致人类苦难的手段。在古代社会，根据《圣经》上的记载来看，并没有帝王；这种情况所产生的结果是，当时没有什么战争；而现在使人类陷入混乱的，乃是帝王的傲慢。荷兰没有国王，近百年来已经比欧洲任何君主政体的国家安享了更多的和平。古代的历史也可以证实这种说法，因为最初一批宗族首领所过的恬静的田园生活本身自有一种乐趣，这种乐趣当我们读到犹太王族史的时候便消失了。

由国王掌握的政权形式最初是异教徒开始采用的，后来犹太人向他们模仿了这种惯例，这是魔鬼为了鼓励偶像崇拜而进行的最得意的杰作。异教徒把他们去世的国王视为神圣，向他们表示敬意，而基督教世界则进了一步，以同样的态度对待活着的国王。把神圣的"陛下"这一称号施诸耀武扬威而转瞬变为白骨的小人，该是多么亵渎！

把一个人的地位捧得高出其余的人很多，这种做法从自然的平等权利的原则来说是毫无根据的，也不能引经据典地加以辩护：因为基甸和先知撒母耳所宣布的耶和华的意志分明不赞成由国王掌握的政权。在君主国家里，《圣经》上一切反对君主政体的部分已被很巧妙地掩饰过去了，但它们无疑地值得引起那些尚待组织政府的国家的注意。该撒的物当归给该撒，是宫廷所引述的《圣经》上的教义，但它并非君主政体的根据，因为当时的犹太人还没有国王，还处在隶属于罗马人的地位。

从摩西记载创世的时候起，到犹太人全体受骗而要求立一个国王的时候为止，差不多过了三千年。在拥立国王以前，他们的政权形式（耶和华偶然插手干涉的特殊情况除外）是一种共和政体，由一位牧师和各宗族的首领执掌。他们没有国王。他们认为，除万人之主的耶和华以外，要承认有谁享有君王的称号，乃是一种罪恶。当一个人严厉地谴责人们对君王之类的盲目崇拜时，他毋庸置疑，耶和华既然永远要人相信他的光荣，是不会赞成那种悍然地侵犯上天特权的政体形式的。

君主政体在《圣经》中列为犹太人的罪恶之一，并预言这种罪恶将产生怎样的灾祸。那个事件的历史是值得注意的，因为以色列人受到米甸人的压迫，基甸便带领一小支军队向他们进攻，终于在神的参与下获得了胜利。犹太人得胜以后十分高兴，认为这是基甸的雄才大略的结果，因此提议推他为王，说："愿你和你的儿孙管理我们。"这确实是个最能打动人心的诱惑，不单纯是个王位，而且是个世袭的王位。可是基甸内心虔诚地回答说："我不管理你们，我的儿子也不管理你们，唯有耶和华管理你们。"话不能说得再清楚了，基甸并非拒绝这种荣誉，而是否定他们有给他这种荣誉的权利；他也并不是用自己想出来的一番客套话向他们表示感谢，而是用先知的肯定语气责怪他们不应叛离他们自己的君主，即上帝。

自从诺曼底公爵征服英国以来，英国出了几个好的君主，但它曾在人数远为众多的暴君的统治下发出痛苦的呻吟：凡是有理智的人，绝不会说他们在威廉一世的统治下所能享受的权利是很光荣的。一个法国的一个不纯正的法国人带了一队武装的土匪登陆，违反当地人民的意志而自立为英格兰国王，我们可以毫不客气地说这个人的出身是卑贱不堪的。这当然没有神力的意味在内。然而我们也不必花费很多时间来揭露世袭权的荒唐可笑；如果有谁脑子很笨，竟然相信这个，那就让他们不分青红皂白地崇拜笨驴和雄狮，并表示欢迎吧。我既不会模仿他们的卑顺，也不会妨碍他们的信仰。

可是我倒高兴问一下，他们认为最初国王是怎么产生的？这问题只能有三个答案，那就是，或者凭抽签，或者靠选举，或者通过篡夺。如果第一个国王是由抽签决定的，这就为下一任国王做出了先例，不能世袭。扫罗由抽签立为国王，但是王位的继承不是世袭的，并且从这一件事的前后经过来看，我们也看不出他有打算世袭的任何形迹。如果一个国家的第一任国王是由选举产生的，那也同样给下一任做出先例；要是第一批的选民不仅选举一个国王，而且选举一个世袭的王族，从而抛弃一切后代的权利，那么除了关于人类的自由意志都断送在亚当之手这一原罪的教义而外，查遍《圣经》也找不出同样的例子来。根据这种对照，而且也不可能根据别种对照，世袭制度是得不出光荣的结论来的。体现在亚当方面的是人人都犯了罪，体现在第一批选民方面的是人人都唯命是听；体现在前者的是人类都受撒旦的摆布，体现在后者的是人类都受统治权的支配。由于前者我们丧失了纯洁，由于后者我们丧失了主权，既然双方都使我们不能恢复先前的某种状态和特权，我们无疑地可以由此推断，原罪和世袭是相类的。多么丢脸的并列！多么不光彩的联系！然而最机敏的雄辩家也想不出比这更恰当的譬喻。

说到篡夺，那是谁也不会敢于替这种行为辩护的。威廉一世是个篡夺者，这是不容否认的事实。明摆着的实际情况是英国君主政体的起源将经不起仔细的考察。

但是，与人类有关的世袭制的荒谬，还远不如它所造成的祸害来得严重。如果这种制度能保证提供一群善良而贤明的人士，那倒还可以算是获得神权的特许，但事实上它只是为愚人、恶人和下流人大开方便之门，因此它就带有苦难的性质。那些自视为天生的统治者和视人为天生奴才的人，不久便横行霸道起来。由于他们是从其余的人类中挑选出来的，他们的心理早就为妄自尊大所毒害；他们在其中活动的世界，与一般的世界有显著的区别，因此他们简直没有机会了解一般世界的真正的利益，当他们继承政权的时候，往往对于整个疆土以内的事情茫无所知，不配加以处理。

伴随着世袭制的另一种祸害是，王位动辄为一个不拘年龄的未成年的人所占有；在那个时期，以国王作掩护而摄政的人，就有一切的机会和动机来叛弃人们对他的信任。当一个国王年老体衰，步入人类衰弱的末期的时候，也会发生与全国有关的同样的不幸。在这两种情况下，民众成为形形色色的恶棍手中的牺牲品，因为这些人可以顺利地玩弄由老年或幼年所造成的种种愚蠢行为。

赞成世袭制的人曾经提出的似乎最言之成理的辩解是，它保全国家，不致发生内战，假如这一点是正确的话，那倒很有分量，但实际上它却是曾对人类进行欺骗的最无耻的谎言，英国的全部历史也否认有这样的事实。从1066年以来，有三十个国王和两个幼王统治了这个混乱的王国，在这段时期中，至少发生过八次内战和十九次叛乱（包括革命在内）。所以它不是对和平有贡献，而是不利于和平，并破坏了它所依赖的基础。

约克王室和兰卡斯特王室争夺君权和继承权的斗争，使英国有好多年沦为流血的战场。亨利和爱德华打了十二次激烈的战役，遭遇战和围攻不计在内。亨利两次做了爱德华的阶下囚，爱德华也被亨利俘获过。当争吵只是起因于个人的问题时，战争的命运和全国人民的好恶很难捉摸，因此亨利被人从监狱送回王宫，而爱德华则被迫从王宫逃往外国；但是，因为好恶的突然转变难以持久，人们又把亨利逐下王位，召回爱德华来继任。议会总是倒向力量最强大的一边。

这个斗争从亨利六世当政时开始，到了统一王室的亨利七世时还没有完全停止。这一时期包括六十七年，即从1422年起至1489年止。

总之，君主政体和世袭制度不仅使某个王国而且使整个世界陷于血泊和瓦砾之中。这是《圣经》所反对的政权形式，所以免不了要发生流血。假如我们考察一下国王所做的工作，我们就会发现，在有些国家中他们可以说是没有干什么工作的，在混过了对自己没有乐趣、对国家没有好处的一生以后，他们退出了舞台，让后继的人去走同样虚度光阴的道路。在君主专制国家，民政和军事的全副重担置于国王一身。以色列人在要求立一个国王的时候曾经提出申请，希望"有王治理我们，统领我们，为我们争战"，但像在英国这样的国家中，国王既非士师，又非元帅，委实叫人很难了解他究竟干什么工作。

任何政体愈接近共和，需要国王做的工作就愈少。要给英国的政体想一个适当的名称，多少有些困难。威廉·梅雷迪思爵士称它为共和国，可是在它目前的状态，它是不配得到这种名称的，由于国王有权任意安排一切官职而产生的贪污势力，实际上已经独占了政权，侵蚀了下议院（政体中的共和部分）的效能，以致英国的政体差不多像法国或西班牙的一样，纯粹是君主政体了。人们如果不了解名称的真实含义，决不会轻易表示赞同。英国人引以为自豪的，不是英国政体的君主的部分，而是共和的部分，也就是从他们自己的团体中选出下议院议员的那种自由——并且我们很容易看出，当共和失效时，奴役便接踵而至。英国政体之所以有毛病，只是因为君权已经毒害了共和，国王已经垄断了下议院。

在英国，一个国王所能做的事情，往往不外乎是挑起战争和卖官鬻爵，直率地说，这将使国家陷于贫穷和制造纷争。一个人每年伸手拿八十万镑，而且还受人崇拜，真是一桩好买卖！对于社会，同时在上帝的眼中，一个普通的诚实人要比从古到今所有加冕的坏蛋更有价值。

论北美目前的能力及若干杂想

无论是在英国还是在北美，我所遇见的每一个人均直言赞同英美早晚会分裂的观点，但至于何时才是北美大陆独立的成熟时机则众说纷纭，我们在这件事上的判断力真是前所未有的低下。

既然所有人都赞同这一观点，分歧仅存在于时间，我们不妨纵览现状以期排除任何差错，并尽可能确定北美大陆独立的成熟时机；然而，我们无须花费太多心思便可寻到答案，因为时机已然成熟；眼下所发生的一切和所有现状无一例外地佐证了这一事实。

我们的立国之本并非基于军备多寡，而是基于团结一致；不过，即使单凭军备，我们亦足以抗衡全世界的军力。北美大陆目前拥有一支装备齐全、训练有素的军队，其人数位列全球各国之首，北美大陆的实力正值巅峰：单个的殖民地没有能力自立为营，所有殖民地联合起来恰能立国立权。在此情况下，无论是多增一分实力抑或减少一分实力均会带来致命的后果。我们已拥有足够的陆军，至于海军，我们必须清楚地认识到：英国绝不会允许臣服的北美组建自己的海军队伍。因此，如若我们不脱离英国的统治，我们在百年之后的海军建设非但不会有丝毫的进展，反而会落入更为糟糕的境况，因为我们的木材正日益减少，最终只会剩下一些偏远地区难以砍伐的资源。

如果北美大陆人口密集，则其无法承受当下的磨难。我们拥有的海港城镇越多，我们需要防御的、害怕失去的便也越多。目前的人口恰好能满足我们的需求，所有人都能各得其所。贸易的减少能让更多的人参军，而军队的需求则又能促生新的贸易。

我们现在没有任何债务，我们国家独立而欠下的任何债务都会成为记录我们善行的荣耀。如果我们能为子孙后代开创一个稳固的政权、一个独立的政体，再高昂的花费都是值得的。但如果仅仅为了废除若干可鄙的法案或推翻一个政府部门便斥资百万，这不仅得不偿失，而且是在以最残酷的方式对待我们的子孙后代：他们既要继续我们未完成之事业，又要背负于他们毫无益处的债务。任何正义之士都不会作此打算，只有狭隘小人和无为政客才会如此谋划。

如果我们可以成功地实现独立，所有债务都将不值一提。所有国家都应负有一定债务，该等债务即为国债；若其不计利息，则绝不会激起民愤民怨。英国的债务超过一亿四千万英镑，年利逾四百万英镑；而英国正是在如此高的负债之下拥有着一支庞大的海军。我们仅需耗费英国负债的二十分之一，便可组建一支比其更为强大的海军。目前英国海军的价值不会超过三百五十万英镑。

这本小册子刊发的第一版和第二版中未列明下述数字，此版列出海军费用计算用以佐证上文估值之公允。

根据海军大臣波彻特的计算，各等级舰船建造，桅杆配置，帆桁、船帆和索具等装配，以及水手和船匠八个月的供给储备，计算费用如下（表1）：

表1

舰船级别（装载火炮数量）	费用（英镑）
100 尊	
90 尊	35 553
80 尊	29 886
70 尊	23 638
60 尊	17 795
50 尊	14 197
40 尊	10 606
30 尊	7 558
20 尊	5 816
	3 710

论及建造军舰所需的自然条件，北美大陆拥有着无比优越的地理位置和资源。这片土地盛产柏油、木材、铁和绳索，他们无须进口任何物资。荷兰将军舰租予西班牙和葡萄牙以赚取厚利，而其建造军舰的物资大部分需要进口。我们应利用得天独厚的自然资源将军舰建造视为一种商业活动，这需要动用我们的海军，那就让我们卖了军舰把纸币换成真金白银吧！

论及舰队的人员配置，人们通常存在着认识上的误区，其实海员的数量无需占到总人数的四分之一。在上一次战争中，那艘"坚不可摧"的"死神船长号"武装民船在最激烈的海战中坚持了下来，船上共有逾二百人，而海员却不足二十人。几位干练善谈的海员很快便可教会首次出航的新手操作船上的常规作业。因此，有鉴于我们的树木茂然林立、渔场已遭封锁、船员与造船工匠暂无工作，这正是我们开始建设海军的绝佳时期。四十年前，我们曾在新英格兰建造过几艘装载七八十尊火炮的军舰，现在为何不造了呢？造船业是北美最值得骄傲的产业，假以时日，我们必将赶超全球各国。东方的各大帝国多位于内陆，因而无法与北美抗衡；非洲仍是蛮荒之境；欧洲没有国家拥有如此绵长的海岸线或如此丰厚的物产资源：大自然总是赐予一种优势便夺去另一种，唯独慷慨地让北美二者皆享。幅员辽阔的俄罗斯帝国几乎寻不到一个出海口，其广袤的森林、柏油、铁和绳索充其量只是商品而已。

论及安全保障，难道我们不需要舰队吗？我们早已不再是六十年前的卑微民族：彼时我们尚能安心将财物置于街头田尾，夜不闭户亦能安然入睡；而此时已然境迁，我们的防卫手段应随着我们财物的积聚而不断增强。十二个月前，一个普普通通的海盗便可顺着特拉华直抵费城，肆意勒索当地民众的财物；其他地方也可能会有相同的遭遇。不仅如此，任何胆大妄为之徒均可搭着装载十四或十六尊火炮的双桅帆船洗劫整个北美大陆、抢走多达五十万镑的财物。这些可能性值得我们关注，同时亦表明了海防的必要性。

选自：[美]托马斯·潘恩著，蒋漫译，《常识》，上海译文出版社2015年版，第16-31、35-38页；参看：《简明中外新闻事业史》292-293页。

托马斯·杰斐逊关于新闻自由的论述

杰斐逊在 1787 年致友人卡林顿的信中写道："……民意是我国政府赖以存在的基础，所以我们首要的目标就是要保持这种权利，若由我来决定我们是要一个没有报纸的政府，还是没有政府的报纸，我会毫不犹豫地选择后者。但是我必须说明，每个人都应当得到这些报纸，并且有能力阅读它们。"

杰斐逊在 1786 年写给约翰·杰伊的信中说道："政治自由，除了靠新闻自由是得不到保障的，限制新闻自由就一定有失去政治自由的危险。"

"哪里的新闻是自由的，并且每个人都能阅读它，哪里就是安全的。"

他在 1802 年给托马斯·库珀的信中写道："新闻是一个国家唯一的警钟。"

"唯一的安全存在于自由的媒体当中，当民众有自由表达的权利时，公共舆论的力量是不可抵挡的。"

杰斐逊在 1792 年写给华盛顿的信中表达了对政府批评的必要性："任何政府都不应当没有批评者，如果政府正直，它用不着害怕公平的攻击和答辩。"

在阐述监察官、新闻媒体和政府的关系时，杰斐逊说道："没有监察官就没有政府，但是哪里有新闻出版自由，哪里就可以不要监察官。"

"所以我深信打开真理的大门，并且强化用理性检验一切的习惯，便是我们能套在我们继任者们手上的最有效的手铐，以防止他们经人民自己的同意而给人民戴上手铐。"

杰斐逊在《弗吉尼亚纪事》中说道："在世界上的每一个政府中都有人类弱点的痕迹，都有腐化和蜕化的根苗，其诡诈将泄露出来，其邪恶会缓慢地展现出来，有所发展和增加，每一个政府当它单单委托给人民的统治者的时候，都会蜕化。"

他在 1789 年写给麦迪逊的信中清晰地表达了此意："人民不能被剥夺发

言或写书或出版的权利，但是发表捏造的事实，以至损害他人的生命、自由、财产或名誉者除外。"

麦迪逊向众议院提出的权利法案草案中表述道："人民的言论、写作、发表其意见的权利将不会被剥夺或者削减。出版自由作为自由最伟大的堡垒之一，是神圣不可侵犯的。"但杰斐逊于 1789 年 8 月 28 日写信给麦迪逊指出："以下改动和增添当能使我更为高兴，第四条，'人民的言论、写作、出版权利将不会被剥夺或者削减，除非发表了错误的事实从而引起对他人生命、自由、财产、名誉的伤害，或者影响了联盟与他国之间的和平。'"

选自：

1. Eyler Robert Coates, *Freedom of the press*, Thomas Jefferson On Politics & Government, Quotations from the Writings of Thomas Jefferson, http：// etext. lib. virginia. edu/Jefferson/quotations/jeffl 600. htm.

2. Joyce Appleby and Terence Ball, Jefferson Political Writings, Cambridge University Press, 1999. 中国政法大学出版社 2003 年影印版，第 177、458 页。

3. ［美］梅利尔·D. 彼得森编，刘柞昌译，《杰斐逊集》，北京三联书店 1993 年版，第 132、294-295、1133 页。

4. 徐耀魁，《西方新闻理论评析》，新华出版社 1998 年版，第 181 页。

5. 刘柞昌，《杰斐逊全传》，齐鲁书社 2005 年版，第 879 页。

6. David Mayer, The Constitutional Thought of Thomas Jefferson.

参看：《简明中外新闻事业史》第十三章。

美国新闻史上几个棘手问题的
重新审视

[编者按]　这篇文章的作者是美国加利福尼亚-圣迭戈大学传播系的教授迈克尔·舒德森（Michael Schudson），他在文中对有关美国媒介历史的一些传统观念进行了重新审视。尽管舒德森的文章只是一家之言，但他对此回顾重审，试图拨开迷雾重现历史本来面目的做法，给新闻学和传播学的研究提供了启发借鉴。另外，舒德森所强调的历史研究不仅要收集资料、更要对资料进行多方面透视的研究方法，也有助于我们超越传统的新闻史研究，以新的视角看待新闻史领域发生的事情。

长期以来，新闻史上一直存在着几个似是而非的问题，它们是：媒体总是某一历史事件或历史过程中心的假设；商业势力对新闻实践总是具有腐蚀性影响的假设；将复杂事件简单解释为技术或经济原因的倾向；对新闻学日趋衰微这一观点的承认；新闻媒体之所以存在是因为其能满足大众某种需要的假设。这些貌似有理的假设都是错误的，新闻史学家应将新闻史的研究与其他领域的历史研究结合起来，以避免这些普通的错误。

一、媒体中心论

专修新闻学或媒介的学生常常对这门学科很感兴趣，一般说来，这是因为他们认为新闻事业很重要。新闻事业的重要自然是毫无疑问的，但相对人类事务中的其他要素而言，新闻事业的重要性应该是证实而非假设的。可这一点经常被人们所遗忘，研究的前提也就成了研究的结论。因此，迈克尔·埃默里（Michael Emery）和埃德温·埃默里（Edwin Emery）的学术专著、几十年来一直被奉为新闻史主要教科书的《报业与美国》 （*The Press and American*）中写道，联邦报纸是联邦事业最有力的武器，"其影响如此之大，连该党派也用'联邦'二字命名，但实际上，在信念方面，他们只是民族主义而不是联邦主义"。他们声称：联邦主义者是"凭着这股新闻的力量打赢了这场战斗"。埃默里学派觉得没有必要去证实这一点。他们并不想枉费心机地去检验各种可供选择的解释，他们似乎并未感到不妥，甚至也没有意识到专攻宪法史的权威们并不同意他们的观点。联邦报纸的明确目的在于说服纽约州选民选举立宪代表进入宪法批准大会，可在这方面，联邦报纸是一个彻底的失败者。宪法会议的与会代表绝大多数都是反对宪法的（46票反对，19票赞成）。假如任何一个大州提出反对宪法，纽约州也会投票反对。宪法会议最终在宪法上签了字，却不是因为麦迪逊、汉密尔顿、杰伊等人在报纸上刊登的文章说服了人们，而是其他十个州已经批准了宪法，宪法即将在任何事务中发挥作用的缘故。

历史学家兰斯·班林（Lance Banning）最后得出结论说，联邦报纸的影响是"难以估量"的。其实那些文章本来就无法对塔拉瓦、宾夕法尼亚、新泽西和佐治亚等州的宪法批准大会造成很大影响，因为在许多联邦报纸出版前，这些州的会议已经召开。即使在后来批准宪法的各州，有14家报纸重新刊登了其中一些文章，这些州的其他一些政治名流也收到了纽约同行寄来的几本纽约报纸的合刊，那些文章也未必有这样的作用。很明显，在某些会议上，前批准宪法的头头们曾依靠联邦报纸为其辩护，但谁也不能得出这种效果是决定性的结论，除非结论就是开始的前提。导致宪法批准的唯一一个最具说服力的因素就是华盛顿曾主持过制宪会议这个事实。

华盛顿在各州所享有的崇高声望给了宪法批准势力有力地支持。而且，与反联邦主义者相比，联邦分子在各方面都要组织得更好一些，他们几乎毫无例外都是政坛泰斗。联邦报纸很可能对巩固某个州的立宪事业起过作用，但没有必要把媒体的影响鼓吹到明显虚假的地步。

另一些新闻史学家可要谨慎得多，让·福克斯（Jean Folkerts）和小德怀特·L.蒂特（Dwight L Teeter Jr）怀疑联邦报纸曾对宪法的批准有过很大影响。卡罗尔·休·汉弗莱（Carol Sue Humphrey）也观察到"在批准宪法的斗争中，人们并不认为联邦报纸起过什么很大的作用"。与埃默里学派的观点不同，他的看法与历史学家是一脉相承的。但是他们并不打算去解决这一难题，即为他们这样的论断找到充足的理由。

埃默里学派在重述黄色报刊将美国引向1989年美西战争这个故事时，又过分地夸大了媒体的作用。他们引用了马库斯·威尔克森（Marcus Wilkerson）和约瑟夫·怀森（Joseph Wisan）自本世纪三十年代以来所进行的权威然而错误百出的研究结果，坚持认为报纸如此报道"缅因号"下沉危机造成了一种战争精神变态。埃默里学派在这个问题上所采取的观点与以往有细微的差别。他们观察到报刊煽动了而不是激发了美国人的帝国主义、扩张主义以及"伸缩民族肌肉"的愿望，为报刊发挥作用提供了一种气氛。然而这并未改变他们关于公共舆论影响美国外交政策的基本设想，这方面，埃默里学派对本世纪三十年代的著作没有作出任何改进，也未过问 19 世纪九十年代媒体中耸人听闻的题材或沙文主义的公共舆论是如何演变成国会和总统的开战政策的。事实上，没有迹象表明，华盛顿的决策者们曾受到媒体中耸人听闻的题材或由此而导致的公共舆论的影响。马克·马修·韦尔特（Mark Matthew Welter）对 1895 年至 1898 年明尼苏达州报刊的研究不仅表明该州出版物并无侵略性，而且成功地把目前广为流传的报刊影响战争的观点追溯到一战期间。那时候，修正主义史学家同样一门心思然而也是错误地想证明是英国的宣传将美国引入第一次世界大战。

关于这一主题的最佳论点也许是罗伯特·希尔德布兰德（Robert Hilderbrand）所著《权力与人民：对外交舆论的行政管理》（*Power and the People：Executive Management of Public Opinion in Foreign Affairs*）一书。希尔德布兰德指出，麦金莱上任时，曾担心公共舆论会太急于对古巴进行干涉，但他从未把公共舆论看成是一个严重的问题。他就任几个月后，已对古巴政策胸有成竹了，他也并未遇到公共舆论的压力。他的政策一开始便带有干涉性、侵略性，严重威胁着西班牙。几个月来，麦金莱暗地里逼迫着西班牙。他一边施加外交努力，一边求助公共舆论。通过努力，他终于如愿以偿地赢得了报刊的支持，各种邮件纷至沓来，表示支持他的政策，各报刊更是公开宣布支持对西班牙开战。但这些只是他亲自宣战前夕巩固舆论支持的战略。

至于黄色报刊，希尔德布兰德说，"对麦金莱而言，他们是白费口舌，……他几乎没有看到他们所作的努力。一般来说，他不仅不看《纽约日报》或《纽约世界报》，他的剪贴簿也几乎完全不收集这些报刊的剪报。"黄色报刊"在政府对公众态度进行评价时所起的作用是微乎其微的，它们所起的作用只相当许许多多白宫笑话中的笑柄而已"。希尔德布兰德的结论是，麦金莱几乎完全不理会那些刊登耸人听闻消息的出版物。

所有这些显然没有引起罗杰·施特赖特马特（Rodger Streitmatter）的注意，他在最近出版的《比剑更有力》（*Mighter Than The Sword*）一书中，也论述了这样一个观点即新闻媒体对美国历史有影响。他声称，在美西战争中，"简而言之，第四等级的力量迫使美国总统不得不在对人类十分重要的问题上有所妥协"。书中没有引用有关麦金莱的传记，没有引用华盛顿政客们的回忆录，也没有引用一本政治史学家或外交政策史学家的著作，又是一个典型的媒介中心论者。

另外，还有一个夸大媒体影响的最著名的论断，即电视新闻。电视新闻把战争的恐怖带入千家万户，导致公众舆论对越南战争的普遍反感，从而加强了反战运动。这个论点是由那些为美国军队辩护的人而非新闻史学家提出来的。在丹尼尔·哈林（Daniel Hallin）所著的《未经审查的战争》（The Uncensored War）一书中，这一论点受到了明确的反驳。国际关系学专家迈克尔·曼德尔鲍姆（Michael Mandelbaum）和政治军事史学家乔治·莫斯（George Moss）也曾作出过类似的结论。埃默里学派显然查阅过这些著作，可对于整个问题，他们什么也没写。他们没有对媒体的影响发表什么明确的声明，反而提供了一个独特的以媒体为中心的战争幻象，这无疑强化了这样一个观点，即媒体起了关键性作用，而实际上，媒体的影响是微乎其微的。

二、反商业偏见

大学校长、教务长、商学院和工程学的教授们可能会与商界领袖们促膝交谈，但其他人大都不会。我们很可能会为自己选择这样一个职业感到自豪：在这里，金钱不是上帝。我们会把自己想象得比他人清白，没有因贪恋钱财受到污染。新闻史上，人们往往把来自商业的力量视为永远威胁思维独立的东西。新闻史看上去像编辑部和商务部在一份报纸上的紧张战局。这场战斗中，似乎没有哪位史学家会怀疑，谁是正义的力量，谁是邪恶。

但是，获利的动机总是具有腐蚀性的吗？认为财富具有腐蚀性是我们新英格兰清教徒的传统，但在新闻史上是否总是这样呢？美国新闻事业的成功及其在世界上的地位，能完全无视甚至排斥个人企业家往报纸、杂志、无线电、电视等方面汇集的巨大财富吗？就拿杰拉德·鲍德斯提（Gerald Baldasty）的著作《19世纪出版物的商业化》（The Commercialization of the Press in the Nineteenth Century）来说吧，这个很有价值的研究也落入了新闻史上"赢利就是毁灭的"的俗套。他对19世纪30年代到90年代各种报刊的比较表明，这段时期刊登政治新闻的版面在不断减少。他因而得出结论说，19世纪中叶新闻的"商业化"导致了政治新闻重要性的下降，这对民主来说显然是一件坏事。他写道，南北战争前的出版物"为广大公众提供了有潜在价值的政治论辩"，"而19世纪后期热衷于高额利润的出版物则没有这样"。

这幅图画有什么不对头的地方吗？读者得翻到该书附录才知道。在该书所附戏剧般的表格中，鲍德斯提表明19世纪各报用于刊登政治新闻的版面急剧减少。他列举了5种南北战争以前出版的报纸和8种19世纪后期出版的都市报纸，其中刊登政治新闻的版面从战前的 50.5% 减少到 19 世纪后期的 19.4%。可是，由于附录还提供了报纸版面的总数，我们不难发现，政治新闻百分比的下降实际上意味着政治新闻总数的剧增。1897 年，《纽约晚邮报》《纽约日报》和《芝加哥论坛报》中，每种报纸刊登的政治新闻都比 1831 年最大的政治性的报纸所刊登的政治新闻多 5 倍。

镀金时代及其以后越来越多的以牟利为目的的报纸版面增加、记者增多，其刊登的政治新闻却也与杰克逊时期的出版物不可同日而语，即使这些报刊同时也刊登了多得多的非政治性新闻。

鲍德斯提认为，19 世纪后期政治新闻相对地被其他题材所取代相应降低了美国文化中"政治"的威信或特色。他这种看法可能是正确的，但有商榷的必要。其实，我们本来可以这样讨论：版面所占百分率比专栏空间长短更重要；19 世纪 30 年代没有刊登地方政治新闻的报纸比 90 年代刊登大量地方政治新闻的报纸对政治讨论所起的作用更大。所有这些，包括更多的情况，都有进行探讨的必要，如果不那么轻易假设商业化一定带来消极影响的话。

三、经济和技术决定论

冷战后，左、中、右三派思想家都一直存在这样一种倾向，即把复杂的社会现象归结为某种经济或技术的原因。如果说原始的经济决定论已不太受欢迎的话，技术决定论则似乎永远也不会过时。新闻史上一种最为顽固的信念是：19 世纪后半期以来，客观性原则之所以成为新闻学上的公认是基于三个技术方面的原因：电报的出现鼓励了简练、注重事实的文风；为满足各党派读者的需要，通讯社要求报道不带任何评价；一般而言，报纸只有赢得民主党和共和党两党的读者才能赢利。

关于电报的决定作用，唐纳德·L·肖（Donard L Shaw）在几篇重要的论文中举了很好的例子。他在对 1852 年至 1916 年间威斯康星州出版的报刊进行研究时发现，这段时期，新闻报道的偏见减少了，1880 年到 1884 年，这种偏见减少得特别厉害，而这个时期，该州报纸通过无线电波发送的关于总统竞选活动的报道从 47% 猛增至 89%。后来，慢慢地，无线电报以外其他途径发送的报道的偏见也越来越少了。肖将这个现象归于记者们对通讯社文风的模仿。

肖的定量研究得到詹姆斯·凯瑞（James Carey）的《技术与意识形态》（*Technology and Ideology*）一文的进一步证实。凯瑞在这篇堪称思想深邃的名作中指出，电报要求将现在随处可见的俚语和方言从语言中剔除出去，电报把分析新闻的记者变成了事实现象的罗列者；发送电报的高昂费用又迫使记者把文章写得"简朴而不加渲染"。

肖的逻辑推理和凯瑞的论点乍看上去无懈可击，他们把如此复杂的社会变革看成是一次文风的改进，解释得如此简单而又圆满，确实令人满意。但在这种情况下存在三个问题。其一，其解释含糊不清。倘若肖和凯瑞的观点正确的话，19 世纪 90 年代以前，至少是 1900 年或 20 世纪最初几年，党派偏见一定越来越少，大家都善于将党派偏见巧妙地掩盖起来，报纸文风简练、注重事实。可事实上，在 1900 年，报纸上的党派偏见依然是明目张胆的。用现代的标准来看，文风依然冗长。美西战争之前和中间，从古巴来的时髦的通讯语言是个性化的，五彩缤纷、充满浪漫情调。人们对沉醉于城市生活的记者采写的充满感伤情怀的报道很感兴趣，而政治领域的新闻报道也常有讽刺之意。

这是我自己建立在对世纪之交报纸大量阅读基础上的观察，并非一种系统的评价。如果肖和凯瑞的工作建立在更系统的内容分析基础上，这种反驳将是十分薄弱的。由此带来经济技术决定论的第二个问题：论点建立在有限的资料基础上，有的资料甚至不能说明问题。凯瑞的工作明显只给人以一般印象，至于肖的，还另有问题。1852 年，威斯康星州的报纸在竞选方面没有采用通讯社的报道。1880 年，半数采用了通讯社的报道，但在可衡量的偏见方面，这种偏见不仅没有减少，反而有一些小小的增加。为什么通讯社的稿件从零到 47% 的增加没有带来偏见的减少，而之后四年，从 47% 到 89% 的增加却导致了偏见戏剧般地降低？

第三，凯瑞和肖都没有对可选择的假设作严密的思考。1978 年，我在《发现新闻》（*Discovering the News*）一书中就曾提出一条，即对互相分离的价值与事实的职业忠诚。首先，19 世纪 70 年代到一战之间记者地位的上升和独立性的增强；其次是一战后关于客观性的严肃探讨。只有随着这些发展，给客观性以力量的一系列新闻实践制度才有其组织和智力基础。

我现在想，这有一个更好的解释。直到 19 世纪末多数报纸与党派的联系仍十分密切，报纸的党派偏见很深。而当时在威斯康星州这些地方，多数报纸都是共和党派的，这便使 1884 年成为一个不同寻常的年份。因为在 1884 年，国内许多最杰出的共和党派报纸包括《纽约晚邮报》《波士顿先驱报》都抛弃了共和标准的缔造者詹姆士·布莱里。1880 年到 1884 年新闻偏见的衰落很可能与 1884 年竞选的性质有关——起作用的是个人的正直与否而非党派的忠诚。

经济因素推动了从党派偏见到客观性的改变是一种被广为接受的观点，

但这却未必正确。埃默里学派这样表述其观点，"公正的形象对于业主和编者获得日益扩展的读者市场的应有份额以及相应的广告收入极为重要"。可这种说法是否正确呢？19 世纪晚期，读者增长如此之快——从 1880 年的 350 万增加到 1920 年的 3200 万，各种报道风格都会有合算的报酬，而保持鲜明的党派性却最为有利。这体现了当时居发行领导地位的赫斯特的《纽约日报》以及普利策的《纽约世界报》的特点。升温的政治运动和报纸的热心参与促进了发行量的提高。

报纸从党派性到客观性转变的另一个因素在于 1880 年到 1920 年在独立分子和进步分子冲击下政治观念的改变。经过一系列改革，政党遭受打击，政治开始被视为需要专家管理的行为，投票则是选民在纲领和候选人之间进行的选择，而非显示其对党派的忠诚。这种新的理解促进了新闻界从党派偏见到客观性的改变。

选自：李文绚编译，《国际新闻界》1998 年版，第 36—41 页；参看：《简明中外新闻事业史》第十六章。

法国《人权宣言》

宣言条文

（起草人：穆尼埃）

组成国民议会之法国人民代表认为，无视、遗忘或蔑视人权是公众不幸和政府腐败的唯一原因，所以决定把自然的、不可剥夺的和神圣的人权阐明于庄严的宣言之中，以便宣言可以经常呈现在社会各个成员之间，使他们不断地想到他们的权利和义务；以便立法权的决议和行政权的决定能随时和整个政治机构的目标两相比较，从而能更加受到他们的尊重；以便公民们今后以简单而无可争辩的原则为根据的那些要求能确保维护宪法与全体幸福。

因此，国民议会在上帝面前并在他的庇护之下确认并宣布下述的人与公民的权利：

第一条　在权利方面，人们生来是且始终是自由而平等的。除了依据公共利益而出现的社会差别外，其他社会差别一概不能成立。

第二条　任何与政治结合的目的都在于保护人的自然的和不可动摇的权利，这些权利就是自由、财产、安全和反抗压迫。

第三条　整个主权的本原，主要是寄托于国民。任何团体、任何个人都不得行使主权所未明白授予的权力。

第四条　自由就是指有权从事一切无害于他人的行为。因此，各人的自然权利的行使，只以保证社会上其他成员能享有同样权利为限制。此等限制仅得由法律规定之。

第五条　法律仅有权禁止有害于社会的行为。凡未经法律禁止的行为即不得受到妨碍，而且任何人都不得被迫从事法律所未规定的行为。

第六条　法律是公共意志的表现。全国公民都有权亲身或经由其代表去参与法律的制定。法律对于所有的人，无论是施行保护或处罚都是一样的。在法律面前，所有的公民都是平等的，故他们都能平等地按其能力担任一切官职、公共职位和职务，除德行和才能上的差别外不得有其他差别。

第七条　除非在法律所规定的情况下并按照法律所指示的手续，不得控告、逮捕或拘留任何人。凡动议、发布、执行或令人执行专断命令者受处罚；但根据法律而被传唤或被扣押的公民应当立即服从；抗拒则构成犯罪。

第八条　法律只应规定确实需要和显然不可少的刑罚，而且除非根据在犯法前已经制定和公布的且系依法施行的法律以外，不得处罚任何人。

第九条　任何人在其未被宣告为犯罪以前应被推定为无罪，即使认为必须予以逮捕，但为扣留其人身所不需要的各种残酷行为都应受到法律的严厉制裁。

第十条　意见的发表只要不扰乱法律所规定的公共秩序，任何人都不得因其意见、甚至信教的意见而遭受干涉。

第十一条　自由传达思想和意见是人类最宝贵的权利之一；因此，各个公民都有言论、著述和出版的自由，但在法律所规定的情况下，应对滥用这项自由负担责任。

第十二条　人权的保障需要有武装的力量；因此，这种力量是为了全体人利益而不是为了此种力量的受任人的个人利益而设立的。

第十三条　为了武装力量的维持和行政管理的支出，公共赋税就成为必不可少的；赋税应在全体公民之间按其能力作平等的分摊。

第十四条　所有公民都有权亲身或由其代表来确定赋税的必要性，自由地加以认可，注意其用途，决定税额、税率、客体、征收方式和时期。

第十五条　社会有权要求机关公务人员报告其工作。

第十六条　凡个人权利无切实保障和分权未确立的社会，就没有宪法。

第十七条　私人财产是神圣不可侵犯的，除非当合法认定的公共需要所显然必需时，且在公平而预先赔偿的条件下，任何人的财产不得受到剥夺。

选自：1789年法国大革命中的重要文献《人权宣言》；参看：《简明中外新闻事业史》287–298页。

恩格斯：《马克思和新莱茵报》

马克思和《新莱茵报》

（1848—1849）

当二月革命爆发的时候，我们所称的德国"共产党"仅仅是一个人数不多的核心，即作为秘密宣传团体而组成的共产主义者同盟。同盟之所以是秘密的，只是因为当时在德国没有结社和集会的权利。同盟除了得以从中吸收盟员的国外各工人协会之外，同盟在本国大约有 30 个支部或小组，此外，在许多地方还有个别的盟员。但是，这个不大的战斗队，却拥有一个大家都乐于服从的，第一流的领袖马克思，并且赖有他才拥有一个至今还完全适用的原则性的和策略的纲领——《共产党宣言》。

这里应该谈到的首先是纲领的策略部分。这一部分一般指出：

"共产党人不是同其他工人政党相对立的特殊政党。

"他们没有任何同整个无产阶级的利益不同的利益。

"他们不提出任何特殊的原则，用以塑造无产阶级的运动。

"共产党人同其他无产阶级政党不同的地方只是：一方面，在无产者不同的民族的斗争中，共产党人强调和坚持整个无产阶级共同的不分民族的利益；另一方面，在无产阶级和资产阶级的斗争所经历的各个发展阶段上，共产党人始终代表整个运动的利益。

"因此，在实践方面，共产党人是各国工人政党中最坚决的、始终起推动作用的部分；在理论方面，他们胜过其余无产阶级群众的地方在于他们了解无产阶级运动的条件、进程和一般结果。"

而对于德国党，则特别指出：

"在德国，只要资产阶级采取革命的行动，共产党就同它一起去反对专制君主制、封建土地所有制和小市民的反动性。

"但是，共产党一分钟也不忽略教育工人尽可能明确地意识到资产阶级和无产阶级的敌对的对立，以便德国工人能够立刻利用资产阶级统治所必然带来的社会的和政治的条件作为反对资产阶级的武器，以便在推翻德国的反动阶级之后立即开始反对资产阶级本身的斗争。

"共产党人把自己的主要注意力集中在德国，因为德国正处在资产阶级革命的前夜"，等等。

从来没有一个策略纲领像这个策略纲领一样是得到了证实的。它在革命前夜被提出后，就经受住了这次革命的检验；并且从那时起，任何一个工人政党每当背离这个策略纲领的时候，都因此而受到了惩罚。而现在，差不多过了40年，它已经成为欧洲——从马德里到彼得堡所有坚决而有觉悟的工人政党的准则。

巴黎的二月事变促使即将来临的德国革命匆忙上阵，从而改变了这个革命的性质。德国资产阶级不是依靠自己的力量取得胜利，而是仰仗法国工人革命才取得了胜利。它还没有来得及把自己那些旧的敌人即专制君主制、封建土地所有制、官僚以及怯懦的小市民彻底打倒，就已经不得不转过来反对新的敌人即无产阶级了。但是这时，德国比法英两国落后得多的经济状况以及因此同样落后的阶级关系，立刻就发生作用了。

当时德国资产阶级还刚刚开始建立自己的大工业，它既没有力量，也没有勇气，更没有迫切要求去争得在国家中的绝对统治地位。无产阶级也是同样不发展的，是在完全的精神奴役中成长起来的，没有组织起来，甚至还没有能力独立地进行组织，它只是模糊地感觉到自己的利益同资产阶级的利益的深刻对立。因此，虽然它在实际上是资产阶级的危险敌人，但是另一方面它仍然是资产阶级的政治附庸。资产阶级不是被德国无产阶级当时的样子所吓倒，而是被它势将变成法国无产阶级已经变成的样子所吓倒，所以资产阶级认为唯一的生路就是去同君主制度和贵族进行任何的、甚至最懦弱的妥协；而无产阶级则由于还不知道它自己应该扮演的历史角色，所以它的绝大多数起初不得不充当资产阶级先进的极左翼的角色。当时德国工人应当首先争得那些为他们独立地组成阶级政党所必需的权利：新闻出版、结社和集会的自由——这些权利本来是资产阶级为了它自己的统治必须争得的，但是它现在由于害怕竟不赞成工人们享有这些权利。两三百个分散的同盟盟员消失在突然卷入运动的广大群众中间了。因此，德国无产阶级最初是作为最极端的民主派登上政治舞台的。

当我们在德国创办一种大型报纸的时候，我们就有了现成的旗帜。这个旗帜只能是民主派的旗帜，但这个民主派到处在各个具体场合，都强调了自已特殊的无产阶级性质,这种性质是它还不能一下子就写在自己旗帜上的。如果我们当时不愿意这样做,不愿意站在已经存在的、最先进的、实际上是无产阶级的那一端去参加运动并推动运动前进,那我们就只好在某一偏僻地方的小报上宣传共产主义,只好创立一个小小的宗派而不是创立一个大型的行动党了。但是我们已经不适于做沙漠中的布道者:我们对空想主义者研究得太清楚了,而我们制定自己的纲领目的也不在这里。

当我们到达科隆的时候,那里已经由民主派人士,部分地也由共产主义者在筹备创办大型报纸。他们想把报纸办成纯地方性的,即科隆的报纸,而把我们赶到柏林去。可是,我们(主要是由于有马克思)在 24 小时内就把阵地夺了过来,报纸成了我们的,不过我们做了让步,把亨利希·毕尔格尔斯列入编辑部。此人只写过一篇文章(刊登在第 2 号上),以后就什么也没有写了。

当时我们要去的地方正是科隆,而不是柏林。首先,科隆是莱茵省的中心,而莱茵省经历过法国革命,通过《拿破仑法典》而保持现代法的观念,发展了规模极大的大工业,当时在各方面它都是德国最先进的部分。我们根据自己的观察,十分了解当时的柏林,知道它那里有刚刚诞生的资产阶级,有口头上勇敢、行动上怯懦的奴颜婢膝的小资产阶级,还有极不发展的工人,有大批的官僚以及贵族的和宫廷的奴仆,我们知道它仅仅作为一个"京城"所具有的一切特点。但是,关键是在柏林实行的是可怜的普鲁士邦法,并且政治案件是由职业法官审理的;而在莱茵地区实行的则是拿破仑法典,由于已经存在书报检查制度,法典中根本没有提到报刊案件;人们受陪审法庭审判并不是由于政治上违法,而只是由于某种犯罪行为。在柏林,革命以后,年轻的施勒弗尔为了一点小事就被判处一年徒刑,而在莱茵河地区,我们却享有绝对的新闻出版自由,我们也充分利用了这个自由。

我们于 1848 年 6 月 1 日开始出版报纸时,只拥有很少的股份资本,其中只有一小部分付了款,并且股东本身也极不可靠。第一号出版后就有一半股东退出了,而到月底竟一个也没有剩下。

编辑部的制度是由马克思一人独裁。一家必须定时出版的大型日报,如果采用别的制度,就不能保持一种贯彻始终的立场。况且在这方面马克思的独裁对我们来说是理所当然和毋庸置疑的,我们大家都乐于接受它。首先是马克思的洞察力和坚定立场,才使得这家日报成了革命年代德国最著名的报纸。

《新莱茵报》的政治纲领有两个要点:

建立统一的、不可分割的、民主的德意志共和国和对俄国进行一场包括恢复波兰的战争。

　　小资产阶级民主派当时分为两个派别：希望有一个民主的普鲁士皇帝的北德意志派和希望把德国变成瑞士式联邦共和国的南德意志派，后者当时几乎是清一色的巴登人。我们当时应该对这两派都进行斗争。不论是把德国普鲁士化，或者是把德国的小邦割据状况永远保存下去，都是无产阶级的利益所不能容许的。无产阶级的利益迫切要求德国彻底统一成一个民族，只有这样才能造就一个清除了过去遗留下来的一切琐碎障碍、让无产阶级同资产阶级可以较量的战场。但是，建立普鲁士的领导地位同样也是无产阶级的利益所不容许的；普鲁士国家及其全部制度、传统和王朝，正是德国革命应当打倒的唯一的国内劲敌；此外，普鲁士只有先把德国分裂，只有先把德意志奥地利从德国排除出去，才能统一德国。普鲁士国家的消灭，奥地利国家的崩溃，德国真正统一成为共和国——我们在最近将来的革命纲领只能是这样的。要实现这个纲领，就要通过对俄战争，而且只有走这条路。关于这一点后面还要讲到。

　　一般说来，报纸的语调完全不是庄重、严肃或热烈的。我们的敌人全都很卑鄙，我们对他们一律采取极端鄙视的态度。进行密谋的君主国、权奸、贵族、《十字报》，引起庸人极大的道义愤慨的整个"反动派"——对待他们我们只用嘲笑和讽刺。但是，我们对那些由革命创造的新偶像，如三月的大臣们、法兰克福议会和柏林议会（无论对其右派或左派）的态度也没有两样。第一号报纸开始就刊载一篇文章来讽刺法兰克福议会形同虚设，讽刺它的冗长的演说无济于事，讽刺它的怯懦的决议毫无用处。这篇文章的代价就是使我们失去了一半股东。法兰克福议会甚至连辩论俱乐部都算不上，这里几乎根本不进行什么辩论，而大多都是宣读预先准备好的学院式论文，通过一些用来鼓舞德国庸人，却无人理睬的决议。

　　柏林议会就具有较大的意义了，它是在同一种实际力量相对抗，它是在平地上，而不是在法兰克福的空中楼阁里进行辩论和通过决议。因此，对它就谈得较为详细。可是，我们对待那里的左派偶像，如舒尔采·德里奇、贝伦兹、埃尔斯纳、施泰因等的态度，也像对待法兰克福分子的态度一样尖锐。我们无情地揭露了他们的犹豫、畏缩和瞻前顾后，向他们指出，他们怎样用自己的妥协一步一步地出卖了革命。这一点自然引起了民主派小资产者的恐惧，他们正是为了供自己使用才制造出这些偶像的。但是，这种恐惧恰好证明我们击中了要害。

　　同样，我们也反对了小资产阶级热心散布的一种错觉，仿佛革命已经随着三月事变而告结束，现在只需收获它的果实了。在我们看来，二月和三月只有在下述情况下才能具有真正革命的意义，那就是：它们不是长期革命运动的终点，相反的是长期革命运动的起点，在这个革命运动中，像在法国大革命时期一样，人民在自己的斗争过程中不断发展起来，各个政党越来越明显地自成一家，直到它们同各个大阶级即资产阶级、小资产阶级和无产阶级完全相吻合为止，而无产阶级则在一系列战斗中相继夺得各个阵地。所以，凡是民主派小资产阶级想用它惯用的词句——我们大家的愿望都是一样的，一切分歧只是出于误会——来抹杀它与无产阶级的阶级对立的场合，我们也反对了民主派小资产阶级。而我们越是不让小资产阶级对我们无产阶级民主派发生误解，它对我们就越顺从，越好说话。越是激烈和坚决地反对它，它就越容易屈服，就越是对工人政党做更多的让步。这一点我们已经体会到了。

最后，我们揭露了各种所谓国民议会的议会迷（用马克思的说法）。这些先生们放过了一切权力手段，把它重新交还给——部分是自愿地交还给——政府。在柏林和法兰克福，在重新巩固起来的反动政府旁边存在着无权的议会，但这种议会却以为自己无力的决议能扭转乾坤。这种执迷不悟的自我欺骗，支配了直到极左派为止的所有的人。我们告诫他们：他们在议会中的胜利，同时也将是他们在实际上的失败。

在柏林和法兰克福的结果正是这样。当"左派"获得多数时，政府便把整个议会解散了；政府之所以能够这样做，是因为议会已经失去人民的信任。

当我后来读到布日尔论马拉的一本书时，我便发觉，我们不只是在一个方面都不自觉地仅仅模仿了真正的（不是保皇党人捏造的）《人民之友》的伟大榜样；一切的怒吼，以及使人们在几乎一百年中只知道一个完全被歪曲了形象的马拉的全部历史捏造，只不过是由于马拉无情地扯下了当时那些偶像——拉斐德、巴伊等人的假面具，揭露了他们已经成了十足的革命叛徒的面目，还由于，他也像我们一样要求不宣布革命已经结束，而宣布革命是不断的革命。

我们曾经公开声明，我们所代表的派别，只有在德国现有的正式政党中最极端的政党掌握政权的时候，才能开始为达到我们党的真正目的而斗争：那时我们将成为反对派，同这个最极端的政党相对立。

但是，事变却要使人除了嘲笑德国的敌人以外，还要表现出一种昂扬的激情。1848 年 6 月巴黎工人起义的时候，我们正守卫在自己岗位上。从第一声枪响，我们便坚决站到起义者方面。他们失败以后，马克思写了一篇极其有力的论文向战败者致敬。

这时最后一些股东也离开了我们。但是，使我们感到满意的是，当各国资产阶级和小市民对战败者横加诽谤的时候，在德国，并且几乎是在全欧洲，我们的报纸是高举被击溃了的无产阶级旗帜的唯一报纸。

我们的对外政策很简单：支持一切革命民族，号召革命的欧洲对欧洲反动派的强大支柱——俄国，进行一场普遍的战争。从2月24日起，我们已经清楚了解到，革命只有一个真正可怕的敌人——俄国，运动越是具有全欧洲的规模，这个敌人也就越是不得不开始斗争。维也纳事变、米兰事变、柏林事变不免延迟了俄国的进攻，然而革命越是逼近俄国，这一进攻的最终到来就越是必定无疑。可是，如果能使德国对俄国作战，那么，哈布斯堡王朝和霍亨索伦王朝就会灭亡，而革命就会在全线获得胜利了。

这一政策贯穿着俄军真正入侵匈牙利以前的每一号报纸，而俄军的入侵完全证实了我们的预见并决定了革命的失败。

在1849年春季，决战临近的时候，报纸的语调就变得一号比一号更猛烈和热情。威廉·沃尔弗在《西里西亚的十亿》（共8篇论文）中提醒西里西亚的农民说，在他们解脱封建义务时，地主怎样在政府的帮助下骗取了他们的钱财和土地，并且他还要求10亿塔勒的赔偿费。

与此同时，马克思关于雇佣劳动与资本的论文在4月间以一组社论的形式发表了，论文明确指出了我们政策的社会目的。每一号报纸，每一个号外，都指出一场伟大战斗正在准备中，指出了在法国、意大利、德国和匈牙利各种对立的尖锐化。特别是4月、5月两月间出版的号外，都是号召人民准备战斗的。

在整个德国，人们都因为我们在普鲁士的头等堡垒里敢于面对着8000名驻军和警察作出这一切事情而感到惊讶；但编辑室内的8支步枪和250发子弹，以及排字工人头上戴着的红色雅各宾帽，使得我们的报馆在军官们眼中也成了一个不能用简单的奇袭来夺取的堡垒。

1849年5月18日，打击终于到来了。

德累斯顿和埃尔伯费尔德的起义被镇压下去了，伊瑟隆的起义被围困；莱茵省和威斯特伐利亚遍布军队，在彻底镇压普鲁士莱茵地区之后就要向普法尔茨和巴登进军。这时政府终于敢来进攻我们了。编辑部人员有一半受到法庭迫害，另一半作为非普鲁士人被依法驱逐。对此是无可奈何的，因为政府有整整一个军团作为后盾。我们不得不交出自己的堡垒，但我们退却时携带着自己的武器和行装，奏着军乐，高举着印成红色的最后一号报纸的飘扬旗帜，我们在这号报纸上警告科隆工人不要举行毫无希望的起义，并且对他们说：

"《新莱茵报》的编辑们在向你们告别的时候，对你们给予他们的同情表示感谢。无论何时何地，他们的最后一句话将始终是：工人阶级的解放！"

《新莱茵报》在它创办即将一周年时就这样停刊了。开始时它几乎没有任何资金——我已经说过，人们答应给它的一笔不大的款子没有照付——而在9月已经差不多发行到5000份了。在科隆宣布戒严时，报纸曾经一度被封；在10月中报纸又不得不重新从头开始。但是，1849年5月，在它被禁止时，它又有了6000订户，而当时《科隆日报》，据该报自己承认也不过只有9000订户。没有一家德国报纸——无论在以前或以后——像《新莱茵报》这样有威力和有影响，这样善于鼓舞无产阶级群众。

而这一点首先归功于马克思。

遭到打击后，编辑部解散了。马克思去了巴黎，当时那里正准备着1849年6月13日到来的结局；威廉·沃尔弗这时已经在法兰克福议会里占有他的席位——当时这个议会必须在被从上面解散或是投向革命之间进行选择，而我则到了普法尔茨，作了维利希志愿部队中的副官。

选自：《马克思和〈新莱茵报〉》，《马克思恩格斯选集》第四卷，人民出版社1995年版，第180-189页；参看：《简明中外新闻事业史》331-335页。

《火星报》编辑部的声明

（1900 年 8 月下旬）

编辑部的话

在政治报纸《火星报》出版的时候，我们认为有必要谈一谈我们的意图和我们对自己的任务的理解。

我们正处在俄国工人运动和俄国社会民主党历史上极端重要的时刻。近几年来，社会民主主义思想在我国知识界传播之快，是异常惊人的，而与这一社会思潮相呼应的却是工业无产阶级的独立产生的运动。工业无产阶级开始联合起来同自己的压迫者斗争，他们开始如饥似渴地向往社会主义。到处都出现工人小组和知识分子社会民主党人小组，地方性的鼓动小报广为流传，社会民主主义的书报供不应求，政府变本加厉地迫害已阻挡不住这个运动了。监狱中拥挤不堪，流放地也人满为患，几乎每个月都可以听到俄国各地有人被"抓获"、交通联络站被侦破、书报被没收、印刷所被封闭的消息，但是运动在继续发展，并且席卷了更加广大的地区，它日益深入工人阶级，愈来愈引起社会上的注意。俄国经济的整个发展进程、俄国社会思想和俄国革命运动的全部历史，将保证社会民主主义工人运动最终冲破重重障碍而向前发展。

可是，另一方面，最近时期我们的运动特别明显的主要特点就是运动的分散状态，即运动的所谓手工业性质。地方小组的产生和活动，相互之间并没有联系，甚至（这一点尤其严重）与一直在同一中心活动的小组也没有联系；没有树立传统，没有继承性，地方书报也完全反映出分散状态，反映出同俄国社会民主党已经树立的东西缺乏联系。

这种分散状态是不符合波澜壮阔的运动的要求的，我们认为这种情况使当前成了运动发展的紧要关头。运动本身迫切要求巩固，要求具有一定的形态和组织，然而这种向运动的高级形式过渡的必要性，远非各地做实际工作的社会民主党人所能认识的。相反，在相当广的范围内，存在着思想动摇的情况，倾心于时髦的"对马克思主义的批评"和"伯恩施坦主义"，散布所谓"经济派"的观点，这样就必然力图阻碍运动，使它停留在低级阶段，把建立领导全体人民进行斗争的革命政党的任务推到次要地位。在俄国社会民主党人中间，可以看到这一类思想动摇——狭隘的实际主义不从理论上来阐明整个运动，有把运动引上歧途的危险，这都是事实。凡是直接了解我们大部分组织的实际情况的人，对这一点是不会怀疑的。而且有些著作也证明了这一点，只要指出《信条》《〈工人思想报〉增刊》（1899年9月）或彼得堡"工人阶级自我解放社"的宣言就够了。《信条》已经引起了理所当然的抗议，《〈工人思想报〉增刊》非常露骨地表现并贯穿整个《工人思想报》的倾向，彼得堡"工人阶级自我解放社"的宣言也是本着这种"经济主义"的精神拟就的。《工人事业》断言，《信条》只不过代表极个别人的意见，《工人思想报》的倾向不过是反映了该报编辑部的思想混乱和不通情理，并不是俄国工人运动进程本身的特殊思潮，这种说法是完全错误的。

与此同时，有一些著作家一直被读者不无根据地认为是"合法"马克思主义的著名代表，在他们的作品中，向资产阶级辩护论观点转变的迹象愈来愈明显了。这一切所产生的结果就是涣散状态和无政府状态，因此，伯恩施坦这个原马克思主义者，或者更确切些说，这个原社会党人才能历数自己的成就，才能在书刊上扬言在俄国进行活动的社会民主党人大多是他的信徒而不受驳斥。

我们不想夸大情况的危险性，但是闭眼不看这种危险性，其害处更大。因此我们衷心拥护"劳动解放社"的决定——恢复出版书报的活动，并着手进行有系统的斗争来反对歪曲社会民主主义和把它庸俗化的企图。

由此得出一个具有实际意义的结论：我们俄国社会民主党人应该团结起来，全力以赴地建立一个巩固的党，这个党要在革命的社会民主主义的统一旗帜下进行斗争。这个任务早就由1898年的代表大会确定了，那次代表大会建立了俄国社会民主工党，发表了党的《宣言》。

我们既然是这个党的党员，就完全赞同《宣言》的基本思想，而且认为《宣言》的重要意义在于公开宣布了我们党的目的。因此，对我们党员来说，关于当前迫切任务的问题是：为了把党重新建立在尽可能稳固的基础上，我们应当采取怎样的行动计划？

通常对这个问题的回答是：必须重新选举中央机构并委托它恢复党的机关报。但是，在我们处于涣散状态的时期，这种简单的办法未必合适。

建立和巩固党，也就是建立和巩固全体俄国社会民主党人的统一，而由于上述原因，这种统一不是下一道命令就可以办到的，不是只根据某一次代表会议的决定就可以实现的，必须经过一番努力。首先，必须做到巩固的思想一致，排除意见分歧和思想混乱——恕我们直言，这种情况目前在俄国社会民主党人当中还普遍存在；必须用党的纲领来巩固思想一致。其次，必须建立一个组织，专门负责各个运动中心的联络工作，完整地和及时地传递有关运动的消息，正常地向俄国各地供应定期报刊。只有建立起这样的组织，建立起俄国的社会主义邮递工作，党才能稳固地存在，党才能成为真正的事实，从而成为强大的政治力量。我们决心要为实现这个任务的前一半，即创办坚持原则的、能够从思想上统一革命的社会民主党的共同的刊物贡献自己的力量，我们认为，这是当前运动的迫切要求，是恢复党的活动的必要的准备步骤。

正如我们已经说过的那样，还必须经过一番努力才能达到俄国社会民主党人在思想上的统一，为此，我们认为必须公开地全面讨论当前"经济派"、伯恩施坦派和"批评派"提出的原则上和策略上的基本问题。在统一以前，并且为了统一，我们首先必须坚决而明确地划清界限。不然，我们的统一就只能是一种假象，它会把现存的涣散状态掩盖起来，妨碍彻底清除这种涣散状态。因此很清楚，我们不打算把我们的机关报变成一个形形色色的观点简单堆砌的场所。相反，我们将严格按照一定的方针办报。一言以蔽之，这个方针就是马克思主义。我们大概也没有必要再补充说，我们主张不断发展马克思和恩格斯的思想，坚决反对爱德·伯恩施坦、彼·司徒卢威和其他许多人首先提出而目前甚为流行的那些似是而非的、暧昧不明的和机会主义的修正。虽然在讨论一切问题时我们自己持有一定的观点，但是，我们决不反对同志之间在我们的机关刊物上进行论战。为了弄清目前各种意见分歧的深度，为了全面讨论争论的问题，为了同革命运动中不同观点的代表、甚至不同地区或不同"职业"的代表不可避免地走极端的现象做斗争，在全体俄国社会民主党人和觉悟工人面前公开展开论战是必要的和适当的。正如上面已经指出的，我们甚至认为，对显然分歧的观点不作公开的论战，竭力把涉及重大问题的意见分歧掩盖起来，这正是当前运动中的一个缺陷。

我们不想一一列举已经列入我们机关报的工作规划的那些问题和题目，因为这个规划本身就是从目前形势下即将出版的政治报纸应该是怎样一种报纸这个总概念产生的。

我们将尽量使全体俄国同志把我们的出版物看作自己的机关刊物，在这里，每个小组都来报道一切有关运动的消息，都来介绍自己的经验，发表自己的看法，提出自己对文章的要求，作出自己对社会民主党的出版物的评价。总之，每个小组都来谈谈它对运动的贡献和在运动中的收获。只有在这个条件下，才可能建立真正是全俄社会民主党的机关报。只有这种机关报才能把运动引上政治斗争的康庄大道。帕·波·阿克雪里罗得说："要扩大我们宣传鼓动工作和组织工作的范围，充实它们的内容。"这句话应当成为决定俄国社会民主党人最近的将来活动的口号，因此我们就把这个口号列入我们机关报的工作规划。

我们不仅向社会党人和有觉悟的工人发出号召。我们的号召也是向一切备受现行政治制度压迫和蹂躏的人们发出的，我们为他们提供版面去揭露俄国专制制度的一切丑恶现象。

谁把社会民主党理解为一个只搞无产阶级自发斗争的组织，谁就会满足于只搞地方性的鼓动工作和"纯工人的"书报。我们不是这样理解社会民主党的，我们认为它是一个反对专制制度、同工人运动紧密联系的革命政党。只有组织成这样一个政党的无产阶级，即现代俄国最革命的阶级，才能够完成它所肩负的历史任务：把全国一切民主分子团结在自己的旗帜下，进行顽强的斗争，彻底战胜万恶的制度，完成历代先人的未竟之业。

每号报纸的篇幅为1—2印张。

鉴于报纸在俄国处于秘密状态，出版日期不能预定。

我们有各方的支持，——外国的一些社会民主党的著名人士答应为我们撰稿，"劳动解放社"（格·瓦·普列汉诺夫、帕·波·阿克雪里罗得、维·伊·查苏利奇）直接参加我们的工作，俄国社会民主工党的若干组织以及一些俄国社会民主党人团体都答应支持我们。

1900年作为《火星报》的专页出版。

选自：《列宁全集》第5版，第4卷，第354-360页，《列宁全集》第2版，第4卷，第316-318页；参看：《简明中外新闻事业史》335-339页。

《新闻与揭丑Ⅱ：美国黑幕揭发报道先驱林肯·斯蒂芬斯自述》

我掀起了一次犯罪潮

犯罪潮是一种经常发生的社会现象。纽约会周期性地出现这种浪潮，其他城市也是如此，它们会席卷公众，几乎能湮没律师、法官、教士和那些认为自己应当解释和治理这种异乎寻常的司法失控状况爆发的居于领导地位的公民们。他们会做出相同的诊断，这种"病"就是司法失控。他们也会开出相同的处方，治疗手段则是更多的法，更多的抓捕，更迅速的审判，更严厉的惩罚。社会学家及其他学者则更深入地研究这种浪潮；对他们来说，困难是他们没能引起注意。

我热衷于研究犯罪潮。我曾经在杰克·里斯的帮助下掀起了一次；许多记者都为这次犯罪潮推波助澜，最后是罗斯福总统终止了它。我感觉我了解聪明人并不了解的与犯罪潮有关的东西，因此想当然有一种快乐的优越感，这种感觉来自阅读社论、布道和演讲文，我把研究这些作为我的专业课题。事情就是这样。

在夏天，那个老警察总署的地下室是一个凉爽之地，侦探、囚犯和我们记者常常坐在一起聊天、打盹、玩扑克，讲出了许多反映底层社会的好故事，这比将它们作为新闻报道出来有趣多了。它们都是真实的故事，而真实的侦破故事即使与大家的小说相比，也是更加引人入胜的。有时，一名囚犯会对抓获他的侦探讲述他的案子之后，重新描绘他作案被捕的经历。有时，那些故事枯燥而具有技术性，因此可以这么说，它们仅对于当事人有足够的趣味，像以前的士兵在战后比较关注某次战斗的笔记一样。

一天，我厌倦了一场关于某事是在周四还是周五发生的长时间的争论，打起了瞌睡。这时一个新的声音打断了这场争论，那个发话者显然也感到厌烦了。

"哦，别说了，"他嚷道，"我给你们讲一个关于默里山两位警察的有趣故事吧。一天，他俩正在第 40 大街和麦迪逊大街的拐角处聊天，这时一辆四轮运货马车驶向了一幢房子。那是一座夏季四门紧闭的漂亮宅子。那一家人出去了，由一个看守人照管，那人名叫比利·博恩斯（Biny Bones），是芝加哥的入户盗贼，他在纽约没有任何业务。那个马车驾车人是我们无知的小偷'忙碌'先生。他们阴谋将那所房子洗劫一空，为了那个惊人的目的，比利的工作不是照看房子，而是如我所说，把它'打扫干净'。天色将晚，他们约定的行动时间到了。这时拐角处的两名警察给他们带来了一些麻烦。当比利·博恩斯听到铃声开门时，站在门口的'忙碌'把警察指给他看。这时比利摸摸脸感觉一下下巴两边是否刮得一样干净。于是他说：'哦，很好，他们不是芝加哥警察，他们仅仅是纽约佬。如果他们过来，我们就向他们求助，怎么样？'

"这个忙碌的家伙没有一点本地人的自豪感和忠诚。这个叛徒说：'好吧，比利，我们尽力去做吧，我不想平白无故地雇两次车，让我们把一些重物搬到人行道上，给他们点事情做。'他们就这样做了。他们搬了平时不大搬得动的大家伙，那条人行道变得混乱不堪，这时那两名警察在拐角处分手了，其中一个走过来看究竟是谁把他巡逻的道路弄得一团糟，以至于尊敬的市民们几乎没法走路。当这名警察走向那个忙忙碌碌的家伙时，他由于惊慌，吓得满头大汗。

"'你为什么不把一些东西装上车，'警察训问他，'反而把这条人行道弄得乱七八糟？'"

"那家伙张口结舌，不能言语，博恩斯只好在拎着一个大箱子走下台阶时解释说，他这个看门人想把东西搬出来，尽可能快地把房子封死，然后再装车。但是现在所有东西都已搬了出来，如果警察能够助他们一臂之力，他们就会马上把人行道打扫干净。警察不喜欢这话。

"'他为什么要掺和呢？'他问博恩斯，博恩斯没有回答，'不'，他对我说，'我不能做什么解释，就像我不能说清他们俩为什么跟警察在一块一样，'他所说的是：'喂，来吧，帮我提那个箱子，劳您大驾了。'警察提着那个大箱子，他拎着其他箱子，并把客厅里的钟也顺手抄走了。这就是说，警察先生比那家伙犯了更多的罪行。事后，那家伙因为自己袖手旁观而向博恩斯道歉。他说，他并不是开小差，仅仅是由于和警察在一起打扫房子而感到不习惯。博恩斯问我——对，向我，请注意，一个便衣侦探小队长——说明了那家伙对警察的反应：'他指的是穿制服的警察。'"

"哦，不管怎样，这起盗窃是在警察的帮助和保护下完成的。运货车装完后，博恩斯穿上外套，在里面锁上前门，衣帽整齐地从便门走了出来，他向那位警察道了声谢谢，和驾车的'忙碌先生'上车就座，带着一些经过挑选的名画、家具、衣服和零零碎碎的东西扬长而去。主人说，这些东西大概值1万美元！哎呀，博恩斯和那家伙从巴尼·利维（Bany Levy）那个专门买卖赃物的小子那里把货卖了，各得到800美元。"

有人发出大笑，有人再议论上几句，谈话又变成了闲聊。我装成刚刚睡醒的样子，伸着懒腰，站起来蹦跶了出去。在街对面我的办公室里，我写了一篇关于这起窃贼的报道，但仅仅是因为受害者是一个知名的华尔街股票经济人的家庭而已。我不能透露这条消息的来源，否则我可能被人从地下室赶出去。我没有重复警察助纣为虐的滑稽故事。《晚邮报》独家拥有了这篇报道，然而，各晨报却抢先发表了，第二天，里斯被他的主编质问道，为什么没有采访到这个故事，被激怒的里斯答复说，他能得到所有他想得到的那种材料，主编则回答："好吧，那么你去把它搞到。"

那天下午，里斯报道了一起我一无所知的窃案。这回轮到我挨骂了。我的主编想知道我为什么被别人抢得先手。

"我以为你不让犯罪新闻上《晚邮报》。"

"是的，但像这么大的盗窃案……"

好吧，我找了我的助手罗伯特（Robert），告诉他我们必须弄些罪案。我强留下侦探们长谈了一天。我在地下室坐了1小时想迷糊一会儿，但是没睡着。除了老掉牙的故事我一无所获。罗伯特这一天救了驾。他获悉了第5大道一家俱乐部抢劫案，是由我来写的。这是一条独家新闻。但里斯报道了两起劫案，抢在了我前面。到了这个时候，其他晚报也开始刊登偷盗新闻。那些沉湎于扑克的记者们原本是一些自甘堕落的二流子，当被逼无奈时，他们也能获得那些新闻。他们被我和里斯之间的竞争所震撼，于是放弃了他们的游戏，联合起来去搜集素材。不久他们就击败了我，就像里斯一样。我很后悔我挑了头。罗伯特和我不得不在那个地下室轮流睡觉。我们选择了一些罪案，但里斯一天可以获得两到三个，那个组合每天也至少能发现一起，各晨报不仅改写我们的报道，它们也有了自己的犯罪新闻。这一切表明，一场犯罪潮形成了。

那真是我所目睹的最糟糕的犯罪潮之一。我的报纸和我的朋友们所支持的改革警务委员会的工作一开始来就困难重重，要让它就这场犯罪潮作出解释着实令人尴尬。反对派报纸、坦幕尼协会和那些未改革的警官们欣喜于犯罪的爆发，这表明经改革的警务，特别是新的侦察服务还难以对付像纽约这类城市的罪犯。这种批评甚至刺痛了罗斯福的良心，他曾经罢免了纽约最著名的侦察贝尔纳斯警长，撤换了贝尔纳斯亲自培养的巡官，任命了一个与职业罪犯毫无瓜葛的副巡官。人们都知道，旧体制是建立在罪犯与侦探的相互联系的基础上的，经过选择的罪犯形形色色，有扒手、有顺手牵羊的小偷，有夜盗，等等。他们被允许活动是事出有因的，在这些形形色色的窃贼中，地盘是根据团伙划分的，每一个团伙都有一种垄断权，为了回报这种有偿的特权，这些团伙要保护自己的垄断权不受外人侵犯，报告外地人从其他城市到达的音信，并且一经要求便向侦探们提供消息（而非证据）和归还盗窃物。这被称为掌控，其效果很好，警方因此声名鹊起。当值得为一起盗窃案的受害者服务时，警方就能制造这种"奇效"。但是这当然不能制止偷盗，而只能保护有权有势的公民。有没有这种体制都会发生许多罪案，这取决于公众对封锁消息的忍受力，就像任何侦探系统所做的那样，但是贝尔纳斯已经教会纽约人向警方，而绝不要向新闻界报告他们的损失。

"如果把你的麻烦告诉我们，我们就有可能侦破你的案子。"他一遍又一遍地说，"如果你将其告诉朋友或新闻界，那些贼将闻风而逃，我们就爱莫能助了。"

如果市民们换种方式，既报告给警察，又透露给新闻界，他们就能了解某些事情。他们不久就会发现一天之内的作案率有多高，"破"案率有多么低，以迫使警方去侦破更多的案子。至于警告罪犯，这些聪明人知道，对于报纸公布的案子，警方总是了解罪案的，一旦报纸刊登出来，侦探们便会全力以赴投入侦破工作。

匹兹堡：揭开盖子的地狱

结束在圣路易斯的工作之前，我们依然决定不了接下来要对哪个城市开刀。古尔德铁路系统的一名高级官员邀请我到他的办公室去，向我推荐了匹兹堡。他说，匹兹堡彻底腐败了，比圣路易斯有过之而无不及，且可与费城比肩。他了解这些是因为古尔德铁路公司正试图在匹兹堡建一个终点站。而尽管商会和商人们普遍都能看到另一家铁路公司来与"宾州"竞争的好处，但是他们还是无能为力，控制着这个城市的政治性商业集团和控制整个州的马特·奎伊（Matt Quay）集团隶属于并且保护着宾州铁路的垄断。这位官员和古尔德的代理人们长期以来一直在进行谈判，直到此时还是没有成功的希望。他们深谙宾州匹兹堡腐败的统治者们的伎俩和权力。他私下里也为事情的这种状况愤慨不已。如果我愿意去那里把此事揭露出来，就像我在圣路易斯干的那样，古尔德的人就会悄悄向我提供材料和证据，来证明最糟糕的情况，使这个城市从它那可恨的暴政下解放出来。

这个邀请吸引了我和我在《麦克卢尔》杂志的同事们。情况也许是古尔德铁路公司打算在我从背后攻击匹兹堡的老板时圆滑地和他们正面谈生意，但我不在乎这个。窃贼争吵之时就是诚实之人获得善报之日，而我仍然是一个诚实的人，这对我来说是一个天赐良机。我私下里害怕独自一人去探寻一个陌生的城市，也从来没有那样做过。我的主编们和读者们总把我看成是一个调查和曝光黑幕的高手，就连这名古尔德铁路公司的官员说起话来的口气也好像是我已经揭穿了圣路易斯的老底一样，我确实进行过一些原创性的研究，报道过纽约警界和政界的腐败现象，但我不是一个调查高手。我只不过去了乔·福克和霍维·克拉克已经做了大量工作的地方，摘取了他们用辛劳和冒险换来的成果，记录并解释了他们获得的证据。

我是有所顾虑的，单枪匹马地去攻击一个城市可能会将贪污者曝光，却更有可能将自己暴露在明处。

另一方面，进入像匹兹堡这样的城市会使我得到世界和公众的敬重，而且像那里的沃巴什铁路公司一样，也会获得律师、议会说客和侦探们的秘密帮助，揭开匹兹堡的盖子，让真相大白于天下。这也是古尔德的建议。我不得不承诺不得泄露我的消息来源。他可能会向匹兹堡和宾州的团伙中人提示关于我的线索，而我却绝不能对任何人谈起他。

匹兹堡与我的理论目标相吻合，它不像费城和芝加哥那样声名狼藉，它的曝光会有出人意料的效应。再者，由于我所见到的其他城市的政治腐败不是政治性的，而是商业性的，因此我本人很有兴趣从经济的角度来审视这样一个由代表大企业利益的政客管理的城市，这个城市正陷于一个铁路公司与另一个的搏斗中，并且损害了小企业。匹兹堡的优点之一在于它是一个苏格兰、爱尔兰裔组成的美国人的城市。一些美国城市政府的辩护人士反对我将圣路易斯、纽约和明尼阿波利斯作为典型城市，他们指出，圣路易斯是德国商人的城市，明尼阿波利斯是斯堪的纳维亚裔人的城市，而纽约则是爱尔兰人的天下。匹兹堡处在便于回答那种谰言的位置上，但是还有另外一点宣传因素是必须考虑的。

那时，受过教育的市民说，而且我认为他们相信——他们当然是根据这一理论行事的——正是这些拥挤的大城市中无知的外国莠民把市政搞得如此糟糕。

纽约、圣路易新、明尼阿波利斯等地的改革者一直请求州立法机关把治安和其他权利从市政府手中要过来，这些权利中的大部分都被明显地滥用了。按照我的"破晓理论"，正如城市之间具有相似性，州与州之间也是如此。福克正在探寻这一真理，他还没有开始采取行动，但他收集到的材料足以显示，密苏里州和圣路易斯一样，都是同一班人以同样的手段在从事腐败的勾当。福克在他即将出任州长的密苏里州发现和证实了一些东西。我已经答应他我会回去把他的发现报道出来，同时我也需要了解一下一些其他城市，准备作一些比较。宾州很合适，从匹兹堡开始，然后是费城，这样我将长驱直入宾州。

第一次去匹兹堡给我留下的深刻印象是难以磨灭的。确切地说，它看起来像一座地狱。我是晚上到达的，漫无目的地走进了充满烟雾、挖得很深的阴暗街道；又经过一座桥，它建在鸟瞰这个城市的山坡上。火热的熔铁炉和两条河流刚好把它夹在中间，火炉定时打开，火山一般的火光穿过笼罩全城的烟雾，把汹涌澎湃的银色河流渡上了颜色。我写信给艺术主编贾卡西，为他描述了那个夜晚，要他给我派一名画家来，我要的不是西插图的，而是油画家，来把这番景象描画下来。朱尔斯·格林（Jules Guerin）来了，他看过以后画了幅画，至今我依然保存和欣赏它。这幅画名为《匹兹堡：揭开盖子的地狱》。这是我的画，对于它我所付出的并不比格林少，我给予了它我内心深处的恐惧。这座生产钢铁和百万富翁的城市，它的神秘与力量让我害怕。我害怕，因为我必须独自一人去对付它。

我不记得我是否把这件事告诉了格林。他来的那天，我刚好去了圣路易斯"古尔德"的官员介绍的那个办公室，希望能得到有关匹兹堡的资料，那里的人却不认识我。我要见的那个人接待了我，但他却从未听说过我，或是听到过什么要帮我忙的许诺。他是这么说的，但他尴尬的举止，还有他对秘书会意的迅速一瞥却证明他的断言是不真实的。他说，他们并没有试图挤进匹兹堡，如果那个城市和商人一致想要多修一条铁路的话，他们很乐意去那里，宾州铁路公司一直垄断着这里的交通，古尔德公司和宾州有一个很令人满意的安排。我明白了，协商进行得比圣路易斯那个人想象的要顺利，既然古尔德的代理人在台前策略地讨价还价，就没有从背后敲诈的必要了。古尔德公司将会被吸纳为控制政府的大商业利益集团中的一员，也就不需要其他的救世主了。我立刻明白了后来被知情者和事实所证明的事，但我还是那样迷惘而孤独。

在这座谜一般的城市里游荡着，我只是一个陌生人，在寻找着一处场所或一个人可以让我开始采访。我真的很想逃遁，但我不能，我必须留下来，"我们"已经宣称，我要去调查和揭露那个深不见底的政府的腐败内幕，这个政府看起来是如此强大和具有威慑力，而且对它无从下手。此时此刻，没有福克，没有霍维·克拉克，一个朋友都没有，甚至一个熟人也没有，就连旅馆的办事员也是冷若冰霜。他们都知道，因为报纸对我此行和目的已作了报道，所有相关的人一定都在盯着我，嘲笑我。我看到跟踪我的侦探在侦探并汇报我的行踪。在大厅里，在交易所里，在街上，一群群的人在窃窃私语，在诡秘地笑着。从他们的脸色我仿佛读到了对我的尴尬境地的嘲笑和好奇。

我游历过不少国家，从来没有一个地方让我感觉像在匹兹堡最初几天的日子那样糟糕，如此孤独，如此不受欢迎，如此滑稽可笑，像是一个外国人。

选自：林肯·斯蒂芬斯著，展江、万胜主译：《新闻与揭丑 II：美国黑幕揭发报道先驱林肯·斯蒂芬斯自述》，海南出版社 2000 年版；参看：《简明中外新闻事业史》第十四章。

《美国新闻史——大众传媒解释史》（节选）

美国新闻界的历史遗产

若不给我出版自由，我就将给这位大臣一个腐败的贵族院和一个卑躬屈膝的下议院……我就将使他享有这个职位所能授予他的一切权力，去进行威胁利诱——但是，一旦我拥有出版自由的武装，我就要向他所精心建立的强大体制进攻，把它埋葬在它要庇护的贪权枉法的垃圾堆中。

——理查德·布林斯利·谢里登

现代新闻体系并不是单个国家的馈赠，它只是人们进行的传播努力不断演变的现今阶段的产物，这种演变遍及各大洲，历时至少已有 1 万年。一系列印刷与写作方面的技术发展始于中东和亚洲，并缓慢地向欧洲，最后向美洲扩散，导致了当今的报道与计算机、高速彩印机和卫星通信的奇妙结合。每一项历史性突破都是在某种需要的驱动下实现的，这些需要包括：保存贸易记录、与偏远的帝国进行联系、传播宗教思想，或者留下有关业绩的美好记录。若不追溯众多这样的显赫业绩，我们就无法看到美国新闻史的全貌。

西班牙人对美洲新闻事业的影响

已知最早的有关时事的报道记述了 1541 年袭击危地马拉的一场风暴和地震。这份 8 页的小册子是由一位名叫胡安·罗德里克斯（Juan Rodriquez）的公证员撰写的，并由意大利人胡安·巴勃罗斯（Juan Pablos）在墨西哥城印刷的。巴勃罗斯是由塞维利亚一家知名印刷所的老板胡安·克龙贝尔赫（Juan Cromberger）派驻在新西班牙（指西班牙在墨西哥的殖民地——译注）

的代表。西班牙人在 1536 年将第一台印刷机带到了美洲，跻身高度发达的阿兹特克人、印加人和玛雅人的世界。胡安·德·苏马拉加主教（Bishop Juan de Zumdrraga）将这台印刷机带到了墨西哥城，而埃斯特万·马丁（Esteban Martin）据说是在当地开印刷先河的第一人。但是巴勃罗斯保存至今的著作是在 1539 年印刷的，当时他和印刷工希尔·巴韦罗（Gil Barberc）和一名黑奴印刷出了最初的几页。刊登在封面上有关 1541 年那场风暴报道的"标题"翻译出来是这样的，如图 1 所示：

关于西印度群岛一座叫做危地马拉的城市再次发生可怕地震的报道

这是一个令人极为震惊的事件，它很好地说明了我们所有人都应该为我们的罪恶忏悔，这样我们可以随时准备好等待上帝召唤我们。

发生在危地马拉的情况简述如下：……

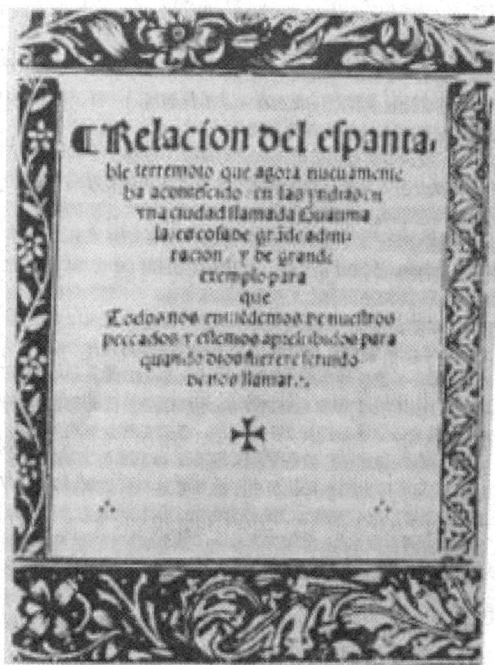

图 1　现存最古老的一篇新闻报道，1541 年印于墨西哥城

美洲的第二个印刷中心是利马，那里在 1583 年安装了一台印刷机。利马的第一位印刷商安东尼奥·里卡多（Antonio Ricardo）在次年印刷了一本印第安文的《教理问答》（Catechism）。早期的许多作品都是用两种文字印刷的宗教材料，其中许多装饰得丰富多彩。到 1600 年为止，至少印刷了 174 本书籍

（可能更多）。最初出版的多为单张报纸 hojas volantes（单张小传单或曰公报）。noticias（消息）、relaciones（报道）、sucesos（事件）或 relatos（故事）也出现在西班牙，其中一些是 16 世纪末在美洲印刷的。一份由里卡多 1594 年在利马印刷的报纸保存了下来，它叙述了英国海盗"阿基纳斯的约翰（John of Aquines）"〔即约翰·霍金斯（John Hawkins）（1532—1595，英国海军军官，英国奴隶贸易始作俑者，从西非贩运奴隶到西印度群岛等地——译注）的儿子〕在秘鲁沿海被俘的经过。比名声更大的英文报纸 Coramcw（科兰特）更早出版的 Hojas 直到 18 世纪仍然流行。与技术方面所取得的成就相应的是，有证据表明，印刷业主的遗孀们继承了丈夫的事业，正如在美国殖民史上出现的"印刷商的寡妇"的情形一样。

由于西班牙人的新闻检查制度和为一小批识字的人印刷新闻的高成本，美洲迟迟未出现定期报刊；尽管如此，大致每月一期的出版物还是在 1618 年问世了。这些反映了人们对欧洲新闻的浓厚兴趣，其中一些只是欧洲报纸的翻版。学者们尚未确定美洲在 17 世纪是否存在真正的定期出版物，尽管在 1667 年有一份《墨西哥公报》（Gaceta de Mexico）不定期出版，并且在 1693 年卡洛斯-西根萨伊·贡戈拉（Carlos de Siguenzay Gongora）出版了 4 卷《飞天信使》（Mercurio Volante），详细记述了在墨西哥发生的军事战役。看起来第一份真正的定期出版物是墨西哥的《墨西哥公报》，它在 1722 年开始刊登地方和国际新闻。它是由一名叫胡安·伊格纳西奥·卡斯托雷纳·乌苏亚-戈耶内切（Juan Ignacio Castorena Ureua y Goyeneche）的教堂官员每月出版的，他所刊登的新闻包括来自加利福尼亚、马尼拉、哈瓦那、危地马拉、阿卡普尔科和新西班牙其他城市的消息。在第二期上，卡斯托雷纳要求其他城市的总督和教堂官员们向他寄送"值得公众关注和可资良好榜样的"消息。卡斯托雷纳的报纸只维持了 6 个月，因为他被调走了。但在 1728 年，该报复刊了，并一直出版到大约 1739 年。第二份定期报纸《危地马拉公报》（Gazeta de Goatemala）1729 年出现在危地马拉。第三份定期报纸《利马公报》（Gazeta de Lima）是在 1744 年在利马出版的。尽管所有这三份报纸都是短命的，但它们为将来建立强大的西班牙报界奠定了基础。

欧洲的新闻报道

已知最早并保存至今的一种有名称的和定期出版的报纸，是于 1609 年在德意志地区出版的，但是，现存的数份没有标明它是在哪个城市出版、由谁印刷或者由谁出版的。通过对该报的纸质、字体、印刷技术、政治内容和宗教色彩进行分析，专家们推断这种已知的最早报纸应该是在德意志北部出版的。拉尔夫·O. 纳夫齐格尔博士（Dr. Ralph O. Nafziger）对德国研究者们所提供的证据进行了长期考证，据他认为，这份在 1609 年出版的《通告报》（Aviso）是在沃尔芬比特尔而不是像早些时候认为的在附近的不莱梅出版的。它是一份周报，就像在斯特拉斯堡出版的《报道报》（Relation）和在奥格斯堡出版的《通告报》（又名《新闻报》、Avisa Relation oder Zeitung）一样。这两份出版物都是在 1609 年问世的。

在 1610 年至 1661 年间，有名称的报纸在今天的瑞士、英格兰、西班牙、奥地利、比利时、荷兰、瑞典、意大利、波兰等国境内出现了。阿姆斯特丹的印刷商早在 1603 年就开始为荷兰与英格兰的读者印刷无报名的科兰特。大约在 1620 年至 1631 年间，一种法文版被送往巴黎，这种情况直到 1631 年在巴黎出现了第一份有名称的周报时才终止。德斯蒙德的研究表明，欧洲的印刷商们早在 1415 年就开始用雕版印制一些没有名称的"单张小报"。这些报纸是单面印刷的，在德意志地区各邦和中欧公开出售。据称这些报纸报道了1415 年的阿让库尔战役（英法百年战争期间，法军 25 000 人与英军约 5 700人于 1415 年 10 月 25 日进行的一场战斗，结果法军战败——译注）和一封由克里斯托弗·哥伦布（Christopher Columbus）1493 年写的信。当时新闻信也已很常见，最有名的要算是由奥格斯堡的富格尔（Fugger）金融所出版的富格尔新闻信。在 1568 至 1604 年间，一般的读者就可以得知有关苏格兰女王玛丽（QueenMary）被处决、西班牙的无敌舰队被打败以及弗朗西斯·德雷克爵士（Sir Francis Drake）早期的航海故事。1645 年在斯德哥尔摩问世的一家瑞典宫廷报纸目前依然在出版，这是世界上已知最古老的、连续出版至今的报纸。一份名叫《法兰克福邮政总局报》［后改名为《邮报》（Postzeitung）］的德文报纸在 1616 年开始出版，后来成为世界上第一张日报。该报一直出版到 1866 年，才与著名的《法兰克福日报》（Frankfurter Zeitung）合并。1660年，奥利弗·威廉斯（Oliver William）在他出版的小册子《完整日记》（Perfect Diurnal）上连续 4 周每天详细记述有关英国国会的情况。

印刷业在英国的发展

尽管英国在新闻出版方面比其他国家发达，但是它实际上无法自诩为现代报业的发源地。与其他地方一样，早在最原始形态的报纸出现之前，英国人就已开始相互交换新闻。该国在中世纪吸引人的特点之一就是有机会在乡村集市上交换闲言和信息。乡下人和贵族们每年都要到巴塞罗那、多尼布鲁克或斯托布里奇旅行多次，既是为了购买一年所需，也是为了交换新闻。因此，不是报纸创造了新闻，而是新闻创造了报纸。

以 20 世纪的标准来看，一份真正的报纸必须符合以下条件：它必须是定期出版的，每日一期或每周一期；它必须诉求读者的普遍兴趣，而不是某种特殊的兴趣；它必须提供及时的新闻。如果将这些标准应用到 17 世纪的话，那么"真正的报纸"是很晚才出现的。在本书中多数情况下提到的一份报纸的标准指的是一份报纸出版的连续性，以及它所采用的是尽量及时的、能引起普遍兴趣的材料。

要印刷这样一种出版物，就必须提供一些激励，以采集和加工令普通公众感兴趣的信息——即新闻。因此新闻成了一种商品，就像是食物或其他商品一样，为了获得利润而生产，以满足一种需求。直到 1500 年左右，"消息"（Tidings）这个词通常用来描述有关时事的报道；造出"新闻"（news）这个词是为了把偶然的信息传播行为与有意识地采集和加工最新消息的努力区分开来。

报纸首先是在那些中央权力薄弱或统治者比较宽容的地方兴盛起来的，前者如德意志地区，当时它分裂为许多弱小的公国；后者如那些低地国家（指今日的荷兰、比利时和卢森堡——译注）。这就是为什么报业在英国发展滞后的原因。诚然，威廉·卡克斯顿早在 1476 年就开办了英国第一家印刷所，但是几乎在两个世纪之后，这个国家才有了一份真正的报纸。

卡克斯顿在欧洲大陆学习了印刷术，自 15 世纪中叶起，它在欧洲就成为一种技艺。卡克斯顿曾是一个叫做"冒险家"的注册协会的董事，这些"冒险家"实际上都是那些有兴趣做外贸生意的商人。卡克斯顿是一位博学多才之士，他撰写和翻译过几本书，同时还是一位珍本书收藏家。他确信他的使命就是将欧洲大陆的文化介绍给自己的同胞。他的国王爱德华四世（Edward Ⅳ）大力鼓励这些主张。当时爱德华刚刚在经历一场导致国家分裂的长期内战后即位，直到 1471 年他才稳定了朝纲。他立即着手医治内战所造成的创伤。爱德华促进了法律、工业和文化的发展，正是在这样的背景下，卡克斯顿于 1476 年在伦敦的威斯敏斯特教堂的赈济所里开办了一间小印刷所。

都铎王朝的统治：通过发放许可证实行事先约束

1485 年的博斯沃思战役催生了一个新的英国王朝。胜利者亨利·都铎（Henry Tudor）结束了约克王朝与兰开斯特王朝两个王族间的世仇，从而使国家恢复了人们盼望已久的安定局面。亨利在血统上属于兰开斯特家族，而他又与约克家族有婚姻关系。在经历了被称为红白玫瑰战争的内战之后，他所掌握的权力极大，以致使后来的都铎王朝的统治者几乎成了英国的绝对君主。贵族们以前曾经限制过国王的权力，但是在经过连年的战争后，已十去其九。都铎王朝的君主们充分利用了这种形势，他们中的大多数人都是出色而干练的管理者。在都铎王朝的统治下，英国经历了一个黄金时代。不过，这个时代唯独不利于出版业的发展。

卡克斯顿享有不受皇家干涉的相对自由，主要是因为他从不拿自己的地位去冒险。印刷业在传入英国后的大约头 50 年里尚未形成一支社会力量。但在都铎王朝的统治下，出版业已经成为一件国王所关心的事情，这个强大的王朝是以试图将一切可能的权力都抓在手中而著称的。在 1529 年，亨利八世开列了一张禁书单，从而开始了对出版业的控制，其目的在于筑起一道"防波堤"，以阻挡日益高涨的新教潮流。翌年，第一个在政府控制下颁发许可证的制度得以建立。在 1534 年的圣诞节，亨利八世又发布公告，规定印刷商在开张营业前须先行获得皇家许可，"事先约束"（Prior restraint）从此成为法律。

在此期间，枢密院的权力也扩大了，从而削弱了国会和成立较早的法院的权力，而有利于国王。枢密院负责监督法律的执行、调节贸易、监视法院的活动和控制出版业。枢密院的记录表明，从 1542 年起，枢密院即不断以"用词不当"、煽动性言论或诸如此类的借口，对某些个人提出起诉。早在 1540 年，枢密院就曾因为印刷有关政治问题的街头民谣一事逮捕了一些人。

尽管采取了这些镇压措施，但是它们未能阻止一种文学黑市提供那些违禁的消息和娱乐性新闻。例如，我们知道，亨利八世在他在位的第 36 年就曾对有人报道了在苏格兰的一次战役而恼怒。这一新闻是由当时在伦敦出售"大幅单页印刷品"（这种印刷品每一期专门叙述某一事件）的小贩们传播的。国王之所以抱怨，并非由于报道不真实，而是因为刊印这一新闻并未经过他许可。

控制某一行业的方法之一是使之成为垄断企业，然后让该行业的管理者对滥用职权行为负责。都铎王朝在 1557 年对印刷业就采取了这种做法，当时玛丽女王建立了文具商公司。这个组织自 1357 年起即以法庭文书与教科书作者协会的名义而存在。在 1404 年以后，这个协会开始接纳"绘画者"（limner），即插图作者；到了 1500 年印刷商们也被接纳为会员。但"文具商"（stationer）这个词在玛丽时代是专指出版商和书商的，以区别于印刷商。文具商公司是一种印刷业托拉斯，有了它，当局要追查那些不属于贵族集团成员的反叛印刷商，就容易多了。例如在 1576 年，文具商公司批准了一项命令：对伦敦（几乎所有印刷业都集中在这里）的大小印刷所实行每周一次的检查制度。两人一组的检查官向当局报告各印刷所正在进行的工作情况、手头的订货数目、顾客的身份、雇员人数以及工资额度等。这对防止出现大量的违禁印刷品来说是一种行之有效的措施。

声名狼藉的星法院（Star Chamber）最初是为保护公众而设立的，后来却成为欺压百姓的象征，它在英国报纸诞生之前的一长段时期成为了禁止自由表达思想的又一障碍。根据枢密院和星法院分别在1566年和1586年颁布的法令，大致就可知道此后数百年间对出版自由的限制程度。对印刷商中那些公然蔑视当局的冒失鬼规定了严厉的惩罚措施。但看来似乎奇怪的是，竟然有一些印刷商却甘愿冒这种风险，威廉·卡特（William Carter）就是其中之一：他因为印刷了赞成天主教的小册子而被绞死。他于1580年被逮捕，受尽折磨，在1584年被处以绞刑。反对英国国教的清教徒有休·辛格尔顿（Hugh Singleton）、罗伯特·沃尔德格雷夫（Robert Waldegrave）、约翰·斯特劳德（John Stroud）、约翰·霍奇金斯（John Hodgkins）等人。抨击垄断控制的人则以约翰·沃尔夫（John Wolfe）、罗杰·沃德（Roger Ward）、威廉·霍姆斯（William Holmes）和约翰·查尔伍德（John Charlewood）为首。沃尔德格雷夫印刷了第一份"马丁·马普里莱特"传单，这份秘密出版的传单宣扬清教徒的观点，反对英国国教。当沃尔德格雷夫因为受到迫害而离开英国后，霍奇金斯接续了他的工作。

都铎王朝声称它是出于维护公众安全的目的而对出版业实行控制的。从亨利八世（Herny VIII）到伊丽莎白一世（Elizabeth I），王室行事所依据的原则就是要确保安定，就必须对那些异见人士进行镇压。总的说来，都铎王朝的君主们是有能力辨别统治者，"了解国情"。但是他们的继承者——1603年掌权的斯图亚特王朝——则不然。詹姆斯一世（James I）（他是苏格兰的詹姆斯六世）待人真诚，本意善良，但他与时代潮流或他的臣民从来都格格不入。他是不幸的苏格兰女王玛丽的儿子，玛丽的生活中充满了丑闻和暴力的斑斑污点。作为玛丽的儿子，詹姆斯早先就被人怀疑有"教皇派"情结，而这词在当时是宗教上用来称呼叛国罪的同义词。在斯图亚特王朝统治时期，自詹姆斯开始，互相敌对的各派形成了战线。在这种情况下，一旦限制被打破，新闻出版业就会兴旺发达，这一点或许可以部分地解释为17世纪新闻事业得以迅速发展的原因。

17世纪初，新闻对英国人开始显得重要起来。宗教纠纷、英国作为一支海上力量的崛起、国王与国会间的斗争和社会形势的变化等，使公众对本地外发生的事件越来越感兴趣。民谣歌手和大幅单页印刷品小贩已不能满足人们的需要。马普里莱特的传单取得成功的经验虽然证明了其比散文小册子要有效得多，但是这种出版物仍然远远满足不了需求。那些新闻信的作者，即被称作"报信者"（intelligencers）的手抄印刷品的出版商们，固然是熟练的新闻工作者，但他们的产品售价太高，一般人负担不起，出现一种新型出版物的时机已渐成熟。

选自：〔美〕迈克尔·埃默里、埃德温·埃默里著，展江、殷文译；《美国新闻史：大众传播媒介解释史》（第八版），新华出版社 2001 年版，第 5-9 页；参看：《简明中外新闻事业史》第十四章。

语言文字与古代帝国——
哈罗德·英尼斯《帝国与传播》（节选）

第四章　口头传统与希腊文明

灵活的字母表有助于阿拉姆语、腓尼基语和希伯来语的传播，同时也促进了印欧语系语言文学的发展。后来西方政治帝国的问题，尾随着这个字母表的适应力而起起落落。

在适应新语言的过程中，文字逐渐演化为字母表。马的改良，铜铁兵器的使用以及先进的军事技术，使军队能够控制辽阔的地区。因为字母表适合辽阔地区的需要，所以贸易尾随字母表的规范而起。依靠农业的万物有灵，宗教经过调整，逐渐成为规范的一神教。最后，由于帝国被迫承认各中心地区的各种宗教，政治组织也逐渐定型。亚洲和非洲文字、宗教和政治组织的定型，促进了它们横跨地中海进入欧洲。起初，希腊人与早期的文明有一水之隔，没有充分受到它们的文化冲击，只接受了适合自己需要的文化要素。字母表挣脱了圣书经文的局限，而使有效的表音功能保留下来，使希腊人能够保持丰富的口头传统，使之完好无损。古代世界曾经饱受语音的困扰。

巴比伦帝国观念兴起的原因之一，是泥版和苇管笔的发明与石头和凿刀文明的冲突。在两河流域北部，建筑、雕塑和文字使用石头，它倚重君主制和中央集权、使用泥版的宗教组织倚重时间的连续性。这样的宗教组织，必然和使用石头、倚重技术进步的军事组织产生冲突。技术进步的代表是铁兵器和马的改良，这样的军事组织倚重的是空间。闪米特王国与苏美尔僧侣的冲突，促进了法律的增长。法律的成长表现在汉穆拉比法典的问世之中。宗教变得更有弹性，更加适合武力的要求。诸神沦为秩序的棋子，井然有序，法律反过来依赖诸神。对军事组织空间的倚重，就需要法律具有普遍适用的价值。政治组织对辽阔区域的支配，政治组织对宗教组织的控制，都促进了文字的传播。字母表作为一种更加有效的工具，因此得到了广泛的使用。稍后，阿拉姆文字的传播加速了贸易都会的发展，促进了贸易寡头的兴起，它们都得到亚述帝国的荫庇。埃及和巴比伦帝国宗教制度的文字垄断，由于新文字的出现而被摧毁。简化的新文字为亚述和波斯帝国里德传播和政治组织，奠定了进一步发展的基础。由于改进传播媒介而兴起的政治组织，导致了贸易都会的发展，贸易都会成为位于政治组织和宗教组织之间的中间机构（interstitial institutions）。新兴的政治组织还促进了贸易寡头的兴起，迦太基就有这样的贸易寡头。政治组织的问题，在一定程度上，就是和流动性相关的效率问题。这个流动性，与行政职位的能力产生联系。这样的效率在一定程度上依靠文字是否参与沟通书面和口语。文字的脱节必然产生垄断，垄断和文字的复杂性相关。语言脱节的地区必然会受到侵犯。那些语言不脱节、技术发展不受阻碍的地区，必然虎视眈眈，侵犯语文脱节的地区。侵犯之后，征服者必然和被征服者妥协，被征服者的语言成为神圣的语言，成为被征服者过去诉求的中心。在使用被征服者语言的过程中，宗教组织就削弱了征服者的影响。随后军事征服者的官僚、神职人员和垄断组织互相勾结，语文脱节就更加严重，于是缺口打开，新的民族侵犯就蠢蠢欲动了。字母表高效，能够适应不同的语言，成为人们短期避世的手段，它起到了两个促进作用：一方面，它促进了亚述帝国和波斯帝国的发展，促进了阿拉姆人和腓尼基人的贸易发展；另一方面，它又强化了巴勒斯坦地区的宗教。宗教权力建立的基础是对复杂文字的垄断，它强调的是连续性和时间。相反，字母表却促进政治组织的发展，而政治组织是强调空间的。叙利亚和巴勒斯坦人民的商业天才"借用了苏美尔、阿卡德或埃及人的精华，加以改造，以适应自己的紧迫需要。字母表通过有效的领土控制而成为政治组织的基础，又通过有效的控制成为宗教的基础，表现是一神教的建立。

散文战胜诗歌标志着希腊文明的一个根本变化。文字的传播毁灭了一个建立在口头传统上的文明。不过，希腊文化中反映出来的口头传统的威力贯穿着西方的历史。当书面传统的死亡之手构成威胁，可能会摧毁西方人的精神时，这个口头传统的威力表现得尤其明显。

柏拉图和亚里士多德创作的时期，是在口头传统的悲剧发生之后，雅典的衰落和苏格拉底被处死就是这场悲剧的见证。这是一种文化崩溃的征兆，是必须开辟一个新基础的征兆，这个新的基础要强调诗歌以外的另一种媒介。"越是古老的语言越是丰富。"柏拉图和亚里士多德只好在口头传统中寻找另一种文化的基础。亚里士多德之后，希腊世界从口耳相传转向阅读习惯。

　　和小亚细亚的雅利安人不同，希腊人受被其征服民族影响的程度要小一些，米诺斯帝国的海上文明没有受到大陆文明的充分影响，反过来，它对北方大陆移民的文化影响，也缺乏相当的力量。米诺斯文明文字复杂，相对局限于克里特岛，这就使希腊人可以发扬自己的传统，一浪又一浪的希腊移民阻碍了文化特质倾向。一个强大的王朝，后来又出现若干分封的小王朝，有利于口头传统的成长，遏制了完全接受其他文化的倾向。希腊人接受了腓尼基人的闪米特辅音字母表，又接受了寨路斯人的音节文字，将其修正，以适应自己丰富的口头传统的需要。

第五章　文字传统与罗马帝国

　　希腊文明丰富的口头传统成就卓著，成为西方文化的基础。希腊文化的力量能够唤醒各个民族潜在的特殊力量。凡是借用了希腊文化的民族，都可以开发出自己特有的文化形态。各家对此已做过描写，并且以罗马为证。沉睡的国力释放出来，通过对本土文化成分和希腊文化成分的诠释，构成了一个新的文化。显然，公元前7世纪初，意大利、西西里的希腊殖民地和希腊的贸易商引进了希腊字母表。到那个世纪的下半叶，希腊字母表演变成希腊-伊特鲁利亚（Etrurian）字母表。公元前6世纪，罗马也出现了类似希腊僭主统治的时期。伊特鲁利亚人引进了希腊神祇。造型的偶像，即用人形表现的神祇，以及供人崇拜的神庙建筑，原原本本地传入罗马。新的神祇与本土以自然为本的动物造型的神祇，得到同等重要的地位。整个希腊神族在卡比托尔山落脚，这个神庙在公元前509年至公元前507年落成。《西卜林书》经由伊特鲁利亚人，进入卡比托尔山上的神庙，供奉在内殿之中。公元前499年又对《西卜林书》进行了修订，建立了权威的机构来保护这部经书。一场饥荒之后，这个权威的机构命令引进希腊的许多神祇，包括古瑞斯、利伯、利伯拉神和平民的诸神。公元前496年，又引进了德米特（Demeter）、狄奥尼索斯（Dionyios）和科尔（Kore）。将各种崇拜编定成书，将神祇和节庆精心安排，进入最早的历法之中——这一过程大约与文字的传播同步进行，意在表明罗马城两个分散的居住区是在同一国王的统治之下。

　　希腊的古文字并不使用弧形的笔画，而是用腓尼基人的字母表。现存最早的希腊文大约是8世纪中叶的文字，用于公告的文字大约出现在公元前7世纪。闪米特人用来表示辅音的24个字母，输出给希腊人，也适合他们的需要，希腊语的结构和语音不同，闪米特文字的辅音字母对希腊语没有用处，所以他们把这些辅音字母加以改变，用来表示自己的元音，因为元音对希腊语必不可少。由于元音和辅音一样重要，所以每一个词里都必须既标辅音，又标元音，这样的字母才能够表现细腻的区别和细腻的意思。"希腊语对希腊智慧的所有要求，都愉快地作出了灵活的回应……希腊心灵的自然流露创造出最早的艺术作品。"乌尔纳（Wcolner）把这个变化描绘成人类心智最辉煌的胜利之一。

书写的传播强化了希腊的影响。书籍和读者群大概产生于公元前3世纪，以满足国家的需要，满足农业和法律的需求。到公元前2世纪时，书籍已经牢牢地扎根，然而其流通却仅限于人数很少的一个知识阶级，马其顿的末代国王佩尔修斯战败（公元前168年）之后，保民官保卢斯把佩尔修斯的图书馆整个儿搬到罗马。苏拉则把提亚斯的阿波林图书馆劫回罗马，还把亚里士多德和泰奥弗拉斯托斯的著作从雅典运回罗马。新的传记出版，当代历史亦已问世。著书立说的人多起来，这就给大部头的著作和可靠参考书提供了需求，占领埃及使莎草纸的供应源源不断。莎草纸当然比树皮方便，"树皮"就是书的概念保留了下来，拉丁语的书还是叫树皮（liber）。托勒密王朝时期，纸莎可草的产量增加，质量改善。莎草纸人工栽培，一年四季可以收割。皇家垄断，调控销售，但是私人也可以种植，并在工厂中加工。最好的莎草纸由加以固定的价格收购，质量好的用于公证文书，质量最差的就可以在国家垄断之外销售。

选自：[加]哈罗德·伊尼斯著，《帝国与传播》，中国人民大学出版社2003年版，第54-55、88-89页；参看：《简明中外新闻事业史》277-280页。

《泰晤士报》《纽约时报》《华尔街日报》 发展关键时期的相关总编的论述

一、1852 年,《泰晤士报》 主编约翰·德莱恩的论述

我们不能承认报纸的目的应分担治国者的工作,也不能承认报纸受到同王国政府的部长们一样限制、一样职责和一样义务的约束。这两种权利的目的和职责永远是互不相关的,一般是独立的,有时截然相反的。新闻出版界一旦接受从属地位,其尊严和自由就会受到遏制。为了完全独立地履行其职责,从而也符合公众最大的利益,新闻出版界绝不可与当代政治家结成密切的或有约束力的联盟。

(选自:肖恩·麦克布·赖德等,《多种声音,一个世界》,中国对外翻译出版公司,1981 年 11 月第 1 版,第 12–13 页)

二、《纽约时报》 1851 年 9 月 18 日首刊发刊词

《纽约时报》庄重稳健的版式风格由来已久。早在 1851 年的创刊号上,《纽约时报》创始人亨利·J. 雷蒙德(Henry J. Raymond)就摒弃了《纽约太阳报》和《纽约先驱报》的煽情手法,宣称:“我们的《纽约每日时报》将永远在道德、工业、教育和宗教的立场上,报道世界各地新闻,成为纽约最好的报纸……我们不打算给人感觉是在感情冲动下写文章,除非有什么确实使我们激动。但是我们尽量使自己不要感情冲动。”这就奠定了该报不卑不亢的基调。

拯救《纽约时报》于困境的老奥克斯,1896 年接手该报时也坚决反对任何形式的所谓通俗化特色,拒绝刊登玩弄“噱头”的消息和连环漫画,甚至忽视照片对读者的吸引力,提出“本报不会污染早餐桌布”的承诺。

该报一位名叫阿贝·罗森塔尔（Abe Rosenthal）的总编辑上个世纪70年代初写给编辑部的备忘录中可以略窥端倪："《时报》的头版也许是这种报纸最重要的单项资产和商标。头版呈现给读者的并非是一些重要新闻，还包括本报编辑们对重要性的判断。头版不仅是新闻，而是新闻加《时报》声誉。正如你们所知，本报头版对其他报纸、对电视乃至对新闻事件本身都产生了极其重大的影响。因此，新闻在本报头版上的位置，其本身就构成一件新闻。"

阿贝·罗森塔尔认为报纸的更正方式不妥，读者很难发现它们，很多更正很不及时，希望引起编辑部的注意。他告诉编辑们："我觉得我们刊登更正方面太吝啬了，我们似乎喜欢将它们埋藏起来而让人捕捉不到。"他建议确定一种方式以便读者容易找到所有更正。到1972年6月2日，该报终于在第二版的"新闻提要"下开辟"更正"专栏，并延续至今。

罗森塔尔一再强调："这种勇于认错的原则应当成为我们一般性的原则。"后来，该报对更正的文字不断规范化，使之更加清晰准确。直到1993年7月，该报一位副总编辑还在电脑备忘录中，专门对以前的更正稿件的写作模式进行修订。他指出，为了帮助一般读者了解更正项目新闻内容的错失，应在此项目中扼要地先写出错误人名、日期、数字或事实，接着说明正确的部分。只有这样，才能较好地实现"更正"的意义。

（选自：辜晓进，《走进美国大报》，南方日报出版社2004年版，第41－44、68页）

三、《华尔街日报》1889年7月8日创刊

主编Gerard Baker表示："在其首次发行中，该报创始人查尔斯·亨利·道（Charles Dow）、爱德华·琼斯（Edward Jones）和查尔斯·百士卓沙（Charles Bergstresser），承诺该报将成为稳定报道新闻的报纸，而非发表言论的报纸。它将提供其他刊物无法发现的大量新闻，并发表在推销文章、新闻、图表和广告中，真实反映华尔街迅猛发展的全景。如今，《华尔街日报》覆盖全球并且其新闻选题突破了商业领域，包含了政治、娱乐、艺术和文化等更多领域。当我们仍忠于这种创刊理念，即提供最为准确、最为全面且最为客观的新闻报道，它们推动市场发展、诠释历史并改变生活。"

（选自：美通社，《华尔街日报》，欢庆创刊125周年；参看：《简明中外新闻事业史》第十六章）

《日本报业理论与实践》（节选）

第一章

第四节　日本新闻自由的历史

日本的近代化开始于幕府末年、维新时期，晚于其他很多国家，具有其特殊性。这造成了日本的新闻自由在政府非常强硬的管制下，经历了极其曲折的历史进程。

报纸刚刚出现的幕府末期，在幕府对出版的管制之下，瓦版新闻和涉及时事的出版物都被禁止发行。所以，除了幕府发行的官报及其所属报纸之外，只有享有治外法权的外国人所办的报纸。明治新政府于 1868 年 6 月（旧历）企图把旧幕府派系的报纸一扫而光，曾一度规定禁止一切未经许可的报纸发行。翌年，1869 年 2 月（旧历），为了利用报纸来收拢人心，公布了报纸印行条例，以发行许可制和事后检查制为条件，容许了报纸的发行。以此为转机，名副其实的近代报纸才逐步出现。

然而，1873 年 5 月，由于财政意见书问题，随后又因征韩论所引起的分歧，报纸越来越倾向于成为议论政治的场所，政府遂先后公布了报纸条目（1883 年 10 月）、报纸条例、诽谤法（同于 1875 年 6 月）等，转而采取了产房的管制政策。诽谤法是把损害名誉和类似英国、美国的政治诽谤作为罪行的法律，并包含有关于侮辱皇族、官吏罪的规定。这种政治诽谤罪起到了管制言论法的作用。但是，明治政府这种对言论的压制，终于促使日本的新闻自由问题表面化了。

1881 年 10 月，创设国会的诏书下达后，成立了自由、改进、帝政三个政党，其时，自由民权运动方兴未艾，这就使得政府和民权派政党的对立更加激化。这时，除了一部分通俗的小报外，几乎所有的报纸都分别从属于某个政党，出现了政党报纸的时代，于是，报纸的各种论点也就愈加激烈，政府为了对付这一点，于 1883 年 4 月公布了报纸条例修订法，强化了新闻管制。由于添加了有关发行保证金的条款、扩大了行政处分的范围、加重了刑罚等，这个法律对封锁民权派的言论起了极大的作用。特别是第十四条，规定了内务大臣在认为报刊报道妨碍治安或败坏风俗时，可给予实际意味着报刊死刑的禁止发行或暂停发行的行政处分。

1887 年，就修订条约问题，民权派再次攻击政府。政府于 12 月公布了保安条例，采取了把危险人物驱逐出东京和不许进入东京的措施，接着，同月 28 日又修订公布了报纸条例。在这个修订案中尽管对若干行政处分条款有所减轻，但它压制言论的专制法律的本质丝毫没有改变，只是把以前的批准发行制改为登记发行制。虽然有人认为这是在宪法发布和国会创立前夕所作的暂时妥协，但在形式上毕竟是一个重要的修改。接着，1889 年公布的帝国宪法第二十九条中对 "法律范围内" 的言论、著作、印刷及出版、集会、结社的自由予以承认。但是，这里所谓的 "法律"，是以报纸条例为首的、当时被叫作 "言论四法" 的四种严厉的管制法令，因此，言论自由尽管有宪法的 "保障"，仍然等于一纸空文。此外，帝国宪法第八条天皇的紧急敕令条款，又为政府准备了在一定场合下不经议会、仅由敕令就可实施的管制权。由于有了宪法的保障，虽然只是在形式上，近代新闻自由的原则毕竟还是确立起来了，尽管可以这样理解，但还是应该说：这不过是一种虚拟的自由。

但是，帝国议会的成立，给迄今为止对政府有关言论的政策没有进行公开批评场所的反政府派提供了极好的舞台。从此以后，在日本关于新闻自由问题的正式的议论，与其说是在报纸上，莫如说是在议会中展开的，这样说决不过分。1897 年的报纸条例修订案废除了内务大臣禁止、暂停发行的处分权。这就是议会内围绕新闻自由问题攻守双方的力量对比的变化所带来的结果。

从这时候起，日本的报纸一面对政府的言论管制采取批判的态度，一面从以政治为主走向通俗化、大众化、企业化的道路，在帝国宪法体制的允许范围之内求得自身的安定和发展。1909 年 5 月制定了新的报纸法，这里面很明显地有着新闻界的利益与政府的要求之间达成妥协的特点。这个报纸法成为战前基本的新闻法规，并一直延续到战败。

进入大正时期以后，针对桂内阁的护宪运动、对山本内阁的 "西门子事件" 的抨击等一系列对政府的批评获得成功，报纸的影响力一时变得显赫起来。所谓大正民主风潮也对此起了很大作用。然而，1918 年 7 月向西伯利亚出兵和 8 月的"米骚动"期间，寺内内阁实施了严厉的新闻管制。对此，报纸又给予了尖锐的批评。8 月 25 日《大阪朝日》的晚报，报道了关西新闻记者大会弹劾寺内内阁的情况，在这篇报道中引用了"白虹贯日"这一意味着革命前兆的古语，被说成是扰乱社会秩序，因而禁止该日报纸的发卖，随后又以违反报纸法第四十一条的罪名予以起诉。法官做出了处罚有关人员和禁止《大阪朝日》发行的判决。这一所谓"白虹事件"给当时的新闻界浇了一盆冷水，《大阪朝日》的社长村山龙平辞职，编辑局长鸟居素川退出编辑部，其他一些得力的编辑也一同退出。该报并于 11 月 15 日刊登了题为"本报宗旨声明"的通告，表明了改过之意。12 月 4 日的判决认定了有关人员的罪，但《大阪朝日》总算免除了禁止发行。白虹事件可以说对在大正民主中呈现高涨之势的新闻自由起到了急刹车的作用。日本的社会主义运动是在 19 世纪末即明治三十年代开始的，由于第一次世界大战而进一步表现出发展壮大的趋向。为对付这种社会主义的言论，政府对包括报纸在内的所有领域都施加了严厉的管制。1925 年 3 月，又新制定了治安维持法，使管制进一步强化，社会主义的运动及其舆论被一步步地扼杀了。

1931 年"满洲事变"发生（即"九一八事变"）后，日本军国主义化的倾向急速加剧，新闻自由也濒临危机。在这个过程中，1932 年批评了"五一五"时间的《福冈日日新闻》的菊竹淳（笔名六鼓），1933 年批评了关东防空大演习的《信浓每日新闻》的桐生政次（笔名悠悠）等，对军国主义行为也曾批判过一二，但都遭到了无情的处置。至此，日本的新闻界从整体上来说就一改而为支持战争，新闻自由无论从主观上还是从客观上讲，都丧失殆尽。

日中战争（1937 年）开始后，依据报纸法第二十七条来发难，陆军、海军、外务三个大臣不断地发出禁止报道发表的命令，新闻检查也格外的严格。1938 年 4 月，国家总动员法公布，开辟了为国家总动员"所必要"的限制报道和管制新闻的道路。1941 年 1 月，以此为依据又公布了有关报纸等刊载限制令。同时，1940 年 12 月设立了内阁情报局，作为国家的宣传和言论管制的一元化执行机构。这就形成了对言论、情报有系统地实行管制为重要特征的法西斯体制。

以后则变本加厉，太平洋战争开始（1941 年 12 月）以后，公布了言论出版集会结社临时取缔法（12 月 19 日），在重新恢复对于报纸杂志等适用的批准发行制度的同时，也加强了取缔措施。1936 年，同盟通讯社成立，从这里不难看出政府合并通讯社的意图。接着，大约从 1938 年开始，政府进一步合并通讯社，1941 年 12 月根据国家总动员法公布了"新闻事业令"，翌年 2

月又据此成立了管制性的团体——日本新闻协会，强迫推行一个县内只许发行一种报纸的原则，并对报纸实行合并。与此同时，还进行了对报纸用纸的管制。这样，就扼杀了新闻自由，报纸完全沦为政府的工具。

1945 年 8 月，日本接受波茨坦公告投降，处于联合国的占领之下。波茨坦公告第十项规定：在日本有言论的自由。由此，占领军连续发出命令，废除以往的言论管制法令，解除了战争期间言论界官员的公职。1947 年 5 月新宪法公布，第二十一条规定："保障集会、结社、言论、出版及其他一切表现的自由；不得侵犯通信秘密，不得进行检查。"保证了言论表现的自由。这样，日本由于战败而获得新闻的自由。日本的新闻自由从明治时期开始，但距离欧美式的近代言论自由无论是思想上或实际上，都相当远，只不过是一种极度歪曲了的、虚拟的自由。特别是在"满洲事变"（即"九一八事变"）以后，在军国主义、法西斯主义的体制之下，那仅存的一丁点自由也烟消云散了。如果从这一点来考虑，战后的新闻自由就不是自由的复活，而是自由的出发点。

但是，占领军以贯彻实行占领目的、保护联合国利益所必须为理由，也实施了很严格的新闻管制。通过 1945 年 9 月 10 日的"关于新闻发布的备忘录"以及 9 月 19 日的"用于日本的新闻守则"，实行了包括事前检查在内的新闻管制。

另一方面，战后的新闻界，在几个报社内发生了对协从战争责任的追究和报社内部民主化的运动。但是，占领军因美苏间冷战开始这一国际形势的变化而转向反共政策，不久就通过介入《读卖新闻》争议（1946 年）、阻止工会对于报纸编辑权的影响等活动，企图从新闻界驱逐左翼势力。1950 年 6 月，朝鲜战争爆发，则命令停止《赤旗报》等共产党系统的报纸发行，第二年 7 月又向新闻界呼吁驱逐共产党员等"不令人满意的人物"（即所谓红色整肃"）。

这种由占领军带来的新闻管制，随着 1952 年 4 月 28 日生效的旧金山停战条约和占领的结束而失去了效力。日本的新闻自由由于摆脱了占领军的管制，开始成为近乎完全形态的近代自由。可是，同年 7 月，又制定了防止破坏活动法，对进行"暴力破坏活动"的团体及其机关报实行管制，又在 1954 年 6 月，随着日美安全条约等制定了保护秘密法，对泄露美国援助的军事武器"秘密"的实行取缔。此外，又作为和新闻自由有直接关系的特别法，制定了对引诱或教唆公务员泄露秘密罪要予以惩罚的国家公务员法（1947 年公布）及确定选举与新闻之间关系的公职选举法（1950 年）。这两种法，前者的第一百一十一条，后者的第一百四十八条、第一百四十九条中，都有有关处罚的规定。

1949 年 4 月，在日本的新闻史上首次发生了记者拒绝为消息来源作证的事件，此事与税务署署员松本的受贿事件有关，当《朝日新闻》记者在长野县简易法院被要求作证讲出消息来源时，因拒绝而被判决有罪。虽然这一事件一直争论到最高法院，也没有承认记者隐匿消息来源的合法性。不过，使全社会都知道了：消息来源保密是新闻记者的职业道德，这个意义是很不小的。

第二章

第四节　记者俱乐部

一、采访新闻的"前线"

报纸上每天都要登载各种新闻，这些新闻尽管有通讯社发来的，但更多的国内新闻却是通过记者俱乐部采访到的。记者俱乐部是新闻采访的中心和前线，因此，各报道机构均向记者俱乐部派驻自己的记者。

报纸所登载的新闻虽然数量庞大，但都有各自的消息发生地点和采访地点。政治新闻来自议会、政党、政府各部门；经济新闻来自证券市场、交易所、经济团体；社会事件来自警视厅、各警察署。如果再把其他的劳动团体、妇女、文化团体、法院、学校、研究所等部囊括进来，几乎所有的新闻都能毫无遗漏地采集到。除了特定的仪式和计划内的报道外，这些就是吸引记者云集的消息源。

另一方面，各政府部门、公共机关、团体和企业也想通过传播媒介传播那些应让或想让国民知道的事情。于是，为了方便报道机关，各部门及事务所内都设置了采访场所或接待室来协助采访，这就是所谓的记者会馆或记者活动室。聚集在这些活动室的各报记者逐渐把这里搞成了联谊会性质的机构——记者俱乐部，并使之成为记者采访活动的基地。

记者俱乐部不仅中央部门有，地方各都道府县的官方机构、分理处、团法也有。在中央各俱乐部中目前有代表性的有内阁记者会（永国俱乐部）、霞俱乐部（外务省）、财政研究会（大藏省）、财政俱乐部（大藏省）、文部记者会（文部省）、法务省俱乐部、厚生日比谷俱乐部、厚生记者会、农林记者会、虎门俱乐部（通产省）、邮政记者俱乐部、劳动省记者俱乐部，建设记者俱乐部、永恒俱乐部（运输省）、最高法院司法记者室、宫内厅记者俱乐部、环境问题研究会（环境厅）、科学记者会（科学技术厅）、防卫厅记者俱乐部、行政管理厅记者俱乐部、开发俱乐部（北海道开发厅）、国土政策研究室（国土厅）、有乐俱乐部（东京都厅）、警视厅记者俱乐部、兜俱乐部（东京证券交易所）、原子能记者俱乐部（日本原子能研究所）、贸易记者会（日本贸易振兴会）、日本运动记者会、平河俱乐（自民党）等。

二、记者俱乐部的活动

本节以日本最大的俱乐部内阁记者会为例，来剖析一下记者俱乐部的活动。内阁记者会的活动范围不限于内阁官房，而且也涉足于法制局、国防会议、总理府（防卫厅除外）、会计检察院等。记者可以会见并采访从首相、官房长官到总理府总务长官、行政管理厅长官、国家公安委员长等各种人物。每星期二、五召开内阁会议和次官会议后都举行例行的记者会见。当遇到内阁改组、政局转换以及首相出访前后等事件时，还要特别举办首相的记者招待会。即使没有异常变动，官房长官每天也要会见记者会的记者，简明地通报有关情况。

通产省的记者俱乐部，不仅每周举行两次例行的记者会见，而且还要举行一次官房长官恳谈会。该俱乐部的采访对象还包括中小企业厅、专利厅、工业技术院、公正交易委员会等。这些来访活动的特点是经常举行"专题采访会"，针对当前有关问题，由记者俱乐部出面要求会见有关的局长、科长。

选自：稻叶三千男、新井直之主编，张国成等译，《日本报业理论与实践》，新华出版社 1985 年版，第 48–55、95–103 页；参看：《简明中外新闻事业史》391 页。

《西方新闻界的竞争》（节选）

序　言

1765 年冬季的一天，康涅狄格州的记者贾雷德·英格索尔坐在众议院里倾听关于在美洲殖民地征收印花税问题的单调乏味的讨论。绝大多数议员都无动于衷，感到厌倦。印花税毕竟在英国已有很久历史了，因此大多数议员都像乔治·格伦威尔那样，认为所有的殖民地都"应该"为享有属于英帝国这样的特权"付出某些代价"。

查尔斯·汤森德代表政府告诫美国人说，他们是"在我们关怀下定居下来的，在我们的爱抚养育下长大的……受到我们的武力保护的孩子"，因而他们应该"贡献出一分力量"。这时，纽黑文的律师和老资格的记者英格索尔简单记了几句。接着，曾在沃尔夫麾下在魁北克打过仗的、皮特派的辉格党党员艾萨克·巴雷上校发出一声抗议的怒吼，走上台去，于是英格索尔便手不停挥地在便笺上记录起来。

巴雷嚷道："他们是在你们关怀下定居下来的吗？不！是你们的压迫使他们在美洲定居下来的……他们是在你们的爱抚养育下长大的吗？他们处在无人理睬的情况下成长的。一旦你们开始关怀他们，这种关怀马上就成为派人来统治他们……这些人的行动在很多情况下已经使这些'自由之子'吓得倒退。"

现在，众议员们是否感到厌倦的问题，对英格索尔来说已无关紧要。他获得了材料，可以为托马斯·菲奇州长和在康涅狄格州新伦敦市出版的、每人都会阅读的《新闻报》撰写报道了。1765 年 2 月 6 日，即辩论的当天，他在伦敦写了一篇报道。五月十日，这篇报道刊登在《新闻报》上。五月二十七日，新港（罗得岛）的《信使报》转载了这篇报道。信使们从新英格兰出发，把这些报纸送到所有其他殖民地，使这篇报道得以普遍刊出。巴雷使用的"自由之子"一词，成了爱国者的一个激进组织的暗语、团结的口号和自豪的名称。这些爱国者的鼓动宣传是美国实现独立的前奏。

一位早期的业余驻外记者所做的这项工作及其影响给他本人带来了荣誉和声望，这是令人高兴的。但是，如同在以后两个世纪里许多继他之后的职业记者一样，他的报道产生了引火烧身的后果。他是最先与那些"自由之子"发生冲突的人之一，虽然他曾经非常卖力地帮助他们成立了组织。在他正式采纳了他的精明的朋友和同行本杰明·富兰克林的建议、接受了康涅狄格州的英国印花分配官的职位以后，一群义愤填膺的同胞迫使他辞职了。这位伤心的驻外记者写道："现在是这样一个时刻：人们似乎认为，他们不仅有权在白天用飞箭射我，而且也有权在黑夜里暗杀我。"

英格索尔遭受了可能降临到任何记者头上的最大侮辱。"自由之子"们并不仅仅因为他放弃了职位就感到满足。从那时起，他必须发誓，不再往英国写任何东西，除非他先把文稿交给他们的领导人过目。他在显示过一次影响之后，再也不能够得到人们的信任去从事写作了，除非他服从检查。

在国际新闻史上，贾笛德·英格索尔的悲剧是人们所熟知的，虽然他的所有同行并非都那么不幸。将近一个世纪以后，当威廉·爱华德·拉塞尔在伦敦的《泰晤士报》上揭露英国驻克里米亚的军队因无人过问、生病和饥饿而奄奄一息时，他就遭到同样报复精神的攻击，当然，原因是大不相同的。1957年，当《纽约时报》的赫伯特·马修斯深入到古巴的马埃斯特腊山脉进行活动，从而把世界的注意力吸引到一位名叫菲德尔·卡斯特罗的游击队领导人身上时，心胸狭窄的人们把卡斯特罗革命的最后胜利带来的大部分意外后果都归咎于他。就好像这位记者居心叵测，蓄意地把一个青面獠牙的妖鹰从瓶子里放出来，然后又莫名其妙地指望抓住它，把它重新装进瓶里去一样。

如果说拉塞尔和马修斯能够经受住那些批评家的攻击幸存下来，而英格索尔却未能做到这一点，那是因为西方的为数不多的几家独立的大报在将近百年的时间里已经确立了真实报道外交事务的威望了。这种威望超政府内外最强大的力量也控制不了的。它是当今人们尊重这种驻外记者的基本原因，也是探讨它的起源和演变的主要原因。没有人会真的认为，数百名、甚至数千名获得采访国际会议或世界各国领导人出访消息的记者证的人都是合格的、胜任的，都像人们对高级驻外记者所期望的那样，能够独立弄清事实、独立观察事物。在一个开放的社会里，无论我们是否喜欢，这种定期为世界各地的严肃的出版物、通讯社或电讯部门发消息的男女职业记者相对来说是不多的。遗憾的是，在我们的时代里，许多所谓驻外记者不是直接为他们的政府工作，就是间接地受它们的控制。

还有一些别的困难。费用上涨迫使世界上的大部分报纸依赖于全球性通讯社。这种或那种形式的新闻检查不断增加，有时甚至对不受控制的报界产生决定性的影响。那种利用新闻去适应政府（不管是大国还是小国）的宣传需要的倾向到处都在增长。具有讽刺意味的是，在当代电子事业的发展已使人类相互沟通的能力变得如此巨大的时刻，上述这些问题却使了解真实的消息、而不只限于表面现象的任务变得非常艰巨了。

为控制世界新闻的发布而付出的代价是相当高的。但是，在俾斯麦时代，这些代价几乎同样也是很高的。十九世纪末期，在利用国内的"卑鄙的新闻界"方面有一段不光彩历史的这位铁血宰相，曾激烈攻击路透社在世界新闻中的统治地位，希望用德国的影响取而代之。奥诺雷·巴尔扎克在谴责查理·哈瓦斯通过控制法国报纸的许多广告以及新闻内容而对法国报界施加影响时，也没有仅仅依靠破格行为，正是美联社的肖特·库帕和他在合众社的竞争对手罗伊·W. 霍华德粉碎了那个时代的全球性新闻卡特尔。他们当时很难预见到会有一个更加强大的通讯社集团崛起，这就是塔斯社和新华通讯社，它们一起控制了向世界半数以上的人口提供新闻的工作。

对独立的驻外记者来说（虽然他们的人数并不很多），这种状况既变成了一种挑战，同时也提供了一种机会。因为不管怎么说，他实际上已经成为西方抵制这种垄断的第一道防线。因为他不愿被人们称为讨伐者，所以他也许并不喜欢他所处的地位，但是对此他却几乎毫无办法。这和他六十年前所处的境况相比，是一个巨大的变化；那时，由于美国报界中有一支强大的派别极力鼓吹对西班牙宣战，他和他在美国的同事们就像许多奴隶一样让人使唤。而今天，这种行为对任何一家以独立闻名的正派的报纸来说，都会是不可思议的。

就工作方法而言，显而易见，虽然存在着一批优秀的驻外记者，但是我们还没有达到尽善尽美的境地。目前这种按照截稿时间提供零碎消息、却不管它们是否有联系的制度不大可能再持续多久了。这种制度在一个世纪以前也许是适当的，因为那时的消息传递得很慢，而且也不容易提供给公众。今天，这种制度已经不灵了。那种仅靠公布事实的做法从来没有而且再也不会从一堆未经提炼的事实材料里产生出新闻了，因为这些事实材料是由未经训练的记者准备的，是由没有经验的国际新闻编辑处理的，也是经过一个没有文化的拼版编辑在截稿时为填补第十一版上的某一块空白而无情地胡乱删削过的。就电子媒介而言，也不能用它们来证明那种用短短的三十秒时间综述像原子弹谈判一类的复杂问题的方法是正确的。也不能把新闻工作者搞成电子速记员，像鹦鹉似的转述别人告诉他的话，他只是因为能在当天就把这些话告诉公众才能认为是有用的。设置一台计算机就可以把这项工作做得好一些，而且费用便宜，也可以免掉因为下次应该什么时候增加工资而发生任何争论。

最后，有一种说法是：时代要求训练有素的驻外记者和知识更为渊博的编辑。这种说法是令人生厌的老生常谈。不过，要是有更多的报纸发行人能够成为内行，熟悉他们慷慨资助的那些重要的国外报道活动，这样讲也没有什么不妥。当然，所有这一切正在这里或那里出现，但是来得却很缓慢，把这种伤脑筋的、要求严格的艺术当成终身工作的记者并不多。有些人改行干编辑工作了；还有些人去教书了；有些人干了完全不同的工作；少数人则效法温斯顿·丘吉尔和乔治·克列孟梭的辉煌榜样，毫无把握地寻求进入神圣的政治家大厦的途径。从事国外新闻报道工作所得到的报酬同每日付出的艰巨劳动，忍受的烦恼和遇到的风险相比仍是不相称的。那些留下来继续干的人会粗率地否认这一点，但是优秀的记者主要受了一种理想的激励，这种理想曾使厄尼·派尔在伊江岛这个太平洋的小小战场上中了狙击手的子弹而丧生。

在哥伦布的时代，最早期的记者们开始使用印刷机传播消息。从那时以来的近五个世纪中，这种为公众服务的事业献身的精神是罕见的。然而，这些具有献身精神的人通过自身的榜样促进了世界各国人民互相联系和互相了解，这远非是进行这场为争夺对全球新闻网的控制权并对其施加影响的殊死斗争的那些人和国家所能比拟的。促进各国人民互相联系和互相了解的手段就是他们的事业，他们在服务于这一事业时，谋求使真理永存。这是他们对自己的职业和所处的时代做出的最引以为荣的贡献。

因此，本书记叙了他们怎样成为有献身精神的人，以及他们是如何运用自己的影响的。本书是根据驻外记者有时是神话式人物、有时是无任所政治家的情况来记叙他们的事迹的，其方式也是适合本书的主题思想的，即叙述务求诚实，态度尊敬，但又不过分。

第六章　缩小的世界

1. 语言长了翅膀

1901 年 12 月的一天，天气严寒，一只风筝在格莱斯湾离地面 400 英尺的高空飘动。放风筝的是个意大利青年，一群衣着厚实的纽芬兰渔民在一旁观望，摸不透那是怎么回事。那时，已经有几天了，这个意大利青年和他的助手们为了使一只用细铜丝系着的风筝留在空中，付给这些渔民一大笔钱。几经失败后，现在这只风筝总算留在空中了。

这个意大利人显然有癫狂，他不时从风筝下跑进一间放着几件新奇仪器的木棚，把一只耳机紧扣在耳上，紧张而急切地听着什么。他向问起的人解释说，他是在进行试验，他希望能收到距那里 1700 英里的波尔杜（英格兰康沃尔）的一个电报局发来的电报讯号。

真是一派胡言！渔民们丝毫也看不见有什么电线和电报电缆相连，只有那只孤零零的风筝，拖着 400 英尺的铜丝，迎着在白茫茫的冰天雪地里呼啸着的北极风飘荡。发电报得有电线，这当然是人尽皆知的。

12 月 21 日中午 12 点半，这个意大利青年在木棚里突然跳了起来，激动得涨红了脸。他把耳机递给助手们，随后又递给那些带着惊异神色的渔民。从耳机里他们听到了三声短促的嗡嗡声，声音微弱，但很清楚。停了一下，又是三声，接着又是三声，如此连续不断。

"听见了吗？"风筝的主人真要发狂了，他反复不停地问道，"听见了吗？"

他们当然都听见了。电话耳机里没完没了地反复发出三声短促的嗡嗡声。这有什么了不起呢？凡是小学生都知道，在做通讯系统的试验时，应当发送一条声音清晰的电文，如"上帝创造什么奇迹？"在莫尔斯电码中，三声短声代表字母"S"，这就足够了。这个欣喜若狂的意大利人叫古列尔莫·马可尼，他当天就宣布，他使用了一种全新的通讯方法——无线电，收到了第一份跨越大西洋的电文。那只风筝、那些粗陋的仪器以及那群惊叹不已的纽芬兰渔民，共同载入了史册。

为了这一时刻的到来，马可尼整整准备了六年。1895 年在意大利，他最初利用 H. R. 赫茨和爱德华·布朗莱奥实验的结果，靠自己制造的仪器，成功地把无线电信号传送了一英里，这是一个开始。1896 年，他在英国为这种通讯方法取得专利权。翌年，他成立了第一家无线电报公司，1897 年 7 月，无线电首次试用，为都柏林的《每日快报》报道了金斯敦的艇赛。1899 年，马可尼用他的机器为《纽约先驱报》报道了奖杯赛，为此游艇总会的老会长小詹姆斯斯·戈登·贝内特付给他 5000 美元报酬，美联社为这次报道给他的报酬比这笔钱还多四倍。无线电报能迅速报道比赛结果，付出这样的代价也是完全值得的。

新的通讯方法不可避免地带来了令人头痛的事。当另一位发明家、年轻的美国人李·德福雷斯特改进了自己的通信系统，向马可尼挑战的时候，马上引起了一场混乱。1902 年，美联社利用马可尼的通讯方法报道当年的奖杯赛，出版者报联社（斯克里普斯的合众社前身之一）则雇用了德福雷斯特。两家信号使用的是同一波长，因此完全混在一起，看了无线电报，谁也不知所云。勇气不足的人开始觉得似乎该停步了，并留恋起使用信鸽的时代，当时鸽子是比较可靠的。

但是报界却对无线电坚信不疑，尤其是《泰晤士报》和《纽约时报》。在美联社的帮助下，马可尼不久就骄傲地宣布，他每天都用无线电向在海上的丘纳德轮船公司的"卢卡尼亚"号发送当日的要闻。发送新闻再也用不着依靠电报和电缆了。语言插上了翅膀，世界缩小了。

选自：［美］约翰·霍恩伯格著，《西方新闻界的竞争》，新华出版社1985年版，第254-256页；参看：《简明中外新闻事业史》第十九章。

《一个自由而负责任的新闻界》（节选）

第一章　问题

本委员会打算回答这样一个问题：新闻自由是否处在危险之中？我们的答案为：是的。委员会之所以得出新闻自由处在危险之中这样的结论，原因有三：

首先，作为一种大众传播工具，新闻界的发展对于人民的重要性大大提高了。同时，作为一种大众传播工具，新闻界的发展大大降低了能通过新闻界表达其意见和观点的人的比例。

其次，能把新闻机构作为大众传播工具使用的少数人，未能提供满足社会需要的服务。

最后，那些新闻机构的指导者不时地从事受到社会谴责的种种活动。这些活动如果继续下去的话，新闻机构将不可避免地受到管理或控制。

如果一种对所有的人都具有头等重要性的工具仅仅供少数人使用，且不能提供人们所需要的服务，那么此时，利用那种工具的少数人的自由就处在危险之中了。

新闻自由之所以面临这种危险，部分是新闻界的经济结构所致，也是现代社会工业组织所致，同时是因为新闻界的主管未能意识到一个现代国家的需要，未能估计出并承担起那些需要赋予他们的责任。

我们相信，新闻自由面临的危险还没有大到能于一夜之间涤荡自由的地步。我们认为，目前的危机仅仅是为争取表达自由而进行的长期奋斗中的一个阶段。表达自由——新闻自由是其一部分——总是处在危险之中。的确，本委员会想不出它在哪一种社会状况下能不受威胁。压制异见的欲望根深蒂固，也许无法根绝。

我们也相信，这个问题没有简单的解决途径。政府所有制、政府控制或者由政府拆分较大的大众传播机构，这些举措或许能够治疗新闻自由所染的疾患，却要冒在这一过程中扼杀自由之大不韪。诚如我们将在下文中看到的，虽然政府在传播中扮演着重要角色，但是我们通常希望新闻界和人民来医治那些主要使我们感到忧虑的疾患。

虽然这场危机并非史无前例，而其治疗不见得需要动大手术，但是这个问题对于当今这一代人仍然具有特殊的重要性。不仅在美国，在英国、日本、意大利、澳大利亚、奥地利、法国和德国也是如此，俄国的势力范围亦然。原因显而易见：现代新闻界与现代社会的关系是崭新而陌生的。

现代新闻界本身就是一种新现象。它的典型单位是大型的大众传播机构。这些机构能促进思考与讨论，也能将它们窒息。它们能推进文明进程，也能使之受挫。它们能使人类的品质降低和庸俗化。它们能威胁世界和平（它们能由于某种心不在焉，不经意地就产生这样的情形）。它们能夸大或贬低新闻及其重要性，助长和满足某种情结，制造自以为是的虚构故事和盲点，夸夸其谈，大言不惭，宣扬空洞的口号。随着新工具的不断应用，它们的影响范围和势力与日俱增。这些工具已超越了那些珍视《宪法第一修正案》所赋予的新闻自由的前辈们的想象力，将谎言散布得更为快捷和遥远。

因为人们现在掌握着自我毁灭的手段，所以如果他们的确想生存的话，就必须自我约束、节制和相互理解。他们通过新闻界获得对彼此的印象。新闻界可能是蛊惑性的、煽情的和不负责任的。果真如此的话，新闻界及其自由将在宇宙的劫难中沉沦。另一方面，新闻界可以借助那个在襁褓中躁动的新世界来尽到自己的职责。它不断地向人们提供关于世界和他人的知识，帮助他们理解与欣赏一个拥抱所有人的自由社会的目标，进而有助于建立一个世界共同体。

我们看到了如下教条在当代的复活：国家就是一切，个人仅仅是实现其目的的一种工具。我们认为，德国和意大利显示的极权主义（totalitarianism）在军事上的失败未能终结这一教条的影响力与吸引力。出于在现代生活的错综复杂中寻找某种出路以及控制现代工业带来的权力集中的必要，将这些问题统统托付给政府去解决仿佛是个可行之道。

这种学说是对新闻自由的一大潜在威胁，新闻自由是极权主义要打倒的头号目标。但是新闻界由于自身的情况，可能在无意识地迈向极权主义。技术社会要求集中经济力量，既然这种集中是对民主社会的一种威胁，那么民主社会就以拆分某些过大过强的权力中心，控制甚至拥有其他权力中心来作为回应。现代社会需要大型大众传播机构，这些机构也是权力集中的产物。

但是，拆分一个巨大的传播网络不同于拆分一个石油或烟草垄断企业。如果人们着手拆分一个从理论上讲过大过强的传播单位，那就可能在摧毁一种他们所需要的服务。此外，既然拆分一个传播机构的行动必须按照某个政府部门的建议来开展，那么如下风险将是相当大的：新闻自由也许会由于该部门所释放的政治压力而陷入危险境地。

如果现代社会需要大型大众传播机构，如果这些集中强大到足以威胁民主社会，而如果民主社会不能单靠拆分这些机构来解决问题，那么这些机构就必须控制自己，否则就要受政府控制。而如果它们受控于政府，我们就失去了反对极权主义的主要卫士——而且同时向极权主义迈进了一大步。

第二章　要求

如果新闻自由担负起为一个自由社会提供其所需要的当前消息的责任，那么我们就不得不去发现一个自由社会的要求是什么。在今天的美国，它的要求无论是在种类、数量，还是在质量上，都大于以往任何时代的任何社会，这是一个大陆规模的自治共和国的要求。在一代人的时间内，这个共和国的作为以崭新而重要的方式成了人们普遍关心的事务。它的内部安排，由被认为主要是私人利益与市场自动调节的事情，变成了有组织群体之间的冲突与自觉妥协的事务，而这些有组织群体看起来不受经济的或其他"自然法则"（natural law）的约束。从外部看，在全球所有国家之间建立和平关系的尝试中，它突然担负起了领导角色。

我们的社会今天需要的是：第一，一种就当日事件在赋予其意义的情境中的真实、全面和智慧的报道；第二，一个交流评论和批评的论坛；第三，一种供社会各群体互相传递意见与态度的工具；第四，一种呈现与阐明社会目标与价值观的方法；第五，一个将新闻界提供的信息流、思想流和感情流送达每一个社会成员的途径。

本委员会不知道这五项理想化的需要究竟能否完全得到满足，它们不可能由任何一个媒介来满足；有些需要根本就不适合某个特定的单位；所有需要在传播产业各部分中的适合程度也不尽相同。委员会认为，这些标准对新闻界的管理者而言并不是新东西，它们大部分来自于他们的职业和实践。

1. 一种就当日事件在赋予其意义的情境中的真实、全面和智慧的报道

第一项要求是，媒介的报道应该准确。它们不应该撒谎。

在此，责任链条的第一环就是面对新闻来源的记者。他必须谨慎而干练。

他必须正确评估哪一个消息来源最具权威性。他必须做第一手的观察而不能道听途说。他要知道问什么问题、观察什么对象以及报道哪些事项。他的雇主有责任训练他正确地从事这项工作。

与报道的准确性同样重要的是，要分清事实就是事实，观点就是观点，并尽可能将两者剥离。从记者的文件夹到复写台、排版台或社论部，最后到印刷好的成品，这一点要一以贯之。当然，这种区分并不可能做得绝对化。不存在没有情境的事实，也不存在不受记者意见影响的事实性报道。但是现代环境要求我们比以往付出更大的努力来区分事实与意见。在一个较为简单的社会秩序中，可以将已发表的处于社区经验范围内的事件报道与其他信息来源做比较。而在今天，这通常是不可能的。对一个孤立事实的报道，无论它本身如何准确，也可能具有误导性，到头来就是不真实的。

在这里，最大的危险存在于国际信息传播之中，如今在所有国家，尤其是在大多数民众要对外交政策做出反应的民主国家，新闻界承担着以能够被人们理解的方式来报道国际事件的责任。可信地报道事实已经不够了，现在必须报道关于事实的真相。

在美国，一种报道国内新闻的相似责任落在了新闻界身上。这个国家有许多群体，它们一定程度上相互隔绝并需要相互沟通。对这些社会孤岛之一的成员们的行为所做的报道，如果事实准确但本质失实，也会强化其他人对他们的敌视。一个单独的事件会被当成群体行动的一个样本，除非新闻界已经就两个种族群体之间的关系连续不断地提供信息和解释，从而使读者能够将单个的事件放在适当的视角之下加以观察。如果它获准作为这种行动的样本而发表出来，那么，新闻界应在赋予当日事件意义的情境中对它们予以准确报道这一要求，就没有得到满足。

2. 一个交流评论和批评的论坛

第二项要求意味着大型大众传播机构应该将自己视为公共讨论的共同载体。新闻单位已经在不同程度上承担了这一功能，还应该更加全面与明确地承担随之而来的责任。

对一个自由社会来说，至关重要的是一种思想观点不应被扼杀于摇篮中。不可能也不应该期望新闻界发表每一个人的观点。但是巨型单位能够而且应该承担起如下责任：作为客观报道（objective reporting）的应有之义，发表与自己的观点相左的重要意见，而这不同于其适当的鼓吹辩护功能。它们控制了送达美国之耳的多种途径，以至于如果不发表与其观点相左的观点，那么这些观点就永远没有送达美国之耳的那一天。如果这种情况发生，这些巨头所主张的自由就失去了一个主要理据。

接触一个充当共同载体的新闻单位可能有多种途径，然而，所有这些途径都与该单位管理者的选择有关。如果一个人的观点未被反映在社论版上，他或许可以通过以下方式来告知受众：被作为新闻报道的公共声明，读者来信，在广告版位上刊发的声明，或者一篇杂志文章。但是一些寻找版面的人注定要失望，并不得不求助于小册子或那些复制手段——那些能把他们的观点传播给留心这些观点的公众的手段。

但是，社会中所有重要的观点与利益都应该在大众传播机构上得到反映。那些持有这些观点和拥有这些利益的人，不能指望通过他们自己的报纸或电台，向自己的同胞解释这些观点和利益。即便他们可以进行必要的投资，他们也无法保证其拥护者以外的公众能读到他们的出版物或听到他们的节目。一个理想的联合体势必囊括综合性媒介，它们虽然不可避免地关心己方观点的呈现，但是也公平地阐明他方观点。作为对它们是否公正地检验和部分地防止它们漏报重要事件的屏障，更专门化的鼓吹辩护性媒体应该占有一种至关重要的地位。

如果缺乏这样一个联合体，社会中被部分隔绝的群体将会继续被隔绝，每个群体中的那些未受挑战的臆断将被继续强化，进而形成偏见。而大众媒介能到达所有的群体；通过大众媒介，这些群体能够逐步互相理解。

无论一家新闻单位是一个鼓吹者还是一个共同载体，它都应该确定事实、意见和论据的来源，以便读者和听众对它们作出判断。被呈现事实、意见和论据的个人在相当程度上受到其提供者总体可信度的影响。若要对陈述的正确性作出评价，陈述的提供者必须为人们所知晓。

对新闻来源的交代是自由社会所必需的。在和平时期，民主社会至少拥有无可非议的如下自信，充分而自由的讨论将加强而非削弱它自己。但是，如果讨论要达到民主社会所希望的效果，如果讨论要真正做到全面而自由，那么参与讨论者的姓名和身份就不应该秘而不宣。

3. 对社会组成群体的典型画面的投射

这项要求与前两项紧密相关。人们做决定时在很大程度上凭借好恶印象，他们将事实、意见与刻板成见（stereotypes）联系起来。今天，电影、广播、图书、杂志、报纸和连环漫画是产生和固化这些流行观念的主要力量，当它们所描绘的形象不能真实地反映社会群体时，它们就会误导判断。

这种问题可能是间接和偶然发生的。一部电影的对白即便没有提及中国人，然而，如果中国人在一系列画面中以罪恶的瘾君子或好斗者的面目出现，关于中国的形象就建立了，而这种形象是需要用其他印象来加以平衡的。如果在全国发行的杂志所刊登的故事里，黑人都作为仆人出现；如果广播剧中的儿童都是莽撞无礼、缺乏教养的小子——黑人和美国儿童的形象就被歪曲了。在广播、报刊电讯、广告文案以及新闻故事中，只要带有特别的意味和使用"憎恨"类词语——诸如"无情的""混乱的""官僚主义的"——就不可避免地起到同样的形象塑造（image-making）作用。

在此，负责任的表现就意味着，被重复和强调的形象应该是这些社会群体真实而典型的形象。关于任何社会群体的真相，虽然其缺点与恶习不应被排除，但是还应包括对其价值观、抱负和普遍人性的认可。本委员会坚持这一信念：如果人们能接触到某个特定群体生活的核心真相，他们将逐新建立起对它的尊重与理解。

4. 对社会目标与价值观的呈现与阐明

对于整个社会的价值观和目标，新闻界有一种相似的责任。无论大众媒介是否希望如此，它们在模糊或阐明这些理想，就像它们报道每日的成败得失一样。本委员会并非号召新闻界为了描绘一幅玫瑰色的画面而去让事实带有浪漫色彩和操纵事实。本委员会相信对各种事件和力量的据实报道，无论这些力量是为阻碍达成社会目标还是为实现社会目标而工作的。然而，我们必须承认，大众传播机构是一种教育工具，而且也许是最强大的；它们必须在陈述和阐明本共同体应该为之奋斗的理想中，承担起教育者那样的责任。

5. 充分接触当日消息

显然，现代工业社会中的公民对当前信息的需求在数量上远远大于以往。我们认为，所有公民并非在任何时候都会实际使用他们接收到的全部材料。出于个人需要或个人选择，许多人自愿把分析与决定的权利交给他们所信任的领袖。我们社会中的这种领袖是自由选出并且不断更换的，是非正式、非官方和灵活多变的。任何公民在任何时间都可以掌握做决定的权力。政体以这种方式经过同意而得以延续。

但是，这种领袖地位没有改变广泛传播新闻和意见的需要。领袖们是不能被认知的；只有使信息能为人人所用，我们才能了解他们。

本章所列的五项要求，说明了我们的社会有权向它的新闻界索取什么。现在我们可以进一步多考察新闻界的工具、结构和表现，来看看它是如何满足这些要求的。

让我们用另一种方式来概括这些要求。

关于美国人民要求美国新闻界提供的服务，其特点不同于以往所需要的服务。第一，它对于维系经济运行和共和政体是必不可少的。第二，无论是在所需信息的数量上还是质量上，它都是一种责任大大增加了的服务。就数量而言，美国人民可获得的关于他们自己以及他们世界的信息，必须同他们

——在紧密整合的现代世界中的一个工业化的自治共同体的公民——利益与所关心的事务一样广泛。就质量而言，信息必须以如此方式提供：小心翼翼地考虑事实真相的完整性和呈现的公正性，以便美国人民可以运用理性和良知，为他们自己做出对于维系他们的政体以及坚持他们的生活走向所必需的根本性决定。

选自：新闻自由委员会，展江等译，《一个自由而负责任的新闻界》，北京：中国人民大学出版社 2004 年版，第 1-3、11-15 页；参看：《简明中外新闻事业史》324 页。

多种声音 一个世界

序 言

肖恩·麦克布赖德

（主席）

国际交流问题研究委员会于 1977 年 12 月开始工作。当时我们在这交流领域的漫长历程刚刚开始。我既兴奋，又惶恐。兴奋的是我有机会主持一个由来自世界各地的十六名成员组成的小组，探索对于和平和人类发展具有如此根本意义的一个问题。惶恐的是要研究的题目范围很广，而问题又棘手。

从建立本委员会的背景情况来看，也不容许我们采取任何轻率的乐观态度来预期今后任务将面临的困难或在达成一致结论方面会遇到的困难。

在 20 世纪 70 年代，关于交流问题的国际辩论曾经在许多方面发展到了吵吵嚷嚷、发生对抗的地步。第三世界对来自工业化国家的新闻在新闻流通中占据支配地位提出的抗议，往往被看作是对新闻自由流通的抨击。新闻自由的捍卫者则被说成是侵犯了国家主权。关于新闻价值准则的各种不同的观念以及新闻工作者的作用、权利和责任，都存在着广泛的争论；关于大众交流工具对于解决世界重大问题可能做出什么贡献，也是众说纷纭。

本委员会工作伊始就笼罩着这种不和的气氛。所以我从一开始便关心如何对当今的交流情况做一不偏不倚的、不受任何一方影响的、客观的分析，以及如何完成这样一个迫切要求解决的任务，即就我们面前摆着的重大问题在观点上达成尽可能广泛的协商一致意见。

我主要关心的另一件事情是我们任务的广泛性："对现代社会的全部交流问题进行研究。"本委员会在其工作过程中仔细阅读过的有关本领域的一切文件和文献，其中没有一份曾试图作这种无所不包的审查，我们的报告并无意作为权威性的文件，但是我们试图超越常规的问题范围，使之接近于我们的工作职责。

因此，我们的报告不只是单纯的关于新闻的采集和传播或关于大众交流工具的报告，虽然这些方面的重大问题是我们讨论的起点。我们直接专心致志于从更广泛的历史、政治和社会学角度进行观察。同样地，集中于对情报的研究，就不得不把范围扩大到包括交流的一切方面，从社会、经济、文化和政治的全局来考虑。再者，由于交流无论对于国家社会或国际社会的一切社会、经济和政治活动占有如此主要的地位，我要引用一句 H. G. 韦尔斯的话：人类历史愈来愈成为一场交流和大灾难之间的竞赛了。要确保人类不只限于有一部过去的历史……还要确保我们的儿童有一个未来，充分地利用交流，把它的各个不同组成部分统统利用起来，便是十分重要的。

本委员会的十六名委员——在很大程度上代表着世界上的思想、政治、经济领域各界和各地域——在主要问题上取得了我认为是具有惊人程度的意见一致，而在此以前有关这些问题的意见似乎是不可调和的。这不仅仅是一个达成一些结论的问题；更重要的也许在于对这些问题以及可能的解决办法进行了鉴别和分析。我们希望这些对于有关发展新的世界情报和交流秩序的各个方面，以及不可避免的继续进行的辩论会有所裨益。

对我说来——并且我冒昧认为，对本委员会所有我的同事来说也是如此——最有收获的体验是我们在工作过程中发展起来的彼此之间的相互尊重和友谊之情。我希望，在我们工作中占主要地位的那种建设性努力，在各国政府及其他有关方面审查我们的报告时，将会坚持下去。

当这份报告的定稿摆在我们面前等待批准的时候，我不由产生一种要把它从头到尾重写一遍的愿望，我相信所有我的同事和秘书处的成员都同样会有这种情不自禁的想法。报告的文风前后各异，有的部分过于冗长。且不说我们缺乏从事这项工作所必需的时间，我觉得，这份报告尽管文体上不完美，但把我们的观点还是表达得很清楚的。这份关于交流的巨著是由许许多多语言的、文化的以及哲学的线索穿插其间交织而成的，读者诸君务请在阅读时留意这些线索。

尽管在大多数重大问题上取得了广泛的协商一致，但显然有许多问题仍有待于探索、解决，并且还有许多题目需要做进一步的分析。我们前面还有许多困难，特别是在组织和执行有助于建设新的秩序的、需要不断加以检查的具体措施方面，困难更多。关于"新秩序"的含义和关于这个新秩序应该包含些什么内容，是有许多不同的看法的，正如在实现这个新秩序的方式方法问题上意见有分歧一样。但尽管有这些分歧，本委员会里每个人无不坚定认为必须进行交流领域的结构改革，无不认为现存秩序是无法为大家所接受的。

对于现有的错综复杂而又相互联系的交流问题，显然并没有一蹴而就的奇迹般的解决办法。在耐心地逐步建立所需要的新的结构、方法和态度的过程中，有许多阶段、战略和方面。因此，"新的世界情报和交流秩序"与其说是什么特定的一整套条件和做法，倒不如说是一个过程可能更为确切。这一过程的细节将不断变化，但目标是不变的——情报交流中要有更多的正义、更多的公平、更多的互惠，交流流通中要减少依赖，减少自上而下传播信息，增加自力更生和文化特性，为全人类谋更多的福利。

本委员会关于发展一个新的世界情报与交流秩序的主要指导方针的分析和协商一致总见，本身就是一个经历漫长过程才产生的结果。我们应该多谢穆斯塔法·马斯穆迪大使和博格丹·奥索尔尼克博士，不仅是因为他们坚持不懈地提倡"新秩序"，还因为他们建设性地阐明了新秩序的主要方面。但除了从 1977 年 12 月到 1979 年 11 月期间先后举行的八次会议上本委员会的各位成员间作过内容丰富多彩的讨论外，我们的基本做法是在切实可行的范围内经常同外界接触，直接同代表着国家、地区和国际各级参与其事的有关专业人员和专家一起审查广泛的问题。

我们一开始就着手组织一次大的国际集会，以便共同讨论例如新闻的内容，描述的事实和形象的准确性和均衡性，新闻供应的基础结构，新闻工作者和从事新闻采集和发送的组织的权利和义务以及其业务的技术和经济方面等问题。为此目的，于 1978 年 4 月在斯德哥尔摩举办了新闻采集和传播的基础结构的研究班，由瑞典政府慷慨资助，参加者有大约 100 名代表，他们来自通讯社、广播组织、各大报社、研究机构以及世界性和地区性的国际非政府组织。

除在教科文组织巴黎总部举行的会议外，本委员会还在各个不同的国家如瑞典、南斯拉夫、印度和墨西哥举行过四次会议。这才能对有关的各种根本不同的文化及社会问题进行更深入的了解，也才能同对在大相径庭的社会里交流的基本方面持有不同观点的专业人员和研究工作者进行接触。对于本委员会具有特别重要意义的题目则组织圆桌会议进行讨论：我们同南斯拉夫交流机构和政府方面的代表讨论了社会和交流工具的相互作用，我们还同他们在这次圆桌会议上讨论了发展中国家之间的合作问题。我们的印度东道主组织了一次关于交流和发展之间的关系问题的范围广泛的讨论，我们还同他们讨论了未来技术进步的影响问题。我们同一大批拉丁美洲的作家、教授和从事交流工作的人员集中讨论了文化和交流之间的相互关系问题。

这些就中心主题进行的直接磋商，使我们对交流的一些根本问题的连锁性质获得了难得宝贵的见识，特别是，这些磋商肯定了这些问题是同更广泛的社会、经济和文化格局在结构上联结在一起的。因此，归根结底——而且不可避免地——交流问题具有高度的政治性，这就是为什么这些问题今天成为国家和国际舞台中心的根本原因。

供我们考虑的进一步的背景材料是由世界各地的专家们，就交流的具体方面撰写约一百份叙述性和意见性文件所提供的。这就为这些比较分析和促使对某些交流问题进行重新考虑提供了特别有价值的实质性材料。

由于我本人和本委员会及秘书处的其他成员有机会参加由同新闻和交流各个方面有关的国际组织、国际专业协会、不结盟国家、区域和国家机构组织的几十次会议、会见、专题讨论会和讨论小组，这就进一步丰富了我们在专业上同各方面的接触。

此外，在本委员会工作过程中，几十个国际的、区域的和国家的机构——研究和文献中心、新闻学校、大学、专业协会和类似机构——通过慷慨提供研究成果、专题文献和实质性评论积极进行了协作。

最后，我们收到了个人、机构和政府方面对我们在1978年提交教科文组织大会第二十届会议的临时报告所提出的几百条评论意见，使我们受益匪浅。

因此，我们的报告，一方面代表本委员会对交流状况的集体看法，同时也是以实际上是世界范围的意见调查（包括个人的和机构的意见）和来自无数的浩瀚文献为基础的。这一大批资料极为广泛地包括了各色各样的思想、政治、社会、经济和文化色彩。本委员会的每一位成员根据他或她自己的观点考虑了这些资料，然后在我们进行审议时对这些资料加以集体审查。

经过去粗取精，写出了这篇报告，总的说来，这是本委员会关于如何看待当前的交流秩序和怎样预见一个新的交流秩序的协商一致意见。凡有分歧之处，皆以评论或提出异议的方式予以反映。但是这个报告是有广泛的基础的，加之，它又是由一个有代表性的国际小组即本委员会撰写的，所以我相信，我们的报告——它的陈述、调查结论和建议——将会有众多的知音。由于有了这种信念，我开初的那种惶恐心情便顿然消失了。我深信，有良好的意愿统率着未来的对话，一个有益于全人类的新秩序是能够建立起来的。

选自：国际教科文组织，《多种声音一个世界》，中国对外翻译出版社1981年版；参看：《简明中外新闻事业史》448—450页。

媒 介 篇

《纽约时报》：每天设置美国议程的报纸

　　《纽约时报》由亨利·雷蒙德（Henry Raymond）创办于1851年，创书号售价仅一美分。该报现在的发行人是小阿瑟·苏兹贝格（Arthur Sulzberger Jr.），总裁兼总经理是珍尼特·鲁滨孙（Janet Robinson），他们二人掌管着时报的日常事务。《纽约时报》是美国主流社会和精英阶层最有影响力的日报之一。该报曾不无自豪地说，在美国的每一个县至少都有一份订户。因为任何一个图书馆都不想漏订了《纽约时报》，尽管它的发行量远没有《华尔街日报》和《今日美国报》那么大，它也不是一份严格意义上的全国性日报。

一、每天的头版都在设定美国的新闻议事日程

　　同许多美国的报社一样，《纽约时报》的新闻业务领域主要有两大部门：新闻编辑部和言论部。

　　该报新闻编辑部有1000多人，日常事务由执行总编与一位责任总编、两位副责任总编和几位助理责任总编一起负责管理。新闻采编的日常运作由若干个部门组成，如国内新闻部、国际新闻部、工商新闻部、大都会新闻部等，每个部门都有自己的主编和编辑。主编或是给记者指定采写任务，或是帮助记者构思报道思想。记者交稿以后，主编要保证稿件的公正性和可读性，为稿件撰写标题，然后决定发稿的时间和版面位置。最后，由部门主编与照片主编、图表主编、美术师和版面设计师一起决定发布这条新闻的最佳方式。《纽约时报》的新闻报道绝大多数都是由它自己的专职记者采写的，而不是像美国其他许多日报那样主要依赖于新闻通讯社编发的稿件。

　　为了保证言论与新闻的独立性，时报的言论部是与新闻采编部门分开运作的。时报的言论部拥有社论作者、专栏作家和编辑30人左右。他们负责编辑出版每天的社论对页版（Oped-page）。言论部的主编直接向报社发行人汇

报工作。

头版是报纸每天面对读者的"面孔",也是体现报纸质量的重要标志。精心编好每天报纸的头版是《纽约时报》最重要的特点之一。在美国新闻界长期流行着这样一种观念:《纽约时报》的头版设定了全国的新闻议事日程。在美国不仅是各家日报,连几大主流电视网每天也都唯《纽约时报》的头版马首是瞻。

那么,《纽约时报》为什么能在激烈竞争的媒体大战中引领潮流、设定美国的新闻议事日程呢?它又是如何在每天的头版上为美国设定新闻议事日程的呢?

首先是严格筛选头版新闻。在时报里,决定什么东西上报纸、上头版是一个集体的决策过程。每天下午,《纽约时报》的总编辑和其他高级编辑就会收到每天的"头版要目",也就是各个主要部门想在次日头版推出的主要内容预报。每天下午5点前后的主编会议是该报例行的"头版会",主要涉及发行人、各主编、相关记者、摄影记者、图表编辑、美术师、设计师等。在会上,各部门主编先报出各自推荐的要闻,同时图表编辑、摄影记者把相关图表和图片展示出来,供大家选择。这个每天都让时报人绞尽脑汁的会议,已经成为报社内部一种举止斯文的新闻推销展示会。《纽约时报》各部门的主编每天都要来亲自向头版大力推销他们准备好了的"美味佳肴"。

在《纽约时报》,头版新闻的取舍,主要取决于每条头版新闻的重要性如何,它要向读者传达什么样的信息,发表后,它有可能引起什么样的反应和后果。由于这些他们称之为的"头版斟酌",使得各部门的主编对自己每天提出的"头版要目"方案都不得不持十分慎重的态度。1997年8月31日戴安娜王妃因车祸身亡的噩耗传来以后,《纽约时报》只是在头版头条发了一个不太起眼的单行标题:"戴安娜在巴黎死于车祸",远远比不上当时美国多数大城市日报的头号大字标题。从根本上说,正是这一点使《纽约时报》成为美国最有价值、有时也是最令人气愤的报纸。一方面,每当新闻传媒在这类事件上大肆渲染的时候,《纽约时报》往往能保持克制和清醒的新闻判断;另一方面,它却乐于长篇累牍地刊登或解释枯燥的政府文件。所有这些,都可能使得这份报纸看上去呆板乏味,它脱离主流——自负、持重、不愿听信传言,因而具有权威性并且始终是一份严肃的报纸。

其次是果断决定。对于应该上头版的重大新闻,该报只要一旦判定,就会毫不犹豫地让它上头版,甚至上头条,即使其他媒体对此持怀疑态度,也不会动摇。

《纽约时报》对于泰坦尼克号豪华游轮沉没的头版独家报道,成为世界新闻史上的经典之作，也奠定了该报头版设定美国新闻议事日程的基础。

"9·11"事件的第二天，2001年9月12日，版面编排一向稳重的《纽约时报》居然在头版使用了其历史上少见的特大字号头条标题："美国遭到攻击"（U. S. Attacked），实际上为美国媒体对"9·11"事件的报道定下了基调。

最后，不断拓宽头版选题。《纽约时报》注意随着时代的变化，拓宽头版新闻的选题范围，以适应读者不断扩大的新闻信息需要。因此，这家报纸对新闻的定义也在发生变化，从传统的负面新闻、灾难新闻、政治新闻占垄断地位扩展到正面报道、工商报道等各个方面。《纽约时报》的一位编辑说："我们现在不再是写给总编看，而是为读者而写作和编辑。"该报工商新闻主编弗雷德里克·安德鲁斯（Frederick Andrews）说得更清楚："不错，《纽约时报》扩大了新闻的定义。每天早晨打开《纽约时报》第一版就能看到，它的编辑们给读者看的有全世界各个角落的七八条消息。这些报道并不都是令人沮丧的，有些颇为有趣。你从《纽约时报》上看到的是引人入胜、多姿多彩的内容和地道的美国风格。"

从这些角度看，《纽约时报》的头版确实是体现美国大众传媒设置社会议程功能的典型例证。

二、以透彻地报道华盛顿新闻和国际新闻而著名

《纽约时报》自认是一家重在报道公共政策的报纸，它高度重视对政治、政府事务和外交事务的报道。与《华盛顿邮报》相比，《纽约时报》在国际新闻报道的深度和广度方面略胜一筹；在公共政策报道方面，《纽约时报》则又在《华尔街日报》之上。该报长期以来以其号称公正、透彻的华盛顿新闻报道和国际新闻报道而著名。

为了重点搞好国内新闻的报道，该报按照地域设置了若干记者站。其中，大都会编辑部负责处理来自纽约、新泽西和康涅狄格州的一般新闻。该部不仅在纽约市拥有100名左右的记者，而且在周边还设有8个记者站。它们主要设在：纽约州的奥尔巴尼（Albany）、花园城（Carden City）、白原（White Plains）；康涅狄格州的哈特福德（Hartford）、特伦布尔（Trumbull）；新泽西州的纽瓦克（Newark）、哈肯萨克（Hackensack）、特伦顿（Trenton）。

该报在纽约以外的最大记者站是华盛顿记者站，大约有30名记者和7名编辑。他们不仅要为国内新闻编辑部提供新闻，同时还要为其他部门如国际新闻部、工商新闻部、大都会新闻部提供稿件。

　　此外，该报还在全国其他 11 个城市设立了记者站，派驻约 20 名新闻记者负责报道国内新闻，另有约 10 名记者专门向工商新闻部和文化新闻部发送稿件。这 11 个记者站是亚特兰大、波士顿、芝加哥、达拉斯、丹佛、底特律、休斯敦、洛杉矶、迈阿密、旧金山、西雅图。拥有规模较大的国际新闻部和驻外记者站，这在美国的报纸中是比较少见的。该报的国际新闻部有 40 多位专职记者和众多的供稿者，在国外派驻有 26 个记者站。其驻外记者站主要有：

　　亚洲：北京（中国）、上海（中国）、香港（中国）、东京（日本）、曼谷（泰国）、新德里（印度）、伊斯坦布尔（土耳其）、雅加达（印度尼西亚）、开罗（埃及）、耶路撒冷（中东）；

　　欧洲：柏林（德国）、法兰克福（德国）、伦敦（英国）、莫斯科（俄罗斯）、巴黎（法国）、罗马（意大利）、布拉格（捷克）；

　　南美洲：布宜诺斯艾利斯（阿根廷）、墨西哥城（墨西哥）、里约热内卢（巴西）；

　　非洲：阿比让（象牙海岸）、约翰内斯堡（南非）、内罗毕（肯尼亚）；

　　北美洲：加拿大、迈阿密（报道加勒比和中美洲地区）；

　　联合国等。

三、贴近生活的工商新闻报道

　　《纽约时报》的工商新闻报道扬名于 1987 年 10 月，当时纽约股票市场出现了大崩溃，《纽约时报》每天都紧盯着股票市场大崩溃的事态，对这一事件做出全面的报道，就像报道世界大战一样。与长期专门从事工商报道的《华尔街日报》不同的是，《纽约时报》的报道大多数都不是着眼于华尔街的巨商大贾，而是聚焦于可能蒙受最大损失的普通人身上。其中不乏贴近普通股民、小企业的报道，如《买主裹足不前》《小企业受害至深》《小投资者心境凄凉》等。

　　《纽约时报》在报道工商新闻时，善于运用大幅照片和统计图表，帮助读者更深入、更全面地理解当时混乱的股市形势，说明尽管股市暴跌，国民经济的某些部门仍然欣欣向荣。时任工商版主编的弗雷德里克·安德鲁斯（Frederick Andrews）解释说："《纽约时报》大量运用图片是经过深思熟虑做出的决定。第一，是因为这些报道极其重要；第二，是想让我们的报道更有人情味，吸引平常不看《纽约时报》的人也来看我们的报纸。"有业者认为，《纽约时报》之所以报道成功，是因为他们没有把股市崩溃当作工商报道来处理，而是把它当作新闻报道来处理。当时，《纽约时报》坚持从各个角度报道股市崩溃的努力受到社会各界的称赞。

该报工商部门的主编从实践中认识到，工商报道要受到欢迎，就必须贴近读者、贴近生活。工商新闻既不能是经济数据简单的堆砌，更不能是变相的商品广告。要提高工商新闻的质量，必须依靠有深度的分析报道。搞好工商报道既要遵循新闻工作的一般规律，又要懂得经济领域的特殊规律，要从读者的角度报道好解释好各种枯燥的经济数据和深奥的经济现象。

四、历史记录式的报纸

《纽约时报》闻名于世的另一个重要特点是，不惜篇幅地充分报道新闻事件特别是重大新闻事件。完整无缺地刊登重要文献，因此它又被称为"历史记录式的报纸"。

早在 1896 年 10 月 25 日，当时的《纽约时报》发行人阿道尔夫·奥克斯（Adolph S. Ochs）就提出了时报的座右铭："宜闻必录"（All the News That's Fit to Print），也就是说，凡是适合刊登的新闻，《纽约时报》都要予以刊登。这一信条经过公开竞争后，没有遇到挑战者，首先刊登在时报的社论版上。次年 2 月 10 日又登上了时报头版的左方报眼，此后再未变动。

于是，历届美国总统的一年一度的长篇国情咨文，还有各种国际重要文献，时报都一字不落地照登不误。1919 年 6 月 10 日，全球唯一一家全文刊登凡尔赛条约的日报是《纽约时报》。1955 年 3 月 17 日，全文刊登雅尔塔会议公报的又是《纽约时报》，总计 13.8 万字，占整整 32 版！

一旦有重大新闻事件发生，时报更是不惜工本、连篇累牍地发表报道。据统计，"9·11"事件发生后，《纽约时报》即在一夜之间为第二天编排出 28 个整版的专题报道，计有文字 69 篇，图片 63 幅，而比较同一天的《华尔街日报》《华盛顿邮报》《洛杉矶时报》和《今日美国报》四家大报，没有一家像《纽约时报》这样，报道得如此详细，内容如此周全，以至于第二天人们争相购买该报，弄得报社不得不赶紧加印。

《纽约时报》之所以这样做，一是要保持它作为历史记录式报纸的作用，二是要以充分的报道和深度的报道来与一般容易流于肤浅的电视新闻报道相竞争。同时这也显示出该报平时资料积累的深厚功夫。

该报每月和每年还要出版其每篇报道的详尽索引目录，便于读者检索。因此，《纽约时报》又是人们进行新闻研究和历史研究的一个极为重要的资料库。

五、"灰老太婆"开始焕发青春

《纽约时报》的版面设计风格素来以庄重平淡甚至有点灰暗沉闷为主，长此以往，结果在美国新闻界落下了"灰老太婆"（Old Gray Lady）的名声。

1992年1月，43岁的小阿瑟·苏兹贝格（Arthur Sulzberger Jr.）从他父亲的手中接过了《纽约时报》的管理大权，担任发行人。此后，他就接连不断地采取大胆行动，对《纽约时报》进行改革，以变革求生存。

从1993年6月6日开始，《纽约时报》开始在一个栏目中采用彩色印刷，广告商对此反应热烈。其后几个月，该报陆续在其他栏目中采用彩色，其顺序是：旅游、房地产、地区新闻和文艺休闲版。直到1997年10月16日，《纽约时报》开始在头版上使用彩色。"灰老太婆"终于披上了彩装。当然，《纽约时报》在色调的运用上仍然十分谨慎，注意保持其整体上庄重、淡雅、冷静的本色。以2002年12月25日圣诞节的头版为例，整个版面最引人注目的似乎只有一点红色，那就是在科威特前线慰问即将赴伊拉克开战的士兵时圣诞老人身上穿的圣诞红外衣。

小阿瑟·苏兹贝格在改革报纸内容上也下了不少功夫，力图使该报成为一家"多元报纸"，让每一位读者都能从《纽约时报》中找到自己最关心的问题、找到自己喜欢读的篇章。

针对新移民不断涌入美国并且不断壮大中产阶级队伍的趋势，他还注意充分发挥该报善于开展地区性报道的特长，使《纽约时报》成为人们、特别是新移民的必读报纸，使新移民从中读到和更好地了解到他们迁入的这个地方的各种情况。

他把保证报纸社论的质量作为对付电子媒体的最好办法。因为他认为，社论是报纸在每天给读者提供新闻报道、新闻分析、新闻评论和调查性报道的基础上，发表的综合性文章，代表了报纸的观点，是电视无法与之抗衡的。他还通过大力加强报纸的星期天论坛等栏目和有关活动，来体现他的思想：使该报编排更自由、更具创造性，并在多样性和平等的口号下更多地面向"少数族裔"（妇女、黑人、西班牙人……）读者。

《纽约时报》没有一般美国报纸每天都必不可少的漫画和星象栏目，这也凸显了它作为严肃大报的特点，但是它刊登的填字游戏却是世界闻名的。

选自：明安香，《美国：超级传媒帝国》，社会科学文献出版社2005年版，第58-70页；参看：《简明中外新闻事业史》308、360页。

《华盛顿邮报》：美国政界必读的报纸

《华盛顿邮报》由斯蒂尔森·哈金斯（Stilson Hutchins）创办于 1877 年 12 月 6 日。当时每天只有 4 版，零售价每份 3 美分，发行量 1 万份。1933 年 6 月 1 日，尤金·迈耶（Eugene Meyer）以当时 82.5 美元的破产拍卖价将该报收购下来。尤金·迈耶就是凯瑟琳·迈耶女士的父亲，她后来与菲利普·格雷厄姆结婚，即成为凯瑟琳·迈耶·格雷厄姆夫人。从 1963 年（46 岁）起，她曾先后担任《华盛顿邮报》的总裁、发行人、董事局主席等职。从 1993 年起，她担任华盛顿邮报公司的常务委员会主席，直至 2001 年 7 月 17 日去世。

该报的发行主要依靠 450 个独立的邮政分发商和 4000 位邮政分发员。其中，上百个独立分发商每天清晨负责把该报送到超市、地铁和公交站点的各个自动售报机上。其余的分发员则负责把报纸在清晨投送到订户家门口，并负责定期征收订费。1999 年 1 月 28 日，《华盛顿邮报》开始用彩色印刷照片、美术作品和广告，步入彩色报纸的时代。

一、"水门事件"报道奠定了报纸声誉

（此处略，见"事件篇"）

二、注重报纸言论，强调版面编排

《华盛顿邮报》每周 7 天都出报纸，这在美国日报中是不多见的。该报配备了强大的新闻编辑队伍，除首都华盛顿的新闻编辑部外，还在首都附近的马里兰州和弗吉尼亚州设有 12 个记者站，在全国其他地方设有 5 个记者站，全球 20 个记者站，总计 850 余人。该报的新闻编辑部设有国内、国外、大都会、工商、体育和时尚等 6 个主要部门负责日常的新闻报道，此外还有摄影、

美术、编辑、人事、信息技术和行政等部门负责版面编排、生产和管理等。

该报的周刊特稿部门还有一套单独的记者、编辑和设计人马，专门负责该报的《星期日杂志》《每周电视》《展望》《图书世界》《健康》《居家》《美食》《旅游》《房地产》和《周末》等专版。

该报的评论部主要负责社论写作、言论文章和读者来信的编排出版。为了保证该报新闻报道的客观性，评论部的活动是独立于新闻编辑部的。该部主编弗雷德·西亚特（Fred Hiatt）直接向董事局主席唐纳德·格雷厄姆（Donald Graham）报告工作。该报社论委员会成员每天都要碰头讨论社论的选题和计划，撰写社论，代表该报发表有关地方、全国和国际性问题的观点。该报言论版主要刊登专栏作家和投稿者的文章。读者来信版则力图广泛反映读者的各种意见和观点。该报的社论版、言论版和读者来信版，每天都要和读者见面。另外，在每周六还要增发一个读者来信版《自由辩论》（Free For All），以便让读者有更多的讨论空间。每周日，增发一个言论版《近在家门》（Close to Home），着重讨论一些读者身边的问题。

该报在版面编排方面强调便于读者阅读检索，这在厚报时代是十分必要的。因此，该报每天的各大叠版组都按大体一致的顺序编排，许多专栏和特稿，如漫画、星象等，每天都"锚泊"在固定的版面位置上，以便读者拿到报纸后可以直奔自己所需要的主题。

三、最早设立"新闻监察员"

1970 年，《华盛顿邮报》在新闻编辑部设立了"新闻监察员"（Ombudsman），其主要任务是当好读者的代言人，对全国媒体特别是该报的表现进行跟踪和评论。该报是美国最早设立"新闻监察员"的报纸之一。

该报现任"新闻监察员"是迈克尔·盖特勒（Michael Getler），他曾于1996 至 2000 年间担任《国际先驱论坛报》的执行总编，该报是一家英文报纸，由华盛顿时报公司与纽约时报共同拥有，在巴黎出版，全球发行。此前他曾在《华盛顿邮报》工作达 26 年之久，担任过驻国内外的记者和副总编等职，为该报获得过三次普利策新闻奖项。

四、虚构丑闻：退回普利策新闻奖

就在《华盛顿邮报》因成功揭露水门事件而风光一时之后，却爆发了一件让人意想不到的大丑闻。该报记者珍妮特·库克（Janet Cooke）在 1980 年

9 月 29 日发表了一篇报道，名为《吉米的世界》（*Jimmy's World*）。

她在报道中描述，吉米是一个 8 岁的小男孩，他有着一头沙质的头发，一双棕色天鹅绒似的眼睛，可是幼嫩的胳膊上却都是针眼——注射毒品的针眼。他与他母亲和母亲的情夫生活在一起，是生活在首都华盛顿特区的第三代吸毒者。库克报道说，在这样的环境下，小小的吉米头脑中只有一个梦想：日后也成为一个贩毒者。

该报道发表后，在社会上引起了极大的震动。许多社区公众要求前往救助可怜的小吉米，特区政府也立即派人四处搜寻，但一无所获。随后，社会上传言四起，有人认为这个吉米是一个虚构人物，根本就不存在。

人们纷纷要求库克公开吉米的真实身份。但是，库克拒绝披露吉米究竟何在，其理由是：一要保护作为新闻来源的吉米，二是如果披露了吉米的真实身份以后，自己的生命安全会受到贩毒分子的威胁。与此同时，该报的总编也给予库克以强有力的支持。

1981 年 4 月 13 日，库克的报道《吉米的世界》荣获当年的普利策新闻奖。但此后不久，有人披露库克在申报普利策新闻奖时，有虚报学历的行为。于是，"伤风引发了肺炎"，人们再一次对其报道中的吉米的真实性提出质疑，并要求她提供吉米存在的证据。

在强大的社会压力下，库克最终承认，虽然处境类似吉米这样的孩子在华盛顿特区可能存在，但是她并没有找到这样的孩子，吉米纯属虚构。为此，库克黯然辞职，并从此离开了新闻行业。《华盛顿邮报》也无奈地退回了当年的普利策新闻奖。

1982 年 1 月，从人们视线中消失已久的库克首次公开出现在一个电视谈话节目中，披露了自己虚构新闻报道的主要原因。她认为，在水门事件以后，邮报报社内部弥漫着很高的期望值，似乎期望不断地揭出爆炸性新闻，推出更加轰动的调查性报道，因而自己感受到了极大压力。1996 年，沉默已久的库克又接受了一家杂志的采访，从这次采访中，她竟然获得了高达 150 万美元的电影版权。

《华盛顿邮报》的库克事件，实际上是美国当代领军主流媒体日后相继爆发类似丑闻的一个先兆，它反映了美国新闻媒体在媒体之间相互激烈竞争和新闻商业化大潮中面临的困境。

选自：明安香著，《美国：超级传媒帝国》，社会科学文献出版社 2005 年版，第 81-86 页；参看：《简明中外新闻事业史》360-361 页。

《华尔街日报》：全球闻名的财经类报纸

《华尔街日报》（*The Wall Street Journal*），号称是全球工商和财经新闻信息的主要提供者，是全球最著名的财经类报纸之一。它一般每周出版 5 天，现在每天的平均版面为 96 版。

一、百年老字号

《华尔街日报》是由一位名叫查尔斯·道（Charles Dow）的经济金融记者与同事爱德华·琼斯（Edward Jones）合作创办的。1882 年，他们合伙成立了道·琼斯公司，收集有关工商行情的消息并定期向股票经纪人发售。由于生意兴隆，他们又在道·琼斯公司的基础上于 1889 年 7 月 8 日下午在纽约的金融街——华尔街（Wall Street，即墙街），创办了《华尔街日报》。该报从创刊之日起，天天发布经济信息和股票指数，百余年来从未中断。自此，以道·琼斯命名的工业股票平均指数使两人名声大噪，而他们创办的这份当初只售两美分如今卖到一美元的报纸，也跻身于全球最有影响的报纸之列。

据调查，该报读者的平均收入为 14.7 万美元，这 200 多万读者代表着一支相当大的购买力群体，也代表着一股巨大的"政治势力"。这一点也足以证明《华尔街日报》所具有的举足轻重的作用。

二、触角遍及全球的财经类报纸

在 20 世纪后期，美国的大众传媒内向化的趋势愈演愈烈，许多主流媒体纷纷削减驻外机构和记者。而《华尔街日报》作为一个财经类媒体却把触角伸向了世界主要地区，这不但在美国的专业媒体中是少有的，就是在综合性媒体中也不多见。

《华尔街日报》除了有在本国出版发行的国内版外，还有欧洲版和亚洲版。《华尔街日报》（欧洲版）发行于欧洲大陆、英国、中东和北非；《亚洲华尔街日报》由卫星传送到新加坡、日本、泰国、马来西亚、菲律宾、韩国、印度尼西亚和中国台湾等国家或地区的印刷点出版发行。

该报在全球的新闻编辑部人员达 750 人；在国内有 15 个记者站，国外有31 个记者站；广告营销处在国内有 28 个，在国外有 24 个；在美国国内有 17个印刷点，在全球有 15 个印刷点，其中欧洲 6 个（波伦亚、布鲁塞尔、法兰克福、伦敦、马德里、慕尼黑），亚洲 9 个（曼谷、香港、雅加达、科伦坡、马尼拉、首尔、新加坡、台北、东京）。

三、版面编排和总体包装：独特的外观和风格

《华尔街日报》从版面编排到总体包装上都以严肃、沉稳著称。从版面上看，《华尔街日报》每天每个版面（除广告外）基本上都分为六栏，有时是一般报纸版面编排忌讳的六栏一通到底。每天数十个版面上，除了连篇累牍的报道、评论文章和不厌其烦的表格、图表外，没有任何新闻照片，顶多只有少量该报独特的新闻人物线描蚀刻的肖像画和漫画。因此整个报纸呈现出灰色调。历来如此，一以贯之。

直到近年来，该报才在广告上开始采用淡雅的彩色。因此，该报力图给人形成的总体印象是：这是一份值得读者认真阅读的报纸。

四、以经济研究为依托，搞好专业报道

在这方面，《华尔街日报》可谓不惜人力、不惜工本、不惜篇幅，力求从各个方面、各个角度深入报道、分析金融财经领域，充分满足读者的需要。例如该报有《企业/公司聚焦》栏目，每天一个案例、一个公司、一个行业地深度分析业界竞争态势和公司战略，探讨其问题所在和成功途径。鉴于中小企业的作用越来越突出，该报专门设有《中小企业》栏目，报道和分析中小企业的发展趋势、存在问题、相关立法和成功与失败的经验。在《科技》栏目里，该报不仅报道新技术、新产品、科技与环境、科技与医药等，而且经常报道正在实验室中开发的新科技。为了搞好《市场营销与媒体》专栏的报道，该报不惜集中十多位记者、编辑；该报高薪聘请律师担任记者，主持《法律新闻专报》专栏，专门报道和撰写有关财经方面的法庭判决和立法走向

等专稿。

该报各种图表、表格的制作既有专业水准，又便于读者使用。例如该报每天详尽刊登的汇率换算表是交叉的，读者很容易看清各种外汇之间的换算价格，这为普通读者特别是炒汇者提供了方便。

五、独特的办报理念

像《华尔街日报》这类财经类报纸的成功之道在于既要突出专业性，又要注意综合性。只有专业性，没有综合性，读者面就会太窄；综合性太过，少了专业性，又不成其为财经类报纸。

《华尔街日报》在这方面做出了持久的探索和成功的尝试。为此做出重要贡献的是享有该报风格成型"总设计师"之称的巴尼·基尔戈（Barney Kilgore）——40 年代《华尔街日报》的执行总编和道·琼斯公司首席执行官。

他当时明确提出，要把《华尔街日报》的报道范围从"工商"领域扩展到"多少与（人们）谋生有关的一切方面"，扩展到工商领域的各个方面，扩展到经济和消费事务领域以及对工商领域能够产生影响的生活各个方面。这在当时是一个很大的冒险，当时有人批评基尔戈说，如果《华尔街日报》的传统读者认为该报有轻视工商报道的倾向的话，他们就会转向别的报纸。而基尔戈认为，扩大报道面并不是要减少工商报道，而是要在其他领域寻找工商报道的角度，从而对它们加以报道。其次，他提出，要在不牺牲新闻报道深刻性的同时，把《华尔街日报》的工商报道语言简化为简洁明了、通俗易懂的英语。他还提出，要提供有关政府的详尽报道，但是要废除那些长期困扰华府报道的陈词滥调。实践很快证明，基尔戈的指导思想成功了。仅仅两年后的 1947 年，《华尔街日报》的发行量就达到了 10 万份。

现在的《华尔街日报》在办报思路和风格上基本是基尔戈的延续和发展。它的编辑方针是既要面向传统的工商读者，又要兼顾普通读者。作为一家严肃的报纸，《华尔街日报》既不墨守成规，也不一本正经，而是兼顾报道的广泛性和可读性。在该报头版发表的长篇报道和专稿中，涉及的内容相当广泛：从关于总统提名候选人非婚生孩子的揭露性报道，到菲尼克斯城爆发黑寡妇球腹蜘蛛的突发性事件，从内陆国家玻利维亚海军舰长的繁忙生活，到对于人类失落的文明和人类粪便的考古研究等，无所不包。

该报的写作风格，按照基尔戈的要求，也一直是力求用简洁但绝非简单的语言来说明复杂的问题。其中一个现在仍然广泛沿袭的写作风格是以口语化的方式进行深度报道和分析。同时，该报还注意坚持在内容上既要大众化，又要保持专业水准，但是绝不迎合庸俗倾向。该报没有美国综合性大报常见的连环漫画和星象专栏，即使它的体育和娱乐报道也往往偏重于管理和票房收入等角度。

六、延伸品牌优势：饱和占领既定的读者市场

一家报纸一旦成为品牌、获得品牌优势，就具有极大的潜在影响力和市场价值。在经济全球化和媒体激烈竞争的今天，报纸就要有意识地培养自身的品牌优势。发挥自身的品牌优势，不断延伸品牌优势，开发出新的新闻、信息服务领域和产品，力求综合占领、饱和占领既定的受众市场。

在这方面，《华尔街日报》做得最为突出。其中主要有：

为了进军亚洲读者市场，该报于1976年9月1日创办了总部设在香港的《亚洲华尔街日报》，印刷点有曼谷、香港、雅加达、科伦坡、马尼拉、首尔、新加坡、东京和台北。现在，其经过审计的发行量超过8万份。

1983年1月31日，《华尔街日报》（欧洲版）创刊，总部设在布鲁塞尔，在波伦亚（意）、布鲁塞尔（比）、伦敦（英）、法兰克福（德）和慕尼黑（德）设有印刷点。现在，日发行量近10万份。

到了20世纪90年代，随着经济全球化的加快，《华尔街日报》的品牌延伸规模更大。1994年，《华尔街日报特别版》创刊，这是在全球33个国家的38家主要报纸上以当地语言印刷出版的《华尔街日报》版面集锦，其核心是以西班牙语和葡萄牙语在21个主要拉美国家出版的《美洲华尔街日报》。截至2002年底，《华尔街日报特别版》的总发行量达到680万份。

选自：明安香著，《美国：超级传媒帝国》，社会科学文献出版社2005年版，第70—76页；参看：《简明中外新闻事业史》362页。

《今日美国报》："麦当劳快餐报"

该报由甘尼特公司董事长艾伦·H. 纽哈斯（Allen H. Neuharth）创办于20 世纪 80 年代初。甘尼特公司虽然贵为美国最大的报业集团，但主要是靠兼并和购买其他报纸发展起来的，所以当时并没有什么叫得响的报纸。纽哈斯的创意就是要创办一份前所未有的全国性报纸。该报试刊于 1981 年 6 月 11日，正式创刊于 1982 年 9 月 15 日。该报开创了美国日报的一系列风气之先。

一、准确定位的全国性日报

纽哈斯从一开始就宣称要创办一份面向全国的日报，这在美国是一个极为冒险的行动。因为从美国报业传统上说，美国是一个"省报（州报）"盛行的国家。辽阔的国土使得日报在全国的发行成本极其高昂，而报纸发行的时效性也受到了极大影响。再加上美国的政府体制基本上是一个非中央集权的多层次决策体制，许多影响人们生活的决策都是在地方做出，因此，人们更多地关注地方问题，报纸也更多地报道地方问题。在这种大背景下，要创办一份全国性报纸何其难也！正因为如此，在纽哈斯宣布要创办一份全国性报纸以后，本来股市行情极佳的甘尼特公司股票三天内就贬值 1.8 个百分点！

但是，纽哈斯认准了这个市场，其市场定位有别于《华尔街日报》和《纽约时报》，虽然这两家日报都面向全国。《今日美国报》和《华尔街日报》一样，都将读者定位于有经济实力的读者，但是《今日美国报》主要定位于那些往来于公务旅途之间，希望快速锁定新闻的公务旅行者、国内旅游者和那些已经订阅了本地日报但还希望"再买一份"全国性报纸的零散读者，这部分人数大约在 700 万～1000 万。他们认为，《华尔街日报》和《纽约时报》虽然都面向全国发行，但是它的新闻报道并没有完全摆脱大都市日报的味道，不能向读者提供真正的全国性报道。

许多公司的旅行者工作变动频繁，常常在州与州之间流动。因此，纽哈斯决定在《今日美国报》上，将具有全国意义的新闻作为报道重点，同时每天都要从每个州里提供至少一条新闻和一条体育报道。读者往往能从《今日美国报》上看到关于自己家乡的新闻报道，而这些在地方日报和地方电视台上是找不到的，也是《华尔街日报》和《纽约时报》顾不上报道的。然而这对成天旅行在外的公务旅行者来说，读来却颇为亲切也颇为难得。

该报还为工商业者开辟了专门的工商版组，其中有若干版面的股市数据和工商新闻报道，其内容虽然不像《华尔街日报》那样深入、详尽，却短小精悍，让读者能很快抓住要领。

纽哈斯认为，这个市场可以盈利，他在创办之初向董事会信誓旦旦："给我5年时间！" 4年半以后，该报迎来了第一个盈利的月份，尽管第二个月又出现了亏空。事实上，直到1993年，即该报创刊11年以后，金融分析家们才认定《今日美国报》当年开始真正全年盈利。

由于该报读者定位准确，所以能牢牢锁定并逐步扩大其目标受众队伍。调查数据表明，该报读者总数近570万人，其中70%是男性；70%以上的读者年龄在25～54岁之间，平均年龄为42.4岁；75%以上具有大学以上文化水准；专业、管理人士占到36.1%，中、高层管理者占到27.4%；平均家庭年收入近9万美元，高于一般报纸的水平，略低于《华尔街日报》。

二、彩色版面引领潮流

《今日美国报》的突出特色是从一开始就强调彩色照片、彩色图表与文字结合的彩色版面，给读者以强烈的视觉冲击力。在20世纪80年代初要做到这一点，需要套色印刷，程序复杂，而且成本很高，但是该报坚持这样做了，引领了一代报纸新潮流。

该报在头版上半部醒目位置每天都要刊登印刷精美的彩色新闻照片，以吸引读者的目光。特别是该报首创了整版天气预报彩色版，每天详尽刊登美国各州主要城市的天气预报彩色图表，满足了差旅途中的读者对天气预报的需要。

《今日美国报》在色彩的运用上，注意鲜艳而不杂乱，注意色块的相对集中。因此，报纸版面整体给人以华丽庄重的视觉愉悦感，而不是那种花里胡哨的炫目感或庸俗感。如今几乎所有的美国日报都进入了彩色报纸的时代，《今日美国报》功不可没。

《今日美国报》每天的报纸版面一般分四大叠，以不同色调的版组报头相区别。

A叠是国内外新闻、要闻版组。分《全国新闻》《世界新闻》《华盛顿新闻》和《各州新闻》以及独家特写和调查性报道等专版。本版组主要是为读者提供当天的国内外新闻快餐。该报强调，新闻报道应该让读者知道"新闻事件对于我意味着什么？"该版组的报头为蓝色调。

B叠是财经版组。主要为读者提供及时的财经新闻，内容包括当天的重要工商报道、个人理财、投资、新技术、广告/市场营销报道等。还有全球最新市场数据和《今日美国报》的独家互联网50指数等。该版组报头为紫色调。

C叠是体育版组。突出体育报道是该报的一个重要特色。该报强调每天都要为读者提供每个州的每一场比赛和每一个得分。该报体育报道常常要配以精彩的照片和新颖的图表，以及对顶级运动员的独家采访。每天都力争赶在报纸付印前将超时赛和爆冷门的比赛结果报道出来。该版组报头为红色调。

D叠为生活版组。主要为读者提供最新的娱乐、出行和生活时尚报道。读者每天从这里可以得到有关电视、电影、网络和名人名流的报道。其中的《生活更美好》栏目为读者提供重要的保健新闻。该版组每周还有《周末生活》《目的地与出行》《畅销书名录》等专刊和每周三的电视网台与节目的收视排行榜。该版组报头为绿色调。

三、"麦当劳快餐报"

《今日美国报》诞生的时代，正是电视与报纸激烈竞争的时代。报纸正在试图用长篇幅的调查性报道、探索性报道和解释性报道与电视的迅速、及时、简短的报道区别开来。在美国，不会写长文章和述评成不了名记者，但该报没有简单地套用这一办报模式，因为该报的读者定位首选是那些经常出门在外的公务差旅者和旅游者，他们没有时间坐下来读那些长篇报道，他们需要的是简洁、全面的新闻报道。

为此，《今日美国报》特别强调简短、明了的报道方式。该报要求记者写短文章，绝大多数报道不要超过10句话，即使那些不得不长一些的报道，每期也不能超过4篇，而且每篇的长度不得超过35句。这样读者在同样大的版面上，从《今日美国报》可以得到比别的报纸要多的报道。美国新闻界把这种做法称为"高报道数量"（high story count）。

《今日美国报》这种简洁、明快的新闻报道再加上各式图表的报纸风格也遭到一些论者的批评。有人把该报与快餐食品相提并论，称它是"麦当劳快餐报纸"（*McNewspaper*），也就是说，读者吃了它虽然没有什么坏处，但是也不如《华尔街日报》之类的报纸对你那么有营养。

四、报纸发行独辟蹊径

《今日美国报》的订户很少，绝大多数都是零购者。据 2003 年 3 月的统计，该报从周一到周五期发行量平均为 225 万多份。其中，订阅数为 307 847 份，仅占总数的 13.68%，而零购近 150 万份，占总数的 66.59%。因此，搞好该报的全国性销售发行对于该报的生存发展极为重要。

该报在开辟销售发行渠道方面，先后采取了这样几个做法：

一是建立遍布全国主要城市的自动售报机网络。该报在创刊初期特地按照当时一般电视机的外观和尺寸设计了一种自动售报机。报纸对折后放在里面，读者正好可以看到头版的彩色照片，看上去就像一幅电视机的荧屏画面。在高峰时期，该报曾有十几万个售报机遍布全国城乡公路、街道和机场。随着其他销售渠道的开通，售报机的作用渐渐式微，现在售报机的数量已大为减少。

二是开发宾馆饭店和民航客机市场。这是该报目标读者——出差在外的公司主管、中层管理人员和白领职员经常出没的地方。该报对于高档饭店的批量购买有大幅折扣，这样宾馆饭店就可以将报纸免费赠阅给住店旅客。在笔者访问华盛顿、马里兰时住宿的希尔顿饭店，每天清晨 5 时以前，服务员就已经将当天出版的《今日美国报》塞入房间的门缝里。

三是报摊、超市等。

四是网站订阅。

在此基础上，《今日美国报》逐步形成了一个队伍健全、网点密集的销售发行网络。

五、资深记者爆出造假新闻

2004 年 1 月 6 日，《今日美国报》资深记者杰克·凯利（Jack Kelley）因在国际新闻报道中弄虚作假而被迫辞职。

杰克·凯利是《今日美国报》的国际新闻记者，当年 43 岁，毕业于美国马里兰大学。从 1982 年该报创刊以来，他一直在报社工作，足迹遍及全球 96 个国家和地区。

　　杰克·凯利的问题并非自今日始。早在 2003 年 5 月，《今日美国报》常务主编布赖恩·加拉赫（Brian Gallagher）就收到匿名信，指控凯利的一些报道有虚构成分或添油加醋之嫌，匿名信引发了报社主管对凯利新闻作品的审视。

　　其实对凯利的实质性调查早就开始了。1999 年 7 月 14 日，正当科索沃战争的高潮时期，凯利在《今日美国报》头版发表了一篇重头报道，标题是《联合国：记录将塞族与战争罪挂钩》。报道中最引人注目的情节是，凯利说，他在科索沃的一次采访中见到了一个笔记本，这个笔记本记录了塞族军队对阿族人进行种族清洗的证据。凯利在这篇报道中还细致描述了这个笔记本的外观和内容。这篇报道发表以后，海牙战争罪法庭立即对此表示质疑，并要求凯利提供有关核心证据，由此引发了《今日美国报》内部长达数月的秘密调查。

　　为了保证调查的公正性，报社主管声称在调查前专门与凯利一起商定，应该调查哪些人，不调查哪些人，希望凯利予以配合。然而，在调查过程中报社发现，凯利不仅向调查组提供假人名、假电话号码，连提供的情况也翻云覆雨，使调查组无所适从。他甚至雇人冒充当事人给报社主管打电话，误导调查工作。最后，报社领导只好找他谈话，要他主动辞职。

　　《今日美国报》总编卡伦·于尔根森（Karen Jurgensen）在 2004 年 1 月 13 日关于凯利事件的声明中说："《今日美国报》的政策要求对于不正确或误导性的报道应该给予纠正或澄清。在本案中，这次调查未能解决究竟发生了什么事情……既然陈述事实是进行任何纠正或澄清的核心要素，我们的结论是无法进行任何纠正或澄清。"

　　选自：明安香著，《美国：超级传媒帝国》，社会科学文献出版社 2005 年版，第 76–81 页；参看：《简明中外新闻事业史》第十六章。

《时代》：新闻类周刊的开创者

《时代》是美国第一份，也是迄今为止全球影响最大的新闻周刊，有世界"史库"之称，由亨利·卢斯和布里顿·哈登于1923年创办。它开创了解释性新闻、叙述性报道时事、群体新闻学等优秀传统，获得了极大的成功，并被同类刊物效仿，它的最大竞争对手《新闻周刊》就是模仿它而创办的。

以《时代》创办人卢斯担任总编辑为界，《时代》周刊的历史大致可以分为两个阶段。

第一个阶段为卢斯时代——个人支配的老派媒体时代。在这一阶段，身兼老板和总编辑双重身份的卢斯，对《时代》的发展起了很大的作用。为"忙人"提供新闻、以叙事方式报道时事新闻，《时代》的编排、封面报道等特色，都是在他的领导下形成的。这些特色为《时代》吸引了大量的读者并带来了经济效益。到了1962年，《时代》宣称它总发行量总计达到了300万份。同时它所属的时代公司也因为它的品牌效应而规模日益壮大。

第二个阶段为后卢斯时代——告别个人新闻事业的时代。自1967年卢斯卸任后至今，《时代》周刊历经了5任总编辑的领导，他们都对《时代》进行了一定程度的改革。这一时期《时代》的新闻理念更加接近主流新闻界，以公正作为杂志的标准，保持独立性原则，再也不像卢斯时代那样露骨地表现倾向性和偏见了。它还拓宽了报道范围，培育了更多的原创报道，引进了彩色摄影、分类新闻和特稿等。这些改革使《时代》始终走在新闻类周刊的前列，受到读者的欢迎。它的发行量近年来保持在400万份以上，在美国的1万份杂志中位于前15名，名列三大新闻周刊之首。现在的《时代》被称为20世纪美国生活方式代表之一，在全球拥有广泛的读者，占据着巨大的国际市场，成为宣传美国价值体系和生活方式的最好载体。

一、规模力：全球化扩张

1. 品牌价值："世界上最伟大的新闻事业"

在 2009 年世界品牌价值实验室公布的世界 500 强排名中，《时代》位列第 20 名，在新闻类刊物中排名第一，远远超过最大的竞争对手《新闻周刊》。世界品牌实验室对它的四项关键指标——品牌影响力、市场占有率、品牌忠诚度和全球领导力均给出了最高分 5 分，并评价说："《时代》无疑是世界上迄今为止最伟大的新闻事业"。

《时代》是时代公司的源头，更是公司的一面旗帜，现在的《时代》已经成为时代公司的标志性品牌。时代公司利用它的品牌力和读者对它的信赖，趁机推出了几个系列刊物，包括《财富》和《生活》等，壮大了"时代"这个品牌。大获成功的《时代》还创办了一年一度的"风云人物"评选，它将这一年中对世界影响最大的人物列在这一年的最后一期或者下一年第一期的封面，并用大篇幅去介绍，称为"风云人物"。现在它已经成为了一个新闻事业的传统，成为美国人的一个习惯，并在世界上引起了强烈的反响。

2. 峰回路转，发行量日渐扩大

《时代》周刊经历了从最初发行量不到 1 万份，一直发展到如今国内国际多个版本，行销超过 160 多个国家，发行量上千万份的过程。

第一期《时代》一共发行了 1.2 万份，但只卖了不到 9000 份，哈登在其传记中将此情形形容为"人们的反应是彻底冷淡"。不但如此，许多试阅的读者纷纷写信要求退阅，对卢斯说："你们想和《文学文摘》竞争，可以说是毫无希望的。"在这样艰难的时期，不少编辑只坚持几个星期就辞职了，剩下的只能超负荷工作，熬夜写稿是经常的事。后来成为《时代》总编辑的哥特弗瑞回忆说："记得我们下班的时候，常遇见华尔街上班的人，那一整天，我们就在昏睡中度过。"

经过不断的努力，《时代》渐渐地开始受到社会的重视，引起了一些新闻工作者和意见领袖的注意，到半年期合订本出版时，富兰克林·罗斯福总统写了一封信，信中说："我深信《时代》的知名度将日益提高。"1929 年，哈登去世时，发行量达到 20 万份。

随后的全球化扩张更是让《时代》走上了国际发展的路线，发行量大涨。1962 年，它的总发行量达到 300 万份，成为美国乃至世界上最成功的新闻杂志。1977 年《时代》拥有 430 万订阅者和报摊购买者，读者有 2120 万。到 1980 年，《时代》声称在全球实际拥有 2600 万读者。1995 年初，《时代》总发行量达到 550 万份，并号称拥有 3000 万读者群。《时代》的发行量最近两年出现了比较大的下滑，但是在美国杂志出版人协会所发布的 2008 年度美国杂志发行量 100 强中，《时代》的发行量在新闻类杂志中仍名列第一，总排名保持了 2007 年的第 13 名。它最大的竞争对手《新闻周刊》2007 年发行量排名是第 18 名，但是到了 2008 年下滑到 21 名。

3. 定位全球，扩大版本，增发副刊

最初《时代》只有国内版，即美国版。随着美国期刊市场进入成熟期，市场的细分已趋于完善，想在美国本土取得显著的发行和利润增长已经不大可能。于是国际版于 1945 年"二战"结束时开始发行。它在美国国外共出版了五个英文版——加拿大版、大西洋版、太平洋版、拉美版和亚洲版。这些国际版注重采编人员的多元化，雇佣外籍记者和外籍专栏作家，并实施本土化策略，在哪里出版就给予当地新闻最大的关注，如亚洲版总是把最前面、最多的篇幅留给亚洲新闻，这也正是它的国外版销量相当高的原因之一。

各个版本结合当地的文化和特色，突出了《时代》国际化战略与本土化经营相结合的方式，利用当地的资源作为杂志内容的载体，扩展了《时代》的覆盖面和影响力。到 1960 年，《时代》1/3 业务在海外，国际分公司的收入占总收入的 1/4，至今国际版仍是《时代》业务中的重中之重。

此外，《时代》还把握商机增加了其他的副刊，比如瞄准更宽的大概在180 万读者的《内部商务》，定位为女性刊物以家庭为主导的《交流》，还有针对 50 岁以上读者的《年代》。这种分类发行的方法已经成为一种趋势。读者得到的《时代》依然是《时代》，但不同的是还可能会额外收到一份《年代》或者《内部商务》，这也是吸引订阅者的一种方式。

4. 栏目多样，内容丰富

从一个手工作坊式的文摘式杂志发展成今天具有高度权威的历史记录者，《时代》在发展过程中也审时度势，做了很多变革。但是它一直在坚持和创新中寻找平衡点，其基本栏目和版式，自创刊八十多年基本上没有做过太大的改动。它的栏目包括《读者来信》《时代旅游》《亚洲事务》《世界瞭望》《商务》《社会》《艺术》《电影》《书籍》《音乐》《科技》《健康》《人物》《随笔》《美国》《教育》《法律》，等等。

《时代》报道内容的丰富是当时很少有报刊能够相比的，它将社会结构的每一个部分都带入了新闻报道的范围，它的笔端几乎触及世界的各个角落。原主编沃尔特·伊萨克森直言不讳地提出："《时代》的目标在于捕捉这个世界正在发生事件所具有的魔力，不论政治还是艺术，它要鲜活地表现那些塑造我们时代的人。"在《时代》之前，读者还未从一本期刊中阅读到这么多领

域内发生的事情。在受众需求逐渐多样化的今天，丰富了报道内容，就等于扩展了读者群。

二、运营力：集团化整合发展

1. 依托母公司，集团化发展

《时代》的运营体制是集团化整合发展。它以时代公司为依托，借助其资金和规模力发展壮大自己。

早在 1963 年时代公司就已经成为美国最大的出版商。1989 年，时代公司与华纳公司合并，成为世界上最具影响力的媒体公司。1995 年时代华纳集团买下特纳广播公司，特纳旗下的 CNN 也加入了时代华纳。2000 年时代华纳与美国在线合并，成为世界媒体中当之无愧的"巨无霸"。

这种集团化整合发展的结果是，各种期刊以及其他媒体之间可以有效地互相利用资源，使资源配置达到最优，盈取更高的利润。比如，《时代》可以在华纳旗下的其他刊物，如《财富》《人们》《体育画报》上刊登广告增加刊物的曝光度；CNN 和《时代》之间可以就某一条新闻实施有效的互动，吸引受众的关注；一篇杂志的报道可以扩展成一本书或一部电影。

2. 盈利模式——三次销售

《时代》在长期的经营实践中积累了宝贵的经验，形成了一套完善的盈利模式——三次销售模式。

作为杂志，《时代》是一种特殊的产品，因为这种产品本身包含三个层次：核心产品、形式产品和扩增产品，可以进行多次销售。《时代》的三次销售模式，如图 1 所示：

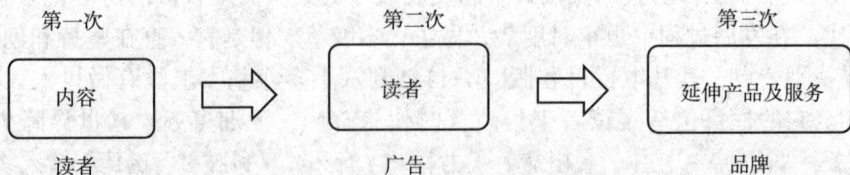

图 1　《时代》的"三次销售"模式

第一次出售的产品是内容。《时代》以精彩的内容吸引读者，扩大发行量，由此获得丰厚的发行销售利润。时代公司根据读者群的特点来确定杂志的内容、适当的价格和方便的订阅渠道，并及时地与读者沟通，建立一种新型的企业与客户关系。

第二次出售的是读者。对以广告为主要收入的《时代》周刊来说，广告商如同衣食父母，对以高素质消费者为诉求的企业品牌来说，《时代》是提升与推广品牌形象的最佳载体。把读者"卖"给广告商，就是对读者特征进行详细的描述，得到的一些统计资料，如总发行量及其分布情况、传阅率、年龄构成、性别构成、收入、特征等，根据读者的特征，选择广告商或让广告商选择。利用广告实现第二次售卖为《时代》提供了大量的资金。

第三次出售相关的产品和服务。这一服务主要体现在《时代》向读者推出的"年度风云人物评选"，因为读者对《时代》的认可和信任，它很轻松就可以推销出去。

3. 定位中上层，着力影响意见领袖

《时代》能够获得众多读者的认可，除了杂志本身的内容吸引读者外，也离不开正确的读者定位，一直以来它都以影响意见领袖为己任，定位中上层人士。

它从创刊起就将大学生作为自己的理想读者，卢斯和哈登认为只有源源不断地培养年轻的读者群，才能使杂志的读者越来越多，而不至于因为原有读者群的老化而日渐稀少，而且这些年轻人中有一部分人将来可能成为社会的意见领袖。《时代》发展到今天，已经形成一个比较庞大和稳定的受众群，他们一般在社会上有一定的地位和影响，因此意见往往能传给更多的人，构成"舆论精英"。在美国一直有"谁调动了精英，谁就调动了大众"之说，而吸引了上层社会人士的《时代》，则吸引到精明的广告商主动上门。

4. 营销策略：一个都不能少

《时代》奉行"一个都不能少"的营销策略，非常重视订户。它很早就将订户的资料系统化，甚至完全将数据输入到电脑里。早在订阅期到期之前，发行部门就按照地址发信给对方，提醒他及时续订。此外，还经常做各种订户资料调查，调查范围不局限于自己的杂志订户，常常包含竞争对手如《新闻周刊》《美国新闻与世界报道》的读者群，以此达到知己知彼、业内寻求扩张的效果。

几乎每一期《时代》都刊登读者调查问卷、优惠订阅或有奖订阅卡。《时代》为了方便读者，每次都把订单附在杂志上，并针对不同的订阅期提供相应的优惠政策。它还为读者提供多种订购支付方式，如支票、汇款、信用卡支付等，读者的订单是免邮费的，同时读者可能还会收到《时代》寄去的如银质相框等小礼品。这些举措都体现了它对订户的重视。

选自：徐琴媛等著，《世界一流媒体研究》，中国广播电视出版社 2011 年版，第 207—219 页；参看：《简明中外新闻事业史》第十六章。

美联社：世界最大的通讯社

　　美联社是世界三大通讯社中新闻发稿量最大的通讯社。与路透社和哈瓦斯社（今法新社前身）比，美联社可谓"后起之秀"。但美联社抓住各种发展机遇，在竞争激烈的新闻市场中披荆斩棘，最终实现后来居上。美联社发展经历了以下几个阶段：

　　第一阶段，初建（1848—1900）。美联社起源可追溯到1846年，这年4月，美国发行量最大的报纸《纽约太阳报》利用快马从墨西哥战争前线带回来了第一手新闻。随后，《纽约太阳报》决定与竞争对手共同分享从前线带回的消息，并与它们分担采集信息的费用。这样一个高效低成本的合作体制给人们带来了灵感。于是在1848年，纽约六家报纸《太阳报》《先驱报》《信使问询者报》《论坛报》《纽约快报》《商业新闻报》共同组成"港口新闻联合社"。六家报纸共同采访海外轮船带来的来自欧洲大陆的消息，这被认为是今天美联社雏形。1875年，作为后起之秀的美联社与传统欧洲三大社——哈瓦斯、沃尔夫和路透签订"三社四边"协定，在美国国内巩固地位，并逐渐在世界新闻市场崭露头角。在经历一场激烈争夺控制权的斗争之后，这一现代化合作新闻采集组织终于在1900年以"美联社"的名字固定下来，现代美联社步入稳定发展阶段。

　　第二阶段，快速发展阶段（1900年至今）。进入20世纪20年代美联社依靠与欧洲三大社的国际新闻交换协定稳步发展，但由于被局限在美国本土进行新闻采集，一定程度上束缚了正在茁壮发展中的美联社。对此，美联社第七任总裁肯特·库伯曾愤愤不平地说："令我震惊的是，美联社不能把我国的新闻发布到世界其他地方。我对美联社竟屈从于如此卑劣的新闻压制这一事实，感到深痛不已。"随着第一次世界大战的爆发，美联社获得绝佳发展机会，其国际新闻报道逐渐崛起。"一战"结束后，法国受到重创，而德国作为战败国也是一蹶不振，两国的通讯社哈瓦斯和沃尔夫光彩不再，曾经呼风唤雨的通讯社版"雅尔塔体系"名存实亡。美联社适时退出"三社四边"协定，以寻求更大发展空间。到第二次世界大战，美联社随着美国的星条旗开始在全世界进行扩张。直至1946年第二次世界大战结束之时，美联社已经能完全凭借其强大的势力自由地向世界各地供稿了，其成员也从报纸扩大到电台，稿件提供范围也从媒体逐渐发展到非媒体用户。

当年作为后起之秀，美联社经历一百六十多年的发展，如今已经成为世界上三大通讯社之一。在世界范围内的许多权威评比中，美联社总是占据着世界第一大通讯社的鳌头。在19世纪初创时仅有6家报纸参与的合作性新闻机构在今天是美国新闻界共同财富，美联社属全美1700家报纸和5000家广播电视所共同拥有，订户则遍及全球121个国家。美联社的规模和业务在不断地壮大，但唯独没有变的是当初建立时新闻共享、费用共担的非营利合作性质。

一、规模力：新闻航母，傲视群雄

在全球范围内建立密而不漏的新闻通讯网是美联社打造新闻航母一个矢志不渝的目标。从奥运会赛场到伊拉克战场，从曼哈顿广场到海湾码头，都有美联社记者追寻真相的身影。此外，美联社对于新型传播技术的投入也保证新闻准确快速地在全球进行传递。经过一百六十多年的努力，带有AP字母的新闻本身就代表着客观、公正，这也是美联社品牌价值的核心体现。

世界品牌实验室在2009年年底揭晓由该实验室编制的2009年《世界品牌500强排行榜》。在这份榜单上，美联社排在第二十四名，将本土竞争对手彭博社和美国知名大报《纽约时报》都甩在身后。在评估报告中，世界品牌实验室对美联社的四项品牌指标——品牌影响力、市场占有率、品牌忠诚度、全球领导力均打出满分。这样一个世界知名评估机构的肯定，足以说明美联社在当今新闻媒体中无以比拟的龙头地位。

1. 依靠人才和科技编制的信息网

目前，美联社在全球范围内有超过4 100名员工，其中负责采编的记者就占到几乎3 000人。这些记者遍布于全球97个国家243个美联社记者站，一周24小时不间断报道发生在地球每个角落的新闻事件。这些新闻信息通过美联社专线、互联网或者租用卫星在第一时间传递给美联社国内17 000家订户和海外高达8 500家的订户。通过这些媒体用户的再一次传播，据估计每天在全球会有将近15亿人接触到带有AP字样的新闻。美联社就是这样一个规模庞大的新闻机构，这也就不难理解为什么美联社著名记者、普利策奖得主彼得·阿奈特将美联社形容成一个"巨大的新闻机器,从这个机器每天向世界各地源源不断地输送着信息"。

对先进传播技术的孜孜追求也是保证美联社快速、健康发展的重要因素。美联社每年在技术上投入超过 3 500 万美元,其中最重要的措施就是建立遍及国内外的通信网络。美联社仅在国内租用的通讯线路就长达 130 万公里,足以绕赤道 30 多圈!从 20 世纪 90 年代起,美联社在国际通讯中大量使用卫星传送。仅在 2008 年北京奥运会期间,美联社租用 1 500 台卫星传输设备进行奥运会赛事报道,而在美国大选期间利用 1 200 台卫星传送设备进行报道,这样的大手笔也是其他新闻通讯社所无法企及的。在美联社 160 多年的发展历程中,有十多项技术在世界范围内"先走一步",包括 1875 年第一个租借永久性的新闻电报线路;1980 年第一个用卫星发送新闻;1994 年第一个使用数码相机武装自己的摄影记者等。

2. 多元化、全方位的新闻服务

美联社最传统的新闻产品包括向平面媒体提供的消息、特写、综述、评述、新闻分析等。但随着新闻传播业竞争的日益加剧,美联社的产品形态也在不断丰富,多元化经营格局日渐形成。1941 年,美联社开设了一条广播专线,进行广播新闻服务,至 1974 年发展成为美联社广播网,成为世界上第一家通过卫星转播节目的广播网。美联社 1979 年就涉足电视新闻业,到 1998 年,美联社收购美国广播公司旗下的新闻通讯社 WTN、英国独立电视新闻公司 ITN 和澳大利亚第九频道,而成立美联社电视新闻网——APTN。在电子时代,美联社也将发展触角伸向了互联网,仅在 2000 年底,美联社的网络用户就已经超过 800 家,互联网也成为美联社重要的财源之一。

二、运营力:以合作求发展

美联社由当年纽约的六家报纸联合组成,目的是在保证新闻时效性的同时降低新闻采集的成本。当时的运作模式很简单,就是分享新闻并且平摊费用。经历了 160 年,当时那个合作雏形随着美国新闻产业的发展不断壮大,造就了今天的美联社。传播技术在变,办公地址在变,管理人员也在变,但唯独没有变的是美联社最初的非营利合作性质。

1. 美联社的非营利性质

从建立初期开始,美联社一个最重要的经营理念就是"非营利性质"。1900 年,美联社通过法令,正式确定了公司的性质是非营利性质的合作社。

对于这一点,美联社第一任社长斯通在一次董事会上说得很明确:"一个全国性的新闻合作组织是这样一种机构，它属于而且只属于各个报纸。它不出卖新闻，不谋利润，不付股息，仅仅是各报纸的代理人和公仆。参加者应该包括一切党派、宗教界、经济界和社会界的新闻工作者，但他们对新闻事业同样热情积极，所采集的消息应该严谨、准确、公正和完整。这就是我们梦寐以求的美好愿望。"

美联社的成员用在各自的出版地区收集到的新闻互通有无，它们共同分担交换新闻的费用以及维持通讯社全体职员开支所需的费用。根据这一独特的性质，可以通俗地讲，美联社是由所有会员所有并出资运营，并为所有会员服务的机构，其主要运营收入来自于会员的会费，以及向非会员订户收取的费用。

2. 会员制度决定管理机制

美联社的会员分为两类：正式会员和准会员。正式会员必须是美国国内的报纸，它们对于美联社的影响较大，因为正式会员具有选举美联社董事的权力。而准会员包括广播电视组织以及不愿成为会员的报社，非美国客户也可以成为美联社的准会员。准会员虽然没有选举权，但是可以参加美联社每年的会员大会。截止到2009年3月，美联社正式会员数量达到1332名，准会员达到4149名。美联社独特的非营利合作性质，保证了通讯社内部的高效运作。因为美联社众多会员不仅是美联社所有者，也是通讯社客户。这就可以保证美联社所做出的重大决定能够充分听取客户建议、保证客户利益。

美联社这样一个合作性质的联合组织看似体系结构庞大而松散，但是通过由全部成员机构选举出来的董事会指导美联社正常运转。根据美联社公司章程规定，由会员选举董事会成员，至少设立18名董事，但最多不超过24名，其中至少3人来自人口5万以下城市的独立报纸。随着广播电视地位越来越重要，章程授权董事会任命4名额外董事，必须来自广播电视行业。目前美联社董事会由来自全美各大城市新闻机构的18名高层管理者组成。董事会下设总裁，负责美联社的经营管理。从1848年至今，共有12人担任美联社的最高领导人，其中不乏涌现出了如麦尔维尔·斯通、肯特·库伯这样的新闻管理界的精英人物。

3. 新一任掌门人打造全新"美联时代"

现任社长汤姆·柯利2003年6月上任，是美联社自1848年成立以来第12任最高经营主管。汤姆·柯利曾担任美国销量最高的报纸《今日美国》总裁和出版人，是《今日美国》功勋元老，为《今日美国》发展做出了巨大贡献。柯利任总裁期间，《今日美国》发行量增长至每天230万份，创下美国报纸发行纪录。美联社原总裁波卡迪在离任前说过，接替他的人必须具有一流的商业头脑，又能维护新闻核心价值，柯利是不二人选。

2003 年上任的汤姆·柯利面临着在网络浪潮侵袭的时代带领美联社转型的重任。在电子化时代，如何使美联社新闻产品更快速、更优质地传送到订户手中，并且适用于各类媒体形式使用，是柯利首先需要解决的问题。于是在 2004 年，美联社将位于纽约的总部从洛克菲勒广场搬到位于曼哈顿 33 号大街的新办公大楼。在这座面积接近 1500 万平方米的办公大楼内配备了先进的办公和传播设备，将散落在纽约市内的多个办公地点集合，而且能够将文字、广播、电视和互联网的编辑部门整合，工作效率大大提高。单这一项迁址工作就花费了美联社 600 万美元。

选自：徐琴媛等著，《世界一流媒体研究》，中国广播电视出版社 2011 年版，第 16–28 页；参看：《简明中外新闻事业史》第十六章。

CBS：美式电视新闻的代表

1927 年创办的美国哥伦比亚广播公司从 1955 年开始，就夺得全国电视收视率第一的位置，然后把这个荣誉毫无争议地保持了长达 21 年之久。从 20 世纪 70 年代末期至 80 年代前期，在美国收视率最高的前 10 个节目中，CBS 制作的节目经常占到半数以上。在其 80 多年的发展中，CBS 以其锐意创新、标新立异的风格闻名于美国广播电视界，并且对美国的新闻传播事业做出了杰出的贡献。CBS 的发展进程分为如下两个阶段：

第一阶段，佩利时期。1927 年 4 月，哥伦比亚唱片公司买进了一家刚刚成立三个月的广播网络，并命名为哥伦比亚广播公司，但几个月后，唱片公司就对它失去了兴趣。费城烟草大王萨姆·佩利用 50 万美元将其买下，并由儿子佩利担任总裁。当时购买它只是为了替老佩利的香烟做广告，没想到取得了巨大成功。而年轻的小佩利不负众望，凭借对大众文化的特殊触觉和超凡的商业禀赋，成为了一代传媒帝国的掌控者。当年的 CBS 就像它的年轻总裁一样朝气蓬勃、富于梦想、充满才华，拥有一支年轻的工作团队，根据 1934 年的统计，当时员工的平均年龄只有 26 岁。

CBS 取得了一系列骄人的成绩，并且在电视时代到来之后动摇了 NBC 商业电视老大的地位。1949 年，电视在美国进入主流，CBS 挖走一批 NBC 的明星记者和演职人员，使得萨尔诺夫大为恼火，亲自打电话质问佩利为什么打破多年来互不相袭的默契。不到一年，CBS 从节目、收入到收益都超越 NBC，成为全美第一。到 20 世纪 50 年代末，经常有七八档节目进入尼尔森收视率前十位。1954 年 CBS 开始播出彩色电视节目。在 60 年代末到 80 年代，CBS 处于三大电视网的前列，直至 ABC 在 1976 年后来居上，它一直位于首位。

第二阶段，莫维斯时期。20 世纪 80 年代末 90 年代初，CNN 有线电视新闻网的崛起以及 NBC 和 ABC 的创新改革使 CBS 失去了在美国电视新闻界的霸主地位。1995 年，时代华纳电视公司的总裁莱斯利·莫维斯成为了 CBS 的掌门人，肩负着帮助 CBS 吸引更多观众，与其他电视网抗衡的使命。莫维斯决定"一块砖一块砖地重塑 CBS"，缓慢平稳、循序渐进地改造 CBS。他选择节目的标准是：在保住现有观众的同时，争取年轻人，CBS 面对的是所有年龄段的观众。1997 年，哥伦比亚广播公司和西屋电器公司合并组成哥伦比亚广播公司电视集团。2000 年被维亚康姆公司兼并，在其旗下发展，莫维斯任职至今。

一、规模力：商业电视巨无霸

CBS 既有传统的媒体业务，也拥有新媒体业务；既有全国性业务也有地方性业务，它的业务遍及美国 50 个州和一些主要海外市场，涉足媒体和娱乐产业的几乎各个领域，其中包括广播电视、有线电视、地方性电视台、电视节目制作、广播、户外广告、出版、互动媒体、音乐、内容许可、视频/DVD、出版、商场广告和电影等。

1. 全美三大商业电视网之一

CBS 创办以来，在规模力上一直不断向前发展，步步为营打造成为全美三大商业电视网之一。它刚被老佩利买下时，共有 19 座附属台，然而到 1934 年时就达到了 94 座，足以同当时 NBC 的 127 座较量。它还吸引了 NBC 的几个重要的附属台，转投其门下。1987 年，CBS 在纽约、洛杉矶、费城、芝加哥和圣路易斯等地设有自营电视台 5 座、调幅广播电台 6 座、超短波电台 7 座，还为 200 多家电视台和 2000 多家电台提供电视片和新闻，最终形成了全国性广播电视网。

目前，CBS 在全球现有员工 23 970 人，包括电视、广播、出版、户外活动等领域。总部设在纽约的 CBS 有 5 座自营电视台、7 座调幅广播电视台、7 座超短波电台，分布在纽约、华盛顿、芝加哥、旧金山、圣路易斯、波士顿等大城市，还拥有 200 多家联盟电视台和 200 多家联盟电台。在国内有 6 家分社、在国外有 14 家分社，遍布亚非欧中东地区。在美国、加拿大和拉丁美洲各国中，CBS 拥有 50 家广播公司的部分或全部股份。此外，CBS 还拥有 4 个出版公司，出版各种书籍和 50 多种杂志，它的经营规模以电视、广播为基准不断向其他领域扩展。在覆盖范围上，CBS 主要经营遍布全美国的 CBS 广播网和电视网，节目包括娱乐、新闻、体育等，覆盖美国每一个家庭。

2. 多元发展打造规模优势

CBS 作为美国三大商业电视网之一，一直以来孜孜不倦地开拓新的市场业务，从而在有限的资源上，扩大着自己的实力规模，通过多元发展，打造优势品牌，在 CBS 整个产业链条上添砖加瓦，使其成为 CBS 整体规模的一部分，进而扩大"势力范围"，壮大 CBS 家族。

比如说，CBS 在全球范围内销售节目，是全球最大的节目制作发行商，同时也是美国电视网黄金时间节目的顶尖开发商，在 120 个国家和地区发行节目。此外，CBS 制作公司拥有各种国内和国际有线电视、家用录像、光盘、音频书籍以及学校和图书馆等，这些都是 CBS 产业链上的重要一环，是它整体规模上的重要组成部分。CBS 以电视产业为基准，扩大着自己的业务范围、经营领域，而"全球最大的节目制作发行商"这个组成部分无疑是 CBS 规模上的一抹亮色，是电视媒体规模拓展上的一个很好的范例。

因为从资源整合上来看，CBS 作为以广告为主要收入的商业广播公司，在节目制作、发行上的绝对优势更有利于自身节目的更新换代、把握市场脉搏、创造出新的节目卖点，有利于 CBS 了解国际受众对节目的需求，从而不断创新、打造优质的节目。同时，出版发行业务促进了 CBS 的节目推广和营销，为其赢得更多的受众、更多的广告商提供了有力支持。CBS 将电视节目制作资源和它既有的电视节目资源相互整合、互通有无、良性运作。

此外，CBS 新闻频道也身兼数职。它不仅承担着 CBS 采集新闻、发送新闻的重任，同时还是美国在线的唯一提供商，为 2000 家电台提供即时报道、特别报道、最新消息、特写、定制报道等。一个新闻频道承担多项业务，也是 CBS 善于多元经营、开拓市场的一个重要体现。当然这和新闻频道本身的品牌是分不开的。有人说，如果将 CBS 的新闻组合起来，可以看到 20 世纪美国的历史，无论是炮火硝烟中的"不列颠战役"越南战争，还是美国复杂的总统选举、种族冲突、暗杀事件、水门事件及阿波罗号登月都有它的声音。足以证明 CBS 新闻频道的品牌优势，在自己品牌频道上拓展服务项目也是资源充分利用的一个表现。

而在 2008 年 6 月 30 日，CBS 以 18 亿美元的价格收购了 CNET 网络，使 CBS 跻身美国十大互联网公司之列，这一事件也充分地表明了 CBS 善于多元发展、扩大自己的规模优势。通过此项收购，CBS 网站每月独立访问者人数高达 5400 万人，在全球拥有约 2 亿用户。CBS 总裁兼 CEO 莱斯利·穆维斯表示："CNET 是一家盈利、增长、管理良好的互联网公司，收购这样一家公司的机会非常少。"他同时称，这一交易将帮助 CBS 将自身内容提供给全球受众。

二、运营力：盈利为本，生财有道

以经济实力而论，CBS 亦是响当当的公司，在全美 500 家大公司中占有重要一席。在 2009 年的前 6 个月中，CBS 早晚间新闻节目的广告收入共达 1.8 亿美元，预计全年广告收入达到 4 个亿。从图 1 可知，在 2008 年，CBS 广告收入为 5 亿美元。在 CBS 的总体收入中，电视收入占总收入的 65%，其次是户外广告（16%）和广播（11%）。但是由于资金的和不动产的投资，有些项目还没有收回成本，比如在互动合作项目上还处于赤字的状态——负 930 万美元（如图 2 所示），但是随着项目的运转，此方面的投入和支出将很快收回，实现盈利。

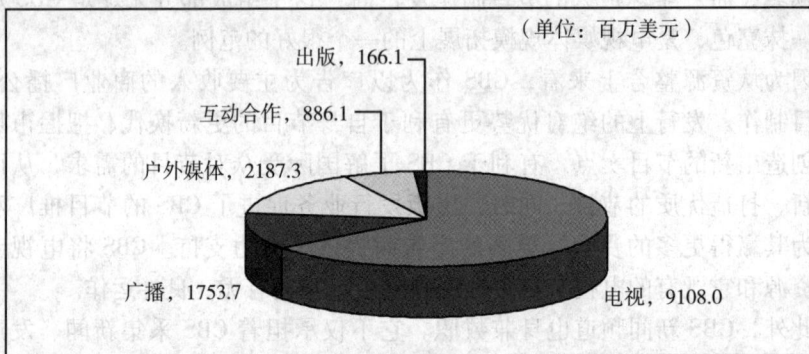

（单位：百万美元）

出版，166.1
互动合作，886.1
户外媒体，2187.3
广播，1753.7
电视，9108.0

图 1　CBS 2008 年度的收入情况

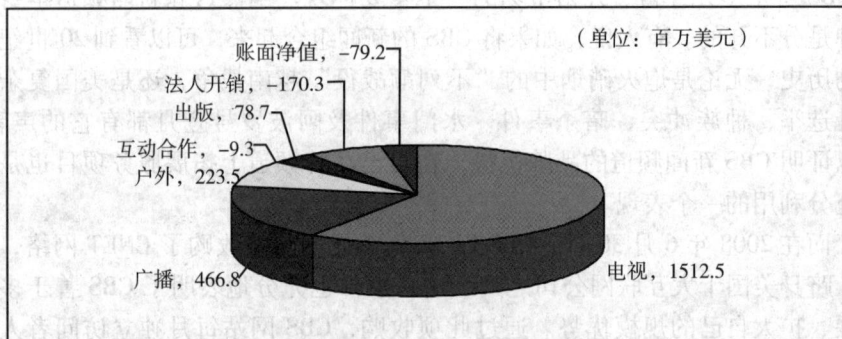

（单位：百万美元）

账面净值，–79.2
法人开销，–170.3
出版，78.7
互动合作，–9.3
户外，223.5
广播，466.8
电视，1512.5

图 2　CBS 2008 年度的盈利情况

1. 网罗人才，为我所用

CBS 在经营管理上的特色之一在于特别强调经济效益与节目质量之间的关系。CBS 认为，只有高质量的节目才能吸引听众、吸引广告，进而产生经济效益。为了把节目做好，CBS 在人才建设方面不遗余力。

一方面，CBS 加强人才引进的力度，CBS 的首任领导者佩利在这方面身体力行，他选用好友拉里·洛曼为助手，又聘请公共关系学专家爱德华·伯奈斯为顾问，伯奈斯曾出谋划策促成过许多生意，并因此而久负盛名。此外，佩利特别关注那些能吸引听众和商业赞助的演员，不惜代价与演员们交朋友，为他们分忧解难，从而激发了各地名演员到 CBS 工作的愿望。NBC 著名演员的加盟使 CBS 节目在听众中的知名度迅速上升，1937 年 CBS 受观众欢迎的程度首次超过了 NBC。

另一方面，CBS 还特别注重人才培养，为他们提供具有创造性的工作环境，不论出身、等级，都能自由地发挥自己的才华。例如，来自加州的"农村孩子"厄尼·马丁，于 1945 年被 CBS 负责节目制作的副总经理道格拉斯·库尔特雇佣，进而在好莱坞制作节目。佩利对马丁的才能和精力十分欣赏，并不因其年轻而轻视其才干。马丁不负众望，很快脱颖而出，制作了侦察连续剧《悬而未决》等优秀剧目，博得好评。留住了优秀的人才并留住了他们的心，调动了他们的工作热情，自然就会有高质量的节目，有了好的节目，自然就会吸引大批广告商。

2. 以客户需求为导向

CBS 深刻地认识到，作为一个商业媒体，除了要满足受众的需求之外，同样要满足广告商、客户的需求，这样才能把握市场脉搏、进行市场化运作，从而得到良好的经济效益和社会效益。必须清晰地告诉客户："我能为你提供什么？它以怎样的方式？它需要你多少钱？它的效果是怎样的？"当客户对你的服务业务一目了然的时候，自然会判断你的价值，从而进行业务往来。所以，CBS 在经营管理上的特色之二是以客户需求为导向，坚持"受众本位"，并且为此不怕破除行业内的常规和惯例。例如，为了联络新的广告客户，CBS 不顾舆论的批评，公布客户产品的价格，就是将客户购买其广告时间所支付的费用进行公布。这一做法虽然与当时的惯例不符，但得到了市场的肯定，满足了潜在客户对获取价格信息的需求，也让现存客户货比三家，看到自己产品的价值。广告客户们从这儿看到了 CBS 产品的价值，纷纷与 CBS 签约。正是类似的坚守以客户需求为导向而进行的敢于突破常理的经营活动使 CBS 迅速发展成为能与 NBC 匹敌的强大竞争者，跻身美国三大商业电视网。

3. 开拓创新，积极进取

在媒体的经营、节目的运作上，CBS 勇于开拓创新，首先表现在它所倡导的会员联盟制。建立之初，CBS 就在各地以会员制，即联盟台的形式建立起全国性播出网络，从而尽可能大地扩大受众覆盖群，以提高节目的播出效率。收视范围越广，受众人数越多，广告商进行产品宣传所覆盖的面积也就越大，也就能吸引更多的广告商，从而提高广告价格，增加广告收入。

其次，还表现在它于 20 世纪 70 年代发起的节目史上"最激烈、最彻底的一次节目大检查"。CBS 取消了那些在观众定位上失误的节目,即便是一些在当时看来收视率相当高的节目也被删去,取而代之的是与时代联系紧密的现代节目,目的是争取那些生活态度积极、住在城市、高消费的群体。

在这次节目改革中,CBS 取消了 14 个黄金时段的连续节目,引进 8 个全新的节目,并且重新安排了 11 个节目的播出。所有这一切,改变了 CBS 的观众划分。因为自 1960 年起,CBS 的黄金时段的节目主要是由乡村喜剧构成的,比如《安迪·格里菲斯》和《贝弗利山人》等。这样的节目只能取悦于小孩子或老年人,却失去了电视消费市场上最重要的中青年观众。改变节目的定位的最终目的是通过忽略电视消费市场的少数来争取受众消费市场的最大多数。最终,这次有史以来最"激进"的一次改革使得 CBS 在电视革新历史上写下了重要的篇章并树立了典范。

选自:徐琴媛等著,《世界一流媒体研究》,中国广播电视出版社 2011 年版,第 51-59 页;参看:《简明中外新闻事业史》431-432 页。

维亚康姆公司 (Viacom)

维亚康姆公司源于现任 CEO 的萨姆纳·雷石东 1954 年继承的家族企业——一家汽车影院连锁店。从 1986 年并购维亚康姆有线电视网开始，公司发展迅速，现在已成为覆盖全球 160 多个国家和地区、员工 12 万多的著名传媒集团。维亚康姆 2001 年全年销售额达 233.23 亿美元，名列 2002 年度《财富》全球 500 强排行榜第 200 位。

一、领导层构成

维亚康姆的董事会由 18 名成员组成。现任董事会主席兼首席执行官是萨姆纳·雷石东，总裁兼首席运营官是梅尔·卡尔马津。

二、业务范围

维亚康姆公司的主要业务领域有以下七个部分：

(一) 电视

1. CBS 哥伦比亚电视网，拥有 200 多个附属台。最著名的节目有《人见人爱雷蒙德》《大卫·莱特曼夜间秀》《60 分钟》等；拥有 NFL 全美橄榄球联盟赛和 NCAA 篮球冠军赛的转播权；日间肥皂剧《年轻无极限》的收视率已经连续 12 年位居日间节目的第一名。

2. 拥有并运营着最受欢迎的基本有线电视网。旗下包括：

MTV，全球发行最广的音乐电视有线网，拥有在 140 个国家和地区的 3.84 亿家庭用户；尼可罗迪恩儿童电视网，3 亿家庭收视用户；VH1 音乐频道，8 个频道，1 亿多家庭收视用户；TNN，流行文化节目，8700 万北美用户；MTV2；Nick at Nite；TV land；CMT；Digtal Suite from MTV 电视网。

除此以外，MTV 电视网还提供包括电影、书籍、网络、消费产品在内的品牌延伸产品。

3. BET 电视网

BET 黑人娱乐电视，美国国内最大的服务于非洲裔美国人的有线电视网；BET 爵士乐频道，美国唯一一家 24 小时爵士乐频道；BET 国际频道，到达 30 个欧洲国家、36 个非洲国家；BET 图书出版；BET 影视，制作电视电影和纪录片；BET. com 面向非洲裔美国人的最大网站。

4. 派拉蒙影视，最大的无线电视、首轮辛迪加、有线电视市场节目提供商之一，拥有 55000 小时的片库节目。其六大组成部门是：派拉蒙电视网、维亚康姆制作、斯派灵电视、大票房电视、派拉蒙国内电视、派拉蒙国际电视。

5. CBS 企业

国王世界制作公司：售卖首轮辛迪加节目，如《幸运轮》《危险》《奥普拉·温芙瑞》节目等；首播后辛迪加节目有热门的 CBS 剧集《人见人爱雷蒙德》等。在美国本土之外，有哥伦比亚国际电视网和国王世界国际制作公司。

6. 联合派拉蒙电视网

通过附属台，达 86% 以上的美国家庭收视。

7. SNI 开演时间电视网

拥有开演时间、电影频道和 FLIX；与罗伯特·雷德福、环球制片公司共同拥有阳光舞蹈频道；还以计次付费的方式给用户提供运动娱乐活动的转播。

8. 维亚康姆电视台集团

包括 34 座电视台，其中 16 家 CBS 全资运营的电视台和 18 家联合派拉蒙的附属台。在全美 20 个最大的电视收视市场占据 15 个且在 7 个大的市场是"双重占据"，即 CBS 和联合派拉蒙都有电视，它们是费城、波士顿、达拉斯、底特律、迈阿密和匹兹堡。

9. 喜剧中心频道，美国唯一的全喜剧有线电视网，维亚康姆和 HBO 联合拥有。

10. Viacom Plus，是维亚康姆集团的整体销售和推广部门。

（二）广播与户外

无线广播公司是维亚康姆的广播和户外广告部门。

无线广播公司运营着 180 多家广播电台。

无线户外广告在北美、欧洲都拥有资产，包括美国最大的 100 家市场，还持有第一西屋公司的股权。

（三）电影与剧院

1. 派拉蒙电影公司。1912 年成立，拥有 2500 多部影片，其中包括《勇敢的心》《泰坦尼克号》《碟中碟 II》等。

2. 派拉蒙家庭娱乐。全球最大的电影 VCD、DVD 录像带发行公司之一。

3. 名玩家。1920 年成立，加拿大最大的剧情片影院。这家以多伦多为基地的公司在加拿大的 102 个城市或社区拥有 884 块荧幕。

4. UIP 联合国际电影。维亚康姆拥有 33% 的股份，运营派拉蒙电影公司影片在美国、加拿大以外国家和地区的发行。

5. UCI 联合国际影片。维亚康姆与环球公司的联营公司。在英国、爱尔兰、德国、澳大利亚、西班牙、日本、意大利、葡萄牙、阿根廷、巴西、巴拿马等国家和地区拥有 104 家影院、近 868 块荧幕。

6. 维亚康姆消费产品。最大的娱乐特许经营、连锁经营公司。是派拉蒙电影公司、派拉蒙电视、维亚康姆制片公司、斯派灵电视以及第三方公司的代理公司。

7. 著名音乐出版。全美位居前十位的音乐出版公司和全球主要多媒体音乐提供商，拥有超过 10 万种以上的版权产品。

（四）录像带

百视达（Blockbuster）是全球最大的录像带、VCD、DVD 以及 VCD 游戏连锁出租机构。在美国、欧洲、亚洲、澳大利亚拥有近 7800 家连锁店，每天有 200 万以上的顾客光顾百视达。

（五）因特网

1. MTVi 集团是全球著名的网络音乐娱乐公司，自由数字集团拥有少量股份。旗下拥有 21 个站点，如 MTV. com、VHl. com、Sonicnet. com 等。

2. CBS. com、CBSNew. com 是 CBS 的网上推广、内容提供站点。上网的节目有《幸存者》《人见人爱雷蒙德》《60 分钟》等。

3. 线上尼克罗迪恩是孩子和父母们中最受欢迎的网站，旗下的站点有 Nickcom、Nickjr. com、Nick – at – nite. com、tvland. com、teachers. nick. com、gas. nick. com 等。

4. 维亚康姆互动投资，主要经营因特网投资组合，在十几个网站有股份，如 CBS. MarketWatc. com、CBS. SportLine. com、Hollywood. com、Switchboard. com 以及免费门户网站 iWon. com 等。

（六）出版

西蒙与舒斯特出版公司每年出版 2100 种图书，分属 38 大类，其中尤以商贸、大众市场、儿童及新媒体类著名。

　　（七）主题公园

　　在北美的五处派拉蒙主题公园和位于拉斯维加斯希尔顿的互动景点 Star-Trek 每年接待游客将近 1300 万人次。

三、并购成长

　　1954 年，萨姆纳·雷石东继承了家族企业国家娱乐公司，这是一家偏居麻省一隅的汽车影院连锁店。经过 30 多年的经营，雷石东把它变成了全美最大的一家连锁影院系统，并于 1987 年并购了维亚康姆公司，跨入了娱乐界。

　　雷石东在后来接受采访时这样解释自己为什么在 1986 年决定进入娱乐界："我们认为它代表了电视业的未来，于是就决定在它身上赌一把。"事实证明，在后来十几年的时间里通过"收购，收购，再收购"，维亚康姆公司很快在娱乐界后来居上。现在的维亚康姆公司已发展成为世界上最大的传媒和娱乐公司之一，年收入超过了 120 亿美元。

　　维亚康姆公司的发展过程适应了业界合并的趋势。对娱乐业发展趋势的准确判断和果断收购是维亚康姆公司发展的要诀。

　　维亚康姆公司把自己定义为一个内容提供商。而内容提供商要取得长远而稳固的发展前景，必须对上下游资源进行整合，其中对传播通道的占有显得尤其重要。正如雷石东所说："大一点并不意味着好一点，但是大一点总比小一点好。面对市场的时候，大一点总可以使更多的人知道你，尤其是在市场竞争这么激烈的情况下。"

　　维亚康姆公司版图不断扩大的历程，实际上就是一部企业的兼并收购史。收购维亚康姆公司、派拉蒙影业公司和哥伦比亚广播公司是其中最精彩的三个片断。

　　1986 年，维亚康姆从美国运通和华纳公司手里以 5.13 亿美元的代价盘下了 MTV 全球电视网。

　　1987 年，雷石东并购维亚康姆。当时的维亚康姆公司还只是一家很小的有线电视公司。

　　1994 年对百视达和派拉蒙影业公司的收购，进一步夯实了维亚康姆作为娱乐业霸主的地位，使得 1993 年还仅有 20 亿美元销售额的维亚康姆跃入媒介企业集团的第一梯队。

　　1999 年维亚康姆以 370 亿美元的代价收购了美国三大电视网之一的哥伦比亚广播公司。两个公司的合并于 2000 年 4 月完成。

四、经营策略

（一）全球化与本土性操作的结合

维亚康姆公司具有强烈的全球市场意识，其产品无论是影视作品还是音像制品，都能畅销全球市场，广泛赢利。公司国外销售收入占到 2000 年的销售总收入的 40%。MTV 和尼克罗迪恩是维亚康姆的两个主要"武器"。MTV 作为全球闻名的音乐电视频道，有遍布全球的 2.5 亿个收视家庭。MTV 为全世界不同宗教信仰的地区提供着相对廉价的节目。尼克罗迪恩是世界儿童电视的领先者，在美国有 6800 万收视户。它在美国本土以外已经扩张到了 70 多个国家的 9000 多万用户。

本土性操作的"本土化"包含了两方面的主要内容：一是文化产品内容的本土化，二是公司管理与文化产品创作人员的本土化。国外的文化与传媒公司发现，自己的文化产品若要在目标市场生根、发芽、开花、结果，产品本身必须本土化，即必须依照目标市场大众的需求与口味，投其所好，制作他们喜欢的内容。公司认为文化资源本身没有界限，该公司善于从各地文化资源中撷取精华，生产加工为适应全球市场的文化产品，从中赢利。它的目的是通过推广当地的一流人才来赚钱，而绝不会帮助、扶持当地的文化企业成长壮大为世界一流的公司，成为自己的竞争对手。维亚康姆公司对中国歌手孙楠、那英、朱哲琴等歌手表示出的兴趣就是一个例子。

在管理上，维亚康姆同样注意本身先进的经营管理与本土的文化背景的结合，以生产出让目标市场的大众喜闻乐见的优质文化产品。争取目标市场的优秀人才的加盟，也得到维亚康姆的重视。该公司在中国的一步步成功与中国区总裁李亦非对市场和政策的熟悉关系很大。李亦非本人也成了 MTV 的招牌之一。

（二）以品牌赢得市场

维亚康姆作为一家大型的传媒娱乐公司，特别注意品牌经营。并且实行公司范围内的相互竞争策略以刺激销售额。很明显的例子就是 MTV 频道对电影《泰坦尼克号》连续不断的大肆宣传，"使合并派拉蒙公司和百事达带来的优势变成现实"。

MTV 品牌的经营是维亚康姆最为成功的案例。MTV 庞大的收视群和它对青少年的巨大影响力使它本身成为了今天全球最知名的 15 大品牌之一，也是维亚康姆塑造品牌的典范。它所影响的都是社会上的强力消费者，这对一心想解开这些人腰包的商家来说无疑是理想中的超级展台。而维亚康姆和这些国际品牌所结成的利润神圣同盟，才是它最大的商机之所在。美国资本研究与管理公司副总裁戈登·克劳福德说："在 MTV 和 Nickelodeon 的带动下，维亚康姆有充分的理由在今后 10 年取得 15% 到 20% 的年均增长，因为它享有巨大的长期性全球商业机会。"

公司品牌的交叉促销、协同合作也是一个重要的战略。比如，1995 年，派拉蒙出品的电影《独领风骚》（Clueless）在 MTV 电视网滚动播出广告和宣传片。首轮上映后的录像带产品在百视达连锁出租店出租，西蒙与舒斯特出版了有关百视达电影节目的图书和以音乐电视人物为基础的丛书。公司内部协同合作，品牌交叉的例子很多。维亚康姆还计划出版一套以派拉蒙电影人物为主的喜剧图书，研发出一种唱片标签，更大限度地开发 MTV 的品牌。

（三）寻求"安全"的发展之路

维亚康姆在美国拥有很多知名的品牌，再加上派拉蒙的力量，使得公司成为一家庞大的内容生产公司。为了使得公司的内容获得更大的市场，赚取更大的利润，就需要不断地扩张国内和国外市场。但是在扩张市场的时候，维亚康姆公司非常注意每一个步骤的"安全系数"。

维亚康姆公司一贯自我标榜"我们做的是内容"。这样的口号使得维亚康姆与默多克的新闻集团划开了界线，即一个是"娱乐生产公司"，一个是"新闻传送集团"。这种区别在市场还没有对外来媒体开放的中国，含义自然是大不相同的。

为了使更多类型、更长时间的节目进入中国的千家万户，维亚康姆公司小心地游走在政策边缘，避免不规范的大动作带来危险。在暂时还无法在中国并购一家传播通道的情况下，今年公司在把旗下的 Nickelodeon 儿童频道的节目引入中国时，选择了与本土的唐龙公司合作。维亚康姆将本土化后的"尼克知识乐园"嫁接在唐龙的发行网络上，从而形成了外资传媒、中国本土发行商、中国电视台"三位一体"的合作方式。电视台负责节目拍摄许可、拍摄和终审，唐龙负责节目发行和广告经营，维亚康姆则负责提供素材。从操作层面上看，只要"三位一体"的合作不以公司形式存在，政策面上就很安全。结果是不到两个月，"尼克知识乐园"儿童频道就进入了中国的 100 家电视台。

选自：胡正荣著，《外国媒介集团研究》，北京广播学院出版社 2003 年版，第 198-205 页；参看：《简明中外新闻事业史》第十六章。

《泰晤士报》（*The Times*）

  《泰晤士报》是英国历史最悠久、最有权威、消息灵通可靠的报纸，它以《世界纪事日报》的报名创刊于 1785 年 1 月 1 日，创办人是约翰·沃尔特。

  该报自称办报方针是："独立地、客观地报道事实""报道发展中的历史"。但在政治倾向上，它实际上是英国政府的喉舌，在重大的国内外问题上，反映官方意图。

  《泰晤士报》消息灵通，报道严肃，内容详尽。它重视国际国内大事报道，对重要文件刊登详尽。它也重视言论，社论版一边刊登社论，一边刊登读者评论。该报每天 40 版左右，分两大部分，一是国内外新闻、评论、文化艺术、书评；一是商业、金融、体育、广播电视和娱乐。排版比较清晰、紧凑。读者对象主要是政界、工商金融界和知识界。2000 年的发行量为 61 万份。

  《泰晤士报》的黄金时代实际上是在 19 世纪前期和中期，当时英国和世界事务的影响力举世无双。当时美国总统林肯曾说，除密西西比河以外，他不知道有什么东西拥有像《泰晤士报》那样强大的力量。

  但进入 20 世纪后，该报逐渐落伍，处境窘困。1908 年北岩爵士取得了该报所有权，加以革新，使之重有起色。1922 年北岩去世，报纸转到阿斯特家族手中，1966 年因财政困难又转卖给国际报阀汤姆森。老汤姆森在世时曾为弥补报纸赤字花掉了 80 万英镑的家产。1981 年，汤姆森之子不堪重负，以 1200 万英镑将报纸卖给了澳大利亚报业巨头默多克。

  尽管默多克一再重申不干涉报纸的编辑方针，不降低《泰晤士报》的品位和风格，但报纸仍在悄悄地发生变化：标题更大了，图片更多了，人情味更浓了。

  选自：李良荣著，《当代世界新闻事业》，中国人民大学出版社 2002 年版；参看：《简明中外新闻事业史》第十六章。

《经济学人》：全球精英的杂志

《经济学人》是目前仍在出版、历史最为悠久，并且享誉世界的综合性周刊。从 1843 年在英国伦敦威灵顿大街 6 号创刊至今，这份周刊实现从一份普通英国本土刊物向具有国际影响力的综合性刊物的华丽转变。周刊如今成为了商界精英的必读品，也成为政界决策者的参考读物。根据杂志规模和内容的变化，《经济学人》杂志的发展可以分为三个阶段。

第一阶段，从 1843 年到 1861 年，反《谷物法》运动中诞生《经济学人》。为保护本国封建阶级，限制粮食进口，英国政府在 17 世纪就颁布《谷物法》。19 世纪初，英国新兴资产阶级作为一股新的社会力量正在崛起。《谷物法》与新兴资产阶级理念格格不入，为此，他们在 19 世纪 40 年代展开如火如荼的"反《谷物法》运动"。1843 年《经济学人》在这样的时代背景下诞生。

创办人詹姆斯·威尔逊是一位出生于苏格兰的帽子商人，是一个不折不扣的自由贸易论者，主张放任自由的经济。所以一创刊，《经济学人》就举起"自由主义"旗帜。在《经济学人》第一期中，詹姆斯·威尔逊写道："我们真诚相信，自由贸易以及人员、物资的自由往来，在扩展世界闻名的道德中有着比任何看得见的东西更为重要的作用。"威尔逊时期周刊内容相对单一，经济报道约占周刊内容的 80%，读者主要是男性商人。威尔逊时期《经济学人》刊登文章大多是从其他报纸摘抄下来的经济内容，或者是对支持自由贸易的经济学家理论解读，内容深奥而艰涩。

第二阶段，从 1861 年到第一次世界大战，从纯经济学刊物向综合性刊物转变。期刊内容晦涩直接带来的问题是发行量的问题。1843 年，周刊平均每周的发行量只有 1969 份。这样的状况一直持续到 1861 年第三任主编沃尔特·巴居特上任才有所改变。

巴居特被称为《经济学人》历史上的最伟大主编，在 1861 年至 1877 年担任主编期间，把《经济学人》报道重点从纯粹经济领域扩展到包括政治在内的其他领域，使之成为一份有影响、综合性质的出版物。在他看来，《经济学人》应该刊登商人感兴趣的东西，而不仅仅是商人所从事的经济活动。正是在巴居特领导下，周刊发行量逐渐上升到平均每周3700份。

第三阶段，从1922年至今，《经济学人》走上海外扩展之路。在《经济学人》创刊初，就将目光投向海外。随着巴居特时期杂志影响力扩大，英国本土之外出现小部分周刊读者，但也仅限于法国、德国等欧洲少数国家。带领《经济学人》杂志走上海外发行道路的，是从1922年上任的主编沃尔特·雷顿开始。雷顿毕业于剑桥大学，是一名长期以来活跃在国际舞台上的公共事务专家。在他的带领下，周刊报道范畴从英国进一步扩展到整个欧洲大陆。到1938年他离任时，《经济学人》海外发行量已占据半壁江山。

攻下欧洲大陆市场后，雷顿的继任者杰弗里·克罗瑟则带领《经济学人》将触角进一步伸向北美市场。第二次世界大战之后，这位美裔英国编辑开设《美国概况》专栏，深入探讨美国事务。除此之外，他在1956年向美国华盛顿派驻第一位记者。自此之后，美国内容成为周刊重要组成部分，而《经济学人》在北美大陆逐渐占有稳固市场。

1974年上任的主编安德鲁·奈特更加注重国际新闻报道。涉及国际内容的稿件大大超过国内内容，国外订户也远远超过英国本国的订户。正是从奈特开始，《经济学人》逐渐办成内容广泛的国际新闻时事刊物，成为能与《时代》《新闻周刊》等相媲美的国际性周刊。

今天《经济学人》杂志在全球二十多个地区设有记者站，并且每周星期五在全球七个城市同时印刷，读者遍布英国本土、欧洲大陆、非洲、美洲和亚太地区。虽然编辑部在英国，但是英国国内的发行量只占三分之一，其余的三分之二全部在海外发行。

一、规模力：关注世界，行销全球

在英国，《经济学人》与披头士、英国广播公司、英国皇室和苏格兰威士忌并列为傲视全球的五大品牌。经历了一个半世纪考验，《经济学人》当今仍然能够执世界舆论之牛耳，被称为"夕阳帝国里最耀眼的一道阳光"。进入20世纪，《经济学人》发行量经过半个多世纪缓慢爬行，进入腾飞阶段。作为一本在全球发行、关注全球事务的杂志，《经济学人》从发行版本到内容设置都体现出全球视野。

1. 发行量的腾飞

在进入20世纪以前，《经济学人》杂志内容更多聚焦英国，吸引读者大多在本国，因此，这一时期杂志发行量较少，增长较为缓慢。进入 20 世纪以后，尤其是第一次世界大战后，历任主编十分重视海外事务报道，以及国际市场开发。第十任编辑杰弗里·克罗瑟时期，海外发行量已经占据总发行量的半壁江山。

进入了 21 世纪，即便全球平面媒体受到发行的巨大压力，《经济学人》杂志发行量依旧高歌向前。现在，每周大约有 130 万份《经济学人》杂志在全球 190 个国家和地区同步发售，但英国本国销售量只占 14% 到 15%，其余全部在海外销售，其中北美地区所占比例最高，销售量超过了一半。

2. 全球版本："不为读者提供本地化产品"

与《时代》《财富》等世界知名期刊一样，《经济学人》行销全球，但不像《时代》《财富》在世界各地发行内容不同版本，《经济学人》每周在全球不同地区发行同一个版本，内容完全一样，只是编排顺序有差别。为突出各地不同，《经济学人》还是在不同地区发行的版本做了一些区别。在内容方面，除英国发行版本增加几篇有关英国国内报道以外，其他全球不同地区版本内容完全一样，不同地区读者只是看到不同广告。如亚洲读者打开杂志后看到具有亚洲文化气息的商业广告。另外，《经济学人》将杂志内容分为"亚洲""美国""英国""欧洲""中东和非洲"等若干个版块，根据发行地区不同调整版块顺序。例如，在中国香港发售的《经济学人》"亚洲"版块就会在最前面出现，在纽约发行的则会将"美国"版块放在前边。

在前任主编比约·艾默特看来，之所以这样做，是因为人们购买《经济学人》，主要是它具有全球性特征。中国人想买《经济学人》并不想通过它来了解中国，而是想了解美国、欧洲发生什么事，是想了解外部世界。所以《经济学人》杂志不想给读者提供本地化产品。

3. 杂志内容与栏目设置体现国际视野

作为一份具有国际视野的时事周刊，《经济学人》的报道范围早就超出了英伦三岛，遍及全球各地。然而 10 到 15 年前《经济学人》报道范围主要集中在发达国家，从周刊报道整体来看，80% 报道篇幅集中在美国、欧洲、日本等发达地区，若是从经济报道来看，这一比例将更高。随着近二十年来发展中国家迅速崛起，特别是中国、印度、拉丁美洲、东欧国家经济快速发展，《经济学人》加强对这些地区和国家新闻报道。

为此，《经济学人》不仅增加拉美、中东、非洲四个版块，还争取在世界范围内建设覆盖全面的记者网络。1993 年以前，《经济学人》在中国、印度、非洲、拉美没有记者，只是利用特约撰稿人所撰写的稿件。现在在中国北京、中国香港、印度、南非、开罗、圣保罗、墨西哥城都有记者站，而且还在不断开设新的记者站。

二、影响力：高质量杂志影响世界

1. 一本影响世界的杂志

作为一家新闻媒体，《经济学人》周刊一向希望利用自己客观的分析和理性的预测影响公共事务。正如前文所述，《经济学人》周刊在创刊初期的一个重要目的就是反对英国政府所颁布的、带有鲜明重商主义的《谷物法》。《经济学人》高声疾呼自由贸易，并最终导致《谷物法》的废除，使得自由主义思潮成为主流。

在一个半世纪的发展过程中，《经济学人》还对世界经济发展做出了一定贡献。例如周刊第七任主编雷顿在20世纪20年代的时候就预见到了世界不同地区商贸与经济频繁往来的趋势，在人类历史上第一次提出了"相互依赖"（interdependence）"全球化"（globalization）这两个今天已经是耳熟能详的词汇，并刊载了一系列文章论证世界经济、政治、文化都是相互依赖的。

《经济学人》还推出了一系列经济指数用以考虑世界经济贸易、货币汇率最著名的要数。杂志在1986年推出"巨无霸指数"。它通过比较麦当劳在各国店销售巨无霸价格来比较国与国之间购买力平价。如今，《经济学人》每年公布的全球"巨无霸指数"，成为参考世界经济的重要指标。

2. 不署名制度保证报道的客观性

《经济学人》享誉世界的影响力吸引许多世界知名人士为其撰稿，包括前英国首相阿斯奎斯、爱尔兰前总理加勒特·菲茨杰拉德、前苏联间谍金·菲尔比等。即便如此，周刊编辑部仍然坚持初办时的传统，坚持不署名。

以前英国大部分的报纸文章都是不署名的，就连著名的《泰晤士报》一直到1966年还在坚持匿名制。但后来为提高记者知名度，培养明星记者，诸多报纸逐渐放弃匿名制。如今仍采取匿名制的知名报刊中，只有《经济学人》一家。匿名制在第十任主编杰弗里·克罗瑟看来能够"使编辑成为刊物真正的仆人，而不是主宰，从而给予了刊物惊人的思想和原则"。

3. 严格的质量控制体系

《经济学人》编辑部曾出版过一本名叫《风格》的蓝色小册子，是所有杂志编辑和记者的写作圣经，因为它系统且细致的制定《经济学人》杂志的写作规则。例如，如何拼写一些词语以及如何提高写作水平等。《经济学人》记者编辑一向被英国社会视为精英，却还要规范这些写作的点点滴滴，这足以从一个侧面显示出这本杂志在写作上的严谨态度。

为保证杂志质量，《经济学人》争取在杂志出版前，将出现错误的可能性降到最低。在选题制订初期，编辑部任何人有任何点子，都要在编务会上开诚布公，所有的与会人员发表各自意见。成文后主编亲自审阅超过90%的文章，检查每一个拼写、每一个句子，以及文章中使用的每一个数据和事例的表述。之后杂志每一个版块的责任编辑负责整个版块编辑、设计及校对工作，从而保证版块内稿件流畅性、连续性和准确性。在杂志正式出版前，编辑部还设有一支研究队伍，执行例行事实核查，进行最后一道把关，从而保证杂志质量。但是如果出现任何错误，记者、版块编辑和主编都要负责。

选自：徐琴媛等著，《世界一流媒体研究》，中国广播电视出版社 2011 年版，第 196-207 页；参看：《简明中外新闻事业史》第十六章。

《太阳报》（*The Sun*）

英国的《太阳报》创刊于 1921 年，当时称《每日先驱报》。在第二次世界大战之后，它差一点在激烈的市场竞争中倒闭。1961 年，时任国际出版公司董事长的塞西尔·金收购了《每日先驱报》。该报在历史上一直支持工党，其股票中有 49% 握在职工大会的手中。它当初创办和发行的宗旨是为教育工人阶级服务，后来却变成了一份"左"倾的报纸，在编辑风格上显得很软弱无力。塞西尔·金和他的副手卡德利普花了很多钱对报纸进行整顿，并于 1964 年 9 月更名为《太阳报》。

塞西尔·金称《太阳报》是"一份产生于我们所处的时代的报纸"。然而，尽管有着良好的愿望和意图，但他还是失败了。《太阳报》的销量正在随着他所依赖的中间阶层读者的日益缩小而萎缩，每年亏损达 175 万英镑。此时的《太阳报》已无力继续经营下去，只好出售。买家有好几个，默多克在这其中力拔头筹，以不到 50 万英镑的价格买下《太阳报》。新的《太阳报》由大开张改为了小开张，主编是他刚发现的一个能完全反映他的观点和方向的人，名字叫拉里拉姆。

过去的读者对于新《太阳报》来说还是有用的。默多克在最后的大开张旧《太阳报》中，呼吁恳请读者们继续惠顾该报。他在报纸中承诺："最重要的事情是，新《太阳报》仍将是一张对世事关切入微的报纸，它将以满腔热忱关注着真理、美和公正。"

一、黄色取胜

1969 年 11 月 17 日是星期一，新的《太阳报》打着"与人民共前进"的口号正式和读者见面了。这天的报纸共有 48 版，版式特点与以前大不一样。头版是"独家新闻",第四版是默多克夫人安娜按下印刷机开关的照片,九版有对工党首相哈罗德的专访,此外还有小说《爱情机器》的连载。真正体现默多克意图的是第三版,其显著位置是一个穿前胸大开叉衣服的女郎。

在接下来的报纸中,穿比基尼泳装的性感女郎、裸露一只乳房的艳女、只遮盖"一点"的模特连连登场……虽然这一切都被委以"时装世界"之名,但任何人都不难看出默多克办《太阳报》的法宝,那就是以软性的色情新闻与体育新闻代替硬性的政治、经济新闻,以此取悦数量巨大的劳动阶层的人们。时至今日,《太阳报》的裸露女郎仍然是一道"招牌菜",并几乎成了英国小报文化的一种象征。这种大幅面登载出来的女郎照片固定刊在第三版,被习惯地称为"三版女郎"。照片上一般都要附有该女郎的真实姓名和居住地区,有时还有她的爱好、习惯和性格等。在英国,成为"三版女郎"是部分女孩子追求的梦想。每一天,《太阳报》的三版编辑都会收到许多女孩子的照片,她们中有许多是自己花钱请摄影师为自己拍照的。不少女孩在《太阳报》的三版一脱成名,跻身于竞争激烈的娱乐和演艺界,有些著名的演员和节目主持人,就是从"三版女郎"起步的。

目前"三版女郎"大多是职业模特,普通女孩比较少。因为很多模特希望上《太阳报》的三版,所以,报纸编辑们的选择余地非常大。一般情况下,模特们首先要和模特公司签约,模特公司把她们的照片寄给《太阳报》三版编辑。如果编辑认为可以上三版,那么他们就会派遣专职记者前去拍照。社会上不做模特的女孩也有机会成为三版女郎,她们必须先把自己的照片寄给编辑们,如果编辑认为可以考虑,那么就会与这个女孩联系,照出更好的照片用以刊登。

虽然在《太阳报》的"三版女郎"出现之前,英国就有许多报纸刊登裸体女郎的照片,但像《太阳报》那样纯粹为了展示女性胴体以吸引男性读者,则是第一次。这自然会引起社会舆论的强烈不满,甚至在英国中部的个别地方议会,还曾制定政策禁止在当地的公共图书馆摆放《太阳报》。然而,社会上的反对声音却从另一个方面刺激了一部分人对"三版女郎"的好奇,他们不断关注这些女孩。《太阳报》则故意派遣那些"三版女郎"在公共场合搞促销,使之销量跳跃上升,始终是英国销量最大的报纸。

《太阳报》的经营者为了扩大自己报纸"招牌菜"的影响力,费尽一切心思来"作秀"。2000年8月,世界杯足球赛外围赛英德之战在德国举行。主场作战的德国有意无意地把英格兰队安排在闹市区的一家酒店住宿,英格兰球迷认为这将影响本国球员比赛期间的休息质量,对德国有关方面非常不满。《太阳报》抓住机会，导演了一场"美女救国"运动。他们组织了一支"三版女郎"队伍前往德国，一大早就在德国队居住地楼外吹喇叭，闹得德国球员也睡不安稳。这一招果然奏效，一方面德国队受影响比赛状态欠佳，另一方面英格兰球员们大受感动，超水平发挥，把德国队打了个5∶1，历史性地取得比赛的巨大胜利。2003年3月，伊拉克战争爆发以后，一直支持对伊拉克动武的《太阳报》立即组织一批身着迷彩的"战争女郎"到前线慰问演出，为前线官兵打气助威。

二、和时间竞争

《太阳报》在默多克接手之后的最初几期有着明显的缺陷：消息来源有限，报道显得乏味，缺少一以贯之的方针等。面对社会上的一片指责声，报纸发表了长篇社论，回敬批评家们的指责。社论说：《太阳报》反对英国加入欧共体，反对实行死刑，反对南非种族隔离制，反对英国对有色人种的歧视，反对越南战争，反对氢弹但支持核威慑。它赞赏的是"宽容的社会"，认为"从大主教到平民，每个人都有权提出自己信奉的道德规范"。同时，《太阳报》以惊人的速度对自己存在的问题进行了逐一解决：扩充和优化采编人员、使用不负责任的大标题、进行捕风捉影的性调查、增加电视节目预告等等。通过这些措施，《太阳报》打击了自己的对手。《每日镜报》当时有500万发行量，但在默多克接手《太阳报》之后，前者的读者就纷纷转向了默多克。默多克掌管《太阳报》才一个多月，报纸的发行量就从原来的100万份上升到145万份，增加的部分中有15万来自《每日镜报》。到1970年6月，《太阳报》发行量已经超过150万份，与此同时，《每日镜报》的销量下降了30万份。

由于销量猛增，广告收入也随之大大增加。以至于根据预期印量所确定的印刷设备和工人都产生了短缺，默多克不得不到处寻找新的印刷场所。他的工人们也因为劳动效率的提高而倍感压力，别的印刷厂的工人和工会认为这是在破坏劳工市场上的价格平衡。《太阳报》的扩张速度令人吃惊，它在默多克接手后3年内，发行量就达到了300万份。盈利之丰厚也超出了所有人的意料。1973年后，每年获利高达8000万到1亿英镑。《太阳报》成了欧美国家中当之无愧的通俗报纸之冠。

如今的《太阳报》仍然在通俗报纸中一枝独秀，它通过有效的竞争手段、合理的管理机制和独特的办报理念，销量始终保持在很高的水平。目前，《太阳报》在伦敦舰队街的沃坪总部共有采编人员约350名，人员配备最多的三个部是新闻部、特稿部和体育部。另外，在苏格兰办事处还有约50名采编人员，在曼彻斯特有约10名记者，他们在家里办公。在工作流程上，所有采编活动基本上是从新闻部开始。每天，新闻部的正副主编通过了解情况，制订一个当日采访菜单，包含当天的新闻题目。在编前会上，布置新闻部的记者前往采访。摄影部的主编参加编前会，他列出当日会完成的主要照片的菜单，并安排摄影记者与新闻部记者搞好配合。

《太阳报》提倡工作要和时间赛跑，这也是由该报的特点所决定的。由于报纸印量大，印刷所需要的时间长，所以在每天晚上8点之前，报纸必须开印，否则第二天就不能按时交付给经销人员。而印量小一些的报纸一般到午夜前才开始印刷。全英国看到的《太阳报》一般有三个不同的版本。每天晚上9点前，该报的第一个版本便成型，被送往英国比较偏远的地区印刷；10点多，第二个版本成型，被送往英国中部及伦敦周边部分市场；第三个版本在第二天的凌晨1点左右成型，印刷后主要供应伦敦市场。由于印量大，每个版本的成型时间必须严格控制，稍有推迟，便会影响报纸供应。在晚间有重大突发新闻时，《太阳报》的编辑人员往往非常紧张，因为撤版换版往往会影响开印时间。因此，在《太阳报》工作，必须顶着巨大的时间压力，以更高的效率来与时间赛跑。

三、政治促销

尽管《太阳报》的制胜法宝是黄色内容，但它在历史上又的确从未脱离过政治，可以说，它是份紧跟政党的报纸。一方面，它要着眼于现存的亲工党读者；另一方面，又要争取那些购买保守党报纸的潜在顾客。《太阳报》宣布它在政治上独立，不偏向哪一个政党，但在实际操作中，它总是根据当下的实际情况，做出自己有所偏爱的决定。"偏爱"是要回报的，默多克所要的回报当然是销量，他力图通过报纸的政治影响力来促进报纸的销售。

英国1970年大选前，工党领袖威尔逊一直被舆论所看好，而他本人也对胜利信心十足。《太阳报》此时表现出了明显的支持工党的倾向，默多克也与威尔逊显得格外亲热。在选举的前一天，《太阳报》发表文章解释"为什么必须是工党"，理由是：威尔逊有一个更好的竞选班子，更关心普通百姓以及公正、社会均等、生活质量等问题，而这些也正是《太阳报》所关心的。文章同时驳斥了保守党提出的"加强法律和秩序"的论调，并指责另外一种进一步限制移民的政策根本不应作为问题提出。在投票后的第三天早晨，选举结果还未最终出来，《太阳报》自以为站到了胜利者一边，在头版说："昨天，和煦的阳光给投票站带来熙熙攘攘的人群，也给哈罗德·威尔逊带来了光明的前景。"然而，选举结果大大出乎民意测验家们的意料，以爱德华·希思为领袖的保守党获得了大选胜利。见此情景，《太阳报》又欣然转向了保守党一边，心甘情愿为之出谋划策，并吹捧道："特德（爱德华的昵称），担负起重任吧！"之后又发表社论为之加油："干得漂亮，特德，英国人喜欢看到后来居上的人！"为了遮掩自己政治投机失误的尴尬，《太阳报》把民意测验家们骂了一顿："选举结果给了民意测验一记耳光，不管怎样，这对民主是大有裨益的。"默多克式的出尔反尔在这里表现得淋漓尽致。

选自：周小普著，《全球化媒介的奇观——默多克新闻集团解读》，中国社会科学出版社2006年版，第105-116页；参看：《简明中外新闻事业史》第十六章。

英国广播公司（BBC）

一、BBC 的历史沿革

1922 年 11 月 1 日民营的英国广播公司（British Broadcasting Company，BBC）开始营业，当年 11 月 14 日在伦敦开始日常广播，翻开了英国广播事业的历史。

早期 BBC 的广播经营权是独立的，以电器公司出售收音机和其他电器产品的收入支持广播节目，并收取收听费和收音机执照费以弥补支出，老 BBC 只经营广播业，而广告节目则被政府一律禁止。

1927 年元旦，公营性质的英国广播公司（British Broadcasting Corporation，BBC）成立，从此，英国进入了公共服务广播电视体制时代。新的公司拥有在全国进行无线电广播的垄断权，经费来源靠收音机、电视机执照费。到 2000 年的时候，英国 95% 以上的用户已经使用了彩色电视机，BBC 从此进入独家垄断英国广播电视业时期。

1954 年，英国议会通过《独立电视法案》，允许建立商业电视机构——独立电视局（ITA）。1955 年 9 月，第一家商业电视台（伦敦电视台）开播。1972 年，议会决定开放商业广播，ITA 改名为 IBA——独立广播局，同时管理商业电视和广播。1973 年，最初的两家私营电台伦敦广播公司（LBC）和首都电台（CR）开播，商业广播电视的经济来源主要靠播放广告和出售节目所得的收入。至此，BBC 独家垄断的局面被彻底打破，"公商并存"作为一种全新的体制在英国被确定下来，并延续至今。

英国广播公司名义上是一家"独立"于政府的"公共企业"，但实际上是由政府控制的宣传机构。公司最高领导机构为董事会，由 12 人组成（包括主席、副主席各一人，分别代表苏格兰、威尔士和北爱尔兰的民族理事三人，其余理事是财政、教育、文化、外交、社会工作等各方面的专家），负责制定公司的政策。董事会成员均由政府任免，董事长由首相提名，女王任命，任期5年。公司的执行机构为经营管理委员会，其委员由总经理、副总经理和11个大部的部长以及英国广播公司环球电视总公司顾问等16人共同组成。总经理为日常业务最高负责人，由董事会任命，任期一般为5年。总经理负责日常工作，有关公司的节目、财政、宣传及人事等重大问题则由董事会和总经理讨论决定，公司最终对议会负责。

BBC的日常工作不受政府直接控制，法律要求它在报道中要公正、不偏不倚，其观点可以与政府不同，但必须与国家利益一致。另外，BBC的执照是由政府颁发的，每次为期10年。如出现问题，政府可吊销其执照，命令它播出或不播出某个节目，也可以随时撤换BBC管理委员会委员。也就是说，政府对BBC有最终的控制权。

二、BBC 的收入结构与经营模式

BBC的主要收入来自视听费和执照费。除此以外，BBC还在国内外发行杂志、图书、教材、节目指南、光盘、音像制品和广播电视节目。受英国开放大学委托为其制作用于广播电视教学的节目也是BBC的一个收入来源，BBC也向其他媒介机构输出技术设备，以此开拓财源获得了可观的收入。BBC的收入还有一部分来自它的创收部门——BBC环球服务中心，该中心通过把国际电视业务和商业活动合为一体获得了可观的收入，这些收入主要来自书刊、音像出版、节目发行等业务。

在20世纪80年代中期欧洲国家"重新管制"（Re-Regulation）的浪潮中，英国广播公司逐渐形成了公、商兼营的经营模式。

1. 英国本土的典型公营模式

BBC国内机构的经营是严格意义的公营模式，不得播送广告和任何带有赞助性质的节目，经费来源主要靠执照费和接收费以及少量的政府拨款。

2. 海外市场的商营模式

BBC海外电视市场的业务很多是以商业模式操作，涉及节目的销售、出版、杂志以及影音制品等。为了扩大在海外电视市场的渗透，BBC与英国的一些大的企业集团合办商业频道，比如BBC Prime就是BBC以环球电视公司为主体、同英国皮尔逊公司联合开办的一个以娱乐节目为主的国际电视频道。同时BBC也和国外的一些公司合作开发当地的节目市场，如BBC与美国有线电视网的发现通讯公司合作开播了面向北美电视市场的新闻和娱乐频道"BBC在美国"。2001年9月和11月，BBC在加拿大先后开通了"娱乐频道"和"儿童频道"，BBC环球公司在这两个频道中各占50%的股份。这些都是

BBC 在全球开发商业电视频道经营战略的具体体现。

互联网新媒体是 BBC 战略竞争中一个重要的环节，继 1997 年建立自己的内容网站 bbc. co. uk/news 之后，BBC 在 2000 年年初的时候和几家互联网服务提供商合作开办了一系列互联网商业网站，建立一个覆盖全球的互联网络。BBC 的决定标志着公益性的 BBC 互联网正在为自己搭建一个立足于海外的商业化运作平台。

三、BBC 的发展战略

BBC 不播广告，在市场化运作方面无法与商业台相比。逐渐减少的政府财政拨款为提高节目质量带来了困难。然而，BBC 作为老牌公营服务性质的广播公司，在困境中并没有完全败下阵来，凭借其良好的信誉、独特的市场定位，在世界范围内保持了一定的影响力，并形成了自己的一套竞争战略。

1. 节目层面

不以赢利为目的的公共服务性质决定了 BBC 以新闻、教育和文化生活节目主导国内市场，并获得了其他商业台无法企及的影响力和收视率。特别是它的新闻节目，凭借其权威性成为英国主要的新闻来源。在新闻节目报道上，BBC 采用多种形式，成为受众关注的焦点，多少弥补了其与商业电视台在娱乐节目竞争上的被动地位。1997 年 BBC 获得了皇家电视学会的 14 个节目奖，在索尼广播公司评出的 35 个奖项中获得了 28 项，此外还在 BAFTA 节目制作和表演奖的评选中，获得了 16 项奖中的 12 项。自 1999 年起，BBC 又推出一个名为"跨越 2000 年"的 3 年发展规划，全面调整和塑造 BBC 在新世纪中的业务和形象。这一规划的具体做法包括：加强已有的名牌节目，如戏剧、自然科学、儿童节目、古典音乐、体育节目等；进一步丰富和深化新闻节目，如开通"BBC24 小时新闻"节目；增强地区性报道，如电视栏目"BBC 的选择"是 30 年来首次开播的综合性节目，旨在反映苏格兰、威尔士和北爱尔兰现代生活风采。

2002 年 BBC 出台了一项计划，将世界电台、世界电视台以及国际在线业务合并，建立一个新的集编辑方针、市场营销、受众研究于一体的全球性新闻机构。

2. 技术层面

为了参与国际电视市场的竞争，BBC 从 1987 年开始广泛应用卫星技术和有线技术开办国际电视广播，同年，BBC 开办了欧洲电视台，1991 年改为世界电视台（BBC World），该年年底正式全天 24 小时面向亚洲广播。现在覆盖范围已经达到非洲、亚洲、欧洲、拉丁美洲等地。

20 世纪 90 年代后半期，全球媒介市场发生了巨大变化，以数字化为基础的革命冲击着传统媒介尤其是广播电视媒介的运作形态，技术对于媒介产业变得越来越重要。BBC 的发展也进入以技术参与新一轮国际竞争的成熟时期，"信息系统和技术部"是它的新技术（比如数字转发器、数字直播星、宽带有线网络等）引进和开发部门。"资源中心"以 22% 的市场占有率继续保持着英国最大的电视、广播设备供应商的地位，同时在一系列技术项目上取得了重大成就，如虚拟演播室、布里斯托广播中心、宽屏幕技术和轻型数字化摄像机等，这些新生代数字技术为包括 BBC 在内的整个广播电视业带来了巨大的益处。1998 年夏，英国数字地面广播开播，数字电视频道 BBC Choice 开通，这一年可称得上是英国的"数字化元年"。在 2001 年年底，BBC 又有了两个大动作，一个是将所有的 BBC 在线、数字文本和互动电视服务等都安排在了同一个服务平台当中。另一个是准备在 2002 年夏季推出自己的数字机顶盒装置，保证受众接收 BBC 商业性的网络节目，进一步将技术优势转化为市场优势。

3. 进军海外市场

以 90 年代初期和中期开办世界电视台新闻频道 BBC World 和娱乐频道 BBC Prime 为标志，BBC 进入了以电视节目向全球市场扩张的阶段。BBC World 以新闻、时事节目为主要特征，也被称为世界电视台的新闻频道。1995 年 2 月，BBC 世界频道打入美国电视市场，开始了与 CNN 的激烈角逐。BBC 还参与香港卫视台对亚洲国家播出全天候的电视节目。2000 年 10 月，英国广播公司和喀麦隆公共广播电视台签订了一项协议，根据协议，BBC 从 2001 年 9 月起在喀麦隆首都雅温得播出调频广播节目，到 2001 年底在巴门达和杜阿拉两地 24 小时不间断地播出英语节目。2001 年 6 月，英国广播公司通过土耳其境内的 NTV 广播网的调频电台重新开播，在伊斯坦布尔和安卡拉周边地区的调频发射台由原来的 2 个增加到 35 个，这使得 BBC 土耳其语调频广播的人口覆盖率达到 70%，此外，BBC 对土耳其的广播还包括短波广播和因特网广播。与此同时，英国广播公司的阿拉伯语网站和阿联酋的"迪拜媒体城"合作建立了一家网上在线公司，用以提供 BBC 的在线新闻。这是 BBC 在中东地区开办的第一家网上合作企业。

4. 机构内部改革

20 世纪 90 年代，BBC 进行了一次大规模的机构调整，把原设的 13 个部门精简为 6 个，将节目的播出与制作分离，把电视与广播、国内与国际新闻的采编合二为一，同时 BBC 也注重对员工进行业务能力和技术能力合二为一式的培养，以提高工作效率。机构调整和工作效率的提高促使 BBC 进行了一次较大幅度的裁员，员工人数削减了 8%，从而加大了对节目生产的投入。

在 2000 年 4 月的时候，BBC 总裁格里格·戴克又进行了一次机构改革，管理模式由"阶梯式结构"转为"网状一元结构"。将原来 6 个部门（广播中心、制作中心、新闻中心、国际广播中心、环球服务中心、资源中心）的领导与总裁组成执行机构经营管理委员会，部门之间关系平等，均直接对戴克负责（如图 1 所示）。这种一元化领导方式改变了过去利益分散协调困难的局面，加强了内部协作。

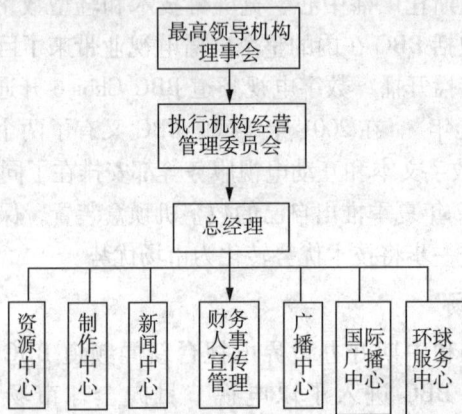

图 1　英国广播公司管理结构示意图

2002 年 2 月，英国广播公司新总裁加文·戴维斯发布了一个改革文件，旨在进一步明确 BBC 的管理和责任体制，其中主要有四方面的改革：第一，明确董事会和经营委员会的职责。第二，董事将不再通过一个执行机构而是直接任命和管理外聘审计人员。第三，公众对节目的意见将不再由秘书处处理，而转由公共政策部处理。第四，董事会的节目意见处理委员会将监督有关管理部门对意见的处理情况和效果，并听取诉求。在这一文件的规范和指导下，为了和管理私营广播电视机构的"电信监管局"相抗衡，BBC 将组建一个新部门向各董事提供更多的支持，从而更好地履行公共服务的职责。

5. 重视受众要求

英国广播公司在 2002 年夏季推出它的首份《节目政策书》，目的是更多地增加英国广播公司的公开性和与公众的贴近性。这一政策须经过广泛地征求意见和咨询，其中的规定将真正有利于受众。

为了实施"数字化"战略，BBC 与英国政府商讨对消费者接收数字电视进行补贴的计划，以便使数百万的用户不再拒绝为数字电视节目付费。

选自：胡正荣著，《外国媒介集团研究》，北京广播学院出版社 2003 年版，第 235–243 页；参看：《简明中外新闻事业史》434–436 页。

新闻集团 (News Corporation)

新闻集团从澳大利亚起家，经过 20 多年的全球媒体征战，已经成为与美国在线、时代华纳、迪士尼、维亚康姆等处于同一竞争地位的传媒集团。它在世界 500 强中排第 371 位。到 2002 年 3 月 31 日止，总资产已达 420 亿美元，年收入 150 亿美元。目前其全球业务遍及北美、欧洲大陆、英国、澳大利亚、拉美和太平洋地区。媒介产品包罗万象，包括电影和电视节目；无线、卫星和有线电视；报纸、杂志和图书；广告制作和发行；数字电视；有条件接收和用户管理系统（SMS）；在线节目的创意和发行等。

一、新闻集团的发展历程

新闻集团的前身是澳大利亚新闻有限公司。1954 年，默多克接管阿德雷德市出版的《新闻报》，并于 1964 年出版了澳大利亚第一份全国性日报——《澳大利亚人报》，开始了新闻集团最早的报纸业务。

20 世纪 60 年代后期，新闻有限公司开始向海外市场发展，首先收购了英国的《世界新闻》，然后又买下了英国的《太阳报》。70 年代新闻有限公司开始进入美国新闻业，先后买下了《圣安东尼奥新闻和快报》《纽约邮报》《波士顿先驱报》等多家报纸。

70 年代末，新闻有限公司扩大业务范围，首先在澳大利亚的悉尼和墨尔本两地投资电视产业。公司业务逐渐遍及欧洲、美国和澳大利亚，为更好地管理和协调公司日益扩大的业务，默多克于 1979 年成立了新闻集团。

80 年代是新闻集团全球业务拓展的重要奠基阶段。新闻集团在英国收购了著名的《泰晤士报》和《星期日泰晤士报》，以及世界上最大的英文图书出版公司之一的哈珀·柯林斯出版社。接着新闻集团进入了竞争异常激烈的美国电影电视市场。1985 年收购 20 世纪福克斯影业公司后，于 1987 年组建了全美第四大电视网——福克斯电视网，由此开始了电视市场的大规模投资。

90 年代新闻集团的业务已地跨澳大利亚、欧洲、美洲、非洲，在卫星电视领域形成了霸主地位。伴随着大范围的跨媒体、跨行业、跨国并购，其娱乐产业已完全发展成熟。在媒体技术领域，新闻集团也走在了前面，开发应用数字卫星技术，建立自己的互联网传输系统，开发新的媒体内容和服务传输渠道。

90 年代中后期，新闻集团的战略性投资逐渐聚焦于最有潜力的媒体市场——亚洲。STAR 成为其辐射亚洲媒体市场的重要平台，它已经成功地打开了印度、日本市场，并积极在中国开展业务。新闻集团的扩张更加显示出了全球攻略的趋势。

二、新闻集团的媒体运营优势分析

新闻集团是当今世界上规模最大、国际化程度最高的综合性传媒集团。短短 20 年，新闻集团能成就如此辉煌的业绩，很大程度上得益于其领先的战略思维和灵活应变的经营战略。以下将主要围绕新闻集团较具特色的发展战略进行分析。

（一）全球多媒体并购　搭建统一卫星平台

新闻集团在英国和美国都是先进入纸质媒体，然后进入电子媒体和互联网事业，形成大媒体。如天空环球网络集团包括新闻集团旗下的英国天空广播公司、香港卫视电视公司、意大利溪流电视、巴西天空电视、墨西哥天空电视、天空电视多国伙伴、天空完美电视等卫星自传输平台和集团在 NDS 公司及《电视指南》等公司的资产。新闻集团的多元并购形成了弹性网状传输系统，使新闻集团和自己的竞争，形成了优势互补，既消除了竞争、扩大了市场份额，又增加了并购公司的垄断实力，形成了规模效益。

（二）领跑数字互动科技　掌握媒体发展未来

新闻集团旗下的 NDS 公司是目前全球数字付费电视主要的有条件接受系统供应商和交互式电视应用软件以及数据广播的先行者。约占全球数字卫星付费电视客户 47% 的 2400 万用户通过 NDS 的 Open Video Cuard 条件接收安全的数字广播服务。世界上许多大的媒介集团都和 NDS 有业务联系，如英国天空广播公司、英国电信、探身道、路透社、美国的 Cablevision、DIRECTV、福克斯电视等。NDS 近几年加大了在亚洲的技术推广工作，目前已经和印尼的 indovision、韩国数字卫星广播公司（KDB）、中国中央电视台、中国信息网络公司和四川广播电视网络等建立了合作关系。

（三）发挥媒体公关能力　降低市场壁垒

新闻集团从澳大利亚走向欧美媒介市场，依靠的是默多克的全球眼光和个人公关能力。新闻集团在英国顺利开发并垄断卫星电视市场，在很大程度上得益于默多克与当时的保守党领袖撒切尔夫人良好的私人关系，并最终使其实力得到了立法保护。保守党的政策使英国20世纪90年代放开了卫星电视市场的竞争，而本国又缺少实力雄厚的发展卫星电视的财团，新闻集团借此机会使英国的天空广播公司和英国卫星广播公司合并，发展卫星电视，并几乎垄断了卫星电视市场。这场卫星电视革命不仅波及英国，而且也慢慢渗入到意大利、德国等欧洲国家，而最大的赢家就是保守党的政治伙伴默多克。默多克在美国与当时的布什总统等政府要员也保持了很好的私人关系。

早在20世纪80年代，新闻集团就开始了与中国的交往。该集团旗下的20世纪福克斯公司向中国中央电视台提供了50多部影片，其中包括《音乐之声》《巴顿将军》等好莱坞经典影片。1998年，默多克将亲自担任多年的STAR TV行政主席一职交给华人，宣称"把亚洲的天空还给亚洲人，使卫视本土化"。默多克通过电影、电视、技术等方面的媒体公关成功地打入了中国市场。新闻集团还不失时机地借中国在文化、经济、政治、体育等方面的发展形势进行公关。在北京申奥过程中，默多克通过新闻集团的媒体报道中国申奥中的准备工作，更好地在国际上树立了中国的形象。新闻集团的公关策略无疑对我国政府放宽新闻集团在中国的媒体运营限制起到了推动作用。

（四）内容本土化运作　积极节约运营成本

新闻集团自20世纪70年代在澳洲发展电视时，努力推行美国的电视节目，结果很快就被澳洲二流电视台的节目打败，从此开始全球范围内的本土化运作，并在各大媒介市场取得了成功。

新闻集团的内容本土化在印度获得了极大成功。2000年7月播出的"谁想成为百万富翁"节目为印度电视业带来了革命性的变化。电影院为了避免与收看此节目时间的冲突，改变电影放映时间。在节目播出时，饭馆生意门可罗雀，抢答电话响个不停。印度政府为保证电话系统正常运转，不得不要求电视频道将屏幕上的热线电话号码隐去。目前，在印度最受欢迎的50个节目中，星空传媒Plus占了42个。

新闻集团在中国的本土化体现在以外部技术平台包围，以内部内容服务渗透，并以控股网络的方式打入媒介市场的策略。首先，新闻集团选择了香港为进军亚洲的突破口，利用STAR TV的频道品牌和本土制作的节目搭建内容服务网络。2002年，在获得开办全新娱乐频道星空卫视许可的情况下，频道从节目创意、拍摄、制作到主持人选择等各个环节都采取了完全本土化运作的模式，旨在更贴近大陆受众的收视偏好。

新闻集团在频道运营方面的务实作风也非常值得重视。2000 年以来，广告市场的萎缩给欧美媒体带来了巨大冲击，数字技术的推广遇到了阻力和困难，而且在电视收视分众化的情况下出现了观众的集中收视，因此，专业频道的竞争更为剧烈。在此状况下，新闻集团取消了 9 亿零 900 万美元的电视转播权费用，使 2001 年最后季度的损失降到 6 亿零 600 万。同时采用多频道循环播（Repurposing）策略降低运营成本。"Repurposing"是根据节目灵活编排的需求，将其中一个频道的节目在自己姐妹频道的不同时段重复播出。新闻集团首次在 FOX 广播网中收视率下降的节目 Kiefer Sutherland 的 FX 有线频道播出，结果情况好转，收视率上升。

选自：胡正荣著，《外国媒介集团研究》，北京广播学院出版社 2003 年版，第 206–214 页；参看：《简明中外新闻事业史》第十四章。

《费加罗报》：法国第一大报

《费加罗报》作为"法国第一大报"，不仅是法国历史最悠久、最具影响力的综合性日报，也是法国发行量最大的一份报纸。作为法国有名的"质报"，它有"法国中上阶层的圣经"之称，被认为是最能体现法兰西"贵族风格"的报纸。

《费加罗报》由亨利·德·威尔梅桑创刊于 1854 年。它的发展主要分为三个时期。

（1）《费加罗报》初绽辉煌（1825—1922）

《费加罗报》初创时是一份周刊，名为《油灯》，创刊于 1825 年。1854年 4 月，亨利·德·威尔梅桑取得了这份周刊的所有权，改名为《费加罗报》，并最终于 1866 年将报纸变成一份日报。威尔梅桑为报纸后来的成功奠定了坚实的基础。他知人善任，雇用了大量优秀的编辑人员，建立了一个精于业务的编辑部班子：注重分类编排和地方性新闻，重新培养忠实读者；注重文学艺术；等等。在这个时期，有许多著名作家都为《费加罗报》写过专栏。

在威尔梅桑期间，《费加罗报》大大提高并最终奠定了自己的公信力和影响力。这个时期，它每天的发行量已经能够达到 5.6 万份，订户的总数也能达到 1.5 万。1870 年后，该报开始了对政治报道的重视，很快成为巴黎的主要"政论报纸"之一。1871 年"巴黎公社"时期之后，《费加罗报》开始逐渐形成一种代表贵族阶层和中产者利益的风格。

（2）《费加罗报》多舛的命运（1922—1949）

第一次世界大战之后，即 1922 年，香水商弗朗索瓦·科蒂收购了《费加罗报》，进一步发展的《费加罗报》很快成为一份全国性报纸。在此期间，《费加罗报》全靠总编辑比埃尔·布里松主持大局。比埃尔本人也在该报主持文学项目。大量刊登新闻图片并雇佣优秀的摄影记者也是《费加罗报》这一个时期表现出的特色之一。

这是一个战火不断的时期,《费加罗报》由于不断进行战争报道而遭遇政府的严格审查,尽管如此,该报依然坚守自己的风格和专业主义精神,始终坚信"无批判之自由,即无赞美之意义"这句至理名言。1942年德国军队占领法国,比埃尔终于停止了《费加罗报》的出版。1944年8月25日,《费加罗报》重新出版,并获得了空前发展。

(3)《费加罗报》的后期发展及成功(1949—1975)

由于产权纠纷,《费加罗报》于1949年最终归属普鲁沃斯特报团。在此期间,不仅编辑部人员在采编业务方面享有了更大的自主权,而且由于在国外新闻报道,背景性文章以及文学、艺术、戏剧评论方面的报道进一步加强,吸引了大批作家、经济学家、政治专栏作家为其撰稿,从而大大地提高了报纸的声誉。到了20世纪60年代后期,该报的销量一度接近50万份大关。70年代后,由于该报一度经营不善,于1975年转入埃尔桑报团。埃尔桑从1956年起长期当选国民议会议员,他掌握的报业集团逐渐沦为法国最大的报业集团,因此位于该集团旗下的《费加罗报》也在这种大背景下获得了继续辉煌的强大后盾和支撑。尤其在出版了周六版的图画增刊《费加罗画报》和月刊《费加罗妇女》之后,该报取得了很大的成功。

一、规模力:资产不俗、发行出众

1. 实力不俗的有形和无形资产

《费加罗报》目前有职员1200人,其中编辑、记者约300人,《费加罗报》还在近30个国家派有常驻记者,驻外记者30多名。它的驻外记者阵容在法国仅次于属于世界四大通讯社之一的法新社。而且该报选派的驻外记者都是资深记者,不仅仅对驻在国语言非常熟悉,而且都具有丰富的驻外经验及敏锐的新闻感觉。此外,《费加罗报》对记者有一些特殊的要求,比如记者必须有三年以上的工作经验等。《费加罗报》对于记者编辑的高标准高要求,使得该报无论在内容、深度、思想等各个方面,都能体现出一份大报应该有的水准,也是这份有着一百八十多年历史的报纸能够始终长寿并且具有影响力的重要因素之一。

而且作为法国最具影响力的报纸之一,《费加罗报》企业的品牌价值也排在了世界品牌实验室制定的500强之内。品牌价值可以代表一个企业的部分无形资产,在一个人口只有6000多万,国土面积50多万平方公里的国家,一份报纸能有如此的成绩，足以说明它的实力。

2. 发行量领跑法国

在法国纸媒普遍衰落的背景下，2008 年，《费加罗报》依然以 34 万的发行量领跑法国报业。

早在 1866 年，《费加罗报》就已拥有 5.6 万名读者而高居法国报业前列，该报的读者多为商人和高级职员。在 1986 年，这份巴黎最便宜的日报的日发行量已经到达了 36.6 万份。由于受到两次世界大战的影响，1945 年，《费加罗报》的发行量有所下降，为 21.3 万份。"二战"结束后，比埃尔领导下的《费加罗报》重获发展，报纸在 1949 年进入普鲁沃斯特报团后，经历了一系列改革，声誉大大提高，并且于 20 世纪 60 年代末报纸发行量一度达到 50 万份。此后，进入埃尔桑报团的报纸在经历了和埃尔桑最初的磨合期后，开始继续发展，发行量始终稳定在 35 万份左右。

二、运营力：自身的发展，报团的支持

1. 扩大发行量注重广告开发

《费加罗报》观点保守，重视社论，主要依靠提高报纸质量来扩大发行量。此外，为扩大发行，报纸除依靠邮局发行之外，还会采取一系列促销订阅手段，如打电话、发信函以及与航空公司和旅馆等集体签订订购协议等。而且，高效的发行速度也是保证发行量的重要因素。为使读者能及时收到报纸，该报把每天的报纸分为 A、B、C 三类，A 类在每天 20 点印刷，然后空运发送给海外或远离巴黎的读者，B 类在每天的 22 点 30 分印刷，用卡车发送给巴黎周边各省的读者，C 类在 0 点 30 分印刷，由快递公司发送到读者的信箱里。这种井然有序的印刷和分发体系，让《费加罗报》的发行速度和发行量得到极大保障。

发行量和广告二者可谓唇齿相依，《费加罗报》在注意扩大发行的同时，也注重对广告开发进行大胆创新。该报联合发行区域内的大小报纸进行广告合作开发，企业只要付出一笔数量相当的广告费，就可以在该区域所有达成广告协议的报纸上刊登广告。由于广告发布的同一性，新办法受到企业的普遍欢迎。有数据表明，与前期相比，《费加罗报》的广告收入增长了 33%。这种优惠的条件和看得见的利润增长，甚至还吸引了《费加罗报》最大的竞争对手也加入了广告同盟。

2. 法国第一报团的支撑

《费加罗报》在经历了 20 世纪 70 年代的经济危机之后，于 1975 年被埃

尔桑报团收购。埃尔桑报团作为当代法国最大的报业集团,为《费加罗报》的发展提供了强有力的支持。

埃尔桑报团在 20 世纪 80 年代末的时候,就已经拥有日报 18 家,日发行量总计 228.4 万份;期刊 15 种,每期发行量 248.7 万份。仅就日报而言,埃尔桑报团控制了地方日报的 26.4%,全国性日报的 38%,在法国报业垄断组织中首屈一指,并且在这个报团中,发行 10 万份以上的日报就有包括《费加罗报》在内的共 6 份报纸,6 份期刊,被称为"埃尔桑帝国"。在埃尔桑报团庇护下的《费加罗报》有如默多克旗下的《泰晤士报》,因为有了强有力的支撑,其发展动力十足。

埃尔桑报团发迹的秘诀是重视读者需求和工业化的管理。埃尔桑接手后的《费加罗报》,更多地遵循了埃尔桑报团的发展模式,在经营管理上注入较强的创新意识,并且率先采用新技术进行版面编排,借鉴美国报刊手法,重视副刊的多样化。诸如《费加罗画报》《费加罗妇女》等增刊的出版,都为报纸发展注入了无限活力。

埃尔桑报团在经营上实行的国家不干预报业自由竞争的政策,给整个法国报业发展带来了新的出路,因此,它旗下的《费加罗报》,正在这个法国第一报团的带领下,以更加新型的方式获得着更大的成功。

选自:徐琴媛等著,《世界一流媒体研究》,中国广播电视出版社 2011 年版,第 185-192 页;参看:《简明中外新闻事业史》381 页。

法国电视一台：法语电视第一频道

  法国电视一台是法国的头号商业电视公司，也是法国历史最久、规模最大、观众最多、经营最好的电视台。法国电视一台自转由私人经营以来，一直保持着全国最高的收视率，曾高达42%。TF1的母公司TF1集团，隶属于布伊格集团，是法语视听界的几大多媒体平台之一。

  TF1正式成立于1974年，它的发展经历了国营到私营两个阶段。

  首先是国营阶段：1974年，总理希拉克提出改革视听部门的法律草案并通过了相关法令。根据法令，法国广播电视局划分成七个独立的机构，TF1就在其中，每个公司都在国家的监督之下，维系了国家对媒体的垄断。这个法规于1975年1月6日开始实施，法国电视一台从此正式命名，并以法国主导电视台的姿态出现。在私营之前，TF1是全国性公共电视网之一，与法国电台、法国电视二台、三台同为国家所有，构成法国广播电视四大支柱，而且TF1在法国最早开办电视节目。

  其次为私营阶段：1986年法国议会通过传播与自由法后，法国电视一台于1987年4月正式作为私营商业电视台播出，其私有化初期的市场占有率就达到55%。该台现为自负盈亏的上市股份公司，主要股东为布伊格集团和兴业银行，办台经费主要靠广告收入，国家不提供任何资助。将国家实力最强的电视台转手私人，这在欧洲广播史上实属罕见，更引起了电视观众对电视一台的特别关注。

  私营的TF1实行集团化经营，拥有许多专题有线频道，收视率在法国各电视台中一直保持领先。早在1987年，TF1每周播出约110小时，覆盖全国90%以上。在1991年TF1开始实行全天候播出。2005年4月，法国包括TF1在内的总共14个免费数码电视台的地面数码电视台（TNT）正式开播，自此，电视观众可以从TF1收看到画面和声效质量均较传统的模拟信号更佳的数码电视台节目。

一、规模力：欧洲最大的私营电视台

半个多世纪以来，TF1 集中致力于单一频道的节目制作和播放，而这种方式在近几年悄悄地发生了变化。随着多频道电视领域在 2003 年的发展，有线电视和卫星频道继续受到视听费的下调以及发行协议中更苛刻的条款所带来的冲击。相对于传统的单一频道电视台而言，多频道的经营方式可以节约成本。于是，在专业频道中出现了很多合并和收购的现象，TF1 正是运用这样的合并和收购方式，不断扩大着自己的规模，在欧洲已经成为无人能及的商业媒体网络，它占有着全国三分之一左右的整体受众和一半以上的电视市场。

1. 资产丰富，实力雄厚

TF1 集团共有员工 3638 人，2008 年的市场总资本达到 22.28 亿欧元，营业额为 25.947 亿欧元，营业利润为 1.765 亿欧元，净利润为 1.638 亿欧元。在所有节目制作上，投入了 10.32 亿欧元，比 2007 年上涨了 0.8%。2008 年的广告收入 16.47 亿欧元，在整个电视广告市场中的占有份额达到 44.7%。尽管 2008 年金融危机对 TF1 造成了一定影响，广告营业额下降了 4.1%，然而和其他商业电视台损失相比只是小巫见大巫。2008 年，旗下已经拥有 113 个独立的广播电台，新闻频道 LCI 也建立了自己的广播电台。在法国媒体中，TF1 正如它所宣传的——名副其实的法国头号商业媒体。

此外，TF1 不仅是电视节目的制作者、发行者，同时它也开办了各种娱乐频道、新闻节目、电视剧、纪录片、电影等。2008 年，TF1 Production 公司诞生，并生产了 400 小时的原创性节目。TF1 电视台本身还拥有 3 个卫星频道、4 个有线电视频道、4 个交互式网络电视频道、2 个地面电视频道。TF1 还开办了自己的电视购物平台主要提供家庭购物和电子商务两大服务，2008 年，其已经成功地运作、推广了 52 个知名品牌的商品。

2. 频道多元，各显神通

多种多样的专业电视频道是 TF1 规模力上的重要组成部分，通过兼并、融合各种方式，TF1 不断扩大着自己的频道家族。其中包括最为著名的法国第 7 大电视频道——蒙地卡罗电视频道、简称 TMC，它是欧洲最资深、历史最悠久的私人电视频道，欧洲广播电视联盟的成员，由摩纳哥的王子创办于1954 年。目前，TF1 拥有其 80% 的股权，其余 20% 由摩纳哥政府掌握。TMC 拥有 3 个有线电视频道、3 个交互式网络电视频道、2 个卫星电视频道、3 个数字地面电视（无线电视）。2008 年，它的受众占有率进一步突破，达到了全国受众的 2.1%，成为法语第五大地面数字频道，在 10 个地面数字电视受众群中占有了 7 个之多。

另外一个品牌专业频道是新闻频道 LCI，由 TF1 创办于 1994 年 6 月，是一个 24 小时提供国内外新闻的频道。它本身拥有 3 个有线频道、1 个卫星频道、1 个地面电视频道。2008 年，它采访了 7000 多名嘉宾解读奥林匹克运动会、奥巴马总统大选等国际重要事件。它拥有多元的展示平台，包括付费地面数字频道、卫星电视、有线电视等。在 2009 年 1 月 15 日正式开办了自己的第一个广播电台。

在体育报道方面，TF1 集团拥有欧洲最大的有线和卫星体育频道——欧洲体育频道台，播放各类体育赛事，用 14 种语言播出，服务 26 个国家，拥有 4 个地面频道、48 个卫星频道、43 个有线频道等。2008 年 5 月，体育频道的高清频道建立以来，通过电视网络和移动服务，几乎报道了包括北京奥运会在内的 2008 年的所有主要体育活动。在这一年，体育频道的受众达到了 1.089 亿个家庭，增加了 360 万个家庭，吸引了 6640 万的交费用户。

TF1 于 1995 年创办国际频道，在法国和全世界经营业务，目前已在各大主流国际市场占有一席之地，包括在洛杉矶、柏林、威尼斯、东京等。在法国国内，TF1 国际频道是最大的电影发行商之一，承载着向法国各大电影院发放电影的任务，同时将法国制作的优秀电影产品输出到国外。在 2008 年，其制作的电影在各大电影院共销售出了 550 万张电影票。与其他世界一流媒体的国际频道相比，TF1 国际频道更具"产业"特色——电影电视产品的制作、发行、输出一体化，因此它具有自己独特的品牌优势。

TF1 集团同时还分别拥有法国 AB 集团 33.5%、《国际都市报》43% 的股份，以及电视连续剧频道 Srie Club，制作各类电视连续剧。

二、运营力：法国头号商业媒体

1. 强强联合，兼容并蓄

与其他法国电视台相比，TF1 的经营管理可能是最有成效的。该台实行集团化经营，拥有许多专题有线频道，由于有良好的管理水平作为支持，收视率在法国各电视台中一直保持领先，最高时达到 40%～45%，而其广告市场份额占整个电视广告市场的 54%，往往在黄金时间争夺最高效益。

根据 1986 年 9 月法国议会通过的传播自由法规定，TF1 转售给法国的布伊格和英国的罗伯特·驰克斯韦尔联合组成的财团经营，并于 1987 年 4 月正式作为私营商业电视台播出。私有化后的 TF1 继续保持传播市场上的强势地位，到 1990 年拥有 40 010 的电视受众，营业额为 53 亿法郎，盈利 2.17 亿法郎，1996 年的利润达到 1 亿美元。与此同时，国营的电视二台和三台的营业额分别为 34 亿和 30 亿法郎，分别亏损 7.44 亿法郎和 1.79 亿法郎，观众份额分别为 22% 和 11%。TF1 在私有化十年以后，营业额翻了一番，1997 年的电视经营收入为 101 亿法郎（其他多种经营收入为 20 亿法郎），盈利额为 5 亿法郎。

集团化之路使 TF1 收益颇丰，而它独特的股权分配模式也科学合理、值得借鉴。在整个 TF1 中，TF1 公司占有所有股份的 42%，成为最大的股东。其次是其他国家电视台，有利于彼此的交流学习甚至是竞争。而 TF1 本公司员工和社会公众也占有着一定的股份，这对调动员工的工作积极性、激发公众对 TF1 的热情具有显著效果。虽然是私有化的股权运作模式，但是各方互补的股权结构既保证了 TF1 公司的权力落实，有利于多种力量的制衡，又有利于媒体的良性发展。

2. 广告市场的冠军

TF1 现在仍是自负盈亏的上市股份公司，办台经费主要靠广告收入，国家不提供任何资助。广告收入占到每年营业额的六成以上，是 TF1 的最大收入来源。而在电视广告市场中，从 2003 年起，TF1 一直占有着最大份额，在 2008 年，电视广告服务的市场占有率为 59%。遥遥领先于其他法语电视频道。

TF1 在 2007 年的广告收入高达 17.2 亿欧元（约占当年总收入的 62%），超过中国中央电视台 17 个频道广告收入的总和。对于 TF1 在广告市场上高居不下的占有率，权威分析人士认为，TF1 主流频道的地位、高收视率、对购买的推荐所带来的商品销售额的增长使其在广告市场中赢得了主动。

为了增加广告收入，TF1 一直开动脑筋、挖掘商机，这也是其广告收入高的一个重要原因。在法国，每晚都有 900 万到 1100 万电视观众收看到 TF1 播出的天气预报，这对电视台来说无疑是一个巨大的商机。TF1 经过精心策划和大胆尝试，在午间和晚间新闻的天气预报之间插播 30 秒钟的广告，此举分别为电视台赚到 2.5 万欧元和 8 万欧元的广告收入。比起该台每年向法国气象台支付的 50 万到 100 万欧元的费用，这笔收入相当可观。

三、影响力：“第一娱乐媒体”

事实证明，TF1 是法语视听节目中最为流行的和收看最多的电视频道，是其他欧洲频道无法相比的。2008 年，在法国评选出的 100 个最受欢迎的电视节目中，TF1 占到了 96 个。TF1 电视频道在黄金时间段的 89 个节目吸引了 800 万受众。它的收视群体还在不断扩大，在 4 岁以上的观众中，有27.2% 的人为 TF1 的受众，在 50 岁以下的女性中，有 30.9% 的人收看 TF1的节目。

1. 左手新闻、右手体育

TF1 的新闻节目一直以来就大受欢迎。午间新闻的日均收视数量为 640 万人次，占到整个收视群体的 47.6%。晚间 8 点的整点新闻拥有铁杆粉丝受众770 万人次，超过了它的竞争对手 300 万人次，或是多占 13.5% 个收视群体份额。2008 年，TF1 的新闻节目的收视群体达到 800 万人次，远远超出其竞争对手。

TF1 的节目种类非常丰富，除新闻外，还播放热门系列剧、休闲娱乐节目、电影、科幻等节目，其中体育节目办得有声有色。2001 年，TF1 购买了2002 韩日世界杯的法国转播权。TF1 与世界杯电视转播权营销商德国基尔希媒体公司签约，合约中包括转播 2006 年德国世界杯决赛圈的 24 场重要比赛。2003 年，TF1 与欧足联就 2003—2004 年度冠军联赛的电视转播问题达成正式协议，有权选择每周的任何一场冠军联赛进行转播。

TF1 的综合性体育系列节目《城市之间》在法国具有四十多年的历史，并在 TF1 长期保持着 45% 的收视率。CCTV5 曾经与 TF1 联合主办了《城市之间：北京—巴黎》特别节目，并因此在法国引发了中国热。2005 年，TF1 再次与 CCTV5 合作，将国际版《城市之间》隆重引进中国，成为中国电视观众的一道大餐。

2. 娱乐立台、花样翻新

TF1 主要走"娱乐立台"路线，游戏娱乐节目比重相当大，而且游戏节目大多以巨额奖金的高刺激、高悬念而闻名，比如该台的《薄弱环节》《要么保留、要么放弃》以及《明星学校》等，参赛者只要能在节目中获胜，便可以获得丰厚的回报：这些回报或者是最高达 100 万欧元的奖金，或者是急剧膨胀的名气。这些节目的高投入、高刺激吸引了众多法国人的目光，在整体上树立了别的电视台无可企及的"第一娱乐媒体"的品牌优势。

选自：徐琴媛等著，《世界一流媒体研究》，中国广播电视出版社 2011 年版，第 105–112 页；参看：《简明中外新闻事业史》437–438 页。

法新社：历史最悠久的通讯社

哈瓦斯通讯社是全球第一家真正意义上的新闻通讯社，在第二次世界大战前是世界新闻传播领域中的领头羊。第二次世界大战后在哈瓦斯通讯社基础上创办的法新社，凭借着对哈瓦斯时期就形成的公正准确、发稿量大而迅速的新闻理念的传承，跻身当今三大世界级通讯社之列。以第二次世界大战为分界点，法新社的历史可以分为两个时期：

第一个时期：哈瓦斯社时期。法新社的历史可追溯到 1835 年。这一年，法国银行家夏尔·哈瓦斯在巴黎以自己的姓氏创建并命名世界第一家通讯社，并率先将 Agence 这个单词用于"通讯社"。起初哈瓦斯利用自己精通多门外语的优势，专门翻译外国新闻，利用巴黎邮政系统将译稿分送到订户手中，包括报社、使馆、政府、金融机构。

哈瓦斯社的成立时间几乎和法国廉价报刊的出现属于同一时期，也正是廉价报刊的浪潮为哈瓦斯社迅速崛起推波助澜。哈瓦斯社成立一年后，巴黎两家当时销路最大的廉价报纸《新闻报》和《世纪报》先后成为法新社的客户。在巴黎报纸市场站稳脚跟的哈瓦斯社开始迅速扩张业务。由于信息传递迅速及时，新闻内容真实可靠，哈瓦斯社很快发展成为欧洲乃至全球数一数二的新闻通讯社，就连同为当时传统通讯社的德国沃尔夫社和英国路透社的两位创始人都曾经供职于哈瓦斯社。

1870 年，与路透社和沃尔夫社签订"三边协定"后，哈瓦斯社借此巩固自己在欧洲大陆和拉丁美洲的市场垄断地位。1921 年哈瓦斯兼并法国通用广告社，成为法国广告业的最大控制者，拥有全国报业广告总收入的 80% 以上。可是，20 世纪 20 年代后期随着经济危机到来，其财政趋于恶化，亏空日益严重。于是越来越依靠政府补助维持，新闻播发日益明显地体现官方意向，被人们视为法国政府的传声筒。

第二个时期：法新社时期。"二战"爆发后纳粹占领巴黎，哈瓦斯社被德军接管，成为德国纳粹和法国卖国政府的宣传工具，并更名为"法国新闻局"，这也是哈瓦斯社最黑暗的一段时期。当时不愿投降的一批哈瓦斯社记者组成地下反抗军，建立"自由法兰西通讯社""新闻资料中心"及"新闻宣传社"三个通讯社，维持战区消息传递。1944 年 8 月巴黎获得解放后，三个坚持抗争的地下通讯社在哈瓦斯社原址上组建法新社。当时，法新社是严格意义上的法国官方通讯社，社长由政府任命，经费由政府拨款支持。由于政府色彩过于明显，订户量急剧下降，这时的法新社失去了当年哈瓦斯社的国际影响力。

为扭转这种不利局面，1957 年，法国国民议会通过法新社改组章程，规定该社为"独立的公共企业"，社长不再由政府任命，经费依靠向订户出售新闻收入，从而在形式上取得独立地位。但是，政府还是会依靠经济手段等方式对法新社进行影响。之后，法新社不断在新闻编辑、运营管理等方面进行改革，赢得市场对法新社新闻产品的信任。如今，法新社仍然在各方力量中权衡，从法国政府和新闻独立性的对立中寻求蜕化。今天的法新社已经建立起了完备的全球新闻采集和发布的网络，是一股不容小视的、影响全球的舆论力量。

一、规模力：立足欧洲，面向全球

法新社总部设在巴黎，以传统根据地欧洲大陆为核心，法新社积极拓展国际业务，为遍布于全球各地的广大订户提供新闻信息及服务。法新社虽然在法国国内的新闻市场占有举足轻重的地位，但是由于国内市场的局限性，不得不重视国际市场开拓，由此也形成法新社国际市场重于国内市场的局面。例如在 1984 年，法新社国内媒体订户仅有 432 家，而海外新闻订户多达 1297家，是国内用户的近三倍。而最近几年，随着法新社在全球范围内新闻发布网越发完善，国际市场在法新社的业务所占比重依旧重于国内业务。

1. 建设全球新闻发布网

早在哈瓦斯社时期，为更加快捷地为订户传递新闻信息，通讯社就十分重视新型传播方式的使用。哈瓦斯社初期曾依靠快马传送新闻稿件，1837 年通讯社专门养殖并训练信鸽传递信息，1845 年该社开始在国内线上使用电报传送新闻，19 世纪 70 年代则开始使用海底电缆将业务拓展到拉丁美洲。为支持国际化发展路线，法新社在 20 世纪 40 年代就开始了大规模的全球报道网络建设工程。目前，法新社已经形成完善的全球新闻发布网，有 5 颗通讯卫星分散在地球上空 5 个不同的角落，以不同的仰角向地球同步传输，在地面上分布了 2000 多所通信卫星接收站。

法国巴黎总部下设采写部、编辑部和摄影部。采写部根据不同领域分为政治、外交、财经、社会、体育和文教 6 个大组。而编辑部按照发稿语种分为 8 个专线,供应国际新闻。在海外,法新社在美国华盛顿、中国香港、德国波恩、塞浦路斯尼科西亚和巴西里约热内卢 5 个城市设立总分社。以这 5 个城市为核心,法新社在包括法国在内的全球 110 个国家设立 123 个记者站,其中法国国内仅有 7 个记者站,其余记者站分布在欧洲、亚太地区、中东、非洲、北美和拉美。

2. 开拓市场,发展业务

法新社在哈瓦斯社的原址上重新建立起来之后,能得以迅速发展为世界级通讯社,在很大程度上要归结于依靠哈瓦斯社当年的势力范围。目前拉美地区、亚洲和非洲的法语地区是法新社的传统市场,也是法新社最得心应手的新闻市场。除此之外,法新社还与欧洲许多国家的国家级通讯社紧密联系,在欧洲市场占据半壁江山。

除巩固这些传统市场,法新社在最近几十年还积极拓展新市场。近 25 年来,法新社依靠与埃及中东新闻通讯社合作,开辟阿拉伯语新闻专线,成功攻占中东阿拉伯国家市场。20 世纪 80 年代后,法新社在美洲的业务蒸蒸日上,甚至在美国的报纸中也占有一席之地。

为配合在国际市场拓展,法新社非常重视保证新闻产品的数量和质量。目前法新社每天用英语、法语、葡萄牙语、德语、阿拉伯语和西班牙语六种语言发稿,每天发稿量篇幅超过 5000 条新闻,字数达到 300 万字,图片超过 1000 张。法新社稿件一向以量大、速度快著称。另一方面在最近二三十年间,法新社新闻产品由传统单一的文字和图片不断扩展,朝着多样化、多媒体的方向发展。目前,法新社的音视频新闻、软件技术产品和金融信息产品广受市场好评,并为法新社带来了巨大经济收入。以 2008 年北京奥运会的报道为例,法新社以图片、文字、视频、图表、Flash 等多种形式提供实时体育比赛结果,显示了新型国际通讯社的风采。

3. 重视采编人员,擅用特约记者

法新社在 1999 年提出建设"世界性多语种多媒体新闻通讯社",为实现这一目标,一个重要举措就是重视采编队伍的建设。与路透社和美联社不同,法新社的员工构成上,采编人员所占的比重最大。法新社目前共有 2000 多名雇员,其中采编人员的数量达到了 1250 人,其余为技术和行政人员。

由于重视国际市场,法新社对于外派记者要求十分严格。驻外记者一般要求掌握两到三门外语,并且需要通过巴黎总部组织的语言考试,合格之后

还要在总社实习两年，方可派出。驻外记者期满回国后不可以立即再派出，因为他们在国外时间长，不了解国内情况，需要在国内工作两到三年后再考虑是否外派。这样的做法是为了让记者在了解海外情况的同时，也熟悉总部环境和了解客户需求。

除本国雇员，法新社分社所在国雇佣多达 2000 名左右当地特约记者，实行人员地方化。这一措施的目的一方面是利用熟悉当地环境的本土记者，提高新闻采写的质量；另一方面也可以降低人事成本。因此，现在从法新社总部直接派人员主持分散各地新闻业务的现象已经越来越少了。

二、影响力：精益求精的通讯社

1. 法国的国际新闻品牌

现在的法新社已经发展成为一家世界性通讯社，与路透社和美联社在国际新闻市场上形成了三足鼎立的局面。根据世界品牌实验室 2009 年最新编制的《世界品牌 500 强》显示，法新社排在 61 名。根据品牌实验室研究，法新社具有极强品牌影响力和全球领导力。

法国盛产奢侈品，拥有诸多世界知名品牌。但是法国能让世界一下想起来的传媒品牌的数量远不及法国时尚奢侈品牌的数量，但是，法新社确实是最值得让法国人自豪的传媒品牌。法新社在世界林林总总的媒体中，可谓是唯一地地道道的法国品牌，处处受到尊重和推崇，且具有强大的竞争力。法新社的新闻生产传承了法兰西民族性格的精髓，那就是精益求精。

2. 秉承哈瓦斯社的新闻理念

早在哈瓦斯社时期，全社上下就形成了公平客观的新闻理念。创始人哈瓦斯先生当年曾说过："记者手握的笔是把利剑，助纣为虐可祸国殃民；秉持公理正义更可化为抗暴之百万雄师，捍卫民族和国家的利益。"虽然今天，记者手中的笔变成电脑键盘或者摄像机，但是法新社追求正义和客观的精神依旧保存。法新社新闻有三大显著特点：准确、迅速和清晰。新闻准确性是法新社新闻的首要要求。每一篇稿件作者必须保证检查两遍以上，保证每一个消息源确凿无误，每一方意见诉求得到保证。在稿件最终发出前，编辑最后进行核查，没有错误之后方可发出。为保证法新社稿件的规范性和高质量，法新社于 1983 年在全社范围内编发《法新社工作人员手册》，实际上是对整个采编系统流程的规范化要求，内容包括编辑部工作程序、工作方法、采访技巧、写作要求等。互联网发展给记者的工作带来了极大便利，但是这也对新闻真实性和准确性提出了很大的挑战。为确保新闻真实，法新社明文规定，严禁记者将维基百科和 Facebook 等"虚拟渠道"作为消息来源。

3. 关注全球人道主义新闻

法新社以发稿量大和发稿迅速著称。为保证新闻稿件能在最短时间内到达遍布全球各个国家和地区的订户手中，法新社除建设全球范围内的记者网络，还租用五颗通信卫星，并在全球各地设立 5000 个卫星地面接收站。如此完善的新闻收发体系保证了法新社的新闻首发率和对重大新闻事件的报道能力。例如 1972 年慕尼黑奥运恐怖枪击事件发生，法新社领先报道，向世人再次呈现巴以之间血淋淋的仇恨；而科索沃战争种族灭绝大屠杀的场面由法新社第一时间传输到全球订户手中，给正在犹豫不决的联合国安理会当头棒喝，并带来强大震撼。这些正是法新社发挥通讯社功能的最佳典范。

选自：徐琴媛等著，《世界一流媒体研究》，中国广播电视出版社 2011 年版，第 29-38 页；参看：《简明中外新闻事业史》415-416 页。

贝塔斯曼集团（Bertelsmann AG）

德国贝塔斯曼集团创建于 1835 年，已有 160 多年的历史，现已发展成为全球性的传媒集团。目前，在全球 58 个国家，贝塔斯曼集团拥有 300 多家下属公司，82 162 名雇员（截至 2001 年 6 月 30 日），业务内容涵盖信息、教育、娱乐等。2000—2001 财年，贝塔斯曼总收益比上一年的 165 亿欧元增加了 21%，达到 200 亿欧元；其 2000—2001 财政年度在支付利息、税款及偿还分期债务前的赢利达到 31.6 亿欧元，比上年的 17.7 亿欧元增加了 79%，净利润增长了 44%，达到 9.68 亿欧元。其收入状况业务分为：RTL 集团占 20%，蓝登书屋（Random House）占 10%，贝塔斯曼音乐娱乐集团（BMG）占 18%，古纳亚尔（Gruner Jahr）占 15%，贝塔斯曼斯普林格（Bertelsmann Springer）占 4%，阿瓦多集团（Arvato）占 15%，贝塔斯曼直接集团（DirectGroup Bertelsmann）占 18%；收入状况按区域分：美国占 31%，德国占 31%，除德国以外的欧洲地区占 31%，其他国家占 7%。

目前，贝塔斯曼基金会持有 57.6% 的股份，莫恩家族持有 17.3% 的股份，GBL 公司持有 25.1% 的股份。贝塔斯曼的董事会人员构成为：Thomas Middelhoff（总裁兼首席执行官），Arnold Bahlmann（贝塔斯曼基金），Klaus Eierhoff（贝塔斯曼直接集团），Bernd Kundnm（古纳亚尔），Siegfried Luther（首席财务执行官），Peter Olson（蓝登书屋），Rolf Schmidt-Holtz（贝塔斯曼音乐娱乐集团/内容），Gunther Thielen（阿瓦多集团）。

一、贝塔斯曼的发展历程

1835 年 7 月 1 日，卡尔·贝塔斯曼在德国居特斯洛创建了一家出版社，也就是现在贝塔斯曼企业的雏形。虽然在第二次世界大战中，贝塔斯曼印刷工厂遭到了严重破坏，但之后，贝塔斯曼中小型印刷、出版公司开始壮大，经过 20 世纪后半叶的发展，逐步成为今天的国际化的媒体企业。

20 世纪 50 年代——建立图书俱乐部基本概念。贝塔斯曼为满足市场需求，开始走出书店，主动将图书送至读者手中，变被动为主动，建立起图书俱乐部的基本概念，至 1954 年已有 100 万会员。贝塔斯曼在莱恩哈德·莫恩（Mr. Reinhard Mohn）带领下，由家庭所有型公司向企业的规模化发展。

20 世纪 60 年代——进入国际市场。贝塔斯曼于 1962 年在西班牙成立图书俱乐部 Circulo de Lectores，迈出了公司国际化发展的第一步。60 年代末，11 家独立出版公司合并，组建了贝塔斯曼出版集团，贝塔斯曼收购了电视公司 UFA 以及汉堡印刷出版公司 Grunner Jahr 的 25% 的股权，全球员工数从而达到 12 000 人。

20 世纪 70 年代——成为媒体公司。一个全新面貌的贝塔斯曼呈现在眼前：集图书音像制品俱乐部、音乐、电影电视、工程学术出版社四大经营板块于一身的股份公司，奠定了贝塔斯曼今日雄居媒界前沿的基础。十年中，公司销售额由 7 亿德国马克上升至 50 亿德国马克，雇员多达 3 万人。

20 世纪 80 年代——进军美国，广播电视业务迅猛发展。贝塔斯曼电子媒体产业得以快速发展，包括电台、电视、有声制品、数字信息系统和电影、广播播映权等业务；并掌握了德国第一家私有制电视广播公司 RTL 的控股权。收购美国 Doubleday 和 RCA 唱片则为贝塔斯曼成为美国媒体产业的主力军奠定了基础。

20 世纪 90 年代——多媒体时代，战略重点转入东欧、远东。贝塔斯曼的战略重心转为在东德和东欧地区发展报纸、杂志业务。收购德国第一家付费电视频道的控股权"Premiere"和"VOX"体现了公司在多媒体产业方面的业务拓展。

贝塔斯曼一方面拓展东欧和远东市场，一方面进军多媒体产业，其中与"美国在线"（AOL）之间的合作，使贝塔斯曼建立了全球网络服务系统。

至此，贝塔斯曼全球化、多媒体发展的战略格局初步形成。

二、贝塔斯曼的经营特点和发展策略

1. 企业文化和经营理念

媒体产业的基础是创造性思维，所以"人"是贝塔斯曼最重要的资源。作为一家国际化媒体公司，贝塔斯曼集团成功的基础是良好的团队合作精神。在顾及员工与公司两者的利益的原则上，贝塔斯曼提倡相对独立、彼此信任、赋予指责、参与交流、共同决策。正如从 20 世纪 50 年代开始领导贝塔斯曼、对贝塔斯曼的发展厥功至伟、现任贝塔斯曼监事会名誉主席的莱思哈德·莫恩总结贝塔斯曼的成功之道时所说的那样，贝塔斯曼是合作制胜。

另一方面，"客户至上"始终是贝塔斯曼公司提供产品与服务的根本。为此，贝塔斯曼不断提高质量标准、工作流程，从而与客户保持良好关系。根据客户需求不断更新、开拓是贝塔斯曼每一个经营个体制胜的关键。

2. 发展策略

分析贝塔斯曼的发展历程和经营领域，可以概括贝塔斯曼的两大发展策略：一是多媒体发展战略，二是全球化扩展，本土化经营战略。虽然现在全球化和多媒体发展成为企业经营发展的趋势，但贝塔斯曼在多媒体经营上的拓展以及在全球化的眼光和本土化操作上都已取得了领先优势。

贝塔斯曼是世界上最大的图书出版集团，贝塔斯曼的全球扩展力量在于它的全球性的销售网络和全球性的书籍和音乐俱乐部。但贝塔斯曼紧跟时代，洞察市场需求，不断扩大其经营领域和利润空间。20 世纪 80 年代，贝塔斯曼电子媒体产业得以快速发展，业务范围涉及电台、电视、有声制品、数字信息系统和电影、广播播映权等；1995 年，贝塔斯曼进入多媒体领域，与美国在线合作，建立 AOL 欧洲分公司；1997 年，贝塔斯曼创办了欧洲最大的电视企业集团 CLT-UFA；同年，在中国上海建立了第一个图书俱乐部；1999 年，创办贝塔斯曼在线，网上电子商务活动开始面向欧洲。

多媒体战略是贝塔斯曼集团为了实现"将传统非网上业务转移到互联网"而提出的新战略。2000 年 12 月，贝塔斯曼图书俱乐部、音乐俱乐部与贝塔斯曼电子商务集团合并为贝塔斯曼直接集团，新的"多媒体战略"随之出台。新战略的核心是对图书俱乐部、音乐俱乐部与电子商务集团进行资源整合，充分发挥规模经济的竞争优势，用最直接的方式把客户导入贝塔斯曼所有的产品和服务平台。

贝塔斯曼的全球扩展不必多言，它已在全球 50 多个国家拥有 300 多家下属公司。除了在德国本土、欧洲许多国家以及美国等国家成为媒介产业的主力军外，东欧和远东已成为贝塔斯曼区域性发展策略之首。贝塔斯曼在每一个国家和地区的业务拓展都注重实施本土化战略。这一战略从贝塔斯曼在中国的发展与经营中可以得到很好的体现与印证。

选自：胡正荣著，《外国媒介集团研究》，北京广播学院出版社 2003 年版，第 214-223 页；参看：《简明中外新闻事业史》第十四章。

卢森堡广播电视公司（简称 RTL）

RTL 在全欧洲的名声仅次于 BBC，是当今欧洲最大的私营超级媒体集团。目前已由比利时巨商阿尔伯特·弗雷尔和德国的贝特斯曼集团（世界上仅次于时代华纳集团的第二大媒体公司，但其主要业务在出版）共同拥有。

RTL 也是世界上典型的跨国公司，目前在欧洲 11 个国家经营商业电视台和广播电台，而最重要的电视台是德国，1997 年的销售额达到 32 亿美元。而在德国，RTL 的营业额达到 14.2 亿美元，占总收入的 42.5%。

RTL 在 20 世纪 70 年代中期开张之初，只有 25 名职工，电视台设在卢森堡市中心一间破旧房屋中。1984 年，RTL 成为卢森堡最重要的一家电视台，不久即向德国发展。1993 年被前述两公司购买后，公司总部就乔迁德国科隆，成为德国广播联盟（ARI））最主要的竞争对手。1997 年 1 月，德国贝塔斯曼集团下属的乌发电视台和 RTL 合并，成为欧洲最大的私营广播电视公司，加上法国的"M6"、英国第五套节目、荷兰媒介集团、波兰的公共电视台投资，RTL 成为欧洲最大的媒体跨国公司。

目前，RTL 在德国所有观众中拥有 16.1% 的收视率，在 14～49 岁年龄段中拥有 18.5% 的收视率，这是广告商们最看重的年龄段。为此，RTL 赢得德国 40% 的电视广告份额。1998 年利润达到 14.2 亿美元，是德国最盈利的电视台。

RTL 成功的主要原因在于创造性安排、制作电视节目。它和美国的环球电影公司、哥伦比亚制版公司、时代华纳公司以及迪士尼公司合作，制作适合德国 14～49 岁年龄段观众喜欢的电视剧。近年来，RTL 开始自己策划、制作节目，目前已有 60% 的节目由自己制作。

在新闻报道方面，RTL 针对年轻人的特点，开创了把信息和娱乐混在一起的新闻杂志节目《RTL 现实报道》，当现实画像无法得到时，该节目采用动画和图片来表达，尽管有不少非议，但自 1994 年以来，《RTL 现实报道》的收视率稳步上升，在 1997 年的电视台晚间新闻中已超过德广联的新闻节目《每日新闻》。新闻杂志节目已成为 RTL 的热门节目。其他受欢迎的栏目还有电影杂志《电影精品》、小型杂志节目《爆炸物》、消费者信息节目《特优产品》等。

　　选自：李良荣著，《当代世界新闻事业》，中国人民大学出版社 2002 年版；参看：《简明中外新闻事业史》第十六章。

《读卖新闻》（Yomiuri Shimbun）

日本六大全国性综合报纸之一，1874年11月2日成立，创办人为安子骏等3人。1950年6月改组为股份有限公司。1976年起，发行量超过《朝日新闻》，成为日本发行量最大的报纸。早晚刊合计发行量1456万余份（早刊：1028万；晚刊：413万）。

《读卖新闻》以一般市民和中、小企业主为主要读者对象，文字比较通俗浅显，在报道社会新闻方面有一定特点，故被认为是"群众性""庶民性"比较突出的"大众化报纸"。

《读卖新闻》很注重在新技术方面的投入。1959年5月，它首先使用"汉字电传打字"与全自动的"单式自动排字机"的联运方式，稿件由东京总编辑部发往各地，就地排版、印刷和发行。从20世纪60年代起，《读卖新闻》社实行了用电子计算机编印报纸。该报还拥有数架配有无线电和传真输送设备的双引擎飞机和直升机，一旦有事便能迅速飞赴现场进行采访。

与《读卖新闻》社有关系的企业和团体很多，它们有新闻出版机构、文教机构、旅游观光公司、房地产公司等，它还经营着一处占地150英亩的读卖游乐园。

《读卖新闻》社和近30个外国通讯社、报纸有合同关系，如美联社、俄通社-塔斯社、中国新闻社、《华盛顿邮报》《洛杉矶时报》等。

近些年来，受日本经济低迷不振的影响，报纸在经营方面压力比较大。

选自：李良荣著，《当代世界新闻事业》，中国人民大学出版社2002年版；参看：《简明中外新闻事业史》第十六章。

《朝日新闻》（Asahi Shimbun）

一、百年大报的历史足迹

1879 年 1 月 25 日，《朝日新闻》由大阪商人木村平八创立于当时日本发达的大阪。《朝日新闻》的报名蕴含"旭日升天、万象惟明"之意，字体取欧阳询《宗圣观记》。1881 年木村将亏损严重的《朝日新闻》转让，由村山家族与上野家族共同经营。村山、上野两个家族一直是该报的两个主要大股东，被称为"社主"。1888 年 7 月，《朝日新闻》打入东京，设立东京本社，买下东京的《觉醒新闻》，发行《东京朝日新闻》；1889 年，大阪《朝日新闻》改名《大阪朝日新闻》；1935 年 2 月和 10 月，《朝日新闻》又先后打入九州和名古屋，分设了西日本本社和名古屋本社；1940 年 9 月 1 日，该报在各地出版的报纸统一刊名为《朝日新闻》，分别在东京、大阪、小仓、名古屋、札幌等地出版发行。为了推动《朝日新闻》走向全国，以满足各地基层读者的需要，需要具有针对性细致的地方版面，为此，《朝日新闻》从创刊初期就注重发行地方版，加强地方通信网络的建设。到 1930 年逐渐实现一县一版的地方版格局。除重要消息通过综合版统一编排、内容基本相同外，其他消息则由各地自己采写，各自编排，版面各具特色。

二、独特的报纸定位

《朝日新闻》能够蒸蒸日上，百年不衰最重要的原因，笔者认为是读者定位的独特和巧妙——面向知识阶层为主的大众报纸路线。在 20 世纪 20 年代，《朝日新闻》就基本上已经形成了比较稳定的读者定位和办报风格，成为日本的代表性报纸之一。报纸风格充满自由主义色彩和新闻专业主义色彩，文章的平易化且报道内容层次较高，深受知识阶层欢迎，使该报成为在日本知识阶层中普及率最高的报纸，为自己带来了稳定的知识阶层读者群。充满自由主义气息的版面不仅赢得了读者的信任，而且在报业也获得同行的高度评价和效仿。

三、既是精英的又是大众的

《朝日新闻》的办报方针始终坚持面向知识阶层，走大众报纸路线。其读者定位始终采取吸引知识阶层为主的大众报纸路线。至今，《朝日新闻》仍在日本报纸中保持一种"精英报纸"的色彩，即从读者学历、收入来看，《朝日新闻》都领先于其他报纸。据调查，《朝日新闻》的读者学历最高，大学以上的读者占 33.2%，第二位的《读卖新闻》是 24.5%，《朝日新闻》读者的家庭年收入最高，超过 1000 万日元的家庭占 31.8%，第二位的《读卖新闻》是 27.4%。

从 20 世纪 20 年代中期起，《朝日新闻》发表的很多报道或文章常常被编入中学教材，频繁地出现在众多大专院校入学考试试题中，阅读《朝日新闻》已成为日本的高中生应对大学入学作文、语文考试的重要学习材料。由于日本的大学考试多采用全国考试中心试卷与本校命题相结合的方式，本校命题的试卷由各自大学的教授出题，而这些教授多阅读《朝日新闻》，所以常常把《朝日新闻》上的文章作为考查学生的考试素材。

1921 年，《东京朝日新闻》发行晚报，重视报纸的可读性。1919 年，日本民俗学奠基人柳田国男进入《东京朝日新闻》担任论说委员，他在报纸上发表了众多民俗调查作品。1921 年，《朝日新闻》设立了学艺部，《东京朝日》于 1932 年在周日设立"漫画版"，漫画大家与新锐漫画家竞相发表作品，冈本一平的崭新幽默作品博得了读者好评。介绍日本国内外电影作品的家庭版也博得了电影迷的绝对信任。

四、百年老报的经营特色

《朝日新闻》从创刊不久一直到 20 世纪 70 年代，在发行量上一直保持全国第一的地位，70 年代中期以后，由于发行竞争中的决策性失误，出现失利。《读卖新闻》的发行量超过了《朝日新闻》。虽然在发行量上《朝日新闻》次于《读卖新闻》位居全国第二位，但在广告额收益上仍居于第一位，纳税额一直领先。根据日本新闻协会有关专家对《朝日新闻》《读卖新闻》《日本经济新闻》三家日本大报社的民众舆论调查结果，在新闻的真实准确性、公众信赖性、对社会的影响力、对解决社会问题的积极态度、观点立场的公正性等九个方面，《朝日新闻》在社会各界中获得的支持率均排在第一位。

从《朝日新闻》创刊后的几次转变，我们似乎能感悟到一份能够历经百年经久不衰的报纸在报纸经营方面的经验和特色。

第一，最受社会广泛欢迎的报纸一定是面向大众的报纸。《朝日新闻》初创刊时就是一份真正贴近大众、贴近生活的报纸。当时的大报往往每天刊登社论与言论，对于上等社会的人来说，这些道理不看也知道，对于无知的市民来说，毫无半点用处。《朝日新闻》主张在刊登社论时，采用很务实的态度，只在需要之时，彻底地论述想要论述的问题。后来，《朝日新闻》为了适应社会变化和读者需求多样化的需要，曾推进把经济报道通俗化。《东京朝日新闻》在1924—1925年间率先进行，一改过去经济版以生硬论文和批评为主的弊端，增加经济报道的新闻性和大众化，以接近读者。

第二，一份好的报纸一定有敢于面对真实的勇气。《大阪朝日新闻》初创时不怕别人笑话自己通俗，不怕人家笑话层次低，像一份启蒙读物，就很坦荡地采取"插画与旁注假名注音"的方式出报纸。后来的《朝日新闻》曾开日本报道自律之先河，最早设立报道审查部，将审查结果公诸报端，不仅站在读者立场上审查报道内容，而且还检查日常新闻报道是否到位、速度快慢等问题，十分重视报道的准确性和纯洁性。

第三，大众报纸一定是雅俗共赏、大小报纸报风相互融合的报纸。无论大报小报，读者最关心的是报纸信息传递功能，而不是报纸的文艺性和政治性。《朝日新闻》以对报社经营有利的连载读物与快速报道事实的要素为中心，又吸收了大报注重言论的一些要素；既有小报内容的平易性与趣味性要素，又有大报风范。而且，也没有像东京的政论报纸那样过分依赖于主持笔政的主笔的个性，而是很早就在办报的两大要件——通讯网与销售网上下功夫。

第四，能够持久发展的报纸一定是重视经营的报纸。《朝日新闻》的创办者有着浓重的大阪商人的色彩，对于把报纸作为一种买卖来做的创办者来说，追求事业的安定性与实际利益是最基本的办报原则，经营与办报之间的平衡把握是《朝日新闻》报纸成功的重要经验。

这些富有特色的报纸经营方式打造出了《朝日新闻》的综合竞争力，为《朝日新闻》发展成为全国性的报业集团奠定了基础。

选自：崔保国著，《走进日本大报》，南方日报出版社2007年版，第37—44页；参看：《简明中外新闻事业史》388页。

日本广播协会 （Nippon Hoso Kyokai）

一、日本广播协会 （NHK） 的历史

日本的广播电视体制采取了双轨制，即公共广播与商业电视台并存的体制。NHK 是日本唯一的公共广播机构，不以赢利为目的，不播广告，资金来自于受众缴纳的收视费，节目内容尽量摒弃商业成分。它以广播电视业务为核心，采取多种经营，是日本最重要的大型综合性媒介机构，在海外也有广泛的影响力。

NHK 是日本也是亚洲地区成立最早、影响最大的广播机构。1925 年 3 月 22 日，日本创办了中央放送局（不久即改称"日本广播协会"），这一天被公认为是日本广播的诞生日。从 1925 年成立到 1945 年日本战败，当时的日本广播协会名为"社团法人"，但被牢牢控制在政府手中。二战以后，一度关闭。在联合国驻军总司令部指导下，NHK 于 1946 年 3 月 4 日开始重新进行广播。

1950 年，日本国会通过了"电波三法"，即《电波法》《放送法》和《电波监理委员会设立法》，一方面允许商业广播电视机构进行经营，另一方面也对 NHK 再次进行民主改组，规定 NHK 为公共广播机构，"不以赢利为目的，独立于国家，为了全体国民福祉而进行广播"。NHK 进行了重新组建，成为具有公共性质的特殊法人，建立了较为完善的管理与监察机构。

日本是进行电视播出研究的最早国家之一。在广播电视技术的各个发展阶段，NHK 始终走在亚洲乃至世界的前列。早在 1937 年，NHK 就在东京进行了电视试验；1959 年，NHK 先后成功地对明仁皇太子大婚和 1964 年的东京奥运会进行了现场直播，这大大促进了电视机的销售和日本电视的发展；1970 年彩色电视播出；1985 年图文电视开播；1989 年 NHK 开始通过卫星传输广播电视信号，同年实验性播出了清晰度非常高的"Hi-Vision"电视；

2000 年数字广播电视开播；2002 年 2 月，NHK 正式使用高清晰度电视信号转播了盐湖城冬奥会。

目前，NHK 的广播电视信号在日本的覆盖率达到 99%。据 NHK 公布的 2002 年 4 月 1 日至 2003 年 3 月 31 日的预算案，它在本年度的预计收入有 6687.4 亿日元，预计支出为 6603.5 亿日元，主要用于国内国际的广播电视节目的制作与播出、收视服务、收视费的收取、节目调查与技术研究、行政支出等。

二、NHK 的组织机构

以受众缴纳的收视费进行运营，NHK 责任重大。因此，它的业务情况、预算和经营委员会成员的任命等，都必须得到代表国民的日本国会承认。它的最高权力机构为"经营委员会"，由 12 名社会各界人士组成，他们分别来自教育、文化、科学、工商业等各个领域。《日本广播法》第 13 条规定：经营委员会有权力决定 NHK 的经营方针等。NHK 经营委员会的委员由首相提名，经参、众两院同意后任命，任期为三年。负责具体经营工作的理事会和会长必须向他们负责。现任 NHK 会长是海老泽胜二。如表 1 所示是目前 NHK 经营委员会的 12 位委员及其分布。

表 1　NHK 经营委员会的委员构成与分布

姓　名	代表地区	在何机构任何职务	担任委员日
期须田宽（主席）	东海·北陆	东海铁路公司，主席暨代表董事	1995/12/11
樱井孝颖（执行主席）	关东·甲信越	第一人寿保险公司，董事会主席	1996/12/22
武田国男	近畿	武田医药集团，总裁暨首席执行官	2002/06/25
大下龙介	中国	福屋公司，总裁	1998/06/19
官崎满	四国	松山大学经济学都，教授	1998/12/11
尚弘子	九州·冲绳	广播大学冲绳研究所，所长	1996/12/22
一力德子	东北	Yorozuen 集团有限公司，执行董事	2001/12/11
北岛哲夫	北海道	北海道渔业协作联合会，董事会主席	2001/06/19
中村桂子	不分区	JT 生命史志研究馆，馆长	1993/12/22
崛部政男	不分区	中央大学法学部，教授	1999/12/22
小林绿	不分区	国立音乐大学，教授	2001/06/19
佐佐木凉子	不分区	东京女子大学文理学部，教授	2001/06/19

如图 1 所示是 NHK 目前的组织机构图。它不仅反映了一般大型媒介集团的部门设置，而且体现了日本广播协会的公共性质。

除了主营业务广播电视之外，NHK 还广泛涉足了其他媒介部门、服务业、文化艺术事业等领域，拥有众多的协作公司。这些协作公司除了承担特定的延伸功能之外，也给 NHK 提供了更多的利润来源，使得广播电视的生产成本大大降低，从而保证收视费不会超过一般民众所能承受的范围。

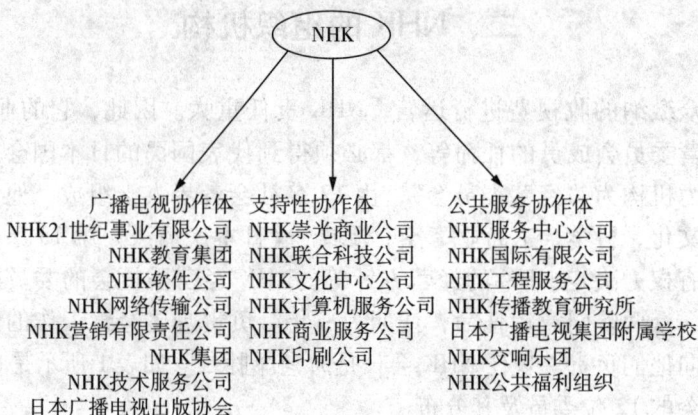

	NHK	
广播电视协作体	支持性协作体	公共服务协作体
NHK21世纪事业有限公司	NHK崇光商业公司	NHK服务中心公司
NHK教育集团	NHK联合科技公司	NHK国际有限公司
NHK软件公司	NHK文化中心公司	NHK工程服务公司
NHK网络传输公司	NHK计算机服务公司	NHK传播教育研究所
NHK营销有限责任公司	NHK商业服务公司	日本广播电视集团附属学校
NHK集团	NHK印刷公司	NHK交响乐团
NHK技术服务公司		NHK公共福利组织
日本广播电视出版协会		

图 1　NHK 的构成部门

三、NHK 的业务

日本《放送法》规定 NHK 的广播电视节目在全国任何一个地方必须都能接收得到。NHK 与建在日本各地大大小小的地方台构成了覆盖全国的广播电视网，拥有日本商业台无法与之匹敌的庞大规模。

NHK 总部设在东京，除了在全国各地拥有大大小小众多地方台之外，在国内 43 个都道县府还设有地方中心和分支机构，在世界主要城市设有驻外机构。NHK 所有的经费由 NHK 总部统一管理。NHK 地方台的基础建设、设备更新和日常开支以及职工的工资等也由 NHK 总部统一负责。

NHK 拥有稳定的资金保障，这一点与日本的商业台有很大的区别。据《NHK 年鉴2000》统计，截至 2000 年 3 月，NHK 的电视收看合同数是 36 878 354 个。其中卫星电视（卫星、彩色电视）的合同数是 10 012 822 个，彩色电视（不含卫星电视）的合同数为 26 198 692 个，普通电视（黑白电视）的合同数是 610 479 个。收视费总收入是 6 502 亿日元。2002 年度的收视费预计收入为 6 486.6 亿日元。由于 NHK 没有广告收入的压力，它便不会受到商业因素干扰，可以摆脱广告商的牵制，自主地编排节目，追求节目的高质量而不是单纯的高收视率。NHK非常重视通过播出优秀的节目来提高日本国民的文化素养，它制作了大量闻名于世的电视纪录片，如著名的《丝绸之路》等。NHK的教育节目还经常被选作日本中小学的教材，有的节目还被日本政府作为外交礼物送给来访的外国首脑。

从2000年12月1日起，NHK开始数字广播电视播出和数字高清晰度电视播出。NHK的因特网业务主要是通过因特网向用户提供经营状况、节目信息和征集用户对节目的建议等。相比之下，它的因特网业务落后于日本的商业广播电视。

选自：胡正荣著，《外国媒介集团研究》，北京广播学院出版社2003年版，第243-251页；参看：《简明中外新闻事业史》436-437页。

意大利广播电视公司（RAI）

意大利公共广播电视网主办对全国广播的电台节目和电视节目各 3 套。该公司成立于 1924 年 8 月 27 日，原名意大利联合广播公司。1927 年改名为意大利广播收听公司，1944 年又改名为意大利广播公司。1954 年 1 月开始播出电视节目，公司改名为意大利广播电视公司，简称未变。

20 世纪 70 年代以前，意大利广播公司的设置专属于国家。国家将这项权限以许可证形式转让给经营者，并设相应机构进行监督。意大利广播公司根据同政府签署的协议成为特殊公司，独家经营意大利的广播电视数十年。其资本主要来自政府控股的工业复兴公司（占总资本的 99.55%），只有极少部分（0.45%）属意大利作家和编辑协会。

意大利广播电视公司有股东大会和相当于董事会的经营委员会、总经理。其决策机构的成员由国家权力机构任命（5 位经营委员均由参、众两院议长共同指定）。主要收入靠征收收听、收看费。

20 世纪 70 年代，随着电视事业的发展，有的地区出现了早期的有线电视，这威胁到意大利广播电视公司的垄断地位，引起了诉讼纠纷。1974 年 7 月，意大利宪法法院判决，意大利广播电视公司独家经营广播电视违反宪法，承认地区性有线电视合法。

此后，全国各地普遍出现了未经登记许可的广播电台和电视台。在以后的 10 余年间，意大利广播电视业在管理方面比较混乱。直到 1990 年国家《公共、商业广播系统法》生效，才对全国性、地区性、独立地方台加以区别，发给经营许可证，分配频率。这时候，除了意大利广播电视公司以外，全国另有商业性地方广播电台 1000 余家，地方性电视台 600 家左右，中小规模的电视网 10 个。尤其惹人注意的是，米兰大亨贝鲁斯科尼已经拥有 3 个全国性商业电视网。

意大利广播电视公司和贝鲁斯科尼对广播电视业的垄断引起社会舆论的

不满。1994 年底，意大利宪法法院认定 1990 年的广播法必须修订，因为该法承认了这种垄断。

由于政治形势的动荡，当时难于使政策具体化。1995 年 10 月以后，政府采取总统签署方式发布了若干政令，只能算是临时措施。

选自：李良荣著，《当代世界新闻事业》，中国人民大学出版社 2002 年版；参看：《简明中外新闻事业史》第十七章。

俄罗斯第一频道：俄罗斯电视业的
"龙头老大"

俄罗斯第一频道是苏联最早出现的电视台，也是俄罗斯的第一大公共电视机构，又称俄罗斯公共电视台，与美国的 NBC、CBS、英国的 BBC 等全球著名电视台并列为世界十大电视台。在所有俄语频道中，第一频道是最具影响力的品牌，被公认为俄语电视节目的领先者。

第一频道的发展和俄罗斯的历史进程紧密相关。1991 年苏联的解体，电视业几十年来自上而下垂直领导的管理模式荡然无存。解体前，几乎所有的电视台都归国家所有，财政上靠国家预算拨款，节目的精神和内容服从国家需要，自主性极低。解体后，情形发生了本质的变化。目前，在俄罗斯至少有 500 家登记注册的非国有电视台遍布全国各地，拥有相当可观的收视率，电视台之间的竞争，如同其他商业竞争一样，愈演愈烈。各个媒体为了生存求发展纷纷变革。俄罗斯第一频道的发展历史，就是俄罗斯媒体变革历史的一个范例。

其发展历程可以分为如下三个阶段：

国家第一电视台时期：第一频道的前身是苏联时期的国家第一电视台，属于国有，是当时唯一的常设电视台。该台于 1951 年 3 月 22 日成立，它成立之后数年，苏联的其他电视频道才逐渐出现。第一电视台成立之初，主要播送新闻、音乐节目、电影和一些教育节目。

商业化时期：1991 年苏联解体，俄罗斯电视界发生了深刻的变化，国家第一电视台也开始商业化，并且改名为"奥斯坦金诺第一频道"。1995 年，俄罗斯的电视业开始走上私有化道路，电视的所有制由以往的单一国有制转变为国有、股份与私营并存的多元体制。同年 4 月 1 日第一电视台改名为"俄罗斯公共电视台"，因此一般认为 1995 年 4 月 1 日是"第一频道"的成立时间。

当时根据叶利钦的总统令，该台由国家控股 51%，其余 49% 的股份拍卖给其他商业企业。由于政府财政困难无法兑现对公司的拨款，形式上还是政府控制公共电视台，但是实际的控股权掌握在私人财团手中。当时的俄罗斯最大的寡头之一鲍里斯·别列佐列夫斯基联合阿尔法银行、梅纳捷普银行和首都储蓄银行，收购了该台38%的股份，成为最大股东，基本控制该电视台并且和叶利钦关系密切。1999年普京上台决定肃清金融寡头后，别列佐夫斯基对该电视台的控制之路才走到了头。

第三个阶段为回归国有的俄罗斯第一频道时期：2002年9月1日，"公共电视台"正式名称改为"第一频道"，以强调它的成功——俄罗斯电视界的领军者，当时的第一频道拥有1.4亿的受众。同时，国家重新取得了对第一频道的影响力和控制权，其总裁也由俄罗斯总统任命。目前该台的主要股份组成如下：1.俄罗斯国家资产管理委员会（38.9%）；2.俄通社-塔斯社（9.1%）；3.电视技术中心（14%）。以上为国有企业的51%，此外俄罗斯商业合作银行还占有24%的股权，国家处于控股地位。

一、规模力：俄罗斯电视业的翘楚

1. 覆盖俄罗斯联邦，面向世界

第一频道的总部在莫斯科的奥斯坦金诺电视中心，节目全部由毗邻的奥斯坦金诺电视塔发射播出。如今俄罗斯第一频道电视台的覆盖范围是整个俄罗斯联邦，并一直以覆盖面最广著称，在全球拥有2.5亿受众，共有员工1300人，在全俄罗斯共有31个记者站。它通过8颗卫星、7000多个地面站和22万多千米长的地面通信线路转播节目，覆盖俄罗斯人口的98.7%和95 010的独联体人口以及所有波罗的海沿岸国家。其在全俄罗斯共分为5个转播区，另外，第一频道电视台可以通过莫斯科—环球卫星转播将自己的电视节目发射到各大洲，尤其是东欧、西欧及中东各国，亚洲、澳大利亚及北美等地区的居民也可以收看到俄罗斯第一频道的节目。据统计，第一频道的潜在观众达2亿人左右，电视覆盖率约占俄罗斯总人口的98.8%。

在吉尔吉斯斯坦，俄罗斯第一频道是唯一一家几乎覆盖该国所有地区的电视台（除去该国最偏远山区地带），在领土覆盖范围上，就连吉尔吉斯斯坦全国电视广播公司也不及俄罗斯第一频道电视台。众多吉尔吉斯斯坦公民表示，俄罗斯第一频道是他们最喜欢的电视频道。

2. 世界最大的俄语电视频道

第一频道于1999年建立了国际频道，国际频道的建立使得第一频道当之无愧地成为世界最大的俄语电视频道。国际频道在短时间内开通了包括新闻、娱乐、旅游、商业、休闲等信息服务，来满足广大的俄语受众。此时，第一频道不仅是以俄语播出的电视第一频道,还是正在发展中的媒体和娱乐公司。它使第一频道每天在全世界的受众上升为2.5亿,覆盖面达到了五大时区,使用卫星、电缆、移动设备等多种方式和手段与世界各地的受众保持联系。

国际频道成立以来,每天24小时播出,信号接收范围覆盖北美、澳大利亚、东欧、西欧、非洲和中东。为了方便欧洲和北美受众的收看,国际频道开设了两个时区的版本,几乎使世界上每个角落的俄语使用者都能看到有关俄罗斯的消息和了解俄罗斯对世界的看法。

3. 数字频道家族包罗万象

俄罗斯第一频道拥有自己一整套的数字频道,它们五花八门、包罗万象,在发展过程中不断推陈出新,树立自己的特色。其中,电影频道依托于国家最大的电影工作室的珍藏馆,提供数以千计的精心挑选的优质电影来满足受众的需求。而音乐频道一周7天,每天24小时,提供各类俄罗斯的前卫音乐,在任何时间都能满足受众的需求。不论是古典音乐,还是说唱音乐或是摇滚音乐,男女老少在音乐频道都可以找到自己的所需。音乐频道的音乐视频每天更新,并有高水准的专业人士根据受众的口味和音乐的质量精心挑选。

二、运营力:与众不同的公共电视

第一频道是俄罗斯经营状况最好的电视台之一。但"俄罗斯第一频道"作为公共电视台,有其特殊之处。有学者认为,"俄罗斯公共电视台"并不符合公共电视的要求。首先,在经费构成上,该台从未收取过用户的收视费,并且在该台存在前期,主要接受别列佐夫斯基的经济支持;其次,在"俄罗斯公共电视台"的发展中,自组成股份公司后,它实际上为别列佐夫斯基个人所操纵,而在别氏东窗事发后,它又转归国家所有。因此,在前期,"俄罗斯公共电视台"主要代表了别列佐夫斯基的意志,是他的政治斗争工具,而在后期,实际上成为国家电视台。

1. 政府支持,广告补助

由于俄罗斯电视业已完全步入了市场化,因而广告收入已成为电视台的主要经济来源和赖以生存的支柱。在俄罗斯,任何一家电视台都在播放电视广告。广告量大,制作精美,且创意比较新。俄罗斯第一频道也不例外地播放着广告。基于对第一频道的国家所有的实力和深入的从业经验的认可,大批国内外的广告商和国际媒体商业机构纷纷与第一频道洽谈合作。

作为正在努力跻身于民主国家之列的俄罗斯,建立公共电视台在某种意义上似乎成为民主国家的标志。2002年,俄罗斯成立了公共电视发展基金会,并且制定了关于公共电视广播的法律草案，目前这一法案已经提交给杜马。公共电视的三个基本原则是：节目政策的社会取向；专门的财政来源（如收视费或征收的许可证收费）；特殊的管理机制。这些都应当由专门的法律来规范。该法律草案的编写者认为，由于俄罗斯大部分民众的收入水平较低，仅以收视费或社会捐助作为公共电视的主要来源恐怕不足以支持公共电视的运作，因此，建议国家津贴应当成为公共电视的财政来源之一。

2. 定位大众，开拓创新

苏联解体后，面对激烈的竞争，"第一频道"把收视群体定位为普通老百姓，要求节目符合大众审美情趣，既不能太前卫，也不可过于落伍。如今，该频道还不断拓展自己的受众空间，采用更先进的设备，调整播出信号，以便更多的人能够看到他们的节目，实现更高的收视覆盖率。定位确定后，电视节目内容的改革就呼之欲出。改革前，"第一频道"的节目构成是：白天，体育和纪实性节目较多，晚间、周末多为本国和外国电影；有专门时间播出动画片和宗教节目；深夜转播美国音乐电视网的节目。"第一频道"的改革主要从三个方面进行：扩大新闻、时事类节目报道量；着力开发娱乐节目；变革谈话节目。改革后的"第一频道"，主要做到了新闻当家、娱乐助力，满足观众多样的需求，也树立了自身的节目理念。

3. 电影电视，多元发展

第一频道实行多元化发展，不断寻找新的发展空间，尤其在电影、电视的制作方面尤为突出。第一频道制作了许多电影，并使用将近40%的时间来播出电影，在其制作的俄罗斯国产电影中，《守夜人》（2004）、《守日人》（2006）、《命运的捉弄2》（2007）等，在俄罗斯非常卖座。《夜间巡逻队》《胡萝卜爱情》等则更是受到了观众的极大肯定与欢迎。投资制作电影投放市场，对于电视媒体来说是有效增加经济效应的手段，同时使自己的资源得以充分利用，有效地进行资源整合。另一方面，优秀的电影进军国际市场也是打造媒体影响力、知名度，增加社会效益的好方法。

在电视剧的制作上，第一频道于2003年推出了一部名为《杀伤力》的本土电视连续剧，取得了54.3%的收视份额。2007年2月19日，该频道又在2月23日"国家保卫者日"到来前夕，隆重推出战争题材的电视连续剧《列宁格勒》，作品真实地再现了1941—1944年那个寒冷悲惨的列宁格勒长达900天的封锁，同样获得了巨大成功，在俄罗斯产生了巨大反响。

选自：徐琴媛等著，《世界一流媒体研究》，中国广播电视出版社2011年版，第97—105页；参看：《简明中外新闻事业史》第十七章。

半岛电视台：弹丸小国的"国际大台"

　　半岛电视台诞生于卡塔尔首都多哈，虽然为一个"弹丸小国"的电视台，却与美国 CNN、英国 BBC 并驾齐驱。这个来自阿拉伯世界的声音打破了世界原有的以美国为首的西方世界媒体垄断的格局，开始了他们对世界新闻秩序话语权的争夺。同时，卡塔尔的国际形象和阿拉伯的地区形象由于半岛电视台的崛起而大大提升。

　　半岛电视台由埃米尔·哈马德于 1996 年 11 月在卡塔尔首都多哈创建。根据半岛电视台影响力发展的历程，可以将其历史分为两个阶段。

　　第一阶段为"9·11"之前的半岛电视台。自成立以来，半岛电视台秉承了西方媒介客观、独立、平衡的报道原则，迅速地播送全球各地的即时新闻，组织主题尖锐的国际政治辩论并连续不间断地跟踪直播，发展十分迅速。到 1999 年 2 月 1 日，半岛电视台开始每天 24 小时不间断地向世界各地传送节目，成为中东地区第一家全天候的新闻频道，信号覆盖了世界的各个角落（包括中东、非洲、欧洲、美洲、远东和太平洋地区），其观众人数达到 3000 万人左右。在"9·11"事件之前，半岛电视台已经通过勇于报道冲突性和争议性的选题，抓住了观众的眼球，赢得了观众，成为阿拉伯地区第一大电视台，其观众人数达到 4000 万人，职员达到 500 多人，在 31 个国家拥有 50 多名驻外记者。

　　第二阶段："9·11"之后的半岛电视台真正成为了国际性媒体。在"9·11"事件中，卡塔尔半岛电视台几乎与美国 CNN 同步，用阿拉伯语播放美国遭袭击事件的整个过程，并调动它在世界各地的 27 个记者站进行 24 小时跟踪报道。后来"阿富汗战争"爆发，10 月 7 日美英对阿富汗开始实施空中打击，塔利班政权宣布禁止各国记者进入阿境内，而卡塔尔半岛电视台成为唯一能够进入塔利班控制区的电视台，利用这一优势，开始在阿富汗战争的新闻报道中独领风骚。从 2001 年底开始，半岛电视台通过默多克控股的天空广播公司向英国和欧洲地区播出，伊拉克战争爆发后其英国观众激增一倍，达到800万人。

由此可见，"9·11"可以称为半岛影响力迅速扩大的历史时刻。半岛电视台借助独特的地理位置，拥有先进的理念和BBC留下的一流的新闻报道编辑团队，可谓"天时、地利、人和"，半岛电视台一夜成名。而它在"9·11"之后的表现也一直可圈可点，直到今天，半岛电视台已经在世界上树立了自己的传媒品牌，在CNN、BBC等世界主流媒体的转播画面上，经常可看到半岛电视的台标。

一、规模力：阿拉伯世界最大的电视台

现在，半岛电视台通过37个国外分社，24小时不停地向世界传送节目，目前拥有200多名技术人员，在多哈总部总的员工数量超过750人，拥有一支180人的国外分社记者队伍，这些人中很多都有国外留学背景，熟知当地的情况，具备广博的知识。

半岛电视台在2006年3月更名为"半岛电视新闻网"，从而扩增为国际性媒体集团，旗下包括半岛阿拉伯新闻台、半岛英语新闻台、半岛电视纪录片频道、半岛电视体育频道、半岛电视媒体训练与发展中心、半岛电视研究中心、半岛电视现场转播、半岛行动电视网等分支机构。集团化运作扩充了半岛电视台的整体实力，使其各个方面能在整体的协调下自由而独立地进行发展。

1. 半岛英文台：跟着太阳跑

半岛电视英文台是中东地区第一家24小时播放英语新闻时事的电视频道，全球三大英文24小时新闻频道之一，另外两家是英国广播公司世界频道和CNN国际新闻网络。该台播出的节目包括新闻以及时事分析、纪录片、现场辩论、财经及体育节目，主张变成全球第一家高清晰度电视网，并且立志覆盖全世界1亿个家庭。它提供地区性的声音和全球观点，摒弃过往新闻频道采用的"中心指挥"的方式，取而代之的是由其设在多哈、吉隆坡、伦敦、华盛顿特区的制作中心"接力式"的制作新闻，被戏称为"跟着太阳跑"。跟着太阳跑的半岛英文台已经成为外界了解阿拉伯局势的主频道，它将阿拉伯的新闻用英语传向世界各地，让世界了解中东局势和风土人情，扩大自己影响力的同时，宣传了地区文化，提升了卡塔尔的国际地位。同时，有助于半岛电视台通过英文台参与更多的国际交流与合作，从而更有利于自身整体规模建设。半岛英文台已经成为半岛电视台总资产中的核心频道。

2. 传播网络遍布世界各地

半岛深知要想获得成功，就不能把目光只锁定在国内或阿拉伯国家，一定要面向世界，成为在国际上有一定影响力的世界级媒体。半岛在成立不久，就开始了全球扩展的步伐，现在已经拥有了三十多个海外分社。2004 年 2 月，半岛电视台东京分社开始运转，这是继北京分社之后的亚洲第二家分社。

2002 年 7 月 10 日，半岛电视台北京分社在中国外交部正式注册，临时办公室设在北京长城饭店 16 楼，它的宗旨是"以阿拉伯的视角报道中国"。2005 年半岛电视台台长曾表示半岛电视台与中央电视台签订的协议具体包括以下三个部分：双方交换新闻内容及画面；双方交换非新闻性节目；互相派遣人员进行培训。2008 年 1 月 10 日，半岛英文台宣布与香港有线电缆电视合作，致力于半岛节目在香港乃至亚洲地区的播出，并于 2008 年开始正式播出，称为香港有线电视第 34 频道。

2003 年 4 月 8 日，半岛电视台宣布正式进军竞争最为激烈的美国传媒市场。半岛电视台与美国斯科拉卫星电视网达成协议，美国各城市的有线电视台将在每周二、周四的东部时间晚上 6 点半准时转播半岛电视台的新闻节目，而且节目的内容不会做任何的删减和改动。这样半岛电视台的节目在美国落户。4 月 1 日该台 30 分钟半岛的滚动新闻已经在克里弗兰、奥马哈、圣路易斯等城市的有线电视台播出。

现在，半岛电视台还对二十多个阿拉伯国家免费播出，从开罗的贫民窟到迪拜的摩天大厦，只要装有价格不到 100 美元的卫星天线就可以看到。收费只对欧美观众，美国观众要通过有线电视收看半岛电视台节目，每月须付 22.99~29.99 美元。

二、运营力：政府支持，财源广进

半岛电视台更像是 BBC 的公营模式——获得政府资金，但编辑方针独立。在半岛电视台的股权结构中，卡塔尔王室和民营资本是主要股东，王室是大股东。但是为了保证电视台在政治见解上的独立性，王室不对电视台的政治独立性进行干涉。卡塔尔国王对于该电视台所受到的国际压力坚持了支持态度。1996 年 2 月建立时，投资 1.37 亿美元，并连续 5 年得到政府每年 10 亿美元的拨款支持，尽管要求其每年归还一部分，但使其不用为生计发愁，这使得半岛电视台在日常工作中能够最大限度地避免商业利益的驱使，再加上它奉行的新闻专业理念，坚持客观、公正、平衡的报道原则，促成了半岛电视台的新闻报道的特立独行。

1. 不依赖广告，开发多元的收入渠道

阿拉伯世界的广告主要属于西方的跨国公司，这些跨国公司为了追求利润，当然乐意在半岛电视台做广告，但是它们为什么不做呢？因为它们不想得罪那些阿拉伯政府。那些政府是反对半岛电视台的，因为半岛电视台经常批评这些政府。如果跨国公司在半岛电视台做了广告，那么它们和这些政府的关系就处理不好。由此可见，这是导致半岛电视台广告收益较低的最重要的原因。

据统计，2000年半岛电视台的广告收入只有1500万美元，只占其年营业收入的40%（同一地区的其他电视台的广告收入则要占到年营业收入的90%以上），占中东地区卫星电视广告总和的3%。但从另一方面来看，半岛电视台不依赖广告收入，有利于保持自己"独立、自由、公正"的原则和恪守"客观、真实、全面、平衡"的报道方针。目前，半岛电视台更多的收入则来源于出租设备、出售节目和录像带，以及有线电视收费等，其中出售电视片是半岛电视台的重要财源。例如，1998年拍的拉登专访卖了10万美元，阿富汗战争开始后，半岛电视台更是发了大财，仅卖给CNN一盘拉登讲话的录像带就赚了30万美元，CNN、福克斯等以每分钟2万美元的高价大量购买它的独家画面。

日本、中国香港等不少地方的电视台都愿意购买半岛电视台的节目，另外半岛电视台的节目制作成CD版在全阿拉伯世界卖的情况也很好。出售电视片的过程中，半岛电视台是居于主导地位的，不像广告招商受制于他人，有利于保持自己的超然地位。

2. 借鉴BBC的组织机构，提高工作效率

哈马德熟悉和欣赏英国的电视体制，尤其是BBC。BBC声称他创造五种公共价值：民主价值、文化和创造性价值、教育价值、社会和社区价值以及全球价值。这些都是埃米尔和半岛电视台记者编辑普遍赞同的。"正是基于这样的理念和模式以及卡塔尔王国的国情"，半岛电视台建立了自己的决策机构。

半岛电视台有一个7人组成的董事会，其职责为监督半岛电视台的整体运作，制定总体方针和监督业务运作，制定长期的发展战略和计划。董事会任命一位台长，具体负责各项业务工作的开展。台长又领导一个编辑委员会，负责台内各项事务的决策，它的成员包括总编、副总编和资深新闻专业人士。编辑委员会下就是各个具体的业务部门，即新闻部、专题部等。新闻部大概有200个编辑记者和制作人，20位主持人。有正副总编各一人，副总编主要帮主编分担管理事务。再下面就是播出主编，每天的新闻版面、画面的选择，

采访的进行都由他们来决定。如遇重大、敏感问题的报道需要由编辑委员会来讨论决定。

半岛对 BBC 的模仿是成功的，成熟的组织监管结构对人员并不庞大的半岛来说，如虎添翼，提高了工作的效率。

3. 专业而多样的新闻人才

为了让半岛电视台走出其他阿拉伯电视台"打造不出自己品牌"的怪圈，哈马德决定给予该电视台极大的自由，并以高薪和享有"完全自由"的双重许诺从英国 BBC 广播公司阿拉伯语部挖走一大批记者，使"半岛"电视台集中了众多电视新闻界的精英。背景不同的一流的新闻人才不仅提供成熟的新闻理念、熟练的业务能力，更提供了国际化的新闻视角。有部分西方学者认为，全球化在阿拉伯世界有两大成果，第一是麦当劳，第二就是半岛电视台。

半岛电视台的员工中，有 30% 是女性，这一比例在阿拉伯国家是非常少见的。重用女性员工，同样也体现了半岛电视台的"国际化"水平远远超过其他阿拉伯国家的媒体。它的眼光、视角和用人标准超脱了阿拉伯世界的种种束缚，更"民主"、更"开放"。

而半岛的记者、编辑、技术人员是来自不同国家的阿拉伯人——卡塔尔人、沙特人、叙利亚人、突尼斯人、埃及人、科威特人、伊拉克人和巴勒斯坦人等，堪称一支"泛阿拉伯国际纵队"。虽然都来自阿拉伯，但多样背景、多样国籍的工作人员，从另一方面开阔了半岛的"视野"，使它能拥有更多维的思维方式。同时，员工来自不同地区的关系网络扩大了半岛的报道"面"，拓展了其新闻源获取的地域范围。

半岛电视台在阿富汗战争和伊拉克战争中出色的报道能力，充分显示了其对信息资源的掌控能力，这和半岛电视台的员工是分不开的。

选自：徐琴媛等著，《世界一流媒体研究》，中国广播电视出版社 2011 年版，第 125-136 页；参看：《简明中外新闻事业史》第十七章。

人物篇

本杰明·富兰克林

本杰明·富兰克林及其办报活动

本杰明·富兰克林（Benjamin Franklin，1706—1790）出身于马萨诸塞州手工业者家庭，是詹姆斯·富兰克林的弟弟。他的整个生涯可以概括为："事业的成功、丰富多彩和有益于社会，历史上从未有过另一位美国人可与他相比。"历史对这位杰出人物给予很高评价。

"本杰明首先是一位印刷商和新闻工作者，但他同时又是发明家、科学家、政治家、外交家、国务活动家、社会学家的先驱、商人、教育家和世界公民。"在哲学上，他拥护自然神论，承认自然界的存在及其规律的客观性。在文学方面，造诣很深，作品《自传》闻名于世。在科学研究上，发明了避雷针、双焦眼镜、玻璃琴键等，堪称"全才"。

富兰克林13岁起就在兄长的印刷所当学徒，还当过《新英格兰报》的投递员。他勤奋好学，利用工余，阅读了大量书籍，16岁时就以"沉默行善"的笔名，给哥哥的报纸投稿，不知真相的詹姆斯以为出自名人之手，不敢怠慢连续刊登，这些随笔，成为当时北美殖民地的优秀作品。秘密泄露后，其兄大为不悦，连载旋告结束。

1723年本杰明为了谋求自立，离开兄长，从波士顿来到费城，先在缪塞尔·凯默的印刷所当工人，后被派去英国学习先进的印刷和刻板技术。1728年春，他创办了自己的印刷所，1729年接办凯默的《宾夕法尼亚公报》，在创刊词中说："我们深感发行一份好的报纸，并不像许多人想象的那样容易。一位《公报》的作者，必须精通多种语言，写作流利自如，叙事明晰简洁；他应能够谈论海陆空战事，通晓地理、历史、各国国王与政府的利害关系、宫廷的秘密以及一切民族的风俗习惯。"

　　这样的作者在当时的北美殖民地实属凤毛麟角。富兰克林以身作则，他写的文章，不论是严肃的评论还是幽默小品，都雅俗共赏，为读者所喜爱。富兰克林主张当人们各持异议时，双方应享有平等的机会，在报上发言，让公众听到各自意见，最终真理总会战胜谬误。

　　七八年后，24 岁的富兰克林成为北美各殖民地里最佳报纸的独资老板，《公报》的发行量和广告刊登量都居首位。他凭自己的才干、巧妙的经营，使新闻事业变得有利可图，记者、编辑则成为受人尊敬的职业。1748 年，42 岁的富兰克林退出《公报》，将它交与印刷师哈尔（David Hall）经营，哈尔家族一直经营到 1815 年，后转让他人。

　　富兰克林同时是出版商、编辑、广告设计者、广告经理和推销员。他创作的广告强调产品效益，为宾夕法尼亚壁炉厂制作的壁炉推销广告写得活灵活现，至今人们还把它称为"富兰克林壁炉"。富兰克林因此赢得了"美国广告之父"的美誉。1864 年一位传记作家说："我们必须承认，是富兰克林创立了现代的广告系统，可以肯定地讲，自他开始以后，我们才像如今这样使用强大的宣传机器，来进行广告宣传工作的。"

　　富兰克林还是美国杂志的创始人。外国史专家认为，欧美 18 世纪的"历书"是现代杂志的先驱。1732 年富兰克林用理查德·桑德斯的笔名，在费城编写的《穷人理查德历书》是美国最著名的历书，该书指导农民如何校正已经停了的钟，怎样辨别一天的时间，记载各种农事的开始季节，还附带许多有益、有趣的知识，很受读者欢迎。1741 年 1 月他着手创办了一份《一般杂志》的刊物，但当时的社会、文化教养和时间的余暇还不适宜杂志的生存，该杂志出版六期后，以失败告终。

　　富兰克林注重培养有发展前途的印刷工，他手下的工人在本地或在其他殖民地创办印刷所和出版报刊达六家之多。1748 年脱离了报社工作的富兰克林致力于公共事务和社会活动。1753 年他被任命为北美殖民地副总邮政局长，为使报纸能快速送达各殖民地，他设法改善道路，并雇用快马作为交通工具，缩短邮件收集时间，将两周收集一次改为一周一次。波士顿到费城走陆路的时间从过去的六个星期缩短了一半。此前，他在费城建起北美第一个公共图书馆，组织美洲哲学会，帮助创立了宾夕法尼亚大学。

　　1754 年在北美殖民代表会议上提出殖民地联合计划。他以宾州代表身份出席代表大会前，在报纸上画了一幅政治漫画———条蛇断为八段，题为《不联合，即死亡》，以呼吁各殖民地的联合（如图 1 所示）。

　　1775 年富兰克林当选为第二届大陆会议代表，并参加起草《独立宣言》。

图 1

1776 年出使法国，缔结法美同盟。1781 年代表美国同英国谈判，1783 年与英国签订了《巴黎和约》。1787 年为制宪会议代表，主张废除奴隶制。

选自：郑超然、程曼丽、王泰玄，《外国新闻传播史》，中国人民大学出版社 2000 年版；参看：《简明中外新闻事业史》357 页。

雷蒙、奥克斯

雷蒙、奥克斯与《纽约时报》

《纽约时报》（*The New York Times*），可以说是世界报业的典范。它在全美1500多家报纸中，是最具影响力的正派大报。它的成就是新闻人的骄傲，也是新闻专业精神的极致表现。从1851年创刊始，150多年的时间，它从未变质，一直坚持创报理想。这种坚持是多少报人耗尽无数心血与生命写成的。

细数《纽约时报》的光辉历史，经历如此漫长的岁月而未动摇其报业盟主地位的因素有很多，但一般认为，以该报创刊时三位创办人对它的期许以及它的角色定位最为重要。这三位创办人是亨利·雷蒙（Henry J. Raymond）、乔治·琼斯（George Jones）与爱德华·韦斯利（Edward B. Wesley），而其中最重要的是亨利·雷蒙与继任的奥克斯。

继雷蒙之后，由阿道夫·奥克斯（Adolph S. Ochs）担任发行人，自1896接手《纽约时报》的经营工作。"刊载一切适于刊登的新闻"就是奥克斯提出的主张，他继承了早期雷蒙所要求的正直风格，让《纽约时报》成为美国的《泰晤士报》，并走向高品质报的路线。

1935年后，《纽约时报》转由苏兹伯格家族接手，成为百年的家族企业，迄今已是第五代发行人阿瑟·奥克斯·苏兹伯格（Arthur Ochs Sulzberger Jr.）经营的天下，他是在1992年接手迄今的。

《纽约时报》历代的家族发行人，都能传承与坚守新闻独立与高水准、高品质的新闻原则。不论在任何财政危机下，都不惜在新闻上投资、增加人才、扩增内容，以争取更多的读者，而不是以破坏新闻专业、任由广告强占新闻版面来维持报纸的效益。《纽约时报》历任发行人都相信，所有在新闻上的投资，提高新闻品质，最后必定能够收回成本。因此不需要牺牲新闻的专业性与至高性，仍能保持其不坠的品质与口碑。

亨利·雷蒙是一位博学而正直的报人，他本身除了新闻的经营工作外，对政治事务更是热衷参与。所以他好事争辩与谩骂，并注重个人立论。

出生于1820年的亨利·雷蒙，二十一岁时就在《纽约人报》任职，当时的周薪是美金八元。之后雷蒙转往《论坛报》，是《论坛报》的第一任助理编辑，他的薪资在不断地力争之下，增为二十美元。到了1843年，雷蒙以周薪二十五元美金，被挖角至《使者与询问者报》担任副主编。

雷蒙先后在当时纽约几家大报中任职，奠定了他的新闻专业与报业经营的基础，同时也训练了他对于新闻公正处理的判断力。

当时纽约《论坛报》在格里利的经营风格下，编辑方针注重新闻采访、重视文学、崇尚道德，对于不道德与堕落的广告，以及犯罪新闻均拒绝刊登。当时《论坛报》被称为"伟大的道德机关报"，在那样的报社环境下，雷蒙深受影响。

之后雷蒙转任《使者与询问者报》的副主编，仍是以《论坛报》的高标准风格为取法对象，但是更增加了对不同新闻的处理态度。

雷蒙富辩才且爱好政治，在离开《论坛报》之后，还担任过两任的州议员。他在创办了《纽约时报》之后，于1854至1856年，还担任过纽约州的副州长；而1864年更膺任共和党全国委员会的主席，并且还当选了国会议员。

美国的报纸多半有特定的政党支持倾向，《纽约时报》当然也不例外。《纽约时报》一直是共和党的报纸，但在美国内战期间，则一直对林肯的政策大力支持。在1860年总统大选时，虽然雷蒙个人支持史华德，但是林肯的当选，却是《纽约时报》所乐见的结果。一直到了1884年，《纽约时报》才正式脱离共和党，成为一份完全独立的报纸，也是在美国独立报业时期中，最受推崇的一份质报。

雷蒙逝世于1869年，当时他还不满五十岁。但是在他经营《纽约时报》的十八年间，对于《纽约时报》日后的风格走向和编辑方针，却有着相当深厚的影响。

从报纸传承的立场来看，《纽约时报》的创立和《论坛报》可以说息息相关。雷蒙若没有在《论坛报》受到专业的训练和作为深思熟虑的编辑的熏陶，雷蒙就不会成为一家备受国际尊崇的质报创办人，也不会有今日的《纽约时报》。

《纽约时报》在1851年创刊时，只是当时纽约市十多家报纸中的一分子。当时，雷蒙认为在人口数达五十万的纽约市，即使报纸数量已相当多，但仍有创办一分钱报的可能性，于是便开启了《纽约时报》创办之路。

1851 年初，雷蒙与琼斯徒步走过封冻的哈德逊河时，琼斯告诉雷蒙他听到纽约《论坛报》在 1850 年获益美金六万元的事，雷蒙认为若依正确的原则创办一份新的报纸，也应该是一件可以成功的事情。于是在同年的 9 月 18 日，雷蒙与琼斯便以美金十万元的资本额，创立了《纽约每日时报》（*New York Daily Times*），并在 1857 年正式更名为《纽约时报》。

创刊时，由雷蒙担任主编，琼斯担任经理。当时的《纽约时报》共有一大张四个版，售价为一分钱。《纽约时报》的销售量，在十周内就达到了两万份。到了隔年因为印刷成本的关系，将价格调整为两分钱。

由于当时纽约已有《太阳报》和《先驱报》两份大众风格取向的报纸，雷蒙因此希望《纽约时报》是一份高格调、可以长久经营的报纸，于是该报的编辑方针，就避免了《太阳报》和《先驱报》的激情主义走向，也不取法《论坛报》的主观评论风格。

雷蒙以道德精神和保守主义为前提，要求新闻一定要公正客观，并且具备丰富的相关背景资料，以让读者可以明确地知道新闻事件的缘由，以及未来可能的发展状况。雷蒙尤其注意国外新闻，务必要使《纽约时报》的报道不偏向美国自身的观点，也因此奠定了《纽约时报》日后成为一份在国际上备受尊崇的高格调报纸的基础。

报人兼作家姚朋（彭歌）先生称赞雷蒙"博学多闻，议论纵横，在某些方面与梁启超相似"。

《纽约时报》可说是完全仿效英国伦敦的《泰晤士报》，走的就是庄重报纸的路线。雷蒙去世后，《纽约时报》由琼斯接手管理，直到 1891 年琼斯去世后，《纽约时报》苦撑了四年，才在 1896 年的 8 月 19 日，由奥克斯正式接办。从此《纽约时报》走向现代化，并转为世代相承的家族经营模式。

阿道夫·奥克斯出生于德国犹太移民的家庭，从小在印刷厂当学徒，他十一岁即做报童，十四岁于《诺克斯维尔纪事报》当学徒。1878 年，他买下一家地方小报《卡太奴格时报》的一半股份。该报是四页的小型报，负债一千五百元。他使该报成为当地强而有力的民主党报纸之后，就交给其胞弟乔治·奥克斯，而自己则到纽约买下《纽约时报》。

1896 年，当《纽约时报》因创办人先后逝去而陷于危机时，奥克斯接管了下来，并与股东达成协议，如果能在四年内转亏为盈，股东愿以百分之五十一的股份送奥克斯作为酬劳，这就是他能以七万五千元买下一百万元财产的原因。事实证明，奥克斯不负众望，三年后他轻易取得《纽约时报》的控制权。《纽约时报》在奥克斯最初二十五年的管理下，大约赚了一亿美元。其中只有百分之四作为红利，其余均用来扩充设备、布置通讯网与改善员工的待遇。

奥克斯接办《纽约时报》以后，决意要把该报办成新闻全面、内容详尽、言论稳健的报纸。他说，《纽约时报》的新闻报道应无畏无惧，不偏不倚，并无分党派、地域或任何特殊利益。

奥克斯摒弃黄色新闻的做法，坚持严肃的办报方针，强调"刊载一切适于刊登的新闻"（all the news that´s fit to print）。他力求报道翔实，在经济方面及时提供市场行情、金融讯息、商业动态、航运消息；在政治方面翔实刊登政府文件、重要演说、外交协定，同时开辟法院案件专栏、图书评论专页以及评述时事为主的星期日增刊。他认真选择人才，任用富有经验的米勒为主笔，聘任极有胆识的范安达（Carl Vananda）为编辑主任。他还善于经营管理，注重印刷质量，保持低价发行。经过一番努力，《纽约时报》很快呈现转机。1899 年发行量上升到七万五千份，1901 年超过十万份，成为面向上层读者的严肃型现代报纸的先驱，为美国报业跨入现代化树立了里程碑。

摒除黄色新闻的正派作风

《纽约时报》在黄色新闻的泛滥中，以正派作风成为美国声望最高、利润最大的报纸，自然有其成功的因素。一般分析《纽约时报》的成功，不外下列几点重要原因：

其一，高尚的新闻政策。自 1896 年 10 月 5 日起，《纽约时报》每天在报头上刊出一句话，即"刊载一切适于刊登的新闻"。这有两层意义：第一，《纽约时报》的消息，没有黄色新闻；第二，《纽约时报》的消息都是确实可靠而有益读者的新闻。

众所周知，美国报业于独立战争结束后，有一段时期曾被卷入政党斗争，失去了超然客观的立场，历史学界将这段时期称为美国报业的"黑暗时期"。1898 年及 1901 年，美国更因"黄色新闻"之炒作，而引发美国对西班牙发动战争及麦金莱总统被刺。而《纽约时报》领导人对于此一发展，深不以为然，因此决心摒除黄色新闻。

其二，详尽的新闻资料。《纽约时报》以"亲近读者导向"为编采策略，适度地节制有关灾难、危机与丑闻的报道。记者在处理上述新闻时，虽处于截稿时间压力下，仍尽量由反省面和预防面多做分析，以发挥媒体正面的功能，使阅听人看到"适宜刊登"的新闻。

不过，对于其他有意义的新闻，仍以详尽的新闻资料作为追求的理想，并以政治家及社会领袖的专业意见作为依据。

其三，独立公正的评论。《纽约时报》的评论，每在关键时刻表现道德勇气，建立它不受威迫、不受利诱的典范。

其四，干净美观的印刷。《纽约时报》另外有个宣传广告，就是不玷污早餐的桌布，这也表示了《纽约时报》是份印刷精美、内容干净的报纸。

其五，报纸售价大众化。1898 年秋季，奥克斯将报纸售价从三分钱减为一分，《纽约时报》以内容和价格向黄色新闻挑战，终获成功。

其六，高级干部的专业精神。任何事业的成功，都需要专业精神，对一份成功的报纸而言，专业精神更是不可缺少。

不过《纽约时报》连年出事，包括它的记者伪造新闻，也包括它的另一位记者涉嫌利用机会表演"坐牢秀"以示其抗拒司法的勇气。这些不谐音都引起社会的质疑，使《纽约时报》一向自傲的公信力产生了动摇。

《纽约时报》在报业史上，当然是成功的媒体，但也不可否认，这份发展了 150 余年之久的印刷新闻媒体，近年来所受到的压力愈来愈大。日新月异的传播科技正无声无息地蚕食原本已经狭窄的舞台，美国年轻一代投注愈来愈多的时间在荧光幕及终端机前，这些趋势也正是在 20 世纪 70 年代及 90 年代促使《纽约时报》大幅检讨采编政策，并于 80 年代投入有线电视事业的主要原因。

选自：郑贞铭著，《世界百年报人》，复旦大学出版社 2006 年版，第 31-37 页；参看：《简明中外新闻事业史》308 页。

贝　内　特

创办《先驱报》的传奇人物

在美国报业史上，贝内特是充满传奇性的人物。他的办报方针，虽也引起不少争议，但是在关键性的历史时刻，贝内特确也有不少关键性的作为。他是报业史不可忘却的人物，也提供给后世新闻人许许多多的启示。

贝内特（James Gordon Bennett）于 1795 年出生于苏格兰，是一位笃信加尔文教义的天主教徒。他是才气焕发而辞藻华丽的作家，并具有震撼人心的辩论天分。他身体强壮、精力充沛，两眼则因阅读报纸过于逼近而受损，致成斜视。

贝内特在二十四岁时移民到美国的哈利法克斯港（Halifx），前后在哈利法克斯港、亚狄生市、波士顿、纽约担任过教师、雇员和校对。1822 年在《查尔斯登新报》（Charleston Courier）得到一份正式的工作。一年后，回到了纽约，为多份报纸撰稿。

贝内特初时并不得意，他曾到《太阳报》求职，但为戴氏所拒。在 1827 至 1828 年间因充当《纽约询问报》华盛顿通讯员而初获声名，使得华盛顿报道大为生色；当《使者报》与《询问报》合并时，韦伯上校聘他担任副主编。他在华盛顿的一段经历引起他对报业的兴趣与见识，而决心自创事业。

1835 年，距离贝内特四十岁生日前几个月，他用全部的积蓄 500 美元创办了一份"一分钱报纸"。一直到 1872 年逝世之前，一直担任纽约《先驱晨报》的总编辑。

贝内特自视甚高，常自称是报业天才。1837 年，他写道："莎士比亚为戏曲中伟大的天才，司各特（Scott）为小说的天才，弥尔顿（Milton）与拜伦（Byron）为诗歌的天才，而我则要做报界的天才。"他常将自己与拿破仑、摩西相比，甚至在报上刊登这类的广告。

贝内特每天五时起床，在早餐前要写许多辛辣的记事和文章，而上午与晚间的大部分时间则在营业部工作，下午的时间多消磨于华尔街与其他新闻中心。创办报纸可谓筚路蓝缕，但由于他的刻苦辛勤和对于自己的深刻期许，他奋勉精进。

1835 年 5 月 6 日，贝内特创办一分钱四页的纽约《先驱晨报》（*Herald Morning*），成为当时美国最大的而且是第一份成功的一分钱报——《太阳报》的主要对手。

《先驱晨报》问世时，该报的外观与其他一分钱报颇为类似。但《先驱晨报》因独具本身特色，而深受读者欢迎。贝内特所刊载的本地新闻报道较多，国外新闻充实，他的社论不依附任何政治党派，较为清新与具有特性；关于华尔街的报道也较纽约的报纸翔实，因此一纸风行，受到读者的热烈欢迎。

六个月后，《先驱晨报》的销量迅速追及《太阳报》与《传录报》，但因发生火灾，印刷工厂付之一炬。自此贝内特自设印刷工厂。十九天后，《先驱晨报》的"晨"字已经废弃，复刊时以崭新的《先驱报》（*Herald*）出现。该主编曾写道："我们又出阵了……较之前更大、更生动、更好、更活泼、更不偏不倚。大街烧毁的是活字、印刷机、原稿、纸张、一些拙劣的诗、订户底册等《先驱报》所有特质的皮肉，但其灵魂固属无恙……其精力充沛一如往昔。"

《先驱报》的确更充沛、更具特色；其专栏大放光彩，隽永排挤了庄严，但轻率鲁莽也代替了保守。新闻报道夹有议论，而客观的报道则遭受损害。一分钱报本以辛辣出名，而《先驱报》更逐渐被认为"锋利"和"活泼"——此二者也是该报喜欢自称的形容词。

南北战争加速了美国报业的改变，尤以纽约的《先驱报》为甚。最大的改变是在采访新闻与国外传电方面投下了庞大的人力和物力，获得读者与企业称道。《先驱报》在整场报业战争中，从头到尾维持庞大的采访规模，这也使得它获得相当高的评价。

美国报业的发展，自 1833 年创刊的《纽约太阳报》（*N. Y. Sun*）至 1872 年《纽约论坛报》（*N. Y. Tribune*）的主编葛利莱（Horace Greeley）发表"报业独立宣言"（*Independent Journal*），可以说是美国报业特殊的时代。

这段时间，美国出现了新报业，显现出几个极显著的特点。

其一，一分钱大众化报纸的诞生：本杰明·戴（Benjamin H. Day）创办的《太阳报》是第一份成功的"一分钱报"，新闻偏重本地新闻与人情趣味故事，内容新颖、售价低廉，且有许多简短、活泼、有趣的故事，所以深受欢迎。一分钱报扩展了报纸的读者群，也使每个人都有能力看报。

其二，新闻写作趣味化：这时的新闻写作力求简短，且通俗有趣，完全不顾美国传统的新闻观念，而多采用奇人异事，且偏重犯罪新闻。只要引人入胜、值得一读，便于刊登。

其三，政党报纸的没落：美国自 1783 年独立战争结束迄 1833 年《纽约太阳报》的创刊，将近有半个世纪，是所谓党报时期。不是联邦派，就是共和派。既由政党所发行，自然公开为政党的利益辩护，最后甚至谩骂攻讦、捏造诽谤，形成报业黑暗时期。一分钱报强调供给新闻，而非支持某一政党。

其四，新式印刷、造纸及其他科学技术的发展：由于科学发展日新月异，1806 年快速轮转机的出现使得报纸印刷更为精美，图片大受欢迎，报业发行因而也有突飞猛进的发展。

贝内特一生的事业，就是出现在这样特殊的环境中。他的办报生涯，充满了创新与新猷，尤其在下列诸事上，有其开创性的历史意义与贡献。

一、重视财经报道，是现代金融新闻版的嚆矢

贝内特具有经济学天分。他曾于亚伯丁大学（Aberdeen）研习该科，讲授在新斯科舍（Nova Scotia）与缅因（Maine），并于纽约发表有关的演讲。贝内特的第一篇"金融记事"发表于《先驱晨报》的第二号上。

最初几年，贝内特对于华尔街范围内的消息均亲自报道，并且自撰"金融记事"，之后成为惯例，他甚至在《先驱报》扩大规模、从事管理工作之后，仍始终有浓厚的兴趣维持写特稿，此实为现代金融版的嚆矢。他可以说是新闻界从事财经专页的第一人，也亲自报道华尔街新闻及撰写财政经济论文。

贝内特使得粗糙乏味的数字变成深入有趣的分析。他说："商业活动得有精神、精髓和哲学，才是商界人士要看的东西。缺乏浓缩、分析或引导的枯燥数字或记录，一点用处也没有。"

二、现代社交版的滥觞

另一类使读者乐于阅读《先驱报》的新闻，则为社交方面的新闻。其中有关世家富豪宴会之记事附大写字母 S，并往往穿插一些讽刺文字以增趣味。社会人士对之初感惊骇，其后大感满足，而终于渴求一分钱报纸关于其所为的记事。此即为现代社交版的滥觞。

三、雇用国外特派记者的先驱

18 世纪和 19 世纪初期的"特约记者"或"特派记者"，通常是外地的旅

游者或总编辑的朋友，为家乡的报纸写点东西。到了19世纪，报纸愈来愈少仰赖这种非正式的新闻来源，而是雇用记者或是自由作家。贝内特是雇用国外特派记者的先驱。这个做法不但史无前例，而且惊人。

美国南北战争期间，北方各报纷纷派遣战地特派记者，总数达到一百五十人，而其中又以纽约《先驱报》最多。在四年的战争报道中，该报用于战地通讯的费用至少达五十万美元。

1872年，贝内特去世，其子小贝内特（James G. Bennett Jr.）继承，维持重视国外新闻采访的传统。例如1871年派斯坦利（Henry M. Stanley）到非洲寻找失踪的著名传教士兼探险家李文斯顿博士（David Livingstone）。李文斯顿的探险故事，令社会高度关切，这个故事不仅是《先驱报》的一项重大成功，而且是新闻史上一个传奇性的英雄故事。该报经过近九个月的时间，终于在坦干伊克湖找到卧病在床的李文斯顿。两年后在李文斯顿死后，《先驱报》与伦敦《每日电讯报》合作，派斯坦利继续完成探险工作。他由东而西横贯亚洲中部沙漠和北极探险等，都颇引人入胜，造成读者持续的悬疑心理，可惜探险家于1881年因船撞冰山沉没，而与船员一起遇难。

四、对战地新闻的详尽报道

在南北战争时，《先驱报》派出战地记者六十三名，达到了采访的新高峰。在当时，改变最大的，就是为采访新闻投入庞大的物力与人力。《先驱报》在整场战争中从头到尾维持庞大的采访规模：记者的编制急速扩张，一度《先驱报》共有四十多位战地记者。报份增加，出号外的频率增加，报纸张数也增加，而贝内特从1830年就开创的周日《先驱报》也面临《论坛报》和《纽约时报》跟进的竞争，在战争不久后，三报也先后分别采用铅版印刷。

新闻学者哈德森（Frederic Hudson）在他的《新闻史》中，对报纸详尽报道南北战争及其后几年的欧洲战争，有很高的评价。他说："没有任何战争记录可以和1861年至1871年这场战争相提并论。以前的战争记录者，不过是在旧文件中做解释；而当我们提到南北战争的记录者，我们说的是《先驱报》《论坛报》。尤其是《先驱报》卓越的新闻传送，结合《国民汇报》和《巴尔的摩太阳报》，利用电报、快递邮件与火车等方式，以求新闻传递快速；在报道墨西哥战争方面也表现了无懈可击的进取精神，为现代战地通讯的滥觞，也在新闻事业史上写下光辉的一页。"

五、价格低廉，引爆报业良性竞争

随着报业的竞争，价格低廉，一分钱报大大地扩展了报纸的读者，几乎每个人都有经济能力看报，并且促使新闻报道加快速度，提供本地更多及有趣的新闻，对于揭露黑暗、促进社会改革等，均有重大贡献。

六、促使晚报事业发展

以中午版或较早的午后版刊登最新新闻，促成晚报事业发展。现代晚报于19世纪中叶兴起，至该世纪末，晚报的地位已与日报并驾齐驱，有时在销量上甚至超过日报。晚报以下午较闲暇的妇女为主要读者对象，并充满百货商品广告。

七、在经营管理方面

由于杰出的营业管理，《先驱报》销量于19世纪50年代就超过了三万份；在60年代，该报更以超过六万份的销量，一举超越一分钱报的《太阳报》，而执美国报纸之牛耳。

不久，由于贝内特加价政策成功，他率先将报价调整为两分钱一份。在当时，《太阳报》和《传录报》的销量均超出《先驱报》，且仍为一分钱报纸之际，此举实属大胆的变革尝试。但贝内特决心坦白公布此事，并向读者说："我有这笔钱就能实行大规模的改进，使《先驱报》成为美国自有报纸以来最大、最好与最有益的报纸。"

价格的提高并未使该报销路增加受阻，自此使得贝内特可扩展其抱负，改进其设备，建立欧洲通信，设置华盛顿办事处，于美国主要城市聘请通讯员，并购置一小支船队，在海外归来携带新闻的船只进入纽约港口前，出港迎接，终而使他能够抢得领先其对手报纸的先机。

选自：郑贞铭著，《世界百年报人》，复旦大学出版社2006年版，第5—12页；参看：《简明中外新闻事业史》307页。

北　岩

北岩和他的《每日邮报》

北岩勋爵（Lord North cliff, 1865—1922）原名艾尔费雷德·查理士·威廉·哈姆斯沃斯（Alfred Charles William Harmsworth），是英国现代新闻事业的创始人。1905 年受封为勋爵，有"舰队街拿破仑"之称。

他生于爱尔兰一个穷困律师之家，幼年随父母移居伦敦。中学时期就主编过校刊，15 岁起在一家报社做杂活，17 岁成为《青年》杂志的助理编辑，并为《晨邮报》和《圣詹姆公报》撰稿。1884 年在《旅行》杂志工作了 18 个月，很受器重。1888 年 6 月 2 日他创办了《回答读者投书》（Answers to Correspondents）杂志，以后简称《回答》（Answer），这是一份以通俗知识为主的综合性周刊，创刊号发行 12 000 份，一年后即达 48 000 份。举办的"猜奖"竞赛，盛况空前，销量最后达到 100 万份。同时他还和弟弟哈罗德·哈姆斯沃斯办了《滑稽选辑》《勿忘我》《甜蜜的家》《国旗》等。

1894 年 8 月，北岩购买了濒于倒闭的伦敦《新闻晚报》（Evening News），致力于新闻改革。他了解新读者的兴趣，主张新闻写作要简练易懂，并应用地图、照片注解报道新闻。他在《舰队街与唐宁街》（Fleet Street and Downing Street）一书中曾有这样一句话："不要忘记，你是正为那些知识浅陋的人们写作。"北岩的改革政策立竿见影，第一年就收回了投资。

北岩认为一张全国性的早报会比晚报有更大收益，1896 年，他在伦敦创办的《每日邮报》（Daily Mail）正是最好的证明。此前的便士报大多售价低，质量也低。而省级报纸在内容方面，缺少轻松娱乐性的新闻，几乎全是枯燥的政治报道；在形式方面，标题呆板，段落冗长，没有小标题；在写作方面，仍是速记式的逐字报道，名人演说则全文刊登。

北岩后来回顾《每日邮报》创办时的英国报纸状况时说，整个世界变得非常有趣。地方范围的狭隘的政治正在逐渐让位给世界事务。但是，英国旧式报纸并不反映这种行为将影响每个人的生活的变化的征兆、科学发明、技术革新以及世界事务的新的深刻的趋势。这些报纸仍以有闲阶级为主要对象。它们仍然是一些排印得密密麻麻的铅字，供那些人躺在俱乐部沙发上，或在午餐后喝一杯甜酒时慢慢阅读。它们忽视了日益成长的巨大的企业界人士——变化着的世界需要加快了他们生活的节奏。它们也忽视了新生的一代工人——他们能够读报，并且愿意阅读简明的新闻。《每日邮报》就是针对这些需要诞生的。

北岩为创建此报做了大量准备和宣传工作。出版前11周，花费四万英镑，做试版工作。派人到处张贴黄底蓝字的广告，"惊人的《每日邮报》，将于5月4日创刊"。"这是忙人的报纸，这是穷人的报纸"，并注明"售半便士的便士报"。还连日在各报刊登预告出版的大字广告。

尽管政治家萨尔斯伯里嘲笑这份报纸"是一张工友为工友办的报纸"，但其销路却逐步增加：1898年40万份，1899年50万份，在1899年英国与布尔的战争中销路曾逾百万份。1900年，在曼彻斯特出版《每日邮报》北部版，1904年出版《每日邮报》海外版，1905年出版《每日邮报》欧洲版。

这张报纸的成功标志着英国现代资产阶级报业的开端，其成功的原因有以下三点：1）北岩分析了英国社会的需要与报纸的积弊，一改当时一般英国报纸只报道片断的政治、社会生活的做法，开阔读者的视野，使读者看到社会完整的图像。该报主要读者对象是中产阶级、广大劳工和妇女。北岩高薪聘请第一流的记者，长驻世界一些重要城市，迅速报道重大事件，如1896年美国总统竞选、1897年土希战争、柯兹勋爵就任印度总督和英布战争等重大事件。在重大国际新闻报道上能与高级报纸一争高低，并以清新、简洁的版面在读者中赢得了信誉。2）北岩有着丰富的新闻工作经验，他在《每日邮报》创办的前三年亲任总编。制定了满足新时代读者的新闻原则：解释、简洁、清晰。标题鲜明、版面新颖，扩大报道面，经常改进内容，以便长期吸引读者。此外，他还善于培养和训练新型记者和编辑，如采访了美国总统竞选、土希战争、柯兹勋爵就任印度总督、苏丹战役、初期英布战争的斯蒂文（G. W. Steevens）、担任主笔达27年之久、能力卓越的马路（Marlowe）等。3）健全的报业管理。北岩在《每日邮报》以至一生的新闻事业上的成就，都离不开他弟弟哈罗德的帮助。哈罗德·哈姆斯沃斯精明强干，是一名优秀的报业管理人才，曾担任过《每日邮报》的经理。

沃尔特家族经营的《泰晤士报》在19世纪末20世纪初面临着一系列困

难，加之经营不善，经济形势每况愈下，1907 年被迫出售。北岩以 32 万镑得到了《泰晤士报》的控制权后，实施了一系列改革措施：首先更新设备，添置了打字机、莫若铸排机和最新式的戈斯印刷机，然后从印刷工人手里接过了报纸设计和版面编排工作，着手改革。接着出版特刊，如 72 页的英帝国增刊，其中 36 页是广告。对于称职的记者编辑，北岩给予丰厚的待遇；对于因循守旧的工作人员，他称之为"黑袍教僧侣"，办报是图谋自己的安逸、高位、骑士地位或牧师会会员职位。他主张文章写短一些，要写得受更有力量，少些温文尔雅，要多一些争论，少摆些庄严的面孔。接办该报时，发行只有 3.8 万份，售价 3 便士。1914 年北岩大胆将其改为便士报。一战爆发后，销量达 31.8 万份，是创刊以来的最高纪录。战争中，该报向重要战场派战地记者，报道军事新闻、撰写评论，每月初还出版两幅战事地图，并附开战以来的大事记。

北岩曾说过："反常的事物就是新闻。"《每日邮报》也刊登社会犯罪新闻，但并不是靠黄色新闻起家的，内容较美国《纽约世界报》和《纽约日报》清洁。

北岩认为掀起社会和政治上的运动是报纸的神圣天职。他提供巨额奖金，通过《每日邮报》鼓励勇敢者作远距离飞行，是 20 世纪初预见航空事业将有重要发展的少数人之一。

一战中，他开始参与政治，宣称为促进盟国胜利将不计任何后果。

1915 年 5 月 21 日，他在《每日邮报》上发表名为《炮弹的悲剧，肯赤奈尔勋爵的严重错误》的文章，指出英国使用的炮弹中"臭弹"太多，使英军遭受重大牺牲，并由于给养不足，兵士在饥饿中战斗。文章掀起了轩然大波，北岩遭到"强烈而压倒多数"的攻击，报纸在股票交易所等处被公然焚毁，抗议的函件、电报如潮水般涌来。反对者称："事实上，我们在负责政府与报纸独裁之间，应作一选择，新闻自由诚值重视，但自由与责任相连，甚至有时新闻自由应对国家安全予以优先，而现在就是国家安全第一的时候，现在他（北岩）不再是一个笑柄而已，而是大英帝国不共戴天的敌人。"在重重压力面前，北岩仍坚持认为如果不揭露事实真相，提醒国人警觉，并支持少数具有远见的官员，从事彻底改革，便不可能赢得胜利。他对《泰晤士报》主笔说："《泰晤士报》的销数是否降至一份，或《每日邮报》降至两份，我都毫不在意，这个问题，除我母亲以外，未与任何人相商，但她同意我的观点，我认为由于肯赤奈尔的原因，致战争日趋扩大，起初由于大众对他崇拜，使他成为军事改革的障碍，所以我尽所能唤起大众的觉醒。"

北岩的坚持不懈使反对浪潮开始沉寂下去。全国人民开始倾听他的意见，敬佩他的勇敢，并重视他正确的远见。北岩成为战时著名的政治人物。1918年2月，他担任"对敌宣传总监"，主持对德宣传，他使用飞机向德军投掷千百万份宣传品。北岩的"纸弹"攻势在瓦解德军士气方面起了很大作用。

他在晚年作世界旅行时，于1921年11月来到中国，与《申报》经理史量才进行了会晤。1922年回国途中瘫痪，同年8月14日在伦敦逝世。伦敦著名报人斯宾德曾经说过，北岩勋爵对于当时人民的影响，与整个教育部相比，只有过之而无不及。

选自：郑超然、程曼丽、王泰玄，《外国新闻传播史》，中国人民大学出版社2000年版；参看：《简明中外新闻事业史》317页。

普 利 策

普利策的年少时期

凡是荣获普利策新闻奖的美国新闻人，都视获得这项荣誉为新闻人一生的最大荣誉；可以说，普利策的名字也是新闻从业人员追求的最高荣誉的象征。

他不仅办报成功，更创办了美国著名的新闻学府——哥伦比亚大学新闻学院，他坚持新闻学的学术价值以及培养新闻人才必须由专业学院承担；在他之前，几乎很少人对于新闻学有如此的推崇与信心。

他是有历史眼光的，他是超越时代的。

此外，更令人感到传奇的是，他后来双目失明，但是却超越身体障碍做出了不朽的贡献。1911 年 4 月 10 日，他因失明离开报界时，在《圣路易邮快报》（*St. Louis Post-Dispatch*）上，写下了这么一段话："我知道《邮快报》将永远遵循它一贯的原则：它将为进步和改革而奋斗；它将站在穷人这边，并支援一切公众的利益；它将永远保持言论自由。"

我们可以说，普利策终其一生，都在为上述理想奋斗。他不仅打破当时美国报界的现状，成为独立报业的盟主，而且也超越一切现实社会禁忌，树立现代报业的典型。

他，普利策（Joseph Pulitzer），究竟是怎样的一个人？

1848 年，普利策出生于匈牙利布达佩斯一个富裕家庭，他是匈牙利籍的犹太人。十七岁时他因家道中落投身军旅，但因视力不良、身材矮小，屡遭奥地利陆军、法国外籍兵团以及英国军队拒绝。后来在汉堡，他遇到一位为美国联邦军队征募新兵的军官，才取得前往波士顿的通行费。

在驶往波士顿的船上，普利策无意间听到像他这样的少年兵竟然被掮客剥削了五百元，因此，他愤而要求其他的德国少年兵伙伴团结起来，争取自己的权利，但被拒绝，普利策因此跳船游泳抵达波士顿，再凭自己的力量抵达纽约，加入"纽约林肯第一骑兵团"。他在签约前，还不忘争取五百元的酬劳。普利策在骑兵队的生活并不如意，常与官兵发生争吵，他曾忍无可忍地揍一位公然侮辱他国家、祖先的长官。他那固执、富有正义感、敢讲话、敢挑战权威的个性，在年少时就已经表露无遗。

1865 年 7 月 7 日退伍后，他一直未能找到工作，过着相当困苦的生活，直到 1866 年 10 月，他来到圣路易，情况才有所改变。普利策来到圣路易的初期，做过各种工作，后来在一家律师事务所服务，并在闲暇时到图书馆苦读英文和研读法律，学习成为一位律师。

他在上图书馆时遇到汤玛士·达维生教授，这位以学问与才智闻名遐迩的学者，向普利策灌输了历史、文学与音乐的知识，奠定他一生的学术基础。

十七岁投身军旅之前，普利策的生平甚少记载，所以一般的人了解不多。只知道他的生父菲利浦·普利策是个谷物商人，生活不错，母亲是个虔诚的天主教徒，并有三个身为奥国陆军军官的弟兄，其母在普利策生父过世之后改嫁。普利策有一兄长路易斯早夭，一弟亚伯特，另外还有一个妹妹尔玛。在他的兄弟姊妹中，以亚伯特与他的遭遇最为相似，他也跟着普利策一样在美国经营一家报馆，并曾一度成为杰出的记者，但后来回到匈牙利定居，并与普利策一样，后半生都饱受精神病痛的折磨直到逝世。

普利策的父亲曾提供他们良好的语文教育，所以他所会的语言除了母语匈牙利文外，尚有德文、法文与赴美之后才开始练习的英文。但普利策却未受犹太人的传统及母亲的影响。他并不醉心宗教，他崇尚自由，但对自己要求极高，凡事总要求百分之百，甚至近乎独裁的掌控；他面对不平时选择奋力地抗争，一些生活上的轨迹显示出他从小就渴望成功及反对压迫。

普利策从小就展现出双重性格———面是对家庭不认同，而极欲自拓天地、衣锦还乡；另一面则是想移民在新大陆成就一番事业；由于他在心态上不愿忍受任何歧视，更使他有义无反顾的勇气来成就他的事业。但反过来说，这也造成了他因恐惧失败而不合理的独裁，甚至从某个角度看，他具有相当自卑的心理，所以促使他要以绝对的成功来掩盖。普利策这些性格所造成的原因，与其说是不信任他人，不如说他最相信自己，从他在世的六十四年光景中，我们可在其作为中随时发现这些痕迹。

《世界报》创新猷

《世界报》创立于 1860 年，是一份宗教日报，但不久就陷入由监督人代管状态。由于普利策深具办报能力，他发现《世界报》有经销许可证的宝贵资产，从政治方面看，当时还未有一家对民主党有利的报纸，普利策渴望由他选出个总统，他看纽约州的选举人数，大有左右 1884 年总统大选的可能。从当时报界生态来看，普利策不认为纽约的报业已经饱和，一方面当时的报纸多是严肃的、文艺性的，为有知识的人而编的，并未受到改革思想的感召，因而不适合工人阶级阅读；另一方面，生活安定的中产阶级以上的民众，相当鄙视便宜的报纸。在普利策的理想中，他要办一个具自由与改革主义，以及新闻多的报纸，既能受工人的欢迎，又可以吸引白领阶层。

普利策将《世界报》逐渐经营成一份写实而优雅的报纸，使《世界报》以编写作而闻名于世，他在 1886 年 4 月 10 日辞去他最后一任公职——众议后的两年内，帮助选出总统、纽约州长及纽约市长，他用报纸来争取权力。曾说："我永不能做总统，因为我是一个外国人，但总有一天，我会决定一位总统。"《世界报》的成功不仅使他的新闻生涯更为光彩，更满足了他对政治的渴望。

普利策经营《世界报》，成为他一生的指标。他为《世界报》树立了高尚的报格。新闻界从来没有人如此勇于向特权、财阀及政府对抗，《世界报》不仅是个报社组织，更是一个拥护民主的政治团体；它不仅为当时的美国人谋求福利，其精神更成为日后新闻的典范。

当然，普利策仍不忘过去以激情主义表现新闻的办报方针，这种策略在初期并不被纽约报界人士及《世界报》老班底所看好。

他坚持写作"浓缩"。耸动性标题、简短的句子、爆炸的动词，他不赞成猥亵煽情，而是希望新闻标题和观点意见要活。

至于普利策一直希望由他选出一位总统，主要是因为他心仪克利夫兰，而认为共和党提名的普蓝尼是个满是污点的候选人。克氏当选后，承认《世界报》在竞选期间给予他最大支持。自此之后，《世界报》成为美国最大的民主党报，被公认为全国最有力的政治舆论之一。

当时的纽约有《论坛报》《纽约时报》《太阳报》《先锋报》等，替繁荣的第五街发言；在普利策之前，贫民窟完全没有代言人。他在本能上对贫民权利的被剥夺及其需要深有感触，再加上他特具的那种实事求是的改革精神，使《世界报》坚持以人本主义看待贫苦者。

事实证明，普利策的政策是成功的。因为从 1870 年开始，移民到美国的 500 万人中，有 50 万人在纽约。这些新移民初识文字，程度不高，再加上纽约原居民对当时报界的枯燥新闻不感兴趣，因此，普利策用最简单的方法、简短的句子，表达出最基本的人类兴趣，并且揭发社会的黑暗面，吸引了读者。

《世界报》在普利策买下的三个月内，每天的销量由 22761 份增加到 39000 份；当年年底成为纽约销量最大的报纸。

《世界报》的成功威胁到老报，各报价格纷纷减为两分钱，当时的《先驱报》并在《世界报》刊登全页的减价促销广告六天。1887 年，普利策发行《世界晚报》；1892 年，早晚二报共计 347000 份，超过纽约任何报纸的总和。在 80 年代中叶，《世界报》的广告收入也相当惊人，其利润丰厚，空前未有。

在短短的几年内，《世界报》在美国新闻界获得领导地位，其他纽约编辑人都在注意《世界报》的奇迹，他们或许并不喜欢普利策式的新闻作风，却不得不承认它惊人的成功。所以有些报纸的编者干脆采用《世界报》的稿件，或袭用其新闻写作方式。

1890 年，四十三岁的普利策因视力不良，再加上长久的劳累，导致失明，同时他还有气喘、胃病、失眠、疲倦及精神忧郁的毛病。他安排了一年时间环游世界，以摆脱烦琐事务，达到休息目的。

普利策在《世界报》宣布退休。在名义上，他虽然脱离了《世界报》，但他还是照样不听医师的劝告。《世界报》的主管仍到他家中看望他，听其吩咐。普利策总是要求知悉事实，并做决定。

在他的余生中，普利策都以这种方式参与他的报纸工作，虽然远隔重洋，但依然是这位发行人在做决策指导。"他曾经是一位了不起的记者和编辑；现在，盲而多病，远离家园，但他终究还是一位出色的发行人。"

普利策在失明的前几年着手建立属于《世界报》自己的大厦，终于在 1890 年 12 月 10 日落成。那时，普利策一直与纽约的《太阳报》等报互相攻击；他站在十二层楼上，高呼他战胜了所有敌人。普利策是个倔强的人，独立是他崇奉的神明，华尔街因此震惊，全国所有新闻记者也都对他肃然起敬。

普利策失明，使他从以往的成功变成异常狂躁的忧郁。以往，他总是发号施令的人，现在他受命运的支配，因此不停地咒骂命运，心病也更加严重。但是，他还是不屈不挠地挣扎、振作精神，虽然退休，他依然控制《世界报》，击败医生及自己的神经。

选自：郑贞铭著，《世界百年报人》，复旦大学出版社 2006 年版，第 55-67 页；参看：《简明中外新闻事业史》304-305 页。

李 普 曼

社会改革思想的启蒙

沃尔特·李普曼（Walter Lippmann）是近代新闻传播史上备受推崇、极具影响力的学者。他是美国著名的专栏作家及备受肯定的政论家。更重要的，他是第一位为"民意"做深入研究分析的学者。虽然他否定民意有正确解决政治问题的能力，但是他倡导民意，并使民意在民主政治中扮演重要的推手。

李普曼用毕生的聪明才智为美国对内对外政策、为资本主义出路出谋划策。西方世界朝野均十分推崇他，赞誉他为首屈一指的"无冕王""白宫的谋士""华尔街的智囊"，他是西方新闻界赫赫有名并备受尊重、推崇的人物。因此他不仅被认为是美国最伟大的政治评论家，也被公认为20世纪最重要的政治思想家。

沃尔特·李普曼，1889年9月23日生于美国纽约市，他的家庭是德国犹太移民的第二代，从小家境优渥。他的父亲是一位富有的服装制造商和地产商，母亲则为犹太人。他从小就过着十分富裕的日子，加上又是家中独子，格外受到父母的宠爱，并且要把他培养成一位学识渊博的学者。从童年时代起，每年夏天李普曼都跟随父母到欧洲旅游、避暑，也使得年幼的他耳濡目染，熟悉欧洲的建筑、雕塑、绘画、语言以及地理历史。

李普曼自幼生活在犹太人圈子中。七岁时，他被送到一所私立贵族男校读书，这是一所为德意志犹太人集团的子弟开办的学校，教师也多为犹太人。

由于李普曼聪明好学，成绩相当优异，特别是外语能力，包括法文与西班牙文的成绩都很好。中学时代的李普曼就开始给校刊写稿；在萨克斯男校，他饱览许多文学名著，为自己打下了良好的学习基础。

李普曼不太想与犹太族化为一体，他在兴趣与抱负上都竭力想冲破种族的约束。1906 年，他十七岁从中学毕业，因为学业成绩优异，免试保送进入美国著名的学府哈佛大学就读。父亲希望他能学习法律，将来成为一名出色的律师，但是，他本人对法律没有兴趣；母亲建议他学习艺术，他自己则想成为艺术史学家，最后他选择了"社会批评"。

李普曼花了三年时间修习七门哲学课程、五种语言课程，包括拉丁语、法语、意大利语等，以及三门英语课程和比较文学课程；此外，还有三门经济课程、一门历史课程、一门政治课程。他大部分成绩都得到 A，获得学术荣誉奖励。李普曼只花了三年时间，就得到大学学士学位。

由于在萨克斯男校奠定了良好的基础，李普曼进入哈佛之后学习颇为顺利，他有更多空余时间上图书馆、参加校园活动。有一次他听过哈佛大学柏拉图哲学大师桑塔耶那教授的演说之后，开始对哲学产生浓厚兴趣，并在他门下担任助教。

进入哈佛大学第二年的复活节前一个星期，一场大火席卷了学校附近的贫民窟，数以千计的人无家可归。这情境大大激发了李普曼的同情心，他志愿参加波士顿公民福利机构，这是他真正接触贫民的开始。他目睹了贫困是人类社会的现实，开始怀疑产生这种贫富不平等的制度，进而产生社会改革的思想。

之后，他参加了费边社，每个月交纳一英镑的会费。费边主义主张以渐进温和的方式来改善贫穷状况，而非以暴力使穷人达到资产阶级的生活水准。他不赞成马克思强调的阶级斗争，认为煽动群众去搞暴力行动不是实现一个完美世界应采取的方式。

1908 年，李普曼与另外八位同学组成了"哈佛社会主义俱乐部"，他被推举为主席，这个俱乐部的活动并非局限于校园之内，他还到其他大学做鼓动演说。1910 年校际社会主义协会在纽约召开第一次大会，李普曼在会上发表了引人注目的演说，同年底他参加了该协会的执行委员会。

20 世纪初期的美国，劳资之间的冲突日趋激烈，反抗运动时有所闻。喜欢改革的李普曼对自己的前途问题做了认真的思考，他认为艺术史太浅薄，学法律对他而言，则是不可思议。他对校园学习生活开始感到厌倦，毅然舍弃了指日可待的硕士学位，离开哈佛大学，投身社会改革的实践。

政论专栏影响广泛

由于在哈佛大学社会主义俱乐部的活动，李普曼结识到许多波士顿社会上的改良主义者，其中成员之一拉尔夫·艾伯森筹募到一笔经费，办起一份报纸——《波士顿平民日报》，并担任发行人。这些人不懂新闻，但是有理想，同时需要优秀记者，于是邀请李普曼担任。

不过，记者生涯与李普曼所想象的大不相同，他只是在报纸里阅读剪报以及重新阐述事实，工作十分单调乏味。李普曼大失所望，只做了六个星期就辞职离开。

李普曼真正的新闻生涯，始于为林肯·史蒂芬（Lincoln Steffens）主编的自由主义刊物——《人人杂志》（*Everybody Magazine*）担任编辑，并兼任史蒂芬的秘书，他在这本杂志做得很出色。1911 年，李普曼转向自由撰稿，他曾为社会主义观点的月刊《新共和》（*New Republic*）写政治性专栏，还为纽约《号角周刊》与《群众周刊》写稿子，同时参加自由主义俱乐部。后来李普曼辞职撰写他的第一本书——《民意》（*Public Opinion*）。

1912 年，社会主义者伦恩当选为纽约州斯克内克塔迪市市长，他因缺乏政治经验，需要物色一名助手，于是找上了李普曼，担任草拟发言稿、起草政治预算、向相关记者提供新闻稿件等工作。不过，工作了四个月之后，李普曼觉得伦恩的政策过分软弱，因此离开公职躲到缅因州从事专业写作，先后出版《政治导论》《放任与驾驭》等书。他在写《放任与驾驭》一书时，正值二十五岁，此时他已开始关心俄国革命的动向，他在书中提醒西方世界关注潜伏的社会主义革命的婴儿。

他在《政治导论》一书中引用精神分析理论探讨人性问题，并且把它作为社会分析的方法，从而得到结论，认为人类基本上是不能以理性来控制其本能的冲动和欲望，人类社会很难达到这种完美的境界。

第一次世界大战爆发后，李普曼由威尔逊总统推荐给陆军部长牛顿·贝克，担任其助理，担任政府派驻军营协调委员会三名代表之一，协助处理劳工关系。一战结束时，陆军部长贝克给他看了一份机密文件，这份文件计划瓜分战利品，李普曼大表震惊。之后他草拟了一份"关于战争目的与和平条款"文件，它勾画出了欧洲国家的新边界，经过威尔逊总统与幕僚讨论之后，成了具有历史意义的十四点和平纲领。但是，最后因协约国内部争吵不休，十四点和平纲领未被采纳，李普曼失望地离开巴黎回到纽约，他接受《曼彻斯特卫报》的邀请，担任该报的记者。

为了多赚取一点外快，他曾在《浮华社会》写专栏文章，一直持续到1934 年。他发挥其写作特色——冷嘲热讽的笔调、对人物分析的天赋及知识分子的幽默诙谐情调，甚至还带有一些浪漫理想主义。之后，李普曼将这些专栏文章集结出书，名为《主宰命运的人》。

从第一次世界大战新闻界所表现的经验中，他认为一些报刊报道的消息都是虚假不可信的。1917年李普曼先后在《大西洋》杂志发表三篇文章，论述了新闻自由的重要性，后来他集结三篇文章出书，并题为《新闻与自由》（*Tne Press and Freedom*）。

他与朋友从1917年2月以后共计三年时间，对《纽约时报》关于俄国革命情形的报道进行调查。结果发现著名的《纽约时报》所发布的消息不是基于事实，而是受主持新闻机构的某些人的主观所主宰；研究并发现《纽约时报》报道布尔什维克政权行将垮台的次数，竟高达九十一次之多。

之后，《世界报》请李普曼为其写社论。《世界报》拥有的读者是昔日《新共和》的十倍之多，而且《世界报》允许他随心所欲地写，报酬也更高。他工作一年多以后，升任为该报社论版的代理负责人，年薪增加到一万五千美元，同年底又升任为社论版主编，年薪增加到两万美元，同时还担任该报理事会成员。

李普曼在《世界报》的工作、著作和地位，使他的声望大增，许多政界人士和金融家都讨好奉承他，大学也授予他荣誉学位。当时美国新成立的智库"对外关系委员会"也邀请他加入，他还经常为这个委员会的刊物——《外交》季刊写文章。

《世界报》是一份民主党的报纸，可是，在共和党执政期间，李普曼在华盛顿的名声依然很高。1923年哈定总统去世，柯立芝继任总统，李普曼仍然被邀请到白宫与总统共进午餐。最初李普曼对民主党寄予厚望，而且对大众的先天智慧有一种近乎神秘的信赖。但是，随着他生活阅历增加，他最后又转而得出大众是愚昧无知和不可教诲的结论。

1930年，李普曼在《世界报》合约期满后，意外接获哈佛大学的邀请，请他去该校政治系任教，北卡罗来纳大学则请他去当校长；不过，李普曼并不感兴趣。1931年他接受纽约《先驱论坛报》的邀请，开始撰写《今日与明日》（*Today and Tomorrow*）时论专栏，同年他作为政治学研究院的荣誉学人，参加该院在阿斯饭店举办的盛大宴会，托马斯·拉蒙特在宴会上首先起立向李普曼表示祝贺，他呼吁政治学研究所通过一项决议，赞扬李普曼对美国新闻界做出的贡献。

李普曼为纽约《先驱论坛报》所写的《今日与明日》专栏，总共持续了36年之久。它是美国迄今为止，在报刊写作数量最多、持续时间最久，以及影响最广的政论专栏。

1962年5月底，李普曼与《先驱论坛报》的合约即将届满，他的好友《华盛顿邮报》负责人葛兰姆夫妇兴奋不已，并立即向李普曼开出优渥条件。他们请李普曼到华盛顿邮报公司，为《新闻周刊》写专栏文章，并与李普曼签订一项十年合约，保证有一百万美元薪资收入，足足比他先前服务的《先驱论坛报》多出百分之五十的报酬。

此外，《华盛顿邮报》还免费提供他办公费用、一套在纽约的公寓、一辆专门接送他去纽约的高级轿车以及所有的旅行费用。1963 年，李普曼开始为《新闻周刊》撰写专栏文章，刊出以后，其销售量比以前增加百分之四十。从此，《新闻周刊》销量稳步上升，足以与《时代》杂志分庭抗礼。

选自：郑贞铭著，《世界百年报人》，复旦大学出版社 2006 年版，第 119-126 页；参看：《简明中外新闻事业史》366-368 页。

亨利·鲁斯

《时代》杂志草创

在杂志王国中，《时代》周刊（*Time*）数十年来表现了始终不坠的水准，为世人所推崇，而其创办人亨利·鲁斯（Henry R. Luce）与中国关系之密切，也属新闻史上所罕见。怀抱理想的鲁斯当初如何实现他的理想，其与蒋介石的交情又是如何建立的，更是许多人瞩目且感兴趣的焦点。

鲁斯出生于中国山东的一个传教士家庭，家道小康，从小就受很严谨的家教。中国的历史文化，对鲁斯有不少影响。1914 年发生第一次世界大战，各大校园激起爱国情绪，不少年轻人基于正义感与爱国心，纷纷投笔从戎。正在耶鲁大学念书的鲁斯，也像一般年轻人一样，基于激愤，也投入了战场。

1917 年 5 月，亨利·鲁斯来到南卡罗来纳州荒僻的杰克森兵营接受预备军官训练，在那儿他认识了海登（Briton Hadden），两人都是耶鲁大学的学生。这个因缘际会使他们结为好友，为他们埋下了日后合伙的种子。有一天晚上，鲁斯和海登一起从沙漠中的训练营走回营房，他们辛苦地跋涉了好几个小时，一路上谈了许多事，也谈到未来的梦想——要共同创办一份刊物。

大战结束后，他们在 1919 年回耶鲁继续学业。至此，他们心中的"那份刊物"依然只是一个模糊的影子，一个梦想。毕业后，鲁斯未急着找工作，就先去欧洲，而后到《芝加哥日报》担任记者。海登则前往纽约，在《世界报》工作。后来，在一个奇妙的机缘下，他们同时来到《巴尔的摩日报》工作，这个会合使他们的事业之路终于交会在一起。在这段工作期间，他们对"那份刊物"的构想日渐成熟，于是在 1922 年 2 月 6 日辞去工作，两天后即赴纽约，此时他们只有二十四岁。

经过初步的征询意见，鲁斯和海登便开始草拟发行缘起，首先就是说服自己和别人，为什么要创办一份新杂志。他们草拟了出刊计划。

在一篇很详尽的缘起中，两位创始人特别指出，《时代》周刊与其他刊物——特别是日报，其主要不同处就在于它的内容。它对每一件事件精简处理，把发生的事以新闻（事实），而非"评论"的方式呈现出来。

在编辑政策和原则上，《时代》没有社论，但强调创始人是有原则和共同信念的。《时代》杂志的信念共有六点：1）相信世界是圆的，羡慕政治家的世界观；2）不主张政治干扰生活；3）反对增加政府开支；4）对金钱买不到的东西具有信心；5）对古老的事物，特别是观念，予以尊重；6）对新事物，尤其是新观念最感兴趣。

有了具体的计划后，鲁斯和海登便去拜访曾经鼓励过他们的艾佛瑞特。艾佛瑞特指点他们，要想贩售这样的刊物，就必须了解"直接邮购"（direct mail）的推销技术，于是他们通过渠道获得了《世界工作》杂志的订户名单，就将"缘起"寄给七千个订户，先做一次民意调查。结果有七成的回收率，可说相当成功。这使他们体认到投资入股及组织财团法人的重要性，于是就向自己的亲戚、耶鲁大学的同学一一推销。

1922 年 11 月，即他们从《巴尔的摩日报》辞职后九个月，他们在挫折和鼓励的相互激荡下，筹足了 86000 美元的资本，认股 70 人，其中 46 人都是他们在耶鲁大学的前后期同学，于是决定出刊。

在《时代》杂志草创阶段，一切从简，他们设址在纽约东城四十街九号的九楼，虽然简陋，但是靠近"第五大道"，这是著名的闹市区。早期由于人手不足，每一个编辑部的工作人员，都要担任好几种角色。

在编辑部积极作业之下，《时代》周刊于 1923 年 2 月 17 日前完成两期试刊，到了 2 月 27 日的午夜十二点半，他们更将最后一篇稿子编好付印，于 3 月 3 日出版第一册第一号，连封面在内共有三十三页的《时代—新闻周刊》（*Time-The Weekly News Magazine*），这份历史性的刊物终于正式问市。

《时代》周刊在这个阶段，确立了"新闻意义是可以解释的"编辑走向，同时，《时代》在新闻的处理上常有不同观点并呈的现象。而鲁斯和海登亦深谙制造新闻的是个人，而不是政府或其他神秘势力，因此确立了"人物制造新闻"（people make news）的新闻走向；无论国内外新闻人物及其言论，皆可反映在《时代》杂志的内容和形式上。

为了符合这些原则，《时代》早期的版面凸显出下列几个特色：1）强调封面人物和新闻人物的照片插图；2）重新改写新闻，根据其性质和内容加以详细分类；3）全本刊物所刊登的改写新闻，几乎可说完整无缺地呈现整体风貌。

就当时而言，你手中握有一本《时代》杂志，几乎就掌握了当周的世界大事，而封面人物更是夺人耳目，让人印象深刻。

奠定成功基石的要素

《时代》杂志在创刊号印出 25000 份后，除免费赠阅外，实际的订户不过 9000 份。

根据《时代》周刊于 1923 年底的结账来看，第一年的亏损超过了 39500 多美元。若从营业的观点来看，实在令两位创办人非常泄气。但是一封封的读者来函，却使他们在精神上得到莫大的鼓励。譬如当时的富兰克林·罗斯福总统就曾亲自写信给鲁斯表示："非常欣赏你们的新刊物，每一篇文章都值得阅读，每一个美国人都应该参阅，以了解国家和世界大事……"其他还有许多类似的反应。由于《时代》杂志受到热忱的鼓励，他们决心更加努力地办下去。

一年以后，鲁斯接任总裁，经过他的努力，营业转亏为盈，销售量也从 35000 份增加至 70000 份。从鲁斯当时给股东的报告中可以看出，专业的广告户已经发现"《时代》是一份很优良且有潜力的传播媒介"，而当时在《时代》杂志上刊登广告的客户，包括通用汽车公司（GM）、西屋电器公司（Western Electric）以及制造牙膏的高露洁（Colgate）公司等，这证明《时代》的广告收入将趋乐观。

从 1925 年底，《时代》杂志更增加股票数目，增资扩大营业，除了发行《时代》周刊之外，还买下《星期六文学评论》，约增加 8000 多个订户，那一年的成果，使销量自 70000 份增加到 107000 份，总收入增加到 45 万美元，其中 107800 美元系广告收入，成绩相当可观。

当然，《时代》杂志的魅力，主要还是在编辑内容上。在海登负责《时代》杂志编务期间，他认为在不违背严肃的新闻原则下，适度的幽默是无伤大雅的。

海登与鲁斯对孕育中的《时代》杂志，计有三大理想。

第一，新闻必须加以完美的组织；每一篇稿件，应该出现在杂志中"合于逻辑的地方"（in the logical place in the magazine）。每一个部分，也应该可以分组细目。

第二，《时代》杂志应该表现出新闻的意义是什么（what the news means）。它应该依照新闻的方式而非评论的方式，"简洁地处理每一个重要的事件"。如果两者均须表现，一定要明白指出哪一个应占较强的位置。《时代》不是刊载社论或文章来证明任何特别的案件；但是，编者承认，对公众事务与重大新闻，要恪守完全的中立，是难得的，也是不可能的。因此，编者要准备承认某些用不同尺度预先衡量他对新闻的意见之偏见。

第三，《时代》杂志认为"个别的人"（individual person）制造了新闻，而不是政府跟神秘力量制造了新闻。有影响力的人物，胜似只具姓名的舞台角色。重要的是，了解他们所饮的是什么酒？他们所祷告的是何种神？他们喜好的是哪一种战斗？因为"政治人物使得公众事务活跃"，《时代》杂志应该描述公务人员的人格与私见，甚至应该尝试"使编辑人员如同参议员般为公众所知"。

如果我们归纳《时代》杂志这三大理想，那就是如何为一般生活忙碌的公众编辑一份精简、系统、客观、公正以及深入新闻里层，以人物为主的新闻性刊物。这个理想，也是《时代》杂志经数十年来努力追求所形成的风格，而现代新闻文学中"解释性新闻"的风行以及受到忙碌读者所喜爱，这三大理想，也是一个滥觞。

而在《时代》的编辑技术上，则强调几个重要的编辑要点：1）文字简洁而有吸引力，可读性高，使读者一旦开始，便有不忍释手的感觉；2）严格查证事实，包括人名、地名、日期和其他专有名词或历史事实，他建立了一个资料库和充实完备的图书库，这制度一直沿用至今；3）新闻的详细分类，一方面使读者阅读方便，容易在不同的专栏标题之下，寻找或辨识各篇新闻的性质和种类；另一方面，也使编辑的分工和资料员的整理，更加有效而能事半功倍。

这些编辑特点都是在海登出任主编五年内所规划的，一直到1960年都未曾有任何形式和内容的改变。当然，鲁斯也坚持这种政策。《时代》杂志的风格可以说是鲁斯和海登的共同智慧的结晶。

任何文化事业的成功，都无法脱离企业化的经营。虽然《时代》杂志在开始时规模甚小，加上海登与鲁斯两位创办人关系深厚，且在名义上也兼有编辑或总裁的相同职务，但事实上他们凡事都互相商议，共同决定，所以在许多业务上没有严格的划分。而在其他人事上，他们所邀请或聘雇的助手，也都是比较亲密的朋友或亲戚。因此，除了职务上和待遇上有所区别之外，平时在工作上，也都是兴趣相投。这种经营形态属于小企业的经营管理模式。

不过《时代》逐渐扩大之后，特别在1929年海登早逝之后，鲁斯除了兼任主编和公司总裁之外，又立刻于1930年买下《生活》杂志（Life），重新设计，使其成为一个新闻图片定期刊物，所需的职员大大增加，在组织上不得不重新调整，使之企业化、分层负责，实行专业制度。

　　而《时代》的基础是按照美国资本主义的形式建立的，它有集股资本、专业顾问、公司组织、鼓励职员的办法，职权分明，使各人都有尽量发挥所长的空间，而不是一般小型的出版事业，尤其不像小型刊物，只有编辑和发行人个人至高无上的权力控制。

　　此外，《时代》杂志在经济上独立，在人事上也重视职员多方面的才能，不惜给以最高的报酬，使他们都能恪尽职守，同时也给予最大的自由，使他们发挥最大的潜力，将美国企业文化的精神发展到了极致。

　　选自：郑贞铭著，《世界百年报人》，复旦大学出版社 2006 年版，第 129-138 页；参看：《简明中外新闻事业史》第十六章。

爱德华·默罗

爱德华·默罗简介

　　默罗是广播和电视新闻业的"开山宗师"，因为他独创了战地现场广播、连续广播报道等口语广播形式。这些形式的创新，不仅真正发挥了广播的优势，而且使广播在美国成为合法、严肃、传播面极广的新闻媒介，改变了过去人们一直只把广播当做消遣娱乐工具的看法。1940 年 8 月，第二次世界大战欧洲主战场炮火犹酣，《这里是伦敦》开始现场第一次直播——爱德华·默罗站在伦敦一间民居屋顶上，迎着德军的狂轰滥炸，以平静的语调开播："你好，这里是伦敦……"就是这些现场播报，奠定了默罗在美国乃至全世界杰出广播电视主持人和杰出战地记者的地位。

　　默罗的人生后期，以反抗臭名昭著的"麦卡锡主义"而闻名。好莱坞著名影片《晚安，好运》（乔治·克鲁尼导演）就再现了 20 世纪 50 年代默罗与极端反共主义者麦卡锡参议员的坚决斗争。

　　然而，对于中国广大公众而言，默罗的知名度远不及 CNN（美国有线电视新闻网）的拉里·金、ABC（美国广播公司）的彼得·詹宁斯、NBC（全国广播公司）的汤姆·布罗考等人，也比不上他在 CBS 的后继者沃尔特·克朗凯特和丹·拉瑟。默罗的时代似乎已离我们远去了。当 20 世纪六七十年代，电视的影响波及地球每个角落时，他却永远离开了其终生热爱的新闻事业。1965 年，正当 57 岁盛年，默罗却死于肺癌。

　　但是，无论是对于美国还是世界新闻史来说，默罗无疑是一个里程碑式的人物。他对美国广播电视新闻事业的意义，如同孔子之于儒家学说、老子之于道家学说一样重要。默罗以他的行动成就了新闻事业的辉煌，为后世新闻记者树立了典范。同时，他的传奇人生也为每一个渴望成就一番事业的人们提供了参考。

默罗出身于一个中产阶级家庭，从小就接受严格教育的他，养成了沉稳老练、不苟言笑的独特个性。他的现场报道奠定了美国新闻电视时代第一黄金时期的基本格调——庄重、沉静，声情并茂而定位简洁、客观真实。他对新闻报道的热情、客观、正义，为美国新闻界留下了一份良心与价值观念的遗产，而他也由此成了美国新闻史中第一代"英雄人物"（如图1所示）。

为纪念他，美国新闻界还创办了一项"爱德华·默罗奖"；美国塔夫兹大学弗莱彻法律与外交学院还成立了爱德华·默罗公共外交研究中心。

图1 爱德华·默罗在纽约

至今在纽约 CBS 总部大堂里还挂有一幅写着"他树立了无与伦比的典范"的牌匾，这个典范就是被称为美国"媒体良心守护神"的默罗。有人则称默罗是"美国人民的斗士"。

好莱坞影片《晚安，好运》就是以默罗为原型、反映其不凡一生与卓越贡献的作品。2005 年复旦大学出版社出版了《爱德华·默罗和美国广播电视新闻业的诞生》，生动诠释了这位一代名记的传奇人生，该书作者 Bob Edwards 也是美国广播界明星，曾获皮葆迪大奖，其专业眼光和传神描写使该书成为《纽约时报》畅销书。对于了解默罗和他那个时代，这是一本很有启发又非常精练的传记。

二战前线的现场广播

1940 年伦敦轰炸期间，默罗制作的现场新闻报道《这里是伦敦》系列节目，给远离欧洲战场的美国听众留下了深刻印象。请听他的播音："我现在感觉探照灯似乎就在头顶扫视。你将马上听到更近一点的两声爆炸。听！这猛烈的、冷酷的爆炸声……"他的播音使人终生难忘。

8 月 24 日星期六，3000 万美国家庭坐在起居室内的收音机旁，收听默罗的现场广播——《这里是伦敦》。节目一开始，收音机里传出的是震耳的空袭警报与隆隆的炮声。接着，默罗以一种慎重、准确而有节奏的声音道："你们此刻听到的噪声是空袭警报发出的声音，在不远的地方，探照灯突然亮了，一道强烈的灯光正在我上空划过。人们在静静地向前走。我现在正在一个防空洞门口，我得把电缆线挪动一点，这样可以给人们腾出进入防空洞的通道。"在现场音响与现场情景的生动纪实中，默罗传达给那些看不见战场的人们一个基本事实：在欧洲大陆发生了那么多难以置信的事件，希特勒向西线发动了"闪电战"，比利时、荷兰、法国相继沦陷。此刻又轮到英国，戈林元帅的德国空军正在英伦三岛上空肆虐，不列颠人正在孤军奋战。

在不列颠战役中，默罗的广播报道主要是在午夜后进行，即与德国空军空袭同步进行。通常情况下，他在前往演播室路上就开始广播。这期间他好几次在街上被炸弹爆炸引起的冲击波击倒，有一次一个大弹片甚至就落在他几秒钟前的位置上。

默罗最不愿意做的事是进防空洞，除非是去那儿采集新闻。他自己解释说："一旦进了防空洞，你就会慌张得不知所措。"有人问他为什么要冒险，他说："我有一种农民的头脑，我写不出没有看见的东西。"他认为这样做不是逞匹夫之勇，也不是显示自己，而是在做一个战地记者应该做的工作：尽可能找到更多的第一手报道材料。当空袭最猛烈时，默罗要求站在 BBC 广播大楼顶上做现场报道。因这是德军轰炸的主要目标，英国空军拒绝了他的要求。最后丘吉尔首相受到这个年轻的美国记者的感染，出面批准了他的请求。于是，无论美国还是英国，都听到了默罗在最危险的地方与事件同步进行的现场报道。

以生命为支撑，默罗将现场播报的技巧与方法发挥到极致。现场报道正在发生的新闻事件，随着事件的发生、发展，边观察边叙述，将现场解说、现场效果和音响融为一体。而他也成了西方 20 世纪 40 年代解释性新闻广播报道最出色的代表。他知道这样的广播本身就是一场战斗。就这样，默罗夜复一夜地走上 BBC 广播大楼顶上，把世界名胜圣保罗大教堂、威斯敏斯特大教堂、特拉法加广场的劫后灾情报道出去。有时他甚至跪在下水道中，伸出话筒，让美国听众也能听到扑向那些古老街道的爆炸声。人们能从他的话筒中听到他周围的房屋在爆炸声中纷纷倒塌的声音。

BBC 广播公司大楼被炸了 3 次，CBS 设在伦敦的办公室也被炸了 3 次。可是，他那每晚出现的权威的声音，依然不断地把最新战况、把英国人的生存现状带给美国家庭，使他们身临其境。轰炸再猛烈，他也总是用平静沉郁的声音报道其见闻，从不借机渲染以哗众取宠。广播结束时，他总是用伦敦最近的习惯语向听众道别："再见——祝你幸运。"

难能可贵的是，默罗在战事新闻报道中，从不对英国的苦难袖手旁观。正是通过他的声音，当时处于中立的美国政府与人民认识到欧洲正发生一场灾难；也正是通过他的声音，美国政府和人民意识到欧洲和美国虽一洋之隔，但命运已使他们联系在一起。如果他们对处于纳粹统治下的欧洲人民无动于衷，则欧洲的今日就是美洲的明天。

1941 年 12 月 8 日，日本偷袭珍珠港，罗斯福总统请求国会批准美国对日宣战。3 天后，德国与意大利向美国宣战。默罗看到美国青年应征入伍，也想入伍出征。但华盛顿方面告诉他，作为广播记者他在起着重要作用。未能入伍的默罗没有放弃战士身份。盟军转入反攻后，他离开伦敦，随盟军到德国上空报道轰炸德国的大规模军事行动。在一次行动中，与他同行的 4 名记者有 2 名死于炮火中，默罗没有后退，他继续参加飞行报道，总共参加了 25 次空袭战斗。

1944 年 6 月 6 日清晨，默罗在伦敦宣读了盟军最高统帅艾森豪威尔发布的大规模反攻命令，期待已久的欧洲第二战场终于开辟。此后，在默罗的不断组织与协调中，广播新闻史上又一桩伟大的新闻事件，再次吸引着千百万听众的注意力。在诺曼底登陆过程中，从欧洲大陆传到伦敦的现场报道和录音报道多达 29 次，默罗又把这些报道传回纽约总部，让听众不时听到最新战况，听到总统讲话，听到来自纽约、华盛顿与伦敦的评论。无线电里充满了战时新闻。在这次大规模报道中，默罗再次充分展示了他的新闻组织和报道的才华。

二战之后电视传播的成就

1948 年美国两党代表大会期间，默罗第一次出现在电视屏幕上。面对迥异于广播的全新媒介，他在寻找新突破。

1950 年，默罗以电视记者身份前往远东，采访报道朝鲜战争。他对这场战争的基本态度是：美国不应卷入，应撤出朝鲜。基于这一观点，他发出的报道遭到前所未有的厄运：被 CBS 枪毙。他的职业生涯受到了巨大挑战。但是，如同二战前奔赴英国一样，他打定主意，一定要在新媒介上一显身手。

1951 年 11 月 18 日，默罗迎来了他战事报道的第二个高峰。他创办的电视报道《现在请看》正式播出。节目所采取的视听结合、以连续运动变化的屏幕形象来传达事实的新形式，给观众带来了更强烈的真实感。他成了一个真正的电视时代开始的标志。这同时说明，默罗也非常重视广播电视在服务社会和公众方面的功能。

在此之前（1950 年），默罗和弗雷德·弗兰德利合作创办了《现在请听》，此时他又和唐·休伊特合作创办了《现在请看》。这两档广播电视新闻节目都坚持为社会提供高品质新闻资讯的理念，开创了深度报道的先河。他身体力行，领导着这些节目，使之成为美国广电新闻深度报道的典范。而由《现在请听》到《现在请看》，其实就是对广播节目家用属性的继承和扩大。

经过默罗的不懈努力，《现在请看》成为美国电视史上最轰动的节目。默罗的实践再次表明：战事新闻传播是媒介革命的助产士。只有那些敢于并善于利用新媒介的人，才可能摘取战事新闻王冠上的明珠。更重要的是，默罗同时也给美国新闻界留下了一份良心与价值观念遗产，那就是正义战争得道多助，非正义战争失道寡助。20 世纪 50 年代初，默罗还创办了《面对面》人物专访节目，在这个节目中他采访了 500 多位社会各界名流和政界要人，包括 1956 年对中国总理周恩来的专访。默罗在《面对面》节目中充分利用电视的特点，在以交谈为主的同时还穿插画面展示名流们的生活、工作、环境及个人爱好。直到今天，他的专访节目仍然是美国新闻院校教学例证的材料。一般认为，默罗是电视人物专访节目的推动者，他开创了一种轻松的人物采访风格，并将轻松风格同高超采访技巧结合起来。

默罗为电视带来的不仅仅是个人的名气和成功的节目，还有巨大的受众群，也就意味着高额的广告预算和电视的进一步普及。据《广播年鉴》统计，1950 年时仅有 13% 的美国家庭拥有电视机，到 1955 年这个数字增长为 68%。昔日广播网巨头已成为不断壮大的横跨广播、电视、电影等相关行业的传播巨人。1953 年美国 ABC、CBS、NBC 三大电视网迅速崛起，开始进入"三国演义"时期。

默罗对他主持的新闻节目赋予了很高的品位。他很少为投入产出而斤斤计较，他要做的仅仅是为社会提供高品质新闻。最终他也为此付出沉重代价——被迫结束了在 CBS 近 30 年的新闻生涯。

1961 年默罗就任美国新闻总署署长一职。有感于商业广播电视公司的过度商业化，为满足公众需求，他又促成了 PBS（美国公共广播公司）的诞生与运营。

选自：李子迟著，《战地记者——他们让战争更真实》，北京工业大学出版社 2007 年版，第 14–25 页；参看：《简明中外新闻事业史》432 页。

沃尔特·克朗凯特

由 CBS《晚间新闻》崛起

沃尔特·克朗凯特（Walter Cronkite）曾被誉为全美最受信任的人。他在美国电视新闻界纵横数十年，以权威的报道以及公正无私的评论，在 20 世纪 60 年代成为哥伦比亚广播公司（CBS）的超级电视明星，70 年代被推举为全国最受信赖的人物。因为他的公信力，成为美国家喻户晓的权威人物。

《美国新闻与世界报道》每年选出二十位对美国最具影响力的人，他与《华盛顿邮报》发行人凯瑟琳·葛兰姆、《纽约时报》发行人苏兹贝格，同被列为二十名以内的人物，并且连续三年入选。与美国总统、国务卿、国会议长、大法官会议主席等相比，他的影响力亦不逊色，他将新闻界人物的信誉推到了最高峰。

沃尔特·克朗凯特，1916 年 11 月 4 日出生于 Saint Joel 的一个荷兰移民家庭，父亲是牙医，母亲是出色的舞蹈家。在他两岁的时候，全家搬到了堪萨斯。当时堪萨斯是一个充满罪恶的城市，空气也很肮脏，许多农夫甚至因此离开，或是搬到加州。克朗凯特的家境虽不算贫穷，却也不是一个富裕的家庭。他曾经上过并不喜欢的钢琴课，他的双亲对他爱护有加，期望殷切。

克朗凯特还是个小男孩时，就曾派送过报纸和杂志，但只是把它当打工，他一心想当记者。他记忆最深刻的就是总统去世时他刚好在卖报纸。

他十岁时，举家搬到休斯敦，当时没有电视，只有广播。广播对当时的家庭来说很重要，主要是欣赏音乐；电影也是当时影响性很大的媒体。克朗凯特常去看电影，也很喜欢电影故事。

十六岁从高中毕业，克朗凯特的同学集资要到芝加哥参加世界博览会，这也是他第一次看到电视机，并且自愿上电视做示范。这种经验加深了他的信心，以及对电视的兴趣。

他在得州大学念书时并不用功，因为他常把时间与精力花在课外活动上，但他的教授常叫他发表意见。他以打工来赚取大学学费和生活费，甚至一次兼两到三份工作。他也是《休斯敦邮报》（*Houston Post*）的校园特派记者，负责报道学校附近的地方消息。

后来克朗凯特在奥斯汀分校的 KNOW 广播电台播报下午的体育和篮球新闻，有时也播些其他的新闻。电台经营人说他很紧张，没有办法胜任广播主播的工作。事实上，虽然他从来没有上过演讲或修辞的课程，但是他有信心成为一个主播。由于他常在媒体工作，旷课太多，甚至从学校辍学，这成为他一生最大的遗憾。

克朗凯特在休斯敦的 KCO 广播电台遇到他的女友，日后成为他的妻子。1940 年他就与这位在堪萨斯城《邮报》担任妇女版编辑的贝特西结婚；不久，克朗凯特又回到合众社任记者，由于合众社特别重视时效，所以工作很刺激，也很具挑战性。

二十五岁时，克朗凯特被派到珍珠港当记者，虽然他只有二十五岁，却已是"新闻界的老人"，写过最大的新闻就是北大西洋战争；当其他记者都被保护着，他已经出入过北非很多次了，也比电视记者更早传回报道。当 1943 年有八架飞机轰炸德国时，他也去受训当特派员，每天都飞出去采访，一点也不怕危险或死伤，他也学会用机枪，独立奋战两到三个小时而没有受伤。

1942 年，他作为战地记者赴伦敦报道大战消息，多次冒着生命危险采集新闻。在一次乘盟军飞机做报道时，65 架飞机中有 13 架被德军击落，他死里逃生，抢发新闻；但他的一个同事，《纽约时报》的记者鲍布·波斯特，却当场丧生。

克朗凯特的勇气和充沛的精力引人注意。CBS 老板默罗要他加入，一周付给他 125 美元；而当时他在合众社每周挣 67 美元。他的上司不同意他离开合众社，便把他的薪金增加到每周 92 美元；这个数目在当时的合众社记者中算很高水平。到 1948 年，他每周挣到 125 美元，成为合众社薪金最高的记者。

从欧洲回国后，堪萨斯城 KMBC 电台总经理以每周 250 美元的薪金聘请他担任该台驻华盛顿记者。在华盛顿，他以迅速、准确、简洁的专业表现很快打开局面，颇受同行的赞誉。

1950 年，默罗再次聘请克朗凯特到 CBS 工作，他欣然接受，到 CBS 华盛顿 WTOP 电视台任记者兼广播员。他起初负责该台六点的新闻节目，并且得到一位资助人的赞助；当时新闻节目得到赞助还是件新鲜事。

直到 1954 年，克朗凯特一直待在华盛顿。同年年底，他应邀赴纽约主持

CBS 新开办的《晨间新闻》（*Morning News*）。节目主要报道软性新闻，依赖漂亮的面孔和喜剧小角色。但由于他对这种轻浮的节目不感兴趣，因而离去。

1962 年，克朗凯特被任命为 CBS《晚间新闻》（*Evening News*）节目主持人。这是他电视记者生涯的重大转折点。

他的任务是与当时闻名全国的两位主持人——全国广播公司（NBC）的亨特利及布林克利相抗衡，提高 CBS 新闻的收视率。他以牛马般的精力从事晚间新闻报道，特别强调新闻的迅速、准确、客观，尽量报道当天发生的所有重大新闻。像《纽约时报》被认为是"记录历史的报纸"一样，在克朗凯特的领导下，CBS《晚间新闻》被认为是"记录历史的广播"。

1963 年 11 月 23 日东部时间下午一点四十分，克朗凯特颤抖的声音突然出现在 CBS《当世界转变时》节目中，因为肯尼迪总统的车队在达拉斯遭到枪击，总统伤势非常严重。

他是第一位在电视上报道该消息的记者。这则消息是记者丹·拉瑟（Dan Rathe）从达拉斯发回的报道。他不断提醒观众，拉瑟的报道来自非官方消息，是从总统被送进的帕克兰医院一位身份不明的医生那儿获得的。但下午两点三十分，这则可怕的消息被证实了。克朗凯特向观众报告这一消息时，声音中充满了感情，他从眼角擦去了一滴眼泪。

电视网一遍又一遍地播放这则消息。对数以千万计的观众来说，四天的电视报道是空前的。这件事所显示的意义是，证明电视已有能力报道突发性的大规模事件。在这四天时间里，三大广播公司因停播广告而损失四千万美元。

电视新闻已进入成熟时期。1963 年是电视新闻关键的一年。那年，许多人第一次说他们从电视上获悉的新闻超过报纸。电视新闻开始成为许多人连接广大世界的重要环节。

1966 年，克朗凯特主持的《晚间新闻》首度超越 NBC《晚间新闻》跃居首位。不过，NBC 很快又夺回了收视率宝座。尽管如此，克朗凯特仍然显示出巨大的潜力。1967 年，经过五年的奋斗，克朗凯特终于击败对手。从那时起直到 1981 年退休，他始终稳定着 CBS《晚间新闻》节目的收视率。由于他的策略，CBS 作为一个庄重新闻机构的名声得以蒸蒸日上。

因缘际会广历重大事件

沃尔特·克朗凯特可说是那一代最值得尊敬且知名的新闻记者，而他最受推崇的人格特质是正直。他的电视生涯极富传奇性。他在 1951 至 1981 年间碰到 20 世纪许多的历史事件，并且也访问过很多领袖人物。

1952 年，民主党电视集会出了一点意外，克朗凯特差点被火烧到，后来就立法通过媒体不得全程采访会议。他有时也参加节目演出，主要是演出历史人物，起初他的上司很不同意他这样做，因为觉得这样不专业。

克朗凯特一直不太相信电脑算出来的民调结果，但是后来尼克松的确获胜了；在克朗凯特的工作历程中，他对艾森豪威尔的用兵之道印象最深刻，也采访过他对用兵的看法。此外，本来肯尼迪和尼克松都要先彩排才肯上电视接受采访，但是克朗凯特却改变了他们的想法，让他们更具有运动家精神。

克朗凯特曾经陪同尼克松的中国之行，也报道过水门事件。在克朗凯特看来，人们可以原谅政治人物的错误，却不能原谅说谎的行为，所以他对尼克松辞职当天的情况印象特别深刻。克朗凯特还见过里根很多次，他说除了政策外，里根是一个很好的人；他也访问过很多演艺红星，如法兰克·辛纳屈，他本来很讨厌媒体，后来却与克朗凯特变成终生的好友；他在 CBS 访问过披头士，他两个女儿更因爸爸访问过披头士，而把他视为英雄。

从 1962 年春天接手《晚间新闻》后，克朗凯特就在同一个主播台坐了 19 年。对他来说，20 世纪 60 年代影响他最大的，包括了越战和公民权的争取，都让他对世界的观点有很多改变。

1975 至 1978 年连续四年，《美国新闻和世界报道》（*The American News And World Reports*）都将他选入全美十大决策影响者之一。1995 年，他更当选为全美最受信任的人之一。

克朗凯特的巨大成就，自然与他多年持续不懈的奋斗有着直接的密切关系。

1937 年，克朗凯特进入合众社，以战地记者的身份报道了第二次世界大战。战后，他又以合众社的首席记者身份报道了纽伦堡审判。1946 年起，他任合众社驻莫斯科首席记者兼分社社长。1950 年加入 CBS，任职 31 年。1952 年起，他一直担任历届两党代表大会的新闻报道主持人。1962 年，晋升为 CBS《晚间新闻》主持人。在《美国的防务》《奥秘所在》《20 世纪》《21 世纪》《历史的见证》《CBS 报道》等获奖节目中，他都曾留下了坚实的脚印。他对每一次的美国太空飞行都做过卓越的报道，因而被公认为是介绍美国科学发展计划的权威人士。他曾多次获得嘉奖，如美国总统自由勋章、美国"地平线基金会"奖金、沃什伯恩奖、电视艾美奖以及国家电视艺术和科学院的两次特别奖——评论员奖和节目主持人奖、国际无线电和电视协会金质奖。

满头白发，下颏丰满，说话略带密苏里乡音的克朗凯特，以其厚实的、郑重其事的语调直播新闻的风格，给电视观众留下了和蔼可亲、可以信赖的"克朗凯特大叔"的形象，无数观众倾倒在他的魅力之下。

1981 年，"克朗凯特大叔"离开《晚间新闻》主持人的职位，他的告别演说如同美国第一届总统华盛顿的告别演说一般，博得一片喝彩。

选自：郑贞铭著，《世界百年报人》，复旦大学出版社 2006 年版，第 191-200 页；参看：《简明中外新闻事业史》432 页。

迈克·华莱士

生平简介

迈克·华莱士是（Mike Wallace，1918 年 5 月 9 日—2012 年 4 月 7 日）美国著名新闻记者、主持人。1918 年 5 月 9 日生于美国马萨诸塞州的犹太人家庭，在 1939 年毕业于密歇根大学。1968 年 9 月起，他开始主持美国 CBS 访谈类栏目《60 分钟》，直到 2006 年退休。华莱士曾采访过多位美国总统及其他国家政治领导人。1986 年 9 月 2 日，他在中南海紫光阁采访邓小平；2000 年 8 月 15 日，在北戴河采访了江泽民。当地时间 2012 年 4 月 7 日，华莱士去世，享年 93 岁。

1918 年 5 月 9 日，华莱士出生于马萨诸塞州的布鲁克莱恩，原名 Myron Leon Wallace（米伦·莱昂·华莱士），父母都是从俄罗斯移民的犹太人，原来的姓氏按照意第绪语拼写是"Wallik"（瓦里克）。父亲弗莱克是个杂货商和保险经纪人，华莱士家境不算富有。华莱士 1935 年高中毕业后考入密歇根大学，这所大学的新闻专业全美出名。大学期间，华莱士便在密歇根当地报纸中谋职，随后他当了电台记者。

日本偷袭珍珠港，很大程度上改变了华莱士的人生，他在 1943 年加入美国海军，但他实际上并未参加过一场战役，只是作为联络官，辗转于夏威夷、澳大利亚、美军在菲律宾苏比克湾的军事基地以及日本南部地区。1946 年退伍后，他回到了芝加哥。这番经历令他对国际政治产生了浓厚兴趣。此后大部分时间里，华莱士都在 CBS 任职，从 CBS 电台再到 CBS 电视网，20 世纪中期，电视在美国还算是个新兴媒体，华莱士正是在这一当时全新的媒介里崭露头角。

当时美国民权运动正在风起云涌，华莱士是第一批采访黑人民权领袖的白人记者。他在 1959 年至 1964 年几次采访黑人领袖马尔科姆·艾克斯（Malcolm X），1964 年底的采访中，马尔科姆曾半开玩笑地对华莱士说："我猜我快死了。"随后不久，1965 年 2 月他便被暗杀了。华莱士接近当事人的采访风格逐渐为人熟知。

主持《60 分钟》

1968 年 9 月 24 日，周二晚 10 点，《六十分钟》正式首播。当时可谓开风气之先河，一档由三段内容充实的报道组成的"新闻杂志"，每段 15 分钟，对电视来说可谓无限奢侈。华莱士先生和哈里·里森纳是第一代主持，一位言辞激烈，一位亲切随和。

创作这档节目是电视新闻制作人唐·休伊特的主意，华莱士在采访中说，休伊特当时在 CBS 新闻名声很糟，2009 年休伊特去世时，华莱士这样评价，"他难以预测，不好共事，还有各种奇思妙想，在那个时代的电视新闻界，他是个真正的开拓者。"

1970 年，《60 分钟》移到周日晚 7 点播出，属于慢热型节目。伴随着创意阶段的各种冲突，节目慢慢爬上了 20 世纪 70 年代电视界的巅峰。华莱士跟新闻同事们不断争抢最出彩的新闻故事，还要争夺尽量多的播出时间。到了 20 世纪 70 年代末，《60 分钟》荣登周日收视率之首，只有 *All in the Family* 和 *Cosby Show* 可以与其相提并论。从 1977 年开始，该节目在长达 23 年的时间里始终名列收视率前十，没有任何一档节目可以与其媲美。华莱士自此名利双收，成为电视新闻界的重量级人物。《60 分钟》在各大广播网前十位的收视纪录保持了 30 多年。目前的收视排位也在前 15～20 名。华莱士获得的奖项多得难以计数，其中有 19 次艾美奖、3 次阿尔弗雷德·杜邦-哥伦比亚大学奖、3 次乔治·福斯特·皮博迪奖、1 次罗伯特·舍伍德奖、1 次南加利福尼亚大学新闻学院颁发的杰出成就奖、1 次罗伯特·肯尼迪新闻奖、1 次保罗·怀特奖。他先后被马萨诸塞大学、密歇根大学和宾夕法尼亚大学授予荣誉博士学位。

2006 年华莱士才从主持了 38 年的《60 分钟》节目中退休，那时他已经88 岁了。但几个月以后，他又应节目特别邀请，独家采访了伊朗总统内贾德，这次采访让他获得了一生中第 21 个艾美奖。华莱士的最后一次访谈是在 2008 年 1 月，采访对象是棒球明星罗杰·克莱门斯，内容有关其涉嫌使用类固醇的问题。

退休后愿随时客串

华莱士在 2006 年 3 月 14 日宣布，他将在今年春季结束之后，退出《60分钟》节目的常规制作。但是，华莱士仍将以名誉记者的身份留在 CBS 电视台。他表示只要 CBS 需要，将随时愿意承担客串记者和主持人的工作。

2006 年 5 月 9 日，华莱士迎来了 88 岁的生日。他在宣布退休决定的声明中表示："当人们问我什么时候退休的时候，我常常回答说，'等我两腿一伸的时候就退休了'。但是随着我 88 岁的生日的到来，很显然，我不可能再像从前一样耳聪目明。"

"对于现在的我来说，乘坐长途飞机'南征北战'已经不像从前那么富有吸引力了。"华莱士说，退休是出于他本人的意愿，电视台从来没有催促过他，而他也会继续"待在同一栋楼的一间舒适的办公室里就在我待了 43 年的办公室的旁边……"

"奇妙的发现之旅"

回顾从事新闻工作 40 多年的感受，华莱士表示："绕着整个地球跑，和任何你愿意的人交谈，有充足的时间上电视，以至于能够把整个故事说出来这是多么奇妙的发现之旅！"

CBS 在三年前开始将华莱士的工作量减半。华莱士在去年的一次采访中表示很不习惯闲着没事干的生活方式。他说："我不知道还能做些什么别的事情。"

CBS 电视台新闻主席萧恩·麦克曼勒斯赞扬华莱士是广播新闻界的巨人，他说："在过去 60 多年的从业生涯中，华莱士完美地体现了善良、坚强和公正的新闻精神。"

《60分钟》制作人杰夫·费格称赞当年与当·休伊特一起创办节目的华莱士是该节目的"心灵和灵魂"。

采访风格咄咄逼人

华莱士一直以刨根问底、甚至咄咄逼人的采访风格著称，留下很多富有传奇色彩的故事至今仍然为人们津津乐道。他曾当面问美国著名歌星芭芭拉·史翠珊是不是常常被人称作"贱女人"；还逼问参加越战的美国将军威斯特摩兰是否谎报军情，夸大越共实力，导致美军在越战的泥沼中越陷越深。

《60分钟》甚至曾经在一个宣传广告中提出这么一个问题："哪四个单词令骗子和无赖最为闻风丧胆？"答案就是："Mike Wallaceis here."（迈克·华莱士来了。）此外，华莱士的采访风格也成为美国漫画界最喜欢描绘的题材。

开创"伏击式采访"

华莱士还开创了"伏击式采访"的先河，即埋伏在采访对象的办公室或者家外面，等到采访对象出现时，便出其不意地把麦克风送到他们的面前。

但是华莱士的这种采访方式也引起了争议，有人批评他的目的在于让采访对象感到尴尬。华莱士本人则表示，他已经好久没用这种采访方式了，原因是这种"伏击"已经变得令人可以预见。

采访总统"专业户"

华莱士的非"伏击式采访"对象可谓星光熠熠，排列起来简直可以构成二十世纪的名人榜。华莱士曾经采访过多位在任的美国总统和第一夫人，包括老布什、里根夫妇、卡特夫妇、福特、尼克松、约翰逊和肯尼迪。

华莱士采访过的国际领导人包括伊朗宗教领袖霍梅尼、以色列总理贝京、埃及总统萨达特、巴勒斯坦领导人阿拉法特、约旦国王侯赛因和利比亚领导人卡扎菲等。

但是美国现任总统布什一直拒绝接受华莱士的采访要求。为此华莱士曾经打趣说，布什是自从林肯以来唯一一位不肯接受他采访的在任美国总统。华莱士采访过的艺术家和演艺界名人更是数不胜数，令他自己最难忘的是对俄罗斯著名钢琴家霍洛维兹的采访。他还采访过著名小提琴家帕尔曼和芭蕾舞演员巴雷什尼科夫。

华莱士与中国

中国观众对于华莱士的了解，大概更多是从他对中国两位领导人邓小平和江泽民的专访中感受到的。2006年4月4日《人民日报》曾撰文回忆华莱士专访邓小平的幕后故事——1986年9月2日——那是邓小平第一次也是唯一一次接受西方电视媒体专访，邓小平对华莱士提出的20多个问题一一作了解答。

当年邓小平关于中美关系、中苏关系、台湾问题、中国的经济和政治改革以及对干部退休制度等问题的看法和预测，都已成为现实。而华莱士问邓小平："邓小平以后的中国会怎样，是否会回到过去的状况?"邓小平回答："肯定不会。"这一回答在华莱士心目中曾留有深刻的印象——面对说实话不爱讲空话的邓小平，华莱士当时有点紧张，他找邓小平要一支烟，以便帮助自己放松一下。华莱士说，邓小平给他的感觉是平易近人，对他的问题回答得很精彩，既直截了当，又合情合理，邓小平很清楚自己要讲什么，他是一位英明的伟人。华莱士采访过很多世界其他国家的领导人，但邓小平和他们都不同。他的智慧，他的务实精神，他那种豁达的态度，都令西方人着迷。"我见过很多其他国家领导人，邓小平同他们不一样，他是独特的。"

选自：[美]雷德著，《一生：迈克·华莱士传》，上海交通大学出版社2013 年版；参看：《简明中外新闻事业史》第十六章。

凯瑟琳·葛兰姆

菲力浦·葛兰姆稳固《华盛顿邮报》

尤金·迈尔买下《华盛顿邮报》的动机，照他的说法是"能在这个危机的时代做出有贡献的最好方法"，也就是尤金所认为的"有一张管闲事的执照"。他解释说："权力在不同的条件和环境下就代表不同的东西，报业所代表的权力可以被用来作为蛮横的力量，或是用来和事实、永恒的真理结合，而成为最高形式的影响力。我认为比其他东西都更有力量的是理念，这就是我为什么买下报社的原因。因为这是能让你在理念的领域工作的场所，如果你喜欢彻底探讨正确的理念，并把它转译成别人能懂的语言，那你便拥有一股非常强大，非常慈善的力量。"

尤金·迈尔并非空言，事实上他在接手《华盛顿邮报》后，也确实把大部分时间和精力投注在《华盛顿邮报》上。在他的经营下，《华盛顿邮报》销量在短期之内增加了一倍，并有许多的革新。在此时的言论方面，是极端右翼的自由报纸，当时著名的作家有李普曼、艾索浦兄弟（Joseph&Stewart Alsop）、皮尔逊（Drew Pearson）和索可斯基（George Sokolsky）等。

20世纪初，《华盛顿邮报》有位著名的主笔波尼（Scott C. Bone）克林收买《华盛顿邮报》后不久便辞职，而在1906年创办早刊：《先驱报》（Herald），1915年将《先驱报》卖给一个特稿社；1922年又将之售予赫斯特，成为《时报》（Times）晚报的早刊，但是并不赚钱；1930年再度售给爱莉诺·派特逊（Eleanor Medill Patterson），她的两次婚姻都不美满，故在46岁时毅然继承家中传统，献身报业。

这个时期《先驱时报》的销量仍为华盛顿报业之冠。1948年爱莉诺去世，由七位董事接管；翌年售予《芝加哥论坛报》发行人罗伯特·马克米克，主笔和发行人由其侄女继任。至 50 年代，合并于《华盛顿邮报》，并易名为《华盛顿邮报与先驱时报》，由菲力浦·葛兰姆（P. L. Graham）任发行人。

菲力浦深知《华盛顿邮报》的影响力。他是天生的生意人，不仅能掌握住全盘的数字，对细部的数字也很熟悉。他能够写非常流畅清晰的文章，也能引导旁人这么做。《华盛顿邮报》在他的经营下日趋改善。当敌对的《先驱时报》（*Times Heratd*）要出售时，只有他立即看出必须买下它的急迫性，必须把它合并为《华盛顿邮报》的一部分。它们合起来的总发行量使《华盛顿邮报》成为华盛顿的主导报纸，而这时它已经在财务、资讯与知识上居于稳固的地位，准备在下一步变成一部伟大的生财机器。

不过，可惜的是，菲力浦的精神状态并未如茁壮中的《华盛顿邮报》那般灿烂、明朗。他习惯沉溺在人群的包围之中，一旦四周没有这一群政客、社交名媛、权力掮客时，他就会显得沮丧、自责。他愈来愈看不出在华盛顿钻营权位的价值，但他自己有时又想要变成其中的顶尖人物；他认为当时的人都因他是老板的女婿，而使他在《华盛顿邮报》的成就打了折扣。

如此的心理阴影，当然对菲力浦造成严重的负担。事实上，的确有人借此讽刺他，说他如果没有跟凯瑟琳结婚的话，或许现在就不会是《华盛顿邮报》的发行人；但另一半也可能是他自己造成的。因为精神上有了这种负担，他总认为自己在《华盛顿邮报》愈成功，领导愈得法，报纸的利润愈多，影响力愈大，就跟迈尔家族的关系也愈深。这种偏执想法，使他认为能有今天的地位是因为裙带关系。他愈这样想，折磨就愈来愈深，痛苦也愈来愈大。

于是健康情形在加速恶化，菲力浦开始变得易怒，对事物无休无止地抱怨，并且对他的朋友约翰·肯尼迪骚扰。其中最有名的事件，是有一次他在跟肯尼迪谈话的时候，菲力浦突然抓起军事热线电话喊着说："让待命的飞机都紧急起飞。"总统从他手上夺走话机，发出解除命令："我是总统，取消上个命令……"

肯尼迪总统最后终于告诉凯瑟琳·葛兰姆，要她想办法解决。但是她没有办法，于是菲力浦便在这种病态下开始放浪形骸，直到在一次于凤凰城的演讲时，他终于崩溃了，被送进了精神病院。这样过了一段时间后，菲力浦在病情稍有起色的一个星期天下午，在他们维吉尼亚州乡下的别墅中，以霰弹枪结束了自己的生命。

接手夫业成功经营

菲力浦·葛兰姆的自杀当然是极大的悲剧，但也因此造成凯瑟琳·葛兰姆的接棒，一个新的女报人，杰出的女强人于焉形成。

凯瑟琳·葛兰姆女士，有着一般女强人所特有的坚毅气质和分割成两半左右的表情面容，由鼻子上方几道深皱纹纹作为分水岭：左半边（当面对左面时）是柔和的一面，热诚的右眼、嘴角倾斜的方向显示出同情心；而另一边的眼神则是冰冷、控制着环境的，且嘴角有决心地下垂着，并且总是背脊挺直如植脊椎手术后康复期的病人。

对一个女人而言，尤其在刚刚丧夫之际，谁能冷静面对眼前亟待处理的一切，凯瑟琳·葛兰姆便是在这样的情况下成为《华盛顿邮报》企业在财务和编辑上绝对的控制者。

在菲力浦自杀后 72 小时，大部分人都怀疑凯瑟琳可能不会保留这份报纸。钱德勒（Ofis Chandler）曾表示购买的兴趣，纽豪斯（Newhouse）家族也一样。凯瑟琳的长女伊利莎白这时 20 岁，儿子唐诺 18 岁，正准备进入哈佛大学；威廉和史蒂芬，分别是 15 岁和 11 岁。大家都认为最好是把报社卖掉，把公司抛诸脑后，到任何她想去的地方开始新生活，离开华盛顿这个令人痛苦的家园愈远愈好。

但是，葛兰姆的选择正好相反。她在菲力浦葬礼前夕宣布："虽然有许多谣言，但公司不会被卖掉。以前是，现在还是，将来也会继续是一个家族企业，下一代还有接班人，而我们正准备把报社交给他们。"这一次宣告了《华盛顿邮报》在美国报业史上开启了前所未有的新纪元。

在凯瑟琳主掌《华盛顿邮报》的早期，并不很好过，因为人们并不认为她已经取得与男性相等的地位，而且她从来不知道何时要在什么地方开会。而与会的高级主管，对自己的决定似乎都有完全的自信，因此使得她觉得自己毫无贡献的空间。

但是，凯瑟琳毕竟不是简单的角色，她很快地建立起信心，也很快地调整了心态。著名的专栏作家李普曼给了她建议："每次提出一个问题，由简单的主题开始，一旦了解透彻就进入比较困难的问题。"

凯瑟琳把高级主管与记者分别请进办公室，问他们有关美国外交政策及党政新闻采访的问题。一年之内，她自信可以做得更好，而且决心适才适所，于是她决定把重任托付给班·布莱德利（Ben Bradlee）这位勇于开拓疆土的总编辑，并以"相互容忍，相互信任"作为相处之道。她终于感受到自己可以完全掌控《华盛顿邮报》。

曾经有一位波士顿的媒体界知名人士这样评论过凯瑟琳。他说："大家都把报业看成是一种特别男性化的领域。自然联想到的是最后一分钟出现的新闻、大消息，在男厕里交换意见，他们觉得凯瑟琳会在这男人的汪洋里淹没，男人们是不会让她有做任何重大决定的机会的，但情势发展却相反。她让一些人走路，改组自己的团队，照她自己的意思安排事情，于是原来说她太软弱的那些人，现在反而改口说她太强硬。《华盛顿邮报》企业的资深高级主管淘汰率，一直都比其他媒体企业高，但若凯瑟琳不是女人的话，根本就不会有人认为这是值得讨论的事。"

凯瑟琳的领导，不仅表现在经营上的有声有色，对于新闻极其外行的她来说，两次轰动全球的新闻事件，更表现了她坚定的立场与新闻人的勇敢角色，令人不得不赞佩。

一次是1972年的五角大楼文件事件，一次是1974年的水门事件。这两件事，《华盛顿邮报》都面临了政府极大的压力，但她的立场坚决不动摇，为了国民知的权利与政府的清白名声，她奋斗不懈，顽强不断地发表新闻。

这两件事给了她两种不同的压力，一共有几千页的五角大楼文件泄漏出越南战争的官方历史，它证明了美国政府曾经不断地说谎以隐瞒自身的战争行为，包括掩饰美莱村大屠杀的真相，以及对柬埔寨的持续轰炸。这份官方文件的泄漏立即引起了热烈回响，最先报道的《纽约时报》发表了三长篇的节录版，但很快便受到政府的暂时假执行而禁止刊载。不久，《华盛顿邮报》也弄到这份文件，但只是两大箱的影印文件，没有索引，没有排列顺序。布莱德利和一个工作小组夜以继日地在他家里整理文件内容。同时，在隔壁房间里，则有一整队的律师列举出愈来愈多的好理由，说明为什么刊行这些文件是愚蠢疯狂的举动。

终于，在如果要发表这些文件，则印刷机就必须开动的最后一小时内，先是布莱德利，然后是律师群，打电话到凯瑟琳家中。当时她正在举行户外晚宴，他们向她简报这个举动的得失，只有她才能做这个决定。"我说：'印'。"凯瑟琳终于这样宣告。第二天，尼克松总统的国家安全顾问基辛格，打电话到她的办公室。然而三天以后，法庭判决《华盛顿邮报》不必负任何刑责。

把《华盛顿邮报》一举推向世界级报纸的水门案件，其错综复杂的程度，与五角大楼文件泄露案截然不同；事态缓缓燃烧，似断似续，对凯瑟琳的报业集团有着无尽的危险。关于政治间谍手段，窃听，闯入民主党全国委员会办公室偷窃，由鲍伯·伍德华（Bob Woodward）和卡尔·伯恩斯坦（Carl

Bernstein）逐步揭发尼克松总统的涉案程序等，已经被重述过不知凡几，因此可能让众人低估这调查对《华盛顿邮报》所带来的伤害程度。

凯瑟琳承认在危险度不断升高的时候，她的神经仿佛要崩溃，那就好像是"一寸一寸地往前摸索着过河……水深已及腰了，但我没办法说：'现在太危险了。'既然已经把编辑们推下水，就得跟他们共进退。"然而，她感到不安的是，怎么只有这么少的报社跟着它们下水。而当那有名的秘密源头"深喉咙"月复一月地泄漏出愈来愈多的事实时，她有时甚至怀疑他们会不会是完全搞错了。

选自：郑贞铭著，《世界百年报人》，复旦大学出版社 2006 年版，第 203-211 页；参看：《简明中外新闻事业史》360-361 页。

泰德·特纳

勇于创新的媒体英雄

1991 年，《时代》杂志曾经将 CNN 的创办人泰德·特纳（Ted Turner）选为该年度的风云人物，原因是他所创办的 CNN 不仅拉近全球人民的距离，使"天涯若比邻"的理想成为可能，更因 CNN 的新闻报道为人类历史做了最佳见证。

CNN 是全球最大的有线电视新闻网络，已有两百多个国家及地区，四亿两千多万个家庭收视户可以收看到它所提供的新闻服务。除了当地国家地区电视台的节目之外，外国电视媒体只有 CNN 能在当地畅行无阻，它深入世界各个角落。

开播于 1980 年的 CNN，其创办人泰德·特纳最初考虑设立一家二十四小时向美国观众播出的新闻台时，有感于美国政府对无线电视节目播出时段及内容的管制，原本经营有线电视频道有声有色的他，兴起经由有线电视播出全球新闻的想法。然而这些创举，当初并不被众人看好。

经过二十多年的经营，CNN 随着卫星传播科技的蓬勃发展，加上国际化的趋势，由服务美国观众扩及全球观众，将世界各地最新的资讯，通过 CNN 设在当地的记者，同步传达给在地球另一端的观众，实践"地球村"的梦境。因为 CNN 的日渐壮大与普获好评，特纳以及特纳传播集团也随之声名大噪，不仅赢得了声望，也赢得了财富。

这位被誉为敢于创新、坚持到底的媒体英雄，在不可思议的短时间里，以聪明、智慧与魄力，把有线电视新闻网络经营成获利远超过美国三大电视网 ABC、NBC 与 CBS，价值逾 60 亿美元的超级媒体，而他个人资产也累积到 30 多亿美元。

建构 CNN 成为全球最大新闻网

特纳在不可思议的短时间内，创立可和美国三大电视网相比的有线电视新闻网，全凭其拥有高度的识才本领，尊重专业、充满热忱的拼劲和领导能力。他是个不折不扣的竞争者，他成立 CNN，为全球无数观众做最快速、最正确的报道，将各个角落所发生的重大新闻送至全球。CNN 在旧金山地震、雨果飓风、出兵巴拿马、柏林围墙倒塌等大事件上的表现都极为杰出，震动整个电视新闻界。波斯湾战争期间，特纳全力支持 CNN 记者的中立报道而受到各方极大压力，却仍坚守严格的新闻准则，决不贬抑节目的品质。他做立即现场、权威而完整的报道，令其他媒体望尘莫及。白宫秘书费兹瓦特曾告诉《纽约时报》："CNN 开启了政府间一条崭新的通信系统，在很多情况下，它是我们最先得到消息的来源。"

要在竞争激烈的电子媒体中挣得一片天并非易事，特纳曾自我分析其经营 WTCG 的手法是：1）重播黑白电影和影集。特纳打破传统，尽可能采用买断的做法，以便一再播出，而每播一次，成本就减少一次。2）锁定家庭为目标。推出《灵犬莱西》《我爱露西》之类的影集，促销"无邪家庭"的价值观，并以影集《星际迷航》吸收不看新闻的人。3）转播职业运动比赛，如摔跤、勇士队职棒、雄鹰篮球、火焰曲棍球。4）逆向操作。周六晚上不依惯例播出宗教节目，改放金奖电影。凌晨三点播新闻，气象播报员杜希为新闻总监，播报花招千奇百怪。

涉足有线电视的第十年，也就是 1980 年，特纳广播公司创立了美国第一个全天播新闻的有线电视网；成立之初投入了数百万美元的资本，五年内亏损了约 7700 万美元，直到五年后才开始有盈利，使得一些媒体经营者纷起而效尤。

虽然 CNN 的创举在当时不被一般人看好，但是仍引起不少人的关切与效尤，西屋传播公司就计划与 ABC 的影带事业处合作，成立一个卫星新闻频道，并预定于 1982 年 4 月开播。但对手的挑战引起了特纳的斗志，他对竞争的唯一反应就是展开反击。当他得知此消息时即宣布，将创立一个全天候的"标题新闻"台，专门播报简短的重大新闻，并在对方之前三个月开播，而筹备时间仅三个月，由此可见特纳在事业上的强烈企图心。

1986 年，特纳费了九牛二虎之力，耗资 11 亿美元并购了米高梅公司，获得 2100 多部经典名片，包括《乱世佳人》《绿野仙踪》《北非谍影》等影片，以及华纳的 1450 部电影。虽然这项并购导致特纳资金周转不灵，但是却成为日后成立的电影台 TNT 的一项宝贵资产。

　　泰德·特纳不论是在经营父亲遗留的户外广告公司时，还是在 CNN 紧锣密鼓的筹备时期，仍然继续参加世界各地举办的帆船赛，他所带领的队伍曾多次赢得奖牌。特纳驾着帆船乘风破浪、不畏艰难的精神，也在他经营电视台上一览无遗。

　　同时，特纳对体育的爱好也牵动他经营电视频道的方针，他相继买下亚特兰大的棒球队与篮球队。一方面成为体育界的大老板，一方面也理所当然地在他所经营的频道中转播球赛，吸引了球迷的关注，也为他赚取了播映的大量广告费。

　　特纳在 CNN 筹备与草创初期，完全授权给专业人士处理，他仍一心扑在帆船赛上，使得 CNN 的工作群可以全然发挥。由于拜 CNN 专业新闻名声之赐，特纳得以有机会和古巴的领导人卡斯特罗接触。由于卡斯特罗很欣赏 CNN，也是棒球迷，知道 CNN 是勇士队的东主，于是便邀请特纳访问古巴。

　　1982 年，特纳带了三名 CNN 工作人员飞到古巴停留 4 天。他和卡斯特罗钓鱼猎鸭，参观工厂、学校和广播设施，也看了古巴联盟的首场棒球赛，特纳立刻抓住机会，建议由 TBS 台转播这场古巴明星赛，让美国人大开眼界。他甚至还说服了卡斯特罗为 CNN 拍了一个宣传带，为了对抗 SNC 的开播，特纳特别安排十五个小时的古巴现场采访转播，结束两国 23 年来的封锁；可是 SNC 并未如期开播，而是一延再延。

　　特纳的古巴之行，饱受批评，使得他必须到国家安全事务委员会做简报，但是特纳并未因此而作罢。同年，他又带了一队摄影小组再访古巴，并试探卡斯特罗改善两国关系的兴趣。

　　虽然拥有世界最大有线电视以及 TBS、CNN2、TNT 等台，掌握价值超过 60 亿美元的全球性集团，泰德·特纳依然没有停止扩展的计划，继续在世界一些重要据点设置 CNN 的办事处，出资专为电视制作电影等，都是特纳努力的目标。1996 年奥运会在亚特兰大举行时，CNN 占地利之便，更在新闻报道上有完美的演出。

　　CNN 的成就以及对传播界的影响，有目共睹，《时代》杂志因而以泰德·特纳为 1991 年的风云人物。事实上，这些年来，CNN 据点的分布与报道内容的广泛，不断由繁荣地区推向边陲国家，它试图建构完整的传播世界地图，而非西方国家眼中的世界。这正是特纳大同世界理想的逐步实践，也验证了 CNN 号称全球最大新闻网的实力。

　　选自：郑贞铭，《世界百年报人》，复旦大学出版社 2006 年版，第 247—257 页；参看：《简明中外新闻事业史》第十八章。

默 多 克

积极扩展事业版图

默多克，1931年3月11日出生于澳洲墨尔本，1953年毕业于英国牛津大学，全名鲁伯特·默多克（Rupert Murdoch）；其父基斯爵士曾是澳洲最大报团"先驱时代周刊报团"的董事长。1952年，基斯逝世，享年六十六岁。当时默多克年仅二十一岁，回乡接手父亲所留下的两份澳洲报纸，这对默多克以后的报业生涯有极大的影响。

基斯爵士从小对独子默多克管教十分严格，默多克八岁时，即被父亲送往澳洲最好的寄宿学校"吉隆小学"，假日回到克鲁屯，也不许在屋内住宿，必须在庭院中搭营帐露宿。默多克的个性非常内向，朋友很少，但在父亲望子成龙的心理压力下，逐渐变得倔强自负，甚至刚愎自用，尤其当他到伦敦牛津大学华瑟斯特学院主修政治、经济和哲学后，父亲对他的期望更加殷切。

默多克启程回国接掌《新闻报》前，遵奉父亲遗嘱，到伦敦《每日快报》担任助理编辑八年，实习实务。当他接任《新闻报》发行人时，年仅二十二岁。1958年，默多克申请执照成功，在艾德业设立九号电视台，并在西澳大利亚的伯特市，购下他的第一份报纸——《星期日特报》。1960年是默多克一生的转折点，他进军悉尼，在市郊以一百万英镑买下一些周刊，且开始谈判购买该市两份主要晚报之一的《每日镜报》。

主掌《悉尼镜报》一两年，脚步站稳后，默多克又到布里斯班和墨尔本两地，各买下一份周刊。这时他已在澳洲每一省会都市都设置了印报据点，开始构思他一个澳洲报业人士梦寐以求的大胆计划——创办一份发行全国的报纸，《澳洲人报》于焉产生。

此外，在进军英国报坛方面，由于英国报业往往是典型的家族事业，默多克鉴于当时英国报业由加拿大人主宰，不免产生"澳洲岂无人乎"的念头。他开始透过中间人，搜购发行《每日镜报》的"国际出版公司"之股份，默多克梦寐以求的就是买下伦敦的《镜报》。

1969年，默多克掌控了全英国报纸发行量第一的《世界新闻》，接手没多久后，该报即因报道普洛佛谟与克莉丝汀·基勒的绯闻，而与英国评论界人士发生了极大的不快。

1969年夏天，镜报集团决定出售《太阳报》——原属意马克思维尔接手，不料《太阳报》工会并不喜欢他，默多克趁机致函镜报集团，在反复谈判后，他以不到一百万英镑的价钱买下了《太阳报》。

默多克在英国拓展事业的次一领域是电视事业。1970年，他以收购《世界新闻》的同样手法，再度收购了伦敦周末电视。

默多克的传播事业王国蒸蒸日上，使其政治影响力激增。他旗下的报纸于1972年澳洲大选时，支持惠特兰领导的劳工党，获得胜利。但在1974年的选举后，默多克和惠特兰交恶，默多克改支持反对党的佛瑞瑟，默多克动用旗下报纸大力为佛瑞瑟宣传，使他大获全胜；默多克在澳洲政坛的影响力因而更进一步。

前往美国发展

默多克夫妇于1973年决定举家迁往美国定居，理由不止一端，原因之一是伦敦社交圈依然排斥他们。此外还有一些负面的原因，默多克认为澳洲与英国可投资发展的余地虽然十分广阔，但眼前并无投资良机。美国是仅余的最大英语文化市场，可待驰骋。

奇怪的是，过去很少有外国报业老板试图在美国大展宏图。默多克并不因此就故步自封，他率领一批英澳联军，前往美国寻找投资对象，很快他就在得州圣安东尼奥市买下三份小报。默多克买下的三份报纸是《圣安东尼奥快报》、姊妹报《新闻报》以及两报合刊之《星期日报》。其中他最关切的是《新闻报》，默多克援用他在英、澳办报的手法来刺激《新闻报》的销路。

《国家星报》是默多克第一次着手草创的一份刊物，构想几经修正，仍采取耸动新闻走向。之后曾停刊一年，易名为《明星报》，初期处境困难，苦撑三年终于否极泰来。

但《明星报》无论如何成功，毕竟不是默多克心目中的报纸，这种专门报道休闲娱乐的刊物，在他认为算不上是真正的新闻事业。1976年底，默多克在几个月内连续买进纽约市一家晚报、三份杂志，并且差一点就买入一份英国极具历史的报纸——《观察家报》。但因顾德曼认为，依默多克的办报作风，他不太可能尊重《观察家报》严肃的传统，于是决定改售给大西洋富田公司总裁罗伯·安德森，这使默多克备感受挫。不过伦敦方面受挫，纽约方面却得胜。他与谢福夫人达成协议购买《纽约邮报》，这使他在美国报坛的地位开始巩固。

默多克最令人佩服的是具有条理分明的处事能力。他可以专心致志于一项事业，然后又全神投注一项新事业。然而，他并未因此忘却先前处理的细节，随时可以再放下新事业，回到原有待办事项，锲而不舍盯紧细节。

1980 年中，默多克的悉尼-墨尔本电视联播网已成立，默多克霸业已如日中天。然而，默多克在新闻界闯出字号后，一再地被问到，他是否有志拥有伦敦《泰晤士报》。《泰晤士报》是英国最富名望的一份报纸，也是接近高层权力核心的象征。它代表着英国社会种种令他讨厌的事物——阿谀权势、矫揉造作；因此针对这个问题，他常常予以不屑一顾的反应。

《泰晤士报》自 1977 年起开始出现亏损，导因于报价激涨百分之五十，造成发行量下跌。默多克则一直密切注意《泰晤士报》报系发展，准备伺机而动。1980 年，《泰晤士报》亏损状况十分严重，再加上《泰晤士报》记者为了调薪问题，发动罢工，汤姆森集团因此决定将它出售，于是便去试探默多克。虽然默多克在英国的报业王国与《泰晤士报》报系格格不入，但它们却在营运方面上轨道。因此，布伦登相信默多克是最认真，也是最适合的买主，便决定由默多克接手。默多克以 1200 万英镑购得《泰晤士报》及《星期日泰晤士报》。

默多克为了维持《纽约邮报》星期报份的增长，决定引进在英、澳报界相当成功的推广伎俩——宾果游戏。《每日新闻》风闻默多克此一策略，匆匆推出"金果"对抗。但《每日新闻》终仍不敌，开始出现亏损，终告败亡，决定出售。默多克决定买下《每日新闻》好垄断纽约报业，于是他在 1981 年正式宣布购买《每日新闻》，并于 1985 年归化成为美国公民。

精通节税的家族企业

目前默多克的"新闻公司"总部设在澳洲悉尼，为分布全球 52 个国家789 家附属公司的龙头老大，资产总值据估计约达 500 亿美元，是名副其实的家族大企业，因为主要附属公司的负责人都是默多克的子女。

默多克是国际媒体大亨，但他也有投资失利的个案，譬如他买下香港富商李嘉诚经营的"亚洲卫星电视"（Star TV）后，一直在赔钱。但是在避税、逃税、节税方面，默多克却是全世界大企业家中一等一的高手，无人能与他相比。新闻公司 1997 年获利澳币 1950000000 元，税额却只有澳币 152000000 元，税率仅 7.8%。反观澳洲其他大部分企业的税率，一般都在 36% 左右，如果以此计算新闻公司应缴的税额，应将高达澳币 7 亿元。这么低的税率，与其他国际大企业相比，不免会使其他大企业眼红。比方说，英国《镜报》的税率为 20%，美国迪士尼为 28%，时代华纳为 17%。

可是，澳洲政府对默多克没有办法，因为他很会钻各国税法的漏洞而合法节税。英国《独立报》曾经报道，澳洲当局在忍无可忍的情况下，在悉尼召开会议，与英国、美国及加拿大的税务专家共同研商对付这个逃税、避税高手的法子。他们决定用两年时间对默多克进行跨国性查税，看看他有没有违法虚报盈亏，务求找出他的破绽。然而，默多克面对这个情势却处变不惊。他晓得，除非各国税务官员能统一步调，否则难以找出他有任何不法或疏漏之处。

默多克节税最主要的途径，就是利润转移。像电影这类智慧财产权本就没有一定的价码，默多克以低价把电影版权卖给低税率地区的附属公司后，附属公司获得丰厚的利润，却不必缴重税。它只需要把很少比例的利润分红上缴给母公司便可，而澳洲当局只能就分红抽税，税额自然不高。

默多克节税得心应手，全赖新闻公司是一个家族企业，三名子女伊莉莎白、拉克朗及詹姆斯分别在欧洲、亚洲和美洲掌控电视、报业及娱乐业，在节税工作上相互协调支援。1985 年默多克入籍美国，就是为了购买美国的电视台。新闻公司目前七成的利润虽来自美国，但由于澳洲税率比美国低，所以默多克不打算把新闻公司总部迁往美国。

默多克节税的方式到目前为止虽被认为是合法的，但若从道德及政经层面来考虑，一般人认为他缺乏资本家应有的社会责任感，但默多克振振有词地表示："这是我的本事。"

默多克主持报政，素以性、暴力和市井传闻等煽动性新闻起家，各方评价不高，但其识拔人才，不惜以超高薪水网罗最好的作家、记者、编辑的做法，却十分受到肯定。

在默多克的眼中，报纸是一种企业。今天报业要生存，一定要有现代化的经营理念，这也是确保新闻报道公正、客观、独立的前提，否则不是关门，便只有接受津贴，后者比前者更可怕。但新闻学家认为并非有现代化管理，营造良好的报纸，就是一份独立客观的报纸，这是媒介经营者与报人不同之所在。

报业之外，默多克近年来大力向卫星直播电视业扩展版图，不仅让美国各大有线电视与卫星电视公司全面备战，也将冲击好莱坞电影业的发行生态。有分析家预测，如果默多克横行无阻，几年之内他将让"百事达"之类的影片出租店绝迹。

早在 1983 年，默多克就开始向太空进军，选定距离地面 36000 公里的地球同步轨道，部署一支人造卫星"舰队"。后来经过 20 年的苦心擘画，默多克的卫星电视大军终于全员到齐：2003 年 12 月，默多克斥资 68 亿美元，买下美国最大卫星电视频道供应商"Direct TV"的掌控权，一举囊括 1200 万订户。

默多克的"新闻集团"麾下原本就有"Sky Digital"（欧洲）"Star TV"（亚洲）等多家卫星直播电视，增添"Direct TV"这支生力军之后，订户总数高达 4000 万户。五年前，他的卫星电视频道已多达 500 个，内容从新闻、运动比赛到电影，无所不包，而且都是高画质节目，让订户直接利用卫星天线及解码器接收观赏。

选自：郑贞铭著，《世界百年报人》，复旦大学出版社 2006 年版，第 223-231 页；参看：《简明中外新闻事业史》371-372 页。

罗伯特·卡帕

罗伯特·卡帕简介

有人这么说:"一个普通人,如果不知道罗伯特·卡帕,那叫做遗憾;一个摄影工作者,如果不知道罗伯特·卡帕,那叫作'无知';一个战地摄影记者,如果不知道罗伯特·卡帕,那叫作'羞耻'。因为他是摄影记者中极少数被'伟大'一词所修饰的人。"这番话想必并非言过其实。

罗伯特·卡帕1913年出生于匈牙利首都布达佩斯,原名安德烈·弗莱德曼,卡帕是他的笔名。卡帕早在17岁时就立志要当摄影家。他从德国柏林大学政治系毕业后,先在柏林一家通讯社做暗房工作,不久在纳粹主义驱赶下,无奈到法国巴黎当摄影记者,曾一度穷困潦倒、一文不名。后来,由于一些摄影作品受到一家摄影杂志社重视,他便被委派到战地进行现场采访,从此背着他那部小小的徕卡相机,开始战地记者的生涯,不时穿梭于枪林弹雨之中,与死神较劲。在短短的41年人生历程中,他竟采访过5次重大的战役!

1936年西班牙爆发内战,卡帕亲往战场,9月5日拍摄了一个战士中弹将要倒下的场面。这幅使人有身临其境之感的、具有英雄悲剧色彩的作品以"共和国战士之死""西班牙战士""战场的殉难者""阵亡的一瞬间"等标题发表,立刻震动了当时的全球摄影界,成了战争摄影的不朽之作,也成了卡帕的传世之作。和卡帕一起到西班牙采访的还有他的年轻女友、德籍女摄影家葛尔德·达娜,他们共同奋不顾身地出没于硝烟弥漫的战场。后来达娜不幸死于坦克履带下,悲伤的卡帕只好流泪告别了西班牙,但从此永远凝视关注着战场。他一生的摄影创作多取材于战争,他把照相机作为揭露战争的武器。

1937年日本军国主义发动了对中国的全面侵略。1938年卡帕作为盟军

（主要是美英，后来还有苏中等国）战地记者，与《西行漫记》的作者、中国人民的朋友斯诺等人一同来华，并约定赴圣地延安采访。但到了西安后，因受到国民党当局阻挠，卡帕未能成行。当时他是抗日战争期间唯一能在中国战区采访的盟军记者，他在上海等地拍摄了许多揭露日本侵略军罪行的新闻照片，并及时公之于世，反响甚大。

卡帕其后又去了英国、北非、意大利等地战场进行摄影采访。1944 年他随盟军部队开辟第二战场，参加了在法国北部诺曼底的登陆战，拍摄了大量极为精彩的报道照片。

1946 年卡帕与波兰籍的西摩和法国籍的布勒松在美国纽约相聚，他们组成了"梅根摄影通讯社"（也被译为"马格南图片社"），在巴黎和纽约分设办事机构，卡帕被选为第一任主席。后来陆续加入了一些其他著名摄影家，如美国的罗嘉、瑞士的比索夫等。在"梅根社"成立后的 30 余年中，凡西方世界任何一个角落发生大事，都有他们的摄影记者在场。他们以忘我的热情，甚至不惜以鲜血和生命深入第一线拍摄，为新闻摄影的形式和内容树立了新的典范，有人称其是"有史以来最具影响力的摄影组织，摄影顶尖高手的云集地"。

二战之后，卡帕接着拍摄战争和废墟上的人们。1954 年卡帕不顾亲友劝阻，悄悄来到越南战场，他用照相机表现了《越南的悲剧》（其最后一幅作品），5 月 25 日不幸误踏地雷身亡，时年仅 41 岁。他身亡前不久拍摄的《在亲人的葬礼上》，成为 1955 年世界新闻摄影比赛获奖作品。因此他成了第一个且是最著名的一个死于越战的美国记者。在 20 世纪 50 年代开始、70 年代结束的印度支那战争中，在越南的土地上共有 135 位新闻摄影记者殉职。

1954 年 6 月 25 日美国各大报刊都登出了卡帕的死讯。第二天著名的《每日新闻》用大标题报道"关于卡帕之死"，纽约各地电视台、电台、时报也以极大篇幅刊登报道，一致赞扬他是一位最勇敢的战地摄影家。为纪念他，此后世界上曾举办过 10 多次卡帕个人作品展览，许多有世界影响的摄影书刊都介绍过他。卡帕的作品在美国、英国、法国出版过专集。1955 年美国《生活》杂志和"海外记乐部"设立了"罗伯特·卡帕金质奖"，用以鼓励在新闻摄影上有成就的摄影记者。1966 年美国成立"关心人的摄影基金会"，以纪念卡帕及"梅根社"其他已牺牲了的优秀摄影家们。堪称人类摄影史上最杰出战地摄影家的罗伯特·卡帕，以裸露的向人们展示了西班牙内战、中国抗日战争、二战、越南战争等历史画卷；而他同美国好莱坞著名影星英格丽·褒曼的爱情悲剧，为其记者生涯增添了几抹绚丽的色彩。2003 年海南出版社出版了美国作家阿列克斯·凯尔肖撰写的《战地记者卡帕传》。中国著名战地记者唐师曾为该书作了篇有趣的序言。2005 年广西师范大学出版社出版了罗伯特·卡帕著的《失焦：一个战地记者的反战遗言》。

"战地之神"的战地生涯

卡帕最初成名于法西斯主义在许多国家相继抬头的 1936 年佛朗哥西班牙内战期间，与当时许多著名人士一样，他参加了人民阵线的情报部。他所拍摄的《共和国战士之死》（如图 1 所示），捕捉到一个战士跳出战壕，准备向敌人发起冲击，却被对方子弹击中头部，身体突然停住，中枪倒下的瞬间状态。卡帕面对这一突如其来的事件，条件反射地迅速按下快门。此作被形容为有史以来最具戏剧性的战争照片，堪称一幅经典之作，他的国际声誉也由此获得。

二战期间卡帕深入欧洲战区各个前线，在他亲历的欧洲战场摄影手记《失焦》中，卡帕用镜头，用心灵，用生命历险目击、记录、诠释了自己的见闻和感受。他憎恨战争，决心终生将战争作为采访题材，不是为了追求刺激，而是为了揭露战争的残酷。

1942 年夏，卡帕接受美国杂志《科利尔》战地摄影的任务前往英国。他在船上便遭遇到一场英德战舰的近距离激战，当即为《科利尔》完成了"北大西洋战役"

图 1　共和国战士之死

的图片报道。然后他在伦敦入伍，作为美国战地记者奔赴北非报道战事。1943 年春，他跟随进攻西西里岛的美军空降兵一起跳伞降落，最先报道了这场战事，并成为其他战地记者的采访对象。其时他已转到美国《生活》杂志工作。

西西里攻势宣告了盟军即将展开对欧洲大陆的进攻，卡帕随首批部队奔赴前线。1944 年 6 月 6 日他和美军士兵乘驳船在离法国西岸 16 公里处抢滩登陆。这就是著名的诺曼底登陆，扭转欧洲战局的关键一役，这场战役彻底挫败了法西斯西线牢不可破的神话，卡帕为我们现场拍出了最为珍贵的历史照片。美国电影《拯救大兵瑞恩》长达数十分钟的开场里，展现过这次抢滩登陆的惨烈。

奥马哈海滩上烟雾弥漫，戳满了张牙舞爪的铁架障碍和铁丝网，缭乱得恍若一处超现实主义的境地，迎面而来的是德国机枪的疯狂扫射。士兵们下了驳船，蹚水前进强行登陆，尸体随着海潮翻腾。美军的两辆坦克被烧坏，驳船被击沉。在此背景下，在死亡的恐惧中，卡帕浑身发抖，疯狂"乱拍"出一组"失焦"照片。这些照片焦点偏废，焦距不准，曝光不成功，画面模糊，并且缺乏构图，却无限逼真地记录了战况，是对这场艰苦卓绝的登陆的最好报道。而其他同行记者只是躲在运送驳船的母船里，根本没有下海。

他拍摄下了盟军第 116 步兵师爱德华·雷根的面孔，这张照片已成为不朽的历史见证。这名战士 18 岁，登陆时周围到处是血乎乎的海水和战友的尸体。第一批登陆的美军士兵，他们中大部分都在几分钟后就牺牲了。他是少数幸存者之一。他母亲从《生活》杂志上剪下他的照片，一脸喜忧参半的泪水。

有人评价："与其说卡帕是个战地记者，倒不如说他是个冒险家，或者说他是手持照相机而非枪械冲锋陷阵的另一类士兵。"卡帕曾说过："战地记者的赌注（他的生命）就在他自己手里，他可以把它押在这匹马或那匹马上，也可以在最后一刻把赌注放回口袋里。我是个赌徒。"卡帕坚持奔走在战事的核心地带，他目睹了太多死亡，他所拍的士兵照片往往就成了他们的遗像，因此他痛恨自己的职业。"这些照片是给丧事承办者们用的，而我并不想成为其中一员。如果我要参加那些阵亡士兵的葬礼，我发誓一定要和他们一起在战场上战斗。"卡帕和士兵一起，把生命押在了炮火中。在战斗中，他总是跟随着将士们，冒着枪林弹雨进行拍摄。为拍到优秀照片，他不惜冒生命危险。

卡帕的战地照片是对战争的冷静诅咒。他在诺曼底登陆现场的摄影行动，为战地记者塑造了行业的精神典范。他的"失焦"并不能掩盖其作品的伟大，相反隐喻了一个简朴的道理：战争就是和平、安宁、文明的"失焦"。卡帕一生追求的就是让历史永远记住那些在西班牙内战中冲锋陷阵、饮弹身亡的普通战士，记住第二次世界大战行将结束时在莱比锡阳台上中弹倒地的美军大兵……

美国摄影家阿瑟·罗思坦的《纪实摄影》中有一段关于罗伯特·卡帕英勇事迹的文字："二战后，卡帕原本希望成为'失业的战地摄影师'，但 1948 年他又跑到以色列去记录那个新成立国家的斗争。1954 年德高望重的他又进了在越南红河三角洲热带丛林中的法国作战部队，结果被地雷炸死。"

卡帕在 18 年间拍摄了 5 次战争，遗留给后世一项人性的勇气——他个人的和永远保存在他照片中的那些人的勇气。他的作家好友约翰·斯坦贝克说："罗伯特·卡帕不仅留下一部战争编年史，更留下了一种精神。"他的另一位作家好友海明威写道："他是个很好的朋友，也是个伟大而非常勇敢的摄影家。命运如此捉弄他，是我们每个人的不幸。那对卡帕真是特别不幸，他精力这么充沛，想到他死了，令人终日难过。卡帕创作了一份反战的遗言，也为它付出了性命。"当然他自己也很清楚："那些在胜利到来之前壮烈牺牲的人们是最杰出的，可活着的人却马上忘了他们。"

　　选自：李子迟著，《战地记者——他们让战争更真实》，北京工业大学出版社 2007 年版，第 2-10 页；参看：《简明中外新闻事业史》第十六章。

彼得·阿内特

彼得·阿内特早期的新闻活动

1934 年阿内特出生于新西兰的小渔港里弗顿，根据多种资料来源表明，他的身高在 1. 68 ~ 1. 73 米，在男人普遍人高马大的西方，有人称他为"一个长着塌鼻子的小个子"。阿内特 17 岁从高中退学，进入《南岛日报》开始新闻工作，不久后加入陆军服役。1955 年他供职于《惠灵顿旗帜报》，18 个月后移民澳大利亚，并在《悉尼太阳报》工作。1957 年他前往伦敦，但中途又在泰国下船，受雇于《曼谷世界报》，担任这份英文小报的编辑和唯一一名记者达 3 年之久。在此期间，他还曾短期供职于老挝唯一的英文报纸《万象世界报》。

1961 年阿内特成为世界最大通讯社——美联社特约记者。他漫游东南亚，初步获得了敢作敢为的名声。后来由于在报道中出言不逊，他被印尼当局驱逐出境，来到南越，成为美联社西贡分社的专职记者，开始采访越南战争。阿内特的《一部"逼真的"美国越战电影》(《纽约先驱论坛报》1965 年 1 月 14 日)、《在南越丛林里》(《哈钦森新闻报》1965 年 1 月 29 日) 等文，对这场战争的意义产生了深刻、理性的质疑，促使一些美国记者进行深入调查与采访，由此带出了一批有影响的深度报道。1966 年他因越南战争报道成果斐然，获得国际新闻界最高荣誉——普利策国际报道奖。除了此奖项外，阿内特还在 1967 年获海外新闻俱乐部奖，1968 年获职业记者协会奖，1970 年获乔治·波克纪念奖。

阿内特从早期战地采访中获得了一条宝贵的经验：官方声称的胜仗决不足信，除非你亲赴现场目击，或同参战者交谈加以验证。然而这么做既困难又危险，他经常在丛林和稻田中艰难度过数个日夜，回来却一无所获。他后来在谈到战地采访写作时说:"报道战争,是新闻工作中的一种淘金热……基本事实真相要比表面的戏剧性埋藏得深。""我在写每一篇报道时都寻求这种事实真相,它远不止是收集事实,它是一个中心思想的发展过程,该中心思想将表明千变万化的战争中的一个重要方面。"

1981年阿内特加入当时的新兴媒体CNN(美国有线电视新闻网)。他在越南的同事霍斯特·法斯评论说:"特纳(CNN老板)让他变成了一个电视人,一个最不可能的电视人。"在短期担任驻白宫记者之后,阿内特重任战地记者,连续报道了萨尔瓦多、黎巴嫩、阿富汗、安哥拉内战及美军入侵格林纳达等重要战地新闻,自然就要亲临硝烟弥漫的战场。如果说他一直比他人干得出色,那么他作为电视战地记者仍然是出类拔萃的。1983年他因揭露萨尔瓦多军队使用美国供应的飞机轰炸特南辛戈村,再度获得了职业记者协会奖。

阿内特不但是一位杰出的战地记者,而且非常重视国际新闻报道事业,并身体力行,毕生奉献。

海湾战争:"电视网死亡之夜"与"阿内特现象"

1991年第一次海湾战争确立了CNN的新闻巨擘地位,这其中功劳最大的当数阿内特了。1991年初美国领导的多国部队开赴伊拉克周边国家,1月11日阿内特抓住机会与黑人主持人伯纳德·肖和约翰·霍利曼前往文明古城巴格达。那时许多美国记者接到所在机构通知,正纷纷离开巴格达。海湾战争被美国人称为"可能是为电视专门安排的第一场战争",因为它爆发于美国电视新闻播出的黄金时间。由于战事基本上按预定时间开场,美国各大电视网事先腾空了其他节目来专门报道海湾战事。

巴格达时间1月17日凌晨3时35分,CNN开始现场直播。6时50分阿内特播音道:"一场攻击开始了,高射炮在20分钟前射出……"7时以后,其他留在巴格达的美国电视台已被切断通信线路,唯有CNN能发出现场报道。这种即时报道持续了长达16个小时,以至于当时美国国防部长切尼称道:"到目前为止,最详尽的消息来自CNN。"CNN收视率迅速攀升至超过27%,把传统的三大电视网(ABC、NBC、CBS)都甩在了后面。故有人说海湾战争爆发那夜是"电视网死亡之夜"。

接着,伊拉克开始驱逐外国记者,只留下阿内特一人,完全是独家新闻。有学者将他此后一个半月的精彩表演称为"阿内特现象",说他是"地球村第一个战地记者"。他起初以电话,继而以现场画面发回新闻,让外部世界知晓巴格达被多国部队猛烈空袭的近况。全球观众从他提供的图像中，领略到了战地报道艺术在电视时代的魅力。

但阿内特的角色也引起了很大争议。三大电视网对 CNN 受到的优待很有醋意，NBC 称是萨达姆给 CNN 网开一面。1 月 23 日阿内特报道说，多国部队的战斧式导弹轰炸了巴士拉一家儿童食品工厂（或乳制品厂），而不是所谓的化学武器工厂（或生物武器测试中心）。这引起了白宫的愤怒，发言人马林·菲茨沃特说："CNN 在替萨达姆做宣传。"美国军方对此说法做出了有力回应，但阿内特坚持认为这是座民用工厂。25 日阿内特又报道说"多国部队的轰炸，摧毁了巴格达以北的一个居民区"，这又被美国官方指责为传播假新闻。更令许多右翼人士不快的是，CNN 于 28 日播出了他对萨达姆的专访。有批评者指责 CNN 是"伊拉克家用电视网"，说阿内特是在"照萨达姆旨意办事"。美联社说，美国政府认为他成了敌方的"传话筒"。而最恶毒的指控来自共和党参议员艾伦·辛普森，他不但说阿内特是伊拉克的"同情者"，还捡起一堆"陈烂芝麻"，说阿内特当年在越南娶了越共的妹妹。

阿内特面对国内官方和保守派的敌意，态度并无丝毫改变。他后来在接受 CNN 脱口秀节目著名主持人拉里·金访谈时说："我在巴格达是为了 CNN 的观众，而不是为美国政府。"他回击那些批评者说，他"对于当一名见证人，让世界其他地方知道它的方针如何贯彻感到自豪"。

由于海湾战争的报道出色，阿内特获得国际论坛协会和全国电台脱口秀主持人协会等内外机构颁发的奖项。1991 年 4 月 23 日，美国海外新闻界俱乐部授予他外国报道终身成就特别奖。

选自：李子迟著，《战地记者——他们让战争更真实》，北京工业大学出版社 2007 年版，第 88-96 页；参看：《简明中外新闻事业史》第十六章。

奥琳亚娜·法拉奇

法拉奇的第一张"名片":对国际政界要人的采访

法拉奇之所以名声大噪、誉满全球,之所以被称为"世界第一女记""政治采访之母",主要还是她多年来对大量国际政界要人、各国元首的采访,这是她事业成就最高的领域,是她记者生涯中"最重要的经历",是她的第一张"名片"。尤其是自 20 世纪 70 年代初以来直到 80 年代,法拉奇那些陆续问世的一系列风云人物采访记,令她大出风头,好不自豪。她那尖锐的提问、泼辣的言辞、别具一格的人物访谈,给人们留下了深刻的印象,具有独特风格。《风云人物采访记》一书先后译介了她对基辛格、阿拉法特、西哈努克、勃兰特、卡扎菲、霍梅尼、沙龙、侯赛因、穆吉布·拉赫曼、亚马尼、班达拉奈克夫人、甘地夫人、贝·布托、梅厄夫人等风云人物的采访文章,可以说是当时国际政治关系风云录。从七八十年代开始,美国新闻学教授就以该书为教材,来讲解法拉奇式采访技巧。

法拉奇既是作为报道者的记者,又是参与者、目击者、旁观者与评论者,这四种角色在其新闻作品中交相呼应,互为烘托。这些采访记录不仅仅是录音记录,还处处刻下了她的个人烙印。正如法拉奇自己所言,每一次采访经历"就像在戏剧演出中一样,我事先会准备一些问题,但有时也会跟着感觉走;我设置悬念,然后如剥茧抽丝般慢慢解决"。这些特点她在《风云人物采访记》"前言"中有详尽说明。它的另一个显著特点是,采访不断出现神秘与冒险气氛。她对阿拉法特、卡扎菲、霍梅尼、贝·布托等政治人物的不少采访都是在秘密状态下进行。在巴勒斯坦人营地和东南亚丛林里,采访者自然也被描绘成一个身处险境、充满勇气的形象。这些时时点缀的背景,使采访记不再是枯燥乏味的记录,而成为一种洋溢着生气与活力的独创性文体,深深吸引了读者。在这种形式的采访中，法拉奇不再是一个机械的重复者或对历史事件无动于衷的记录者，而成为传记作者所说的"剧作家"，"不断为自己编写剧本，并在每次演出中都出演主角"，其中也有不少战地记者的特征。

我们读这些采访记时会发现，由于她的提问和表达个人意见的方式，被采访者往往居于次要地位，重要的却是她自己在采访过程中的种种表现——把握谈话节奏、驳斥不同意见、揭示内幕新闻、变换各种语气，并作典型的法拉奇式亮相。也有新闻学者称之为"记者主体意识"。

这个闯进国际舞台中心的初生牛犊，从一开始就对外部世界采取咄咄逼人的姿态。她在与休·海弗纳会晤中，她嘲讽他死后会进天堂，"待在圣徒和烈士们中间，与那些俏妞们在一起，讨论天使的性别"；她还用激将法促使希区柯克对自己多年来一直拍摄恐怖电影做出解释："我和耶稣会会士一起学习了3年。他们的一切都吓得我要死，现在我要吓唬其他人聊以报复。"这是她个性的天然展示，也是她后来征服一系列风云人物的秘诀。关于法拉奇，她的提问是人们谈论最多的，她自己却说："我认为在采访中，重要的不是提问，而是回答。"

在采访基辛格时，她说："权力是诱人的，基辛格博士，权力对您有多大吸引力？希望您说真话。""基辛格博士，人们说您对尼克松根本不在乎，说您关心的只是您干的这一行，同任何一位总统都可以合作。""基辛格博士，如果我把手枪对准您的太阳穴，命令您在阮文绍和黎德寿之间选择一个人共进晚餐，那您会选择谁？"

当基辛格回答法拉奇提出的"你是如何成功的"问题时，他说事业成功的诀窍在于他从来都是单独行动，美国人就是喜欢这样。基辛格一不小心流露出了真实的自己，尼克松为他突出个人而恼火。基辛格简直被她问得气急败坏。后来他声称接见法拉奇是"生平最愚蠢的一件事"。事实是他在同意接受采访前低估了这位女记者，他遇到的是一个强手。

基辛格还回忆道："我接见她在很大程度上是由于虚荣心。她采访过世界上的各国名人。我当时刚出名不久，对于能加入她采访对象的行列感到荣幸。"当哪天有大人物追着赶着邀你采访他时，你就从芸芸小记者跻身为大牌了。

在采访英·甘地时，法拉奇说："我想从最糟的问题开始。您打赢了一场战争，但我们认为这是一次危险的胜利。您认为孟加拉国能成为真正盟友吗？""甘地夫人，我说您的胜利中有危险的种子，不仅指孟加拉国，还指印度的西孟加拉邦，它正在闹独立。而且我听说在加尔各答发生了农民武装斗争。""甘地夫人，跟您这位受过非暴力教育的人谈论战争，我有一种奇怪的感受。在发生冲突的日子里您有何感受?"而她对巴基斯坦总理贝·布托的采访,由于追问出该国和孟加拉国的关系等问题,导致原来两国要签署的条约被迫推迟,几乎流产。

她曾不顾伊斯兰教禁令,当着伊朗宗教领袖霍梅尼揭开面罩,还大声说"许多人说你是个新独裁者";她又对沙龙说"我觉得我是在面对魔鬼对话";又曾因等候卡扎菲时间过长,她生气地将手中的书掷向其秘书;在与瓦文萨会晤后,她才发现这个波兰工运领袖竟那么傲慢无知和狂妄专横,她自己当然也不会给对方好脸色了。

除了尖锐的提问,法拉奇还有着极好的语言天赋,她往往能用简洁、准确、形象的句子来描绘对方的外形。她的描写给读者非常深刻的印象。她也用比喻,通常是人们熟知的一些事物,这使她的文章变得有力。

尽管她提问尖锐,但她拥有营造亲密关系的天赋。她的性格爽快,态度诚恳,观点公正,准备充分,也很会打动人。有记者评价说,她给人一种印象,她会告诉你任何东西,因此你会感觉到将全部情况告诉她是安全的,或者应该是安全的。所以,还是会有很多人,主要是各国领导,愿意接受她的采访。

因采访邓小平,在中国几乎家喻户晓

1980 年 8 月,法拉奇首次访问中国并与中国领导人邓小平谈话。过去不久后,《人民日报》介绍了她的生平并发表了邓小平接见她时的访谈录。这是法拉奇首次被中国读者、大众所认识,却也让她一夜之间在偌大的中国几乎家喻户晓。我们在《邓小平文选》中都可以找到她的名字。

因法拉奇以提问刁钻尖刻著称,是一个不好"对付"的女记者,她多次要求采访邓小平都遭中方拒绝。但她锲而不舍,搬出意大利总统佩尔蒂尼来为她说情。法拉奇父亲与佩尔蒂尼是朋友,她本人又是意大利名记者,佩尔蒂尼难以拒绝她的要求,亲自出马给中国大使打电话,说明法拉奇是一名严肃的记者,对中国在国际问题上的观点很赞赏,对中国很友好,要求中方同意她采访邓小平。外交部立即打报告请示邓小平,邓小平很快批复同意。外交部及时发出邀请函。法拉奇喜出望外,她拿到签证后立即起程,于 8 月 18 日到达北京。

法拉奇多年前还曾想采访周恩来。她请西哈努克亲王去说服周恩来接受自己采访,并对亲王承诺,若能成行,她到北京时定会为他捎带 2 千克鲜奶油鹅肝。但当时由于"文革"动乱,她没有实现愿望。

法拉奇一到北京，就把自己关在民族饭店一间没有空调的小房里，不见任何人，既不上街，也不打电话，也不找意大利驻华使馆的人汇报情况，一心准备采访提纲。当时没有因特网，她带来大量有关邓小平的书，仔细阅读。据时任翻译的施燕华回忆，那时天气炎热，但房门紧闭，室内光线很暗，法拉奇不断吸着烟，埋头看笔记。每次她们都弄到晚上7点钟左右，吃点饼干就罢。"真是一个工作狂！"但这次被法拉奇后来认为是成功的采访，与她之前的充分准备是分不开的。从她的新闻稿中可以看到，她对邓小平、毛泽东、林彪、"四人帮"、中苏、中越、中柬关系都有一定的了解。她当时看了好几千克重的材料。

1980年8月21日、23日上午，邓小平在人民大会堂118厅接受了法拉奇的采访。在两次共4个小时的谈话中，邓小平重点谈了对毛主席的评价，并对国际形势作了深刻分析。

初次见面，或许是为了先给邓小平一个好印象，法拉奇一坐下就对他说："明天是你的生日，祝你生日快乐！"邓小平幽默地说："明天是我的生日？就算是吧，也别祝贺我。我已76岁了，到了衰退年龄啦！"法拉奇说："如果我父亲76岁，我这么跟他说，他一定会打我！"邓小平微笑着说："那当然，你不能这样跟你父亲说。"采访就在这样轻松的气氛中开始了，一直到中午12点多。

前文说过，尖锐是法拉奇新闻采访的主要方式之一。时年50岁的她采访邓小平时仍锋芒毕露："天安门城楼的毛主席像是否要永远保留下去？""毛主席纪念堂不久是否将要拆掉？""据说毛主席经常抱怨你不太听他的话，不喜欢你，这是否真的？""对江青你觉得应该给她打多少分？""邓先生，你如何评价自己的一生？""你觉得斯大林比赫鲁晓夫好？""你是否认为资本主义并不都是坏的？""如何避免类似'文化大革命'那样的错误？"

她问得犀利，邓小平也答得巧妙。一个尖锐犀利，一个干脆利落。中国一代伟人与国际新闻界"政治采访之母"高手过招，进入棋逢敌手的最佳采访状态。整个谈话过程中时而短兵相接，时而谈笑风生。谈话结束时，邓小平也仿佛卸下重担，站起来高兴地与法拉奇握手告别，并幽默地说："怎么样，我考试及格了吧？"法拉奇由衷地说："精彩极了！"采访过数十名国际领袖的法拉奇事后说，对邓小平的睿智与稳健，她由衷折服。邓小平不回避问题，真诚坦率，没有外交辞令，没有虚与委蛇，这使法拉奇非常敬佩，叹为观止。法拉奇后来说："我见过那么多的领导人，邓小平先生给我的印象最深。他是一个很不寻常的人，性格很不寻常。我很喜欢邓先生。""那次采访很深入、很详细，用了两天时间，很有意思。对于记者来说，那是一次很成功的采访，不太难。对方合作得很好，应该说是一次很成功的采访。我想提的问题全都提了。"

　　大约是英雄惜英雄，法拉奇快人快语、锋芒毕露的采访反而让直率坦诚的邓小平也产生了好感。他原先只打算谈一次，但是当3个小时会见快要结束时，勇于接受挑战的邓小平谈兴未尽。"今天晚上，再找时间继续谈吧！"法拉奇大喜过望，差一点蹦了起来。他们相约两天后再谈一次。邓小平也是有话要说，他希望借助法拉奇向世界传达一个重要信息：中国共产党不会全盘否定毛泽东主席。几个月后，当他在北京人民大会堂与来访的意大利总统佩尔蒂尼握手时，真挚地说："你们有位很伟大的女性，一位很伟大的法拉奇！"显然邓小平对这次采访亦很重视与满意，后来还把此文收入自己的选集。

　　到后来，邓小平在接受美国著名电视节目主持人华莱士采访时还提到此次会谈。华莱士问他："您以前接受过电视记者采访吗？"邓小平说："电视记者还没有，与外国记者谈得比较长的是意大利的法拉奇。"华莱士马上说："我读了那篇谈话，感到非常有趣。法拉奇问了您不少很难答的问题。"邓小平稍稍停顿了一下说："她考了我。我不知道她给我打了多少分。她是一个很不容易对付的人。基辛格告诉我，他被她剋了一顿。"华莱士说："是的。我采访过法拉奇，我也问了一些她很难答的问题。"邓小平晚年与法拉奇、华莱士的两次谈话，是他一生中最重要的两次接受西方（甚至包括国内）媒体记者的采访。

　　选自：李子迟著，《战地记者——他们让战争更真实》，北京工业大学出版社2007年版，第40-62页；参看：《简明中外新闻事业史》第十六章。

事件篇

曾 格 案 件

背 景

关系到新闻出版自由的最著名案件是 1734—1735 年的曾格案件。此案对法制改革所产生的影响被过高地估计了，而且由于该案件是在暧昧的形势下审理的，结果任何问题也未得到解决。但是，此案所产生的鼓舞人心的效果却是巨大的。

这里我们又遇见了威廉·布雷德福，不久前我们在费城见到过他。这位老布雷德福被授予纽约政府的印刷商一职后，便移居纽约。作为一个享受政府补贴的商人，布雷德福不再印刷任何会得罪他后台老板的东西。1725 年 11 月 8 日，他发行了该殖民地的第一份报纸——《纽约公报》（*New York Cazette*）。自然，在所有问题上它都是拥护政府的。布雷德福和随后的许多编辑一样，在受到迫害时便会起来反抗，正如他在费城时那样。然而，当他被本来很可能在另一环境里准备与之对抗的那帮人赐予特权和好处的时候，他就乖乖地听话了。

1733 年，纽约发生了一场温和的革命。一群富足的商人和地主坚决主张要对当地事务享有更大的控制权。但他们无法将自己的意见传播开去。布雷德福拥有的唯一一份报纸，而他是个坚定的保皇派。这时一位布雷德福过去的学徒也开办了印刷所，他就是约翰·彼得·曾格。他是从德意志地区的巴拉丁迁来，从 13 岁开始做学徒。1733 年秋，商界一个代表团询问曾格是否想办一份作为发表他们的新闻和观点的工具。

促使商界提出这一请求的背景是复杂的。1731 年，该殖民地总督逝世，13 个月之后，其继任者威廉·科斯比爵士（Sir William Cosby）才从伦敦前来赴任。曾经在咨询会议里任职 30 年的里普·范达姆（Rip Van Dam）是荷兰人的领袖，他兼代理总督职务。科斯比要求达姆将他就任期间征集而来的收入分一半给他，但遭到范达姆的拒绝。与金钱有关的案件是在普通法庭进行审理的，但是科斯比却将他的案子转到他所控制的一个大法官法院去审理。在随后的斗争中，首席法官刘易斯·莫里斯（Lewis Morris）站在范达姆一边，因而被总督撤职。于是范达姆和莫里斯便设法要伦敦方面将科斯比召回英国。此外，这些反政府势力还记下了其他一些不满：他们控告科斯比要求获得在其管辖范围内将全部公共土地的 1/3 出售后所得的收入；科斯比被怀疑非法占用现在叫作尤蒂卡一带的土地；还有，科斯比企图操纵咨询会议，以批准让他提名的年轻的詹姆斯·德兰西（James Delancey）出任新的首席法官。

反政府势力的带头人都是能言善辩、神通广大的人。他们中有范达姆、莫里斯法官以及纽约和新泽西两个殖民地的总测量员兼咨询会议成员詹姆斯·亚历山大（James Alexander）以及以其著作《纽约殖民地史：自其建立至 1762 年》（*History of the Colony of New York from Its Foundation to* 1762）闻名的威廉·史密斯（William Smith）。史密斯在审理这一案件时已是一位知名人士。正是这些人与其他重要人物一起，想请曾格办一份报纸以陈述他们的观点。

曾格的《纽约周报》创刊号于 1733 年 11 月 5 日出版。《纽约周报》在出版的头一天便与行政当局发生冲突。《纽约公报》的布雷德福全然不是曾格及其背后智囊的对手。当时的主要发言人是亚历山大（Alexander）律师，他和他的支持者们成功促使刘易斯·莫里斯在一次补缺选举中当选为议员。尽管遭到所谓的就他们的投票资格问题而引发的骚动的干扰，第一期的《纽约周报》仍然报道了莫里斯的当选。12 月 3 日，曾格的报纸刊登一则消息，攻击科斯比总督听任法国军舰侦察南部海湾的防御工事。在同一期上，一名愤怒的新泽西移民（他的写作风格酷似亚历山大）谴责殖民地官僚当局的无能，他指的是范达姆和莫里斯事件。

这样的报道颇受公众欢迎，曾格不得不加印报纸以满足读者的要求。然而，总督对于这样的新闻机构就不会这样热情了。他一方面指控曾格是"对政府进行无耻中伤和恶毒谩骂，试图煽动反政府情绪"，另一方面他命令自己一手提拔的首席法官德兰西想办法对这位胆大妄为的编辑提出起诉。但大陪审团拒绝提出一项正式的法案，议会也同样不愿提出起诉。最后，总督从咨询会议中挑选了一批人，同意对曾格采取法律行动。在 1734 年 11 月 17 日的那个星期天下午，曾格以"煽动闹事"的罪名被拘捕。

1735 年曾格案审判

审判到 1735 年 8 月 4 日才开始。在这之前，科斯比的总检察长理查德·布雷德利（Richard Bradley）提出了一份"起诉书"，使曾格一直被关押在狱。在此期间，《纽约周报》继续出版，由曾格之妻安娜（Anna）主持常务，亚历山大担任主编。当亚历山大和史密斯对起诉的有效性提出质疑时，他们便被剥夺了律师资格。约翰·钱伯斯（John Chambers）被指定担任辩护律师，他要求将审讯推迟到 8 月进行。曾格的辩护问题吸引了费城一位 60 岁高龄的律师，他不顾年老体弱，赶到纽约出席这一审讯。此人就是以当庭辩护而著称的安德鲁·汉密尔顿（Andrew Hamilton），他一到场，好戏就要开场了。

首先，钱伯斯向德兰西法官提出一项请求，接着白发垂肩的汉密尔顿站了起来。他的开场白就是一颗重磅炸弹。他铿锵有力地说："我不能认为剥夺人们发表控诉的权利是正当行为，我认为发表控诉是每一位生来自由的人都享有的权利。因而，我想不劳烦检察官先生去为这一点而讯问证人。而且我承认（为我的当事人），他不但印刷而且发表了那两篇文章——正如起诉书中所陈述的那样。但我的确希望，他这样做没有罪。"

布雷德利为这一表面上轻而易举取得的胜利而喜不自禁，于是说，既然被告一方已经承认发表了违法的文章，那么陪审团无须做别的事，只需做出有罪的裁决就是了。对此，汉密尔顿平静而坚定地回答："检察官先生，不对，都不对。这桩交易牵涉两个方面，我希望问题并不仅仅是由于我们印刷或发表了一两篇文章就构成诽谤；在宣布我的当事人是一个诽谤者之前，你还得再做一些工作，你得证明那些言论本身是诽谤性的，也就是说虚假的、恶意的和煽动性的，否则我们就是无罪的。"

布雷德利走近法官席，再次提出他的论点。汉密尔顿则逐一予以驳斥。他援引了英国的《大宪章》（*Magna Carta*）（1215 年英国大封建领主迫使英王约翰签署的保障部分公民权和政治权的文件——译注），追溯了星法院之被取缔，以此证明他的观点（即陈述无可非议的事实真相的自由）早已被过去的法庭所接受，而殖民地纽约是落后于时代的。他在表达自己的论点时用字果断有力，而他的风度却是那样彬彬有礼，声音那样心平气和，致使那些着了迷的听众像是进入了催眠状态一般。当观众在汉密尔顿讲演的间歇为他欢呼时，原告一方却对汉密尔顿的答辩提出抗议，汉密尔顿则坚持说"谎言才构成中伤，才构成诽谤"，然后他主动要求去"证明这几篇被称作诽谤的文章是真实的"。这时法官德兰西却进行劝诫。

"汉密尔顿先生，"法官正言厉色道，"你的要求是无法接受的，无法允许你将明显的诽谤证明是事实……本庭认为，你不应被允许证明那些文章中的事实。"接着，法官引经据典，列举了一长串例证。

"这些全是星法院的案例，"汉密尔顿耐心回答说，"我原来希望这种做法早已随着那个法庭一起死亡了。"

这一对其法律知识的隐晦批评，使血气方刚的德兰西大为恼火，于是他气急败坏地吼道："本庭已经表示了意见，我们希望你在对待我们时行为规矩点，不允许你与本庭抗争。"

安德鲁·汉密尔顿的伟大抗辩

汉密尔顿稍停片刻。他望了陪审团一眼，然后将目光转向听众，又转向曾格，就像一位杰出的演员在揣度观众的情绪一样。然后他才转向法官，彬彬有礼地鞠了一躬：

"我感谢你。"他回答道，并没有丝毫怨恨的意思。说完，转过身来背对法官席，做了一个潇洒有礼的动作向陪审团致意。接着他便直接对着陪审员们讲了起来，声音洪亮，整个法庭都能听得一清二楚。

"那么，先生们，现在我们必须请你们来做我们提出的、但又被剥夺证明权利的那些事实的真实性的证人了……"

汉密尔顿说起话来似乎德兰西压根儿就没在这间房间里一样。他力请陪审团拿出自由人的样子，根据自己的良心采取行动，而不怕官方的报复，因为这是受到英国法律制度的保护的。他在结束语中说：

我虽已老迈，然而，一旦有必要，哪怕是走到天涯海角我也在所不辞，只要我以自己的服务能为扑灭由检察官根据告发而燃起的起诉火焰起到一点微薄作用；这种做法是由政府实行的，旨在剥夺人民对那些当权者独断专行的企图提出抗议（还有申诉）的权利。正是那些人伤害和压迫在他们统治下的人民，才激起人民呐喊和控诉，但他们又将人民的控诉作为新的压迫和起诉的根据。

……但是总而言之，法庭，还有你们陪审团的先生们所面临的问题，既非小事，亦非私事。你们在此审理的，并不仅仅是那位可怜的印刷商的事业，也不仅仅是纽约的事业。不是的！它的后果会影响到美洲大陆上在英国政府统治下生活的每一个自由人。它是最重要的事，它是自由的事。我毫不怀疑，你们以今天的正直行为将不仅赢得你们的同胞们的爱戴和尊敬，而且将受到每一位宁要自由、不要奴役生活的人的赞美和钦佩，因为是你们挫败了暴政的企图；你们以公正清廉的裁决奠定了一个崇高的基础，保证了我们自己、我们的后代还有我们的朋友应享有的那样东西：大自然和我们国家的法律赋予我们应有的权利：自由——就是把事实真相说出来和写下来，用以揭露和反抗（至少在世界上的这些地区）专断权力的自由——和真理。

通过答辩，汉密尔顿胜诉。陪审团做出"无罪"裁决，曾格获释，他如今成了美国新闻界的一位英雄。安德鲁·汉密尔顿为自由的事业进行了雄辩，他虽然没有曾格那么有名，但他像曾格一样是一位英雄。

对曾格案件的分析

不过，曾格案件也有一些消极方面。在那次审判后的半个多世纪，上述陪审团的裁决对诽谤法并未产生任何影响。宾夕法尼亚是最先在 1790 年宪法中写入如下原则的州：事实真相可以作为辩护以及陪审团有权就与案件有关的法律和事实做出裁决；纽约于 1805 年接受上述原则。英国的《福克斯诽谤法》（*Fox's Libel Act*）授予陪审团以裁决权，是 1792 年的事情，而在 1843 年，《坎贝尔勋爵法》（*Lord Campbell's Act*）承认事实真相可作为辩护。

现在看来十分可能的是，那次审讯之后，与其说是法律原则，不如说是权宜之计在指导着当局的行动。他们不承认曾格案件确立了新的法律判例。曾格如果第二次犯案有可能再次被捕，除非发生不同的情况。在审讯结束后的一段时间里，科斯比慎言谨行，一是因为莫里斯在伦敦游说要求将他罢免，二是这位总督不想为自己招来更坏的名声。之后，在 1735 年至 1736 年之间的冬天，他染重病不起，于翌年 3 月去世。要是他仍活着，他是不会这么轻易认输的。

此外，所有关于那次审讯的报道再一次都是一面之词。唯一的例外是曾格自己的报纸，他对案件作了全面的报道。英王政府从未发布一项报告，表明自己站在哪一边。由于被告一方完全有理由黑白分明地将案件始末予以发表，因而一般人对英王政府的法律论据与原则大都未予理会。奥卡拉汉（O'Callaghan）的《纽约殖民史有关文献》（*Documents Relative to the Colonial History of New York*）（奥尔巴尼，1849 年版，第 5 卷）中记载了科斯比总督致贸易大臣的声明，这是最接近于陈述另一方意见的东西。

德兰西法官总是被描绘成一位妄自尊大的法官，但他这次却表现出极大的克制，他没有将陪审团的裁决置于不顾，也没有驳回汉密尔顿的抗辩。他甚至本来可以将这位老律师以蔑视法庭罪逮捕的，但他没有这样做。就像在 1765 年的《印花税法》等许多事件中一样，这次英国政府也没有行使它的权力去压制舆论，相反地，它在公众的强烈不满情绪面前让步了。

这一点是十分重要的。法庭犹如报业一样，有责任保卫被民主的人民所珍视的自由。在一个涉及新闻出版的案件中，如果出于权宜之计而蔑视法律，那将开创危险的判例。如果并非出于对已知法律进行冷静分析，而是出于某种政治感情而宣判被告无罪，这便对制度构成威胁，这一制度就像新闻自由一样，对我们的自由权利是至关重要的。

按照德兰西法官的意见，在这类诽谤诉讼中事实是不能被提出来作为辩护的。这在今天看来未免荒唐可笑，然而当时的事实是，他有相当充分的先例支持他的观点。那是法庭承认的一条原则，即"越是事实，就越构成诽谤"，这一理论背后的逻辑是：公众对于执掌权力的人们进行谴责，或是批评，会激起整个社会的不安，从而严重破坏社会安宁。在曾格案中，民意是支持他的，但这并未能改变殖民时代的作家们在煽动性诽谤这个问题上所持的态度。而他们几乎全部认为：政府是会受到诽谤的，而诽谤政府当然可以被认为是犯罪。然而，杰弗里·史密斯（Jeffery Smith）教授所做的研究发现，这些观点与许多新闻工作者所持有的自由主义新闻理论是相对立的，这些人拒绝接受有关煽动性诽谤的理论。但对他们来说，批评政府官员可能遭到惩罚的威胁直到 18 世纪末仍然存在，当时围绕 1798 年的《煽动法》（Seditious Act）的问题所出现的斗争将这一争论推向高潮。

曾格和汉密尔顿所作出的鼓舞人心的贡献以及那次审判所产生的心理影响抵消了这一案件的这些消极方面，因为那次审判确实明确了一条原则——尽管未将其确立为法律判例——而这一原则对我们今天的严格限权自由主义论者关于言论自由和新闻自由的学说是至关重要的。对政府官员进行批评的权利是新闻自由的主要支柱之一。从心理学的角度讲，曾格案的审判促进了这一目标的实现，因为自从 1735 年以后，再未出现过殖民地法庭以煽动性诽谤罪审判一位印刷商的案例。曾有些印刷商被他们所在殖民地的立法机关或是总督的咨询会议认为犯了蔑视法庭罪，但是英王政府并未进行过一次类似的审判。民意证明了自己的力量，曾格案作为后来事件的前奏无愧于它在历史上所处的位置。

选自：迈克尔·埃默里、埃德温·埃默里著，《美国新闻史——大众传播媒介解释史》，新华出版社 1979 年版，第 42-48 页；参看：《简明中外新闻事业史》291-292 页。

威尔克斯事件

冲破禁止报道和评论国内政治新闻的禁区，是"光荣革命"后英国报刊争取新闻自由的重要斗争目标，特别是"报道议会的自由"。议会辩论曾在英国大革命期间被广泛报道，但随着斯图亚特王朝的复辟，一切有关议会的新闻，不论内容是否真实都被判定违法。阿贝尔·博伊尔（Abel Boyel）在1703年创办的月刊《大英帝国政治形势》（*The Political State of Great Britain*）首先对议会进行了报道，但其报道策略十分保守，只在议会结束后才公布一些辩论的细节。面对争议性较大的话题，只在争论结果水落石出之后才加以报道。这份刊物的目的不在于冲破报道议会的禁区，而是满足读者对议会新闻的好奇心，从而获得利润。因而这份刊物并未遭受过多的政府干预，直到1729年博伊尔去世时才停刊。

相比之下，1731年由爱德华·凯弗（Edward Cave）创办的《绅士杂志》则走得远些。《绅士杂志》每月出版一期，内容五花八门，包括从其他报纸上转载的很多新闻和随笔。在英国新闻史上，它首次使用了"Magazine"（杂志）这个英文单词作为刊名。当时这个词的意思是"武器和弹药仓库"，《绅士杂志》的成功给这个词赋予了新的含义。这份杂志因为打破禁区报道议会新闻而受到关注。凯弗雇佣记者买通议会的门卫，悄悄记录下议会中的主要信息。凯弗的报道策略同样十分谨慎，他在会议期间仅仅提供摘要性的介绍，只在会议结束后才将完整的辩论过程刊登出来。除此之外，他还尽量避免提及具体发言人的名字，例如罗伯特·沃尔波的名字在发表时便改为"R_ t W _ le"。

《绅士杂志》一经创刊便获得了巨大的成功，发行量很快便超过了1万份。于是一年之后，约翰·维尔福德（John Wilford）创办《伦敦杂志》（*London Magazine*）与之抗衡。《伦敦杂志》同样以报道议会新闻作为卖点，有趣的是，这份杂志虚拟了一个"政治俱乐部"，将议会辩论的内容转变为这家俱乐部的辩论进行报道，试图以此逃避制裁。然而好景不长，英国议会于1738 年 4 月对这两份杂志提出了警告，宣称任何形式对议会辩论的报道都是对议会权益极大的侮辱和难以忍受的破坏，对于违反者，议会将会采取最为严厉的打击措施。

实际上，《绅士杂志》和《伦敦杂志》这种"打擦边球"的报道策略并未对议会造成多大威胁，两份杂志对于议会的禁令也并未表现出多少反抗，而是通过寻找禁令中的漏洞不断打擦边球。真正打破议会新闻报道和评论禁区的斗争发生在 1860 年乔治三世（1760—1820）上台之后，其中最为重要的代表人物是约翰·威尔克斯（John Wilkes）。威尔克斯于 1725 年出生在伦敦的一个酿酒商家庭中，年轻时曾在荷兰莱顿大学（Leyden University）学习，1757 年依靠贿选进入了下议院。

乔治三世政治上谋求扩充王权。即位后第二年，他便在大选中将他的支持者和亲信安插进议会，同时利用"七年战争"时期国内的反战情绪打击辉格党人，而威尔克斯当时正是辉格党政治家老威廉·皮特（William Pitt the Elder）的追随者。于是，他于 1762 年创办了《北不列颠人报》（*North Briton*），在第 1 期上表明了自己的办报原则：

> 报刊自由是英国人生来就享有的权利，这也被认为是整个国家自由的最重要的保障。它已经成为所有不称职的政府所害怕的事情，因为他们阴暗且危险的政策，或者因为他们的虚弱、无能、欺骗，已经被这些报刊发现，并且公之于众了。

《北不列颠人报》创刊伊始便含沙射影地攻击国王和议会，很快成为乔治三世的眼中钉。在 1763 年 4 月 23 日第 45 期的《北不列颠人报》上，威尔克斯对国王的一次讲话进行了猛烈地批评：

> 国王的演讲一直以来都被立法机构和大部分公众视为代表内阁的讲话……在这一周，公众见识到了历史上内阁中最为厚颜无耻、放荡堕落的行为。这个国家中的每个人都十分痛惜地看到，如此受到拥戴，又具有如此高贵、和蔼品行的国王，竟然会将自己的名字和最为可恶的政策、最为不公的公告联系到一起……我和王国中的每一个人都希望王冠的荣誉可以通过真正意义上"皇族"（Royalty）来维护。然而，我却痛惜地看到它正在沦落乃至被滥用。

这篇文章触怒了乔治三世。司法大臣认定威尔克斯犯有煽动诽谤罪，发布总逮捕状。将作者、印刷者、贩卖者等 48 人一并逮捕。威尔克斯因议员身份被释放后，反诉政府非法逮捕，结果首席法官宣布总逮捕状非法，被捕人全部释放，总逮捕状制度也从此被废除。然而国王并未善罢甘休，一年之后，威尔克斯因为几年前发表的《论妇女》（*Essay of Woman*）被指控诽谤罪，为了逃避牢狱之灾，威尔克斯不得不逃亡法国。

1768 年，威尔克斯决定回国参加大选，前两次当选后都遭到了议会的驱逐，因为他的身份是一名逃犯。第三次选举中，虽然他在选票上击败了政府提名的候选人亨利·鲁特雷尔（Henry Luttrell），但政府宣布鲁特雷尔赢得了这场选举，同时判处威尔克斯 22 个月的监禁，并处以 1000 英镑的罚款。这件事激起了伦敦市民，尤其是下层人民的愤怒，一时间伦敦的大街小巷随处都可以看到"45"（即声援第 45 期的《北不列颠人报》）的标志。当时正在伦敦的本杰明·富兰克林如此描述道：

> 暴民们……在每条街上吼叫，要来往马车中的绅士淑女们也呼喊"威尔克斯与自由……城外 15 英里之内的每座房子的门窗上，差不多都画上了 45 的标志。甚至在 64 英里之外的温彻斯特也能看到这种标志。

这场抗议活动在 1769 年 5 月 10 日达到了高潮。在这一天，上万名英国人民聚集在圣乔治广场上要求释放威尔克斯。然而乔治三世并未就此妥协，而是命令埋伏在广场上的军队开枪射杀市民，当场打死 6 名抗议者，制造了当时震惊英国的"圣乔治广场屠杀"。

威尔克斯于 1770 年 4 月刑满释放。因为当时伦敦市政府掌握在反对派的手中，所以他顺利当选为伦敦市议员，并重新进入议会。虽然议会在 1771 年 5 月重申了禁止报道和评论议会的法律，但这并不能阻止那些受到经济利益驱动而铤而走险的报人们。报人约翰·惠布尔（John Wheble）和罗杰尔·汤普森（Roger Thompson）因触犯这一禁令而被要求出庭接受指证。威尔克斯和另一位市政议员理查德·奥利弗（Richard Oliver）负责分别审理这两起案件，都宣布逮捕非法，无罪开释，威尔克斯还向国务大臣提出了强烈抗议。议会因此震怒，将伦敦市长布拉斯·克罗斯比（Brass Crosby）和市政议员奥利弗关进了伦敦塔。然而这一判决再一次激起了人民的反抗。在执刑的路上，两个人受到了伦敦市民的夹道欢迎，有一些愤怒的人推翻了英国首相诺斯勋爵（Lord North）的马车，把诺斯勋爵的帽子抢过来撕成碎片，以每片 6 便士的价格当场出售。因为忌惮于之前的圣乔治广场的屠杀事件和这次伦敦市民的抗议，威尔克斯并未遭受刑罚，克罗斯比和奥利弗也在不久后被释放。

自此之后，议会对报刊报道和评论政治新闻虽然设立了种种限制，但基本采取默认的态度。在自由报道议会的抗争历史中，威尔克斯事件是一个重要的转折点，但这一胜利仅是"阶段性的"，因为议会并未通过法案公开允许这一行为。报刊报道和评论议会的活动逐渐成熟和规范起来，经历了一个多世纪：1803 年议会允许记者在后排旁听；1831 年，议会增设记者席，因此出现了记者是议会"第四等级"之说；1868 年，议会通过法案，承认记者报道和评论议会新闻不属诽谤罪；1907 年，英国议会自设新闻处，专门负责议会新闻发布的事务。

　　选自：陈力丹、董晨宇著，《英国新闻传播史》，人民日报出版社，第101-106 页；参看：《简明中外新闻事业史》第十三章。

朱尼斯匿名案

　　除了报道议会的禁区之外，"光荣革命"后英国的报刊在内容上还受到封建时代流传下来的煽动诽谤罪以及更重的叛国罪的威胁。18 世纪初期还沿用 17 世纪的法律，凡是批评国王和议会的，均以煽动诽谤罪论处。

　　自 1769 年起《公共广告人》（*Public Advertiser*）开始连续登载笔名"朱尼斯"（Junius）的批评国王的来信。这使得《公共广告人》的销量从 2800 份上升到将近 5000 份，并成为伦敦街谈巷议的热点话题。神秘的"朱尼斯"是谁，至今也没有在新闻史研究者中达成共识。爱尔兰政治家艾萨克·巴雷（Isaac Barré）、美国英裔政治家托马斯·潘恩（Thomas Paine）、英国学者詹姆斯·威尔默特（James Wilmot），甚至美国政治家富兰克林（因为他当时正在伦敦）也被猜测为这些信件的作者。随着史料的逐步挖掘，现今的多数研究者认为"朱尼斯来信"的真正作者应该是英国政治家菲利普·弗朗西斯爵士（Sir Philip Francis）。"朱尼斯"的信件讽刺国王、抨击议会、蔑视法庭，言辞十分大胆，一经出现便引来多家报纸转发。在其中一封写给乔治三世的信中，"朱尼斯"写道：

　　阁下："除非你愿意倾听人民的抱怨，否则你将永远不可能了解真实的言论。这是你一生的不幸，也是政府中所有责难和窘迫的来源。然而，现在纠正你的差错还为时不晚。我们仍旧允许你在年轻时候接受到这些教训，也愿意因你仁慈的天性而再一次怀有最为乐观的期待。"

　　显然，国王不会允许这些信件刊登在报纸之上，于是作者和刊登来信的报纸发行人被司法大臣起诉犯有煽动诽谤罪，其中包括《公共广告人》的印刷商亨利·伍德福（Henry Woodfall）、《伦敦晚邮报》（*London Evening Post*）的约翰·米勒（John Miller）、《圣詹姆斯记事》（*St. James's Chronicle*）的亨利·鲍尔德温（Henry Baldwin）等人在审判过程中，虽然法官百般阻挠，但陪审团经过长时间的讨论，还是宣布了当事人无罪。这一案件的意义在于从事实上确立了陪审团判定"煽动诽谤罪"的权力。1792 年，通过议会的激烈辩论而通过了妥协性的诽谤法案，明确给予陪审团以判决权，使得诽谤罪开始有法可依，不能完全凭国王和大臣的好恶定罪。这是英国新闻法史上的一次有限的进步举措。

虽然英国政府并不经常运用这一法律，但在政治斗争较为激烈的时候，这类法律就成了对付革命报刊的手段，例如 19 世纪 30—40 年代英国工人运动高涨时期，工人报刊的编辑就曾以叛国罪和煽动诽谤罪受到过迫害。这是海洋法系国家的特点，平常时期以不成文的习惯法为依据，一旦利益需要进行压制，于是一些似乎已经被人忘却的过时法律还会发挥作用，因为毕竟没有宣布废除。所以恩格斯 1844 年分析道："诽谤法、叛国罪和渎神法都沉重地压在出版事业的身上；如果说对出版事业的迫害还不算多，那么这并不是由于政府害怕因采取压制出版事业的措施而丧失民心。英国各党派的报纸每天都在违反出版法，因为它们既反对政府也反对个别的人，但人们对这一切都假装没看见，等到时机成熟便来一场政治诉讼，那时再连报刊一起拿来算总账……英国的出版自由 100 年来苟延残喘完全是靠政府当局的恩典。"

随着英国新闻传播业的成熟和产业化，这种以诽谤罪压制大众媒体的情况才变得越来越少了。

选自：陈力丹、董晨宇著，《英国新闻传播史》，人民日报出版社，第 106—108 页；参看：《简明中外新闻事业史》第十三章。

"黄色新闻"之战

威廉·伦道夫·赫斯特一到纽约，就立即着手收买把《星期天世界报》办得有声有色的几个人。他利用《旧金山考察家报》在《世界报》大楼里租用的一间办公室，把戈达德连同他的大部分撰稿人和画家都挖了过来，赫斯特高价收买的做法使普利策窘于对付。不久，连《世界报》的发行人 S. S. 卡瓦尔霍都到《纽约新闻报》工作了。斗争还在继续，普利策求助于社会主义者艾伯特·布里斯班能干而年轻的儿子阿瑟·布里斯班，请他担任星期日版的主编。他在到普利策的编辑部工作之前，是在《太阳报》开始其新闻生涯的。这位新的星期日版主编创下了 60 万份的发行量纪录。他致力于新闻的大众化，并努力推进普利策所关心的社会事业。戈达德将奥特考尔连同他的黄孩子"一起带走了，而布里斯班则又雇用了后来成为著名画家的乔治·B. 卢克斯（George B. Luks）继续画这一系列漫画。

这两家报组的推销员所用的招贴画都画了那个兴高采烈、咧着嘴笑的面目没有特点的"黄孩子"。在反对他们的新闻界人看来，"黄孩子"似乎象征着流行的、公众赞同的那种煽情主义新闻。"黄色新闻"这个名词很快传开了，黄色新闻的技巧很快成了被悉心研究的目标。对普利策来说不幸的是，1897 年布里斯班转到《新闻晚报》担任主编，卢克斯也转到赫斯特的旗下。为此，奥特考尔特曾悲叹：

"在我死后，不要佩带黄色绉纱，不要让他们把黄孩子放在我的墓碑上，也不要让黄孩子参加我的葬礼，让他待在他所属的纽约东区吧。"

除了向普利策的编辑部发动突然袭击外，赫斯特还请来了他在旧金山的最出色的编辑人员，包括钱柏林、麦克尤·恩、达文波特、安妮·劳里。他还用金钱收买了达纳的《太阳报》名记者朱利安·拉尔夫、理查德·哈丁·戴维斯和爱德华·汤森。多萝西·迪克斯加盟他旗下的女记者队伍。作家斯帝芬·克兰、艾尔弗雷德·亨利·刘易斯（Alfred Henry Lewis）、鲁道夫·布洛克（Rudolph Block）、布鲁诺·莱辛（Bruno Lesing）以及许多有才能的记者、批评家和画家都成了赫斯特的雇员。

还有两件事加剧了赫斯特同普利策之间的竞争，1896 年，当一美分的《新闻报》销售量达到 15 万份时，普利策也把他的报纸减价到一美分，因而扩大了销量，但是这件事引起了人们的议论，以为这是他害怕赫斯特的挑战而采取的对策。更重要的是，普利策支持威廉·詹宁斯·布赖恩的许多看法，但同时，却不支持他鼓吹通货膨胀的货币政策，而赫斯特是一个银矿主，他反对金本位币制是毫无疑问的，那时，布赖恩在保守的东部引起了恐惧。一些抱有政党偏见的人因为赫斯特对布赖恩的支持态度而被赫斯特吸引。

《新闻报》由于大胆采用粗劣的黄色新闻，销量持续上升。仅在 1896 年的一个月内，就猛增 125 000 份。当时典型的标题是这样的：《货真价实的美国巨兽和大龙》，这是一条关于考古队发现化石遗骸的新闻的标题；《请看新奇的施药法：将药瓶靠近昏送的病人，即奏奇效》，这样的标题使医药工作者极为反感；亨利·詹姆斯描写不道德与犯罪行为的新作；大作家令人惊讶地投身于煽情小说！是《新闻报》公布《金屋藏娇》一书出版的方式。还有一些标题，如《杀死小贝西的神秘凶手》《狂风使儿童丧命》《是什么使他偷窃？埃德加·萨尔特斯关于纽约的生活的写真》《凶手投案，请求处以绞刑——触目惊心的供词》。安妮·劳里所写的题材有："年轻姑娘为何寻短见"和"为了爱，女人怪事也做"等。

《新闻报》也注重有关社会改革的报道。在这方面它比其他报纸更加突出，它因而自诩："别的报纸空谈，而《新闻报》实干。"由于该报的努力，法院下了禁令，使一家煤气公司得不到在城里开业的许可证。在此次成功的激励下，它又对所谓政府滥用职权等采取类似行动。事后，赫斯特把从全国的公民领袖那里讨得的表扬在他的报纸上发表时，用了这样的标题："实干的新闻——各行各业的行动家衷心支持《新闻报》代表人民所作的斗争"和"《新闻报》最早应用的新概念，似将成为美国报纸的公认职能"。

在赫斯特来到纽约的第一年即将结束时，他已为《新闻报》配备了大的彩色印刷机，增设了 3 版的彩色连环画组《美国幽默家》（*American Humorist*），后又改为 16 版的彩色增刊《星期日美国人杂志》（*Sunday American Magazine*）[后来由布里斯班主编的这个刊物成了著名的《美国人周刊》（*American Weekly*）]。到 1896 年末，《新闻报》的日销量是 437 000 份，星期日为 38 万份。一年之内，星期日版日发行量增至 60 万份，赶上了《世界报》。报纸的销量的升降取决于时下街头零售的生意眼。在决定麦金利和布赖恩两者谁当选美国总统的那次选举（指 1896 年大选——译注）的第二天，

《世界报》和《新闻报》各出售报纸约 150 万份，创下了空前纪录。

正是在这种气氛下，一些大报拼命地争夺国内乃至世界各地的新闻。也正是在这样的条件下，美国报纸开始报道一些导致一场国际危机——美国和西班牙战争的事件。

选自：迈克尔·埃默里、埃德温·埃默里著，展江、殷文 [译]，《美国新闻史：大众传播媒介解释史》，新华出版社，第 228–231 页；参看：《简明中外新闻事业史》365–366 页。

"掏粪运动"

2003 年 9 月 28 日，新泽西州地方报纸《奥斯贝利园报》头版登载了一则民意调查："选民：议员们以权谋私"。这则调查说：甘奈特（新泽西）报业的舆论调查表明，可能参加投票选举的人说，绝大多数的州议员都把自己的金钱私利置于公众利益之上。

上周，《奥斯贝利园报》和其他六家甘奈特（新泽西）报纸的报道表明，一些议员以权谋私，包括占有好几个可以得到大额养老金的政府职位。

根据这些题为"以权谋私"的系列报道，目前的政治制度保护当权者，而阻碍改革。

这则报道引用一名妇女的话说："他们（州议员）都是猪。我不知道他们都吃些什么药。只要这些家伙不做任何非法的事情——他们是制定法律的人——或者只要他们不被抓住，这些家伙就不把自己看做骗子、狂徒和贪得无厌的人。"

媒体敢引用民众的话，把州议员直斥为"猪"，这在许多国家是不可想象的。但美国的媒体就敢于刊登这样的内容而不必担心受到惩罚和报复。因为这样的政治言论受到《宪法第一修正案》的严格保护。

如果说在美国新闻媒体的历史上存在着一个贯穿始终的精神，那就是浪漫主义精神。在这种浪漫主义驱引下，许多记者和编辑相信，他们是正义的；他们是民众声音的代表，可以通过自己拥有的舆论力量，改造政治，改造社会，挑战一切他们认为不公正的现象。之所以称这一精神为浪漫主义，在于它在许多情形下更多的是一种信念，而不必然意味着现实中确实如此。

新闻媒体的浪漫主义对美国的政治和社会进步产生过巨大的促进作用。实际上，美国作为国家的建立、发展、壮大乃至成为世界霸主，都离不开新闻媒体所扮演的重要角色。山缪尔·亚当斯的小册子和托马斯·潘恩的文章点燃了美国独立战争的烽火；威廉·加里逊等记者向黑奴制发起挑战；妇女选举权的获得因新闻媒体的力量而受益；20 世纪六七十年代的民权运动和反越战运动也因媒体的呐喊而得以壮大。

媒体的这种浪漫主义在尼克松总统由于"水门事件"而辞职时达到了高潮，使媒体在监督和制衡政治权力中的角色上升到了"民族神话"的地位（米歇尔·舒得逊语）。

改变美国的"扒粪新闻"

美国新闻媒体的浪漫主义传统发轫于 20 世纪初叶的"进步运动"时期，它在这一时期的主要表现就是著名的"扒粪新闻"，19 纪初末至 20 世纪初，即从内战结束到 1930 年的大萧条之间，是美国政治和社会发生剧烈变革的时期，也是这个正在上升的民族走向强大之前的转型和阵痛时期。

这一时期，美国由农业和乡村社会向工业和城市社会快速转变。私有企业无序竞争，剧烈兼并，出现了权力巨大的工业巨头，如洛克菲勒的石油业，卡耐基的钢铁业，摩根和范得比尔特的金融业。其中洛克菲勒标准石油托拉斯独自控制了美国 90% 的石油业。

剧烈的兼并使原来处于中产地位的阶层逐渐边缘化，或者沦为贫困的产业工人。加上源源不断的新移民的冲击，美国社会出现了剧烈的两极分化；贫困、黑暗和不公正的现象泛滥。"扒粪新闻"的一个著名记者艾德文·马克汉姆在 1906 年报道美国的童工现象时这样写道：

在希腊和罗马，主人和奴隶的孩子在同一托儿所生活。教师帮助他们健身，而不必顾及血统和财富。但我们的"基督教文明"多么不同啊！1 700 000 儿童在工作……这是 1900 年的数字，而现在已经多出了数千数万。其中许多日夜工作 10 到 14 个小时，而只得到可怜的一角钱的工资。

乔治·特纳这样描写穷人移民的女儿们的境地：

就在（纽约）休士顿大街的北面，是一长排的标志。在那里，波兰和斯洛伐克的下女们在阴暗的雇佣机构中坐成直直的一排，等人领走去做仆人。这些不幸的脸色苍白的村姑的运气要比（做妓女和舞女的）加利西亚的犹太姑娘好一些。她们像挂了标签的行李一样来到这里，挤在一排简陋的寄宿屋中，晚上是七八个人，早上给中介机构跑腿的人把她们和她们的小行李箱带走，然后坐下等待主妇来挑选。

美国的政治在此时也相当腐败。共和党和民主党的总统候选人都是在烟雾缭绕的密室中由党务大员确定，所谓的"初选"基本上是作秀。民主党总统候选人竞选只在 1868 年民主党芝加哥大会时，由于民众通过暴乱性质的抗议，才被迫开始改革的。托克维尔的《美国的民主》描写的是乡村美国时期的政治图景，这就是美国历史上有名的揭露权钱黑幕的"进步运动"的政治社会根源。

"进步运动"是一个比较复杂的社会运动，它本质上是当时代表中产者利益的力量要求限制大公司的权力和政治腐败的运动，也反映了乡村美国传统的新教文化和现代大资本所代表的文化之间的对立。从今天的观点看，它不一定全部是"进步"的，因为在它的主张中含有反对移民、禁酒，主张严格的种族隔离和基督教原教旨主义等形形色色的成分。

但"扒粪新闻"是"进步运动"的一个重要的"进步"成分。发动"扒粪新闻"的媒体主要是当时发行量正向全国扩张而影响大增的杂志和一些报纸。"扒粪新闻"中的作家也使美国的民众忽然意识到居然还有一个"黑暗的美国"存在。

《华盛顿邮报》的一名编辑曾对这种浪漫主义评论说："我们在道德上确信，如果我们再猛地拉开下一个门，就会有一具尸体倒出来。"

"扒粪新闻"主要代表人物有林肯·斯蒂芬斯，戴维·菲利普斯等二十多人。这些人主要是基于道德义愤或宗教原因，奋力揭露社会中的不公正现象。他们认为，揭露社会的黑暗与疾病会使社会变得更加健康，并使政治得到改良。

杂志：黑幕揭发时代

作为"人民的斗士"，极其重要的是那些在 1900 年之后的 10 多年中出现的杂志，它们发展出一种被西奥多·罗斯福统称为"扒粪者"（muckrakers）（一译"黑幕揭发者"——译注）的作品的那种揭露性文学。罗斯福用这个字眼是带有贬义的，他把这些更煽情的作家比做《天路历程》[英国清教徒作家约翰·班扬（1628—1688）写的寓言小说——译注] 中那个不仰头看天国的王冠，而只顾扒集污物的"带粪耙的人"。但是，改革派后来把这种称号视为一枚光荣的勋章而欣然接受。于是，美国杂志史上的这个时期就成了著名的"黑幕揭发时代"。

1893 年，当《麦克卢尔》《世界主义者》和《芒西》这三家新的大众化杂志把售价削减到 10 美分时，销量开始上升。到 20 世纪初，这些杂志和《妇女家庭杂志》《柯里尔》《人人杂志》及《星期六晚邮报》等另一些杂志的销量分别达到了几十万份。它们中的大多数以极大的热情参加了反对大企业、反对腐败和主张社会正义的改革运动。在杂志上发表文章的作者大多做过报纸工作，在全国各地拥有广大的读者。这些文章有时是他们自己撰写的，有时是根据各城市改革派报纸上的报道编写的。不管这些文章是怎样写成的，这些杂志为全国各地的读者就社会、经济和政治问题提供了发布有序的和解释性信息的服务。

黑幕揭发时代是从 S. S. 麦克卢尔的杂志 1902 年年底发表三组重要的系列文章开始的。麦克卢尔曾在 1884 年创办一家报纸特稿辛迪加，吸引了许多读者和作家。1893 年，他办起了一份售价低廉的杂志，虽不是那么惹人注目，却登满了读来有趣且适合时宜的报道文章及文学作品，并以此打入了杂志界。他和他的副主编约翰 S. 菲利普斯挑选一些能干负责的作家组成了编辑部，负责编辑《麦克卢尔》的非小说部分。编辑部成员中，有长于写传记和做调查工作的艾达·M. 塔贝尔；有前《晚邮报》记者及纽约《商业广告报》本市新闻主编林肯·斯蒂芬斯，他后来成了美国最著名的从事社会改革的自由派人士之一；还有雷·斯坦纳德·贝克，他在 1897 年从《芝加哥纪录报》转到《麦克卢尔》工作，后因撰写伍德罗·威尔逊的传记而闻名。从 1902 年末开始，塔贝尔小姐揭露了约翰·D. 洛克菲勒（John D. Rockfeller）和美孚石油公司的商业伎俩，斯蒂芬斯抨击市级政府和州级政府的腐败，贝克则开始谈论工人问题。《麦克卢尔》的销量突破了 50 万份的纪录。黑幕揭发的风气在杂志编辑工作中盛行起来。

这类杂志都把焦点对准正在崛起的商业托拉斯、贪污腐化和政治核心小集团。然而，第一家发动真正有分量的正面攻击的是《麦克卢尔》。塔贝尔小姐的文章《美孚石油公司史》在《麦克卢尔》上连载到 1904 年才结束。她以翔实确凿的证据报道了这家公司通过不正当的手段把竞争者挤垮的行为，致使洛克菲勒公司在此后很多年中都处于被动地位。斯蒂芬斯开始发表他的题为《城市的耻辱》的连载文章，描述了早先为《邮讯报》揭露过的圣路易斯的状况，接着又揭露了明尼阿波利斯、匹兹堡、费城、芝加哥、纽约和其他城市政府的腐败。曾任《斯普林菲尔德共和党人报》社论撰稿人的乔治·凯比·特纳（George Kibbe Turner）几年之后续写城市系列文章。贝克则处理劳工问题，包括童工和黑人的经济地位。给《麦克卢尔》投稿的还有巴顿·亨德里克（Barton J. Hendrick）和堪萨斯州的主编威廉·艾伦·怀特，前者曾揭露过纽约人寿保险公司的问题。报社记者威尔·欧文 1906 年至 1907 年间曾在《麦克卢尔》担任一年编辑主任和主编。《世界主义者》杂志因在 1906 年从约翰·布里斯本·沃克（John Brisben Walker）转到赫斯特手中时发表了《参议员的叛国罪》这一连载文章而加入了黑幕揭发者的行列。

麦克卢尔所从事的工作对杂志界来说并不是全新的，有些原有的高质量杂志，如《哈泼斯》《斯克里市纳》《世纪》和《大西洋月刊》等，虽然主要是文学，但也相当注重时事。还有一些舆论杂志，虽发行量不大，但在读者中颇有影响力，如戈德金的《民族》，艾伯特·肖（Albert Shaw）的《评论的评论》。

选自：长居延著，《权利的声音：美国的媒体与战争》，三联书店出版社2004年版，第200-213页；参看：《简明中外新闻事业史》第十三章。

"白虹贯日"事件

在寺内内阁时代，有两个大事件，一是出兵西伯利亚，一是"米骚动"（米价飞涨，人民骚动起来——译者注）。在这两大事件中，政府对言论控制很严，禁止发表有关出兵西伯利亚的报道，大正七年七月三十日，东京六家报纸、地方五家报纸受到禁止发行的处分。

大正七年八月六日，在富山县滑川发生的米骚动，波及大阪、神户及全国各地。政府认为，这次米骚动的原因是报纸的煽动，所以严禁登载一切与米骚动有关的新闻报道。

由于政府限制新闻报道，全国范围的拥护言论活动又掀起高潮。八月十七日，大阪五十三家报社、三百七十名新闻记者集会，《大阪每日》的本山彦一为主席，《朝日》的上野理一担任司仪。这次大会仍以两报负责人为领导，作出了拥护言论、弹劾内阁的决议。同时，横滨、福井、石川、福冈等地也召开了记者大会。二十五日又一次在大阪召开全关西记者大会，九月二日在东京召开全国记者大会，一致决议铲除寺内内阁，九月二十一日，寺内内阁终于垮台。

但是，正当拥护言论运动达到高潮的时候，《大阪朝日》发生了危及报社存亡的笔祸。在报道关西记者大会的消息中，有一处文字违反了报纸法第四十一条，从而遭到禁止发行的处分。那条消息中有这样的提法："新闻记者不能安安稳稳履行自己的使命，以金瓯无损而自豪的我大日本帝国，岂不面临最后受审判的日子了吗？'白虹贯日'的不祥之兆正雷电一般闪过头顶。"正是"白虹贯日"这个词犯了禁忌。

"白虹贯日"这个词暗示国家将发生兵祸，它是中国的一个成语。但政府认为，"日"代表天子，此乃矛头指向天皇，罪过非浅，于是对文章执笔者大西利夫、编辑田井新一进行起诉。右翼势力借机对《朝日》进行报复。社长村山龙平在中之岛公园遭暴徒袭击，被毒打，脑袋被缠上布条，布条上写着

"替天诛国贼"，并被绑在石柱上示众。

为了应付这种危急情况，村山龙平将社长职务让给上野理一、鸟居素川、长谷川如是闲担任。为平息风波，大山郁夫、花田大五郎、丸山翰治、稻原胜治等编辑不得不同时辞职，这一事件险些使报社倒闭，只是由于决策人物承担了责任，报纸编辑方针作了变动，才好不容易渡过这个难关。

究竟为什么会出现这样的事件呢？原因很明显，自从寺内内阁上台以后，《大阪朝日》与之对抗，以"非立宪"为罪名，对寺内内阁进行了攻击。因此，在这次笔祸之前，已有十二次被禁止发行，特别是在拥护言论的运动中，村山龙平社长作为运动的指挥者，成了政府的眼中钉。刚巧政府正在找茬的时候，出现了"白虹贯日"的报道，终于给政府提供了可乘之机。

这次事件之后，报纸的批判作用逐渐降低了，报纸的特点也发生了很大变化。为了争得言论自由，此后对政党、内阁虽然也进行过抵抗，但是，以往那种社长上阵，全体一致行动的大规模的反政府运动已经看不见了。为免遭笔祸，报纸急剧地走向了企业化。

选自：山本文雄编，刘明华、郑超然译，《日本大众传播工具史》，青海人民出版社1984年版，第103—105页；参看：《简明中外新闻事业史》第十六章。

巨 人 军

——《读卖新闻》发行的秘密武器

　　《读卖新闻》之所以能够使发行量迅速成长，并创下上千万的发行量，最重要的一个经营秘诀和秘密武器，其实是该报组建的职业棒球俱乐部——读卖巨人军。这也就是将报纸的发行促销与职业棒球比赛的经营捆绑在一起的经营战略。《读卖新闻》利用报纸版面宣传推广由日本最优秀职业棒球选手组成的巨人俱乐部这一品牌，同时，巨人俱乐部的比赛相关消息为报纸提供了丰富的体育报道内容，成为每年报纸和读者的"盛宴"。这是《读卖新闻》创下千万大报的重要支撑点。用我们现代的经营分析来看，这叫作"整合营销传播"。

　　1923 年 9 月，日本关东发生大震灾，此后东京的报纸一蹶不振。东京报界的《报知新闻》《时事新报》和《国民新闻》等著名报纸，在蒙受震灾的沉重打击之后，再也无法同《朝日新闻》《每日新闻》竞争，经营权一再易手，逐渐衰落下去。

　　大地震使《读卖新闻》新建不久的办公大楼倒塌，经营陷入危机，发行量也由 1919 年的 13 万份跌至 5.5 万份左右。这时，警察官僚出身的正力松太郎在退出政坛后，在财阀的支持下，收购了《读卖新闻》，试图通过报界来影响社会和政界。正力松太郎的登场对《读卖新闻》乃至日本现代报业的发展都产生了不小的影响。

　　正力松太郎一登场便露骨地声称："我根本没有把报纸看成是应该启发民众觉醒来实现美好理想的想法，只是认为今后对于一个人来说，想要飞黄腾达，就必须借助资金呀，舆论呀，笔呀这些力量。"在当时那个年代里，有这种动机的正力也算是说出了一个政客的实话。

　　正力松太郎的办报方针是非常鲜明的实用主义经营路线。长年的警察生活培养了正力的敏锐嗅觉，他谙熟普通大众的心理，了解大众喜好什么，厌恶什么。此时的日本社会正处于大正末期、昭和初期，是一个以及时行乐为特征的"既黄又黑"的颓废时代。正力抓住了民众心理，将办报方针转向

"煽情主义"，使《读卖新闻》变成了一份比较低俗的大众报纸。

值得一提的是，"煽情主义"的办报方针并非正力松太郎首创。在日本报业发展史上，最早采用煽情主义编辑手法的是明治中期黑岩周六主编的《万朝报》。1898 年夏，《万朝报》首次独家揭露了包括伊藤博文在内的日本 500 名政界、财界、教育界、文学界等所谓高层领导人的纳妾问题，引发了很大的社会反响，受到了东京社会下层读者的喜爱。正力并没有完全照搬黑岩的模式，而是更加注重实用，他敏锐地抓住了当时日本民众对棒球的狂热，举办了一系列活动，首开报业与职业棒球混合经营之先河，并取得了巨大的成功。

1931 年秋，正力以"宣传《读卖新闻》"作为交换条件，邀请由美国棒球大联盟部分队员参加的美国棒球联队与日本东京的大学生联队进行了 17 场对抗赛。这就是《读卖新闻》主办的第一届日美棒球大赛。由于当时日本社会的国家主义情绪高涨，这次比赛演变成了连当时的日本首相都要作为投手参加开球仪式的一个具有国家仪式性质的超级大型活动。正力牢牢地抓住了这个机会，连篇累牍地在《读卖新闻》上宣传报道这次大赛，大大提高了《读卖新闻》的知名度。

创办读卖巨人军棒球俱乐部

主办了第一届日美棒球大赛后，《读卖新闻》于 1934 年组织了第二届日美棒球大赛。但是，由于产生了大学生棒球选手从事商业性比赛荒废学业的问题，文部省颁布了"棒球统制令"，禁止大学生从事商业性比赛，《读卖新闻》的正力社长决定创办由当时全日本最优秀大学毕业棒球选手组成的日本选拔队，这个队就是该报创办的职业棒球队巨人俱乐部的前身。

在正力的大力推动下，日本开始了以报社和铁路公司为经营母体的职业棒球俱乐部联赛。巨人俱乐部虽说是《读卖新闻》创立起来的，但创立之初，正力为了规避经营风险，把相当一部分股份卖给了《读卖新闻》以外的人，同时它是以"大日本东京棒球俱乐部"这一股份公司，简称"东京巨人军"的名义进行营业的。1946 年后，《读卖新闻》全面负责俱乐部的经营，将俱乐部改名为"读卖兴业"公司，将"东京巨人军"改名为"读卖巨人军"，使《读卖新闻》与巨人统合为一体，最大限度利用巨人的品牌价值。

当时，几乎每个俱乐部都处于亏损经营状态。日本职业棒球联盟自设立以来，一贯采用的是共存共荣的收益分配机制：不分胜败，将门票收入的四成平均分配给各俱乐部，剩下的六成按照取胜比率分给获胜俱乐部。但是，当 1941 年巨人俱乐部取得盈利时，《读卖新闻》马上强迫联盟破弃"共存共荣"原则，将三成的门票收入平分，将余下七成分给取胜俱乐部，使实力位于联盟之首的巨人俱乐部可以有更多的收入。在经营上，虽然当时的《朝日新闻》和其他报社都热衷于举办棒球比赛，但读卖新闻克服朝日新闻主办的棒球赛事上的弱点，大力推动了棒球运动的发展。1935 年的《日本新闻年鉴》在描述《读卖新闻》的成长状况和创办巨人俱乐部的战略意图时，曾这样评论，"《读卖新闻》的跃进对于有志于报业经营的人来说，大有认真研究的价值"，"五六年前还刚迈进东京七大报的门槛"的《读卖新闻》在 1933 年就实现了"72 万的发行量"，1934 年"对着《朝日新闻》《每日新闻》两大报，上演着突破百万发行量的大战争"，作为"进攻的武器就是创设了大日本职业棒球株式会社（巨人俱乐部的原名），邀请美国棒球大联盟明星来访，购买新型飞机和其他抓住读者大众心理的编辑方式"。

巨人收益成为《读卖新闻》地方扩张战略的资金

棒球可以说是日本的"国球"，日本共有十几个著名的棒球俱乐部。到底有多少棒球迷，没有准确的统计，据说有 6000 万左右，但在日球迷中，有一半左右的人是巨人球迷，则是不争的事实。从球迷地区看，巨人球迷主要集中在以东京为中心的首都圈及东北等没有职业棒乐部的广大地区，呈现出只有国家队才会有的球迷分布特征。

《读卖新闻》组建巨人俱乐部后，就用大量篇幅刊登有关巨人俱乐部的体育报道。通过巨人及其职业棒球的长期报道培养了大批青少年棒球迷成为巨人球迷。为了获得更多的有关巨人俱乐部及职业棒球的消息，这些青少年不知不觉之中成为《读卖新闻》的忠实的固定读者，使《读卖新闻》的发行量成为日本第三大报纸，而其间巨人俱乐部的直接收益则是微乎其微的。但是，到了战后，随着日本经济复兴与腾飞，职业棒球对于几家有实力的俱乐部来说，也不再是烧钱机器，而是赚钱机器了。

庞大的巨人球迷是随着《读卖新闻》的地方扩张而逐渐发展起来的。1952 年日本职业棒球开始采用主客场比赛制度，一年中各俱乐部要打 130 场比赛，其中 65 场为主场，另 65 场为客场。巨人以东京后乐园球场为主场，后乐园当时是日本容纳观众最多的球场，在主场比赛中《读卖新闻》获得了巨大的门票收入。

巨人的比赛办到哪里，《读卖新闻》的发行促销活动就搞到哪里。巨人成为母公司扩大发行量的一支尖兵，票源紧张的巨人比赛门票则常被各地读卖新闻会（读卖新闻专卖店组织）拿去搞"读者服务"，成为报纸开拓读者的礼品。据调查，从 1959 年至 1984 年，巨人以地方系列赛的名义在日本各地主办了 57 场比赛。为什么《读卖新闻》指使巨人俱乐部乐此不疲地进行呢？一个重要的原因就在于《读卖新闻》营销战略之需要，而且巨人在举办地方系列赛时，主办权一般都交给当地读卖新闻会。由于巨人俱乐部在日本职业棒球界中至高无上的地位，在 20 世纪 50 年代至 90 年代的 40 余年时间里，巨人比赛门票成为可以换取读者订单的商品。

1964 年奥运会在东京举办以后，正力松太郎命令设立西部读卖新闻社，进军九州地区。当时，九州地区以煤炭开采业为主导的产业正在走向衰落，人口减少，购买力低下，到九州发行报纸对《读卖新闻》本体经营将要产生无法估量的不利影响。当时负责该报经营的副社长务台光雄为了使亏损减少到最小，就采取了合并企业的方式，将巨人与读卖会馆和新创刊的西部读卖新闻社合二为一，成立了读卖兴业公司，由读卖兴业发行报纸。巨人自 1958 年就开始盈利，其后一直保持着盈利状态。1964 年时巨人有两三亿日元的利润，读卖会馆出租给著名百货店使用，每个月也有 3000 万日元的房租收入，但是这些收益中必须有 40% 作为法人税、10% 作为事业税缴纳出去，而与亏损的西部读卖新闻合并后，就可以利用盈利抵冲亏损，达到用合法节税方式减少经营亏损的目的。这一经营的智慧是正力和务台一手操作的杰作。

从《读卖新闻》发行量上看，1964 年只有 107 万份，1973 年增长至 628 万份，十年来以平均每年 24.5 万份的增长速度，增长了五成以上。巨人俱乐部九连冠的第一年是 1965 年，随着巨人俱乐部的夺冠，《读卖新闻》发行量增大到 628 万份。

中国学者尹良富在他的一桥大学社会学博士论文《战前的职业棒球业与报业经营——与读卖新闻的巨人队战略相关联》（1998 年）中收集了大量数据，揭示了《读卖新闻》经营的奥秘，指出："巨人俱乐部就通过其源源不断的丰厚收益肩负起冲抵《读卖新闻》进军地方发行报纸，开拓读者时造成的亏损任务。""从这一点上说，目前《读卖新闻》1100 多万份发行量很大程度上依赖于巨人俱乐部战略的成功。"

据说，《读卖新闻》一名董事曾这样训斥记者出身的工会委员："你们知道《读卖新闻》是怎么发展起来的吗？40% 是靠老正力的力，40% 是巨人军的魅力，10% 是销售活动，你们写的报道是剩下 10% 中的 5%。"

选自：崔保国，《走进日本大报》，南方日报出版社 2007 年版，第 126—129 页；参看：《简明中外新闻事业史》391 页。

报纸的民主化运动和编辑权

　　与占领军实施的促进民主化政策相呼应，日本国内各社掀起了追究报纸的战争责任的运动。这一运动首先是作为《朝日新闻》《每日新闻》《读卖新闻》三大报纸民主化运动发展起来的。

　　为了明确战争责任，在《朝日新闻》社内出现了要求社长、局长以上的现任干部全部下台的呼声。于是，社长村山长举、会长上野精一等首脑人物顺应这一要求自动离职，把经营实权让给了从业人员中选出来的负责人。《朝日新闻》在 1945 年 11 月 7 日刊登了《与国民一起奋起》的宣言，称"在这狂澜怒涛之秋，本报一直与国民一起奋起，国民的声音也就是报纸的声音"。

　　《每日新闻》也在最高干部退任后，对编辑人员进行大换班，建立了新体制。而且，为了彻底地明确战争责任、重建报社，在编辑局大会上形成了撤销会长以下所有干部的职务和享有的待遇的决议，由股东大会选出新干部。

　　《读卖新闻》则出现了工潮。1945 年 9 月，报社有关人员向社长正力松太郎提出了要求社内民主化和追究干部的战争责任的意见书，并要求成立民主主义研究会，社长以下的干部全部辞职。但是，正力拒绝了这一要求，原因是，他认为如在工潮中败北，日本的新闻界将全部垮台。由此，《读卖新闻》进入了工潮（第一次）。铃木东民等人组成了直属于最高斗争委员会的编辑委员会，报纸的从业人员掌握了报纸编辑制作权。10 月 25 日，该报发表了《论报纸之罪》的社论，追究社长以下的干部的战争责任。其后又于 10 月 27 日和 11 月 14 日发表了题为《我们的主张》《日本共产党的出现》的社论，提出了与共产党相同的论调。后来，人们请求东京都长官出面来进行调停。由于正力正作为战犯被关押在巢鸭，因而社长是由正力推荐的马场恒吾担任，铃木东民为编辑局长，工潮由此暂告一段落。《读卖新闻》工潮的目的在于由报社职员来自主运营报社，由工会来从事经营管理。这种战术后来被共产党称为"生产管理"，并且被运用到后来发生的许多工潮之中。

三大报的民主化运动很快就波及到了地方上的主要报纸,《神户》《中部日本》《信浓每日》《西日本》《京都》和《道新》等报受到了影响,在53家日报中更换了主要负责人的达44家。

GHQ对日政策的目的是彻底摧毁旧制度,而且采取了解放共产党的容共政策,这是上述民主化运动迅速展开的原因。

在铃木东民成为《读卖新闻》编辑局长之后,报纸开始日益左倾化,看起来就像共产党的机关报,对于这种意想不到的报纸左倾化现象,GHQ急忙更换了有左翼倾向的报纸科科长巴克夫,任命尹伯登为其后任。

1946年5月3日的《读卖新闻》刊登了"市谷的远东军事法庭内建成舞厅,美军官兵乱舞"的报道。尹伯登将其视为是对麦克阿瑟的侮辱,要求处分作者及相关人员,而且,6月4日的报道称"政府促进征购粮食的措施是拥护地主",违反了新闻规程,因为其中有编辑的观点,尹伯登同样要求处罚对此有责任的人员。

社长马场恒吾在GHQ的支持下表明了其欲掌握编辑权的意图,命令铃木东民等6人辞职,由此进入了第二次工潮。7月3日,报社又给予16名工会干部以降职处分。这样,从7月14日到18日,以工务局为中心的数百人举行罢工,《读卖新闻》被迫停刊。但是,有1200名报社人员支持社长,高呼重组工会并组成新的劳动工会,重新控制了工场,并开印报纸。这样罢工工人将其总部转移到报社外继续进行斗争。为支持罢工,就像后面所要叙及的那样,各报社曾计划举行报界大罢工,但由于各社的步调不一致,罢工未能举行,结果铃木东民等6人自动离职,历经100多天的工潮终于平息了下来。

在地方上有影响的报纸《道新》也发生了工潮。1946年2月由于该社的从业人员参与经营,报纸变得激进起来。6月,尹伯登到总社和分社进行了视察,并发出如下的通告,编辑指导权在报社,如果不改变现状,印刷纸张的份额势必要受到限制。这样,报社给予工会干部8人以停职处分。尹伯登仍不满意,要求给以更加强硬的处分。报社于是便解雇了两名董事,要求编辑局长自动离职,这导致共有25人离开报社,28人停职。受到处分的人团结起来进行斗争,到1947年2月,有7人恢复原职。问题由此得以解决。

《西日本》也与《读卖新闻》和《道新》一样发生了工潮,这被称为报界的三大工潮。1947年12月,该社的工会为要求报社无条件承认劳资谈判协定的工会方案而举行了罢工。这时斗争委员会在编辑时采用一版制,标题占满一段,也不刊登照片,根本不服从编辑干部的命令。尹伯登对工会的编辑管理战术提出了指责,报社以妨碍行使编辑权为由解除了工会书记等5人的职务。被解雇的人员向地方工会委员会进行控诉,也向地方法院提起诉讼,直到 1949 年 1 月经双方协议，纠纷才得到解决。

　　成为这些劳资纠纷中心的就是侵犯编辑权问题。自报纸出现以后，实际上就已经存在编辑权的问题，起因是在宪法、其他的法规中劳动权得以确立后，工会组织有了发言权。在 1947 年 5 月前后，出现了编辑权问题，当时《每日新闻》解雇了三濑幸一，对 8 名工会积极分子的工作进行了重新安排。以所谓的"三濑问题"为契机连续发生了上面叙及的劳资纠纷。由此而来的结果是，GHQ 于 1948 年 3 月 3 日发表了关于编辑权的声明，日本新闻协会也于 3 月 16 日同时发表了关于确保报纸编辑权的声明和说明，加入该协会的各报都刊登了这一内容。

　　其内容是"决定报纸的最高编辑方针，具体的、个别的编辑方针，行使报纸编辑上必要的一切管理的权限全部属于经营权"。实际上，编辑权在董事会。并且，GHQ 还下达了侵害编辑权者可不经工会同意即可处以严厉惩罚的指令，编辑权的概念由此得以确立下来。

　　选自：山本文雄著，《日本大众传媒史》，广西师范大学出版社 2007 年版，第 203–206 页；参看：《简明中外新闻事业史》第十六章。

"双头垄断"

广播业双头垄断的形成

第二次世界大战后期，BBC 的广播服务逐渐结束了报纸对于新闻的统治地位，成为英国最为重要的新闻媒体。然而好景不长，随着 BBC 电视服务和 ITV 在 50 年代末期的崛起，广播听众的数量遭受了严重的打击。1957—1958 年，来自电视收视许可费的收入第一次超过了广播，在之后一年中，电视的运营支出也超过了广播。

BBC 广播服务所面临的另一个危机来自于 20 世纪 60 年代的青年文化风潮。由于英国战后经济的腾飞，人们越来越不满足于枯燥沉闷的社会氛围。50 年代的英国文化尚且被那些热爱音乐剧的中产阶级所垄断，按照美国学者克莱顿·罗伯茨（Clayton Roberts）等人的描述，那是一个充满了科学精神和实用主义的年代，属于那些"野心勃勃、春风得意的体制内人员"。而 60 年代的到来则充满了青年人的反叛和愤怒，他们斥责这些令人窒息的虚伪和沉闷，毫不吝啬地赞扬自由与解放。摇滚乐、嬉皮文化、波普艺术成为这一时期青年文化的旗帜。滚石乐队（the Rolling Stone）在一首名为《街头战士》（*Street Fighting Man*）的歌曲中唱道：

> 除了在一个摇滚乐队中唱歌，
> 一个穷人家的孩子还能做什么？
> 因为在沉睡的伦敦，
> 没有一个地方可以容纳下街头战士。
> 嗨！就把我叫作扰乱者吧。
> 我大喊、尖叫，我要杀掉国王，
> 围困住他所有的仆人。

对于一直以文化精英自居的 BBC 广播来说，这些充满了反叛精神的摇滚乐显然无法进入他们的视野之中。而电视对于摇滚乐风潮就灵敏多了。在 60 年代，英国唱片业腾飞，电视媒体对于摇滚乐起到了相当大的推广作用，而摇滚乐又是电视媒体吸引公众的绝佳途径。英国学者保罗·弗莱尔（Paul Fryer）对于这种关系如此评论道：

"在这个时代，从诉求和愉悦公众的角度上看，电视媒体和流行音乐的需求之间是相互灌溉的，当流行音乐在电视上播放的时候，它必须适应电视的要求；电视同样也必须调整自己的节目形式来吸引热爱摇滚乐的青年人市场，并提供双方都可以接受的产品。"

BBC 的电视服务 1963 年设置了《流行音乐之巅》（Top of the Pops）节目，这个节目每周三晚间播出，在 70 年代初期达到了最辉煌的顶峰，观众数量超过了 1500 万，这个节目持续播出到 2006 年。相比之下，BBC 的广播服务作为流行音乐绝佳的载体，却在这方面显得麻木与滞后。

海盗电台（pirate mdio）的出现填补了英国广播业在流行音乐中所遗留的空白。1964 年，一位名叫罗南·奥瑞希里（Ronan O'Rahilly）的爱尔兰商人受到活跃在荷兰等地的海盗的启发，筹集资金购买了一艘游船，驶离英国海域，开始进行流行音乐的广播，取名为卡罗琳电台（Radio Caroline）。这一行为巧妙地躲避了英国法律的制裁，并引发了诸多效仿。这些海盗电台迎合了 60 年代英国青年的自由与反叛的风尚，迅速取得了成功。在 1966 年，海盗电台的听众数量将近 150 万，每年的广告收入近 200 万英镑。

英国工党政府不能容忍这种打擦边球式的商业广播电台，既然难以禁止公海上游荡的广播电台，那么就从根本上切断它们的经济来源。1967 年国会通过《海洋广播法案》（Marine Broadcasting Act），禁止英国商业机构在海盗电台上播放广告。BBC 的掌舵人格林也适时作出调整，以满足公众的需求。既有的 BBC 广播系统分为三个层次，类似于金字塔一样，最底层的是轻松广播，中间为国内广播，最为曲高和寡的是第三广播（实际上，轻松广播和国内广播之间的差别并没有那么明显）。《海洋广播法案》颁布后一个月这套方案开始实施，广播一台成为 BBC 历史上的第一个主要播放流行音乐的广播电台，轻松广播、第三广播和国内广播被依次重新命名为广播二台、三台和四台。在 1969 年出版的《70 年代的 BBC》（BBC in the Seventies）这份报告之后，各个广播频道的定位被梳理得更为清晰，广播一台以流行音乐为主，广播二台的音乐节目趋向一种中间路线，广播三台去掉了冗余的谈话类节目，以古典音乐为主。这一改组体现了 BBC 广播的分众化尝试，相比于瑞斯的精英主义广播理念，BBC 已经渐行渐远。

20 世纪 70 年代初期是英国广播业的一个分水岭。对商业广播颇为青睐的保守党 1970 年上台执政，着手进行一系列广播体制改革。1971 年，为了促进广播媒体的竞争力，英国政府取消了收音机收听许可费，将黑白电视的收视许可费从 5 英镑上涨到 6 英镑，彩色电视的收视许可费从 10 英镑上涨到 11 英镑。接下来的数年中，电视收视许可费几乎每年都在上涨。1981 年，黑白电视和彩色电视的收视许可费分别达到了 15 英镑和 40 英镑。

1972 年英国政府颁布《广播健全法案》（Sound Broadcasting Act），开启了英国商业广播的序幕。根据这一法案，一个类似于 ITA 的独立地方性广播（Independent Local Radio，ILR）体系被建立起来。独立电视局则改组为独立广播局（Independent Broadcasting Authority，IBA），这里的"广播"（Broadcasting）是广义的，包括广播电台和电视台的广播。对商业电视台的管理、广告和节目要求等，原则上适用于广播电台，但广播广告的时间可以扩大到整体时间的 15%；另外，半小时之内的节目不得附加广告，学校、国会、王室节目和庆典活动节目不得播送广告。1973 年 10 月，英国第一家商业广播电台——伦敦广播公司开播。到 1983 年，ILR 广播网中有 43 家地方性广播电台，覆盖 80% 以上的英国人口。

从《1954 年英国电视法案》到 1972 年的《广播健全法案》，英国的广播电视业逐渐打破了 BBC 的单一垄断。但是从另一方面看，英国的商业电视台和广播电台在行政、设备、业务上要受到 IBA 的多方控制。独立广播局虽然并不是政府机关，但有些职能又很像政府机关。一旦按地区批准各台的建立，获得营业执照，就在各自的地盘上形成垄断。这种垄断有些类似公私合营性质，因而与 BBC 相形对照，被称为"双头垄断"。

双头垄断具体内容

从 20 世纪 50 年代开始，英国广播电视的独家垄断现象就引起了人们的争议。一些人认为处于垄断地位的 BBC 限制了言论的多样性，减缓了广播事业的发展速度，因此强烈呼吁打破垄断，建立商业广播电视机构。也有一些报纸担心商业性的广播电视台出现后，会夺走他们原有的广告收入，因而持反对意见。经过数年争论，赞成开放广播电视意见者逐渐占据上风。1954 年 6 月，议会决定允许开办商业电视，并组建独立电视局（Independent Television Authority，ITA）负责管理。1955 年 9 月，第一家商业电视台（伦敦电视台）开播。1972 年，议会又决定开放商业广播，并将独立电视局改名为独立广播局（Independent Broadcasting Authority，IBA），同时管理商业电视和广播。1973 年，两家私营电台伦敦广播公司（LBC）和首都电台（Capital Radio）开播。至此，BBC 独家垄断广播电视的局面被打破。

独立广播局（IBA）下辖 42 个地方电台，14 个区域电视台和第四频道电视台，此外还有两个新闻社——独立广播新闻社和独立电视新闻社（分别向 IBA 所属的广播网和电视网提供新闻），它们在行政上、设备上、业务上受 IBA 的多方制约，从而形成了一个 BBC 之外的规模庞大的广播电视系统。人们因此将这种格局称为 BBC 和 IBA 的"双头垄断"。

BBC 与 IBA 的竞争

1967—1971 年，BBC 对国内节目进行了改编。

1. 广播节目

"广播一台"1967 年建立，面向青年听众，专门播放大量为青年喜爱的唱片和流行音乐，很快走红。

"广播二台"以娱乐性节目为主，主要播放轻音乐、爵士乐和体育节目。

"广播三台"以古典音乐为主，辅以诗歌和戏剧节目。

"广播四台"以谈话和新闻节目为主，辅以时事综述和严肃戏剧。

2. 电视节目

1964 年开办的第二套节目扩展至全国，为观众提供了两种选择。

1955 年英国采用美国制式（NTSC），开始彩色电视试验性广播。1962 年通过"国际通信卫星"转播黑白和彩色节目。1963 年，英国电视机增至 1250 万台，BBC 在各地设有 44 个电视台，8 个转播台，每周播出 60 个小时，但仍无法满足激增的电视观众的需求。1964 年，BBC 增设电视二台，两套节目互为补充。一套是新闻、评论、文艺、体育和儿童节目，二套除新闻外，侧重较严肃的戏剧、音乐、电影和电视大学、旅游节目。1967 年，第二套节目正式播出彩色电视节目。1969 年第一套节目也开始播出彩色电视节目。

进入 70 年代以后，新传播技术的应用使卫星电视和有线电视发展起来，这使 BBC 和 IBA 的竞争表现得更为激烈。

首先表现在内容上：1974 年 BBC 开办了图文电视《看事实》，IBA 马上开办了《预言》；1985 年 1 月 17 日 BBC 的晨间电视《早餐时间》首次播出，每周一到周五早上 7：00—8：00 播出，很受欢迎，IBA 在 2 月 1 日开办了同样的节目《早安，英国》，周一到周五早上 5：00—9：25 播出，引起强烈反响；同年，BBC 开始播出超长篇连续剧《伦敦东部居民》，到 1994 年播出了 955 集，IBA 把《加冕礼大街》从每次播放一集增加到两集，从 1960 年到

1994 年共播出 3700 集，两剧的观众均超过 2000 万人。

再看规模：BBC 的地方电台从最初的 24 个增加到 1987 年的 39 个；IBA 逐步向全国扩展，1988 年扩建了 3 个覆盖全国的电台网和数百个新的社区台。1984 年《有线广播条例》颁布，英国建立了有线电视局。到 1990 年，国内主要电视公司发展到 9 个，有专门播放专题片、体育节目和娱乐节目的公司。1987 年初 BBC、IBA 先后建立了有线电视频道，参与了有线电视的竞争。

选自：陈力丹、董晨宇著，《英国新闻传播史》，人民日报出版社，第 198-201 页；选自：程曼丽，《外国新闻史导论》，复旦大学出版社；参看：《简明中外新闻事业史》第十八章。

《纽约时报》诉沙利文案

　　下面谈谈对诽谤法有重大影响的"《纽约时报》诉沙利文"案。

　　在谈这个著名案例之前，我们先介绍当时的社会状况。此案发生在 1964 年，正是美国民权运动风起云涌的时候。在这里我们只能简单介绍。

　　在南北战争后，南方深腹地的几个州立法把公共设施按照种族划分使用，美国州立法不能违反宪法等基本文件原则，这些立法利用了美国《独立宣言》中美国阐述从英国分立出来的理由时，提出两个族群可以"平等且分离"生活的原则。由于州法规定，公共设施有白人的一份，就有黑人的一份，黑人使用白人设施违法，白人使用黑人设施也违法，"平等且分离"，因此最高法院一时想不出有什么理由判定这些州法违反基本法。种族隔离因此在几个南方州长期实行。1955 年 12 月 1 日，在阿拉巴马州首府蒙哥马利，一位名叫罗莎·帕克斯（Rosa Parks）的黑人妇女，在公共汽车上进入白人区域入座，违反州法。她和一名种族主义的司机争执，司机叫来警察。在美国，公民有违法行为，举报者要求逮捕，警察不可不捕。警察当时对罗莎·帕克斯说，她要是马上回到汽车的黑人区域，就可以不逮捕，她拒绝了。因此她被拘留了一个晚上。马丁·路德·金博士利用这个时机，随即在 1956 年领导了该城黑人"罢乘公共汽车"的抗议运动，获得了许多媒体人士的支持，在纽约、波士顿等大城市，呼声尤高。而在位于南方深腹地的阿拉巴马、佐治亚等州，出于南北战争留下的创伤，保守人士对北方屡屡批评和干涉南方事务深为不满。

　　这则刊登在《纽约时报》上的广告（如图 1 所示），就出现在这个双方极为对立的历史时期。打广告的是"支持马丁·路德·金在南方争取自由委员会"（Committee to Defend Martin Luther King and the Struggle for Freedom in the South），委员会的名称出现在广告下端。它由 20 个美国黑人组成，都是金博士的朋友和支持者。其中最著名的就是牧师拉尔夫·艾伯纳西（Ralph

D. Abernathy），他后来继金博士成为"南方基督教领袖会议"的主席。

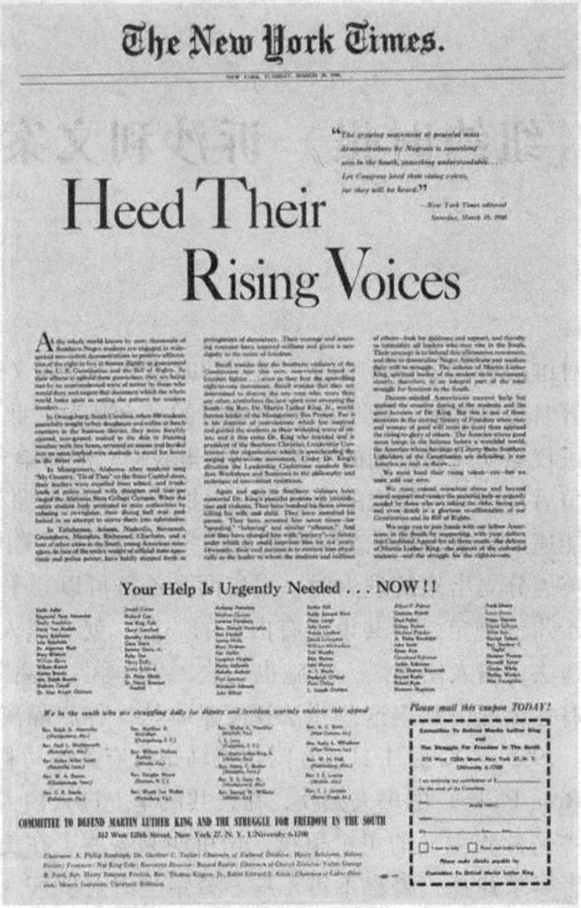

图 1　"《纽约时报》诉沙利文案"涉案广告

案例记录中并没有指明这篇广告的具体作者，但我们知道，它是由广告代理商撰写的。根据美国法律，报纸必须为自己所刊登的一切信息负责，而不能把责任推托给广告商。因此，美国的报纸对所刊登的广告也要审查内容是否属实。如果失实，报纸也要负法律责任。

下面我们可以来看看这篇广告文里写了什么。

广告的右上角，引用了十天前《纽约时报》刊登的一篇社论中的一段话："愈演愈烈的黑人大规模和平示威运动在南方是个新事物，却是可以理解的……请国会关注他们日益高涨的呼声！"显然，广告的撰写人对这段话颇为欣赏，并用其中的"请倾听他们的呐喊"作为广告的大幅标题。

正文是一篇政治宣传文章，表达了对南方事件的看法，这一点与一般的商业广告不同。它所引用的社论发表在十天前，作者从写文章，到交给广告公司，再到交到报社也颇费一番周折。可以想象，这篇文章几乎是仓促而就的。

在 20 世纪 60 年代，《纽约时报》广告部会在刊登广告之前，尽量确保其内容不出差错，以防误导消费者。但他们却没有发现这篇文章中的问题，为什么呢？我们可以一起来看看这篇文章（为了便于讲述，笔者为各自然段编了号）。

① 众所周知，数千南方黑人学生投入了规模浩大的非暴力示威，争取由美国宪法和权利法案保证的、有尊严生活的权利。在他们争取这些权利的过程中，却前所未有地受到一些人的恐怖威胁。这些人试图否认我们的宪法，尽管它被全世界视为现代自由的楷模……

② 南卡罗来纳州的奥兰治堡，当 400 名学生不过是想从商业区的午餐柜台购买油炸圈饼和咖啡时，却被警方使用催泪弹粗暴地赶出去，并有人使用消防水龙头在大冷天里把他们喷得全身透湿，甚至把他们全体拘禁，由铁丝网包围着在苦寒中站立数小时。

③ 在阿拉巴马州的蒙哥马利城，学生们在州议会大楼前的台阶上高唱《你是我的祖国》这首爱国歌曲，可是之后他们的领袖却被学校开除，装满了武装警察和催泪弹的卡车包围了阿拉巴马州立学院的校园。当全体学生通过拒绝重新注册来向州政府抗议时，他们的食堂被封锁，官方竟想通过饥饿来使他们投降。

④ 在塔拉哈希、亚特兰大、纳什维尔、萨凡纳、格林斯博罗、孟菲斯、里奇蒙、罗莱纳以及许多其他的南方城市，美国青少年们面临着整个州政府的武装警力，勇敢地在这个民主进程中前进。他们的勇气和令人惊叹的自制，鼓舞了千百万的人，并为自由的事业增添了尊严。

⑤ 无疑，南方那些无视宪法的人，害怕这些前所未有的、高举非暴力旗帜的自由战士……更甚于他们害怕日益高涨的争取选举权运动。无疑，他们决心要摧毁那个无可替代的、象征着现在在南方横扫一切的新精神的人——马丁·路德·金牧师，世界著名的蒙哥马利城罢车抗议的领袖。因为正是他的原则——非暴力——鼓舞和指引学生们越来越波澜壮阔地静坐；正是这位金博士创建和领导着南方基督教领袖会议——波涛汹涌的争取选举权运动的先锋组织。在金博士的领导下，领袖会议指导学生研讨小组学习非暴力抵抗的原理和方法。

⑥ 一次又一次，南方的宪法违背者，用胁迫和暴力来回应金博士的和平

抗议。他们炸毁他的家，几乎炸死他的妻儿。他们对他个人进行袭击。他们逮捕了他七次——借口是"超速""游手好闲"和类似的"罪行"。现在，他们指控他"作伪证"——判他坐十年的牢。显然，他们的真正目的是使他不能再当学生和千百万人民的领袖，不能再向他们提供指引和支持，从而杀鸡儆猴——威胁所有从南方崛起的领袖。他们的策略是扼杀这场正义运动，并就此挫伤美国黑人的士气，削弱他们的斗志。因此，保卫马丁·路德·金——学生静坐运动的精神领袖——显然是整个南方自由斗争的主要任务。

⑦ 正直的美国人民忍不住要鼓掌，为学生们前所未有的勇气，为金博士沉静的英雄品质。但我们需要的不仅仅是来自善良的男人和女人们的掌声，我们需要他们做更多——正如在那充满腥风血雨的争取自由的历史上的其他运动一样。这些在南方的宪法维护者正在保卫美国的自由传统；这是我们的美国，也是他们的美国——整个世界都在看着我们，看我们是否能保卫美国的英名……

⑧ 我们必须倾听他们日益高涨的呼声——是的——但是我们还需要加上我们自己的声音。

⑨ 我们不仅要给予他们道德上的支持，还要给予他们实际的帮助——这是他们急切需要的，因为他们正在承担风险，面临牢狱甚至死亡的威胁，然而他们光荣地维护着我们的宪法和权利法案。

⑩ 我们呼吁，伸出您的双手，请为我们南方的战士募捐：为了保卫马丁·路德·金，为了支持被敌人围困的学生，为了争取选举权的斗争。

说起来，作者的文笔还是相当不错的。读者可能会困惑，通篇除了马丁·路德·金，并没有别的人名出现啊？

问题首先出在第③自然段。作者在写这一段时引用的事件并非全部属实。他大概是凭记忆写作，然而很可惜，记忆有误。这段话中的第一个错误，就是当时学生唱的并不是《你是我的祖国》这首歌。尽管这个错误是如此微不足道，但在处理诽谤案时，文章定然会被逐字逐句审视。特别是当被告试图用"符合事实"来为自己辩护时，即使是微不足道的错误，也会削弱这个抗辩理由的力量。在美国，人们认为"大概接近事实"就像"大概接近处女"一样可笑。事实就是事实，而无论与事实多么接近，只要有一丝失实，就不能称为"事实"。这段的第二个错误是，学生领袖被校方开除的原因，并不是这一次抗议，而是另外一场抗议活动。第三个错误是，尽管当时有大量警力进入校园，但是他们并未"包围"校区。第四个错误是，大家都知道的，在任何情况下，也不可能是"全体"学生一起做某件事情。第五个错误是，学生当时并未"拒绝重新注册"，他们只是拒绝注册某些课程，而且只持续了一两天。第六个错误是，学生食堂并没有被封锁，只是由于部分学生没有买本学期饭票，才没让他们进食。到这里，可能有读者会说，作者大概并非有意歪曲事实，他只是记忆有误，而在写作时并没有一一核对事实而已。而《纽约时报》广告部大概也没有这样仔细地审查全文。但是，作者犯的这一系列错误，使文章可信度大大降低。而在被诉诽谤时，这些错误必然被对方律师在法庭上一一攻击，被告就处于非常被动的地位了。

最主要的问题出在第⑥自然段。这段列举的本是事实：金博士的家确实被炸过；他个人也确实不止一次遭受袭击；他确实被逮捕了七次……慢着！我们再读一遍这句话：

"他们炸毁他的家，几乎炸死他的妻儿。他们对他个人进行袭击。他们逮捕了他七次——借口是'超速''游手好闲'和类似的'罪行'。"

前文一直没有明确指明谁是"他们"，但所有读者读到这里都会知道，只有一种人能"逮捕"他人：警方！

那么，按逻辑推理，这是个排比句，其中一个"他们"既然指的是警方，那么这个排比句里所有的"他们"，都是指警方了！因此，从逻辑分析，那么，就是"警方"炸毁了金博士的家，"警方"对金博士进行个人袭击了！

大家禁不住会说，这绝非作者原意！但涉及一宗诽谤案，我们讨论的并不是作者的目的，而是他写了什么——总之，作者在描述几个不同事件时，使用了同一个"他们"，这就带来了大麻烦！

当时，《纽约时报》在阿拉巴马州大约发行400份，在蒙哥马利城大概只有35份——但只要有一份，就足够起诉诽谤了。

不过，可以想象，鉴于《纽约时报》在蒙哥马利的发行量非常少，大概很少有人注意到这则广告，更不用提像我们刚才那样仔细地分析了。但是，州议会的一个工作人员，在午餐休息时顺便到议会大楼的书店里逛了逛，正好遇到了一个熟人。那人对他说："你对《纽约时报》那份广告上说的话有什么想法？"

"什么广告！"

"就是那份出现在某某版的广告。"

"我不知道你在说什么。"

"噢，你应该回去看看，因为那上面暗示说，警方炸毁了马丁·路德·金的房子。广告还对州立学院校园发生的事情有一番描述。州长不是负责州立学院吗？你真该回去看看。"

于是这位工作人员回到议会大楼，向别人提到了这件事情。最后，传到了州长律师的耳朵里。这位律师找到这份广告，仔细审阅一番，州长确定是被诽谤了。

虽然州长的名字并没有出现在广告里，但是，在美国人眼里，如果广告里说的事情属实，那么显然州长应该为此负责。

我们不知道州长律师是否听说过罗伊·罗杰斯的故事，但是显然他把这件事看得很重要。他给《纽约时报》写了一封信，要求对方更正错误。

可是，广告是在 3 月份刊登的，待州长律师发出律师信，已经是 5 月份了。收信后一个星期，《纽约时报》发行人给阿拉巴马州州长回了信，并在 5 月 16 日的报纸上刊登了一份声明，标题为"《纽约时报》更正广告陈述"（Times retracts Statement in ad）。

我们可以看到，这份"更正"占了整整八栏，与人们通常印象中短短小小的"豆腐块"很是不同。副标题是"回应阿拉巴马州州长关于种族隔离陈述的抗议"。

……

而《纽约时报》在这篇文章里，长篇大论地谈论这则广告的来历，《纽约时报》并未有意于此，等等。但是，在当时的诽谤法里，关键问题从来都不是诽谤信息的来源，而是上述"三要素"。《纽约时报》滔滔不绝地为自己辩护，就像个干洗店洗坏了顾客的衣服后，口口声声说"我们不是有意的，您只好自认倒霉"一样。这看起来像是在欺骗读者：通篇都在讨论不相干的问题。如果要说实话，他们只能说："糟糕，我们遇到大麻烦了。"

然而这又是绝妙的律师技巧。《纽约时报》的这篇文章，实际上已开始为自己设立新的抗辩理由，并向受害人道歉，博取旁观者的同情了。

这则所谓的"更正启事"并不能使州长满意，他起诉并要求 100 万美元的赔偿。

今天，我们大概不觉得 100 万美元是个多大的数目，因为诽谤案中已经见过比这大得多的索赔金额。但在 20 世纪 60 年代，还没人听说过这么高昂的索赔。

有人说，州长太贪心了！也有人站在州长一边，说这则广告确实严重损害了他的名誉，而"名誉"是一个抽象概念，很难估价。

实际上，州长的动机是什么，在法律上来说，并不重要。这也是一个很好的例子，说明某种"更正启事"并不能消除受害者的名誉损失。

蒙哥马利城有四个市专员（city commlssioners），其中一个就是沙利文先生，他是专门负责警务的。因此，以沙利文先生为首的这四位专员都要起诉《纽约时报》诽谤，每人索赔 50 万美元。加上州长索赔的 100 万美元，此案的索赔金额就是 300 万美元了。显然，就从索赔数额上来看，这也是前所未有的。

　　显然，在这几个原告中，沙利文先生最有胜诉条件。如上文分析，这则广告从文字逻辑上指控"警方放炸弹"。所以，他是头一个起诉的，其他人则在观望。如果沙利文先生胜诉，很可能《纽约时报》就会与其他人达成庭外和解，花钱消灾了。

　　通常原告都愿意在居住地起诉，由本地法官主审，也由本地居民担任陪审团。于是，沙利文先生在阿拉巴马州起诉。

　　《纽约时报》遇到的第一个问题，就是它的法律部门没有一个律师有阿拉巴马州的执业执照。《纽约时报》不得不雇了一个该州律师来代表他们，但这位律师从来没有代表媒体打过官司。其实，考虑到当时因种族问题，南北方正处在矛盾十分尖锐的时刻，即使《纽约时报》的律师有该州执照，在这个南方法庭上，一个北方口音的律师，估计也从陪审团讨不到好处。

　　被告律师在开庭陈述中，向陪审团表示："看，我来自阿拉巴马，你们也来自阿拉巴马，我们并不一定赞同那份北方的《纽约时报》对我们的描绘。但是，我们都在同一个国家，这个国家享有媒体自由，我们要向外界表示，我们在阿拉巴马可以公平客观地审理这个案件。我们将认真地审阅证据，看第一修正案是否可以应用在这个案子上。"这样的开场白，比起一个北方律师来说，更能获取当地陪审团的好感。

　　原告律师的责任，是证明"三要素"。证明"公开发表"是很容易的，这份《纽约时报》在蒙哥马利发行了 35 份，这是无可否认的。证明"所指明确"就需要下点功夫，因为广告上并没有点出沙利文先生的姓名。因此，他们需要找一个或以上的证人，这些证人需要证明说："我住在蒙哥马利，看了那天的《纽约时报》，这广告引起我的注意，我浏览时发现它提到了我所居住的城市，我看见它提到了那次爆炸和几次对金博士的逮捕，我知道沙利文先生是本市的警务专员，因此我就把这些事情和他联系起来。"于是，"所指明确"就可以建立了。

　　然后原告律师需要证明"中伤"：也就是"错误信息"和"名誉损害"。这很明显，没人会认为是警方主使了那次爆炸，即使金博士本人也不会这样认为。炸毁别人的家显然是刑事罪行，无端指控他人犯有刑事罪行无疑是"名誉损害"。

　　这就是原告律师需要证明的"三要素"，他也确实证明了这"三要素"。

　　从法律上来说，沙利文先生是应该赢得这场官司的。最后，初审法庭判决他应该得到 500 万美元的赔偿。这个巨大数额，即使在今天看来，也足够骇人听闻。

《纽约时报》只好上诉，如果《纽约时报》被迫要向沙利文先生赔付 500 万美元。那么其他几个人的索偿也跑不了，这一笔实在太大了。

此案上诉到阿拉巴马州法院。州法院审查后裁定，审理过程并无任何错误。通常来说，州法院会降低天文数字的赔偿，但是此案中州法院维持原判。

《纽约时报》只好继续上诉。可是层层法院都维持原判。

最后案子被送上最高法院。《纽约时报》向最高法院表示，一直以来，诽谤案件都由各州审理，美国没有一个全国通用的联邦诽谤法。但是，如果媒体对民选官员犯了无心之错，就要支付如此巨额的赔偿，这违背了第一修正案"保护新闻自由"的规定。最高法院身为宪法解释者，理应插手此事。

显然，最高法院慎重斟酌了《纽约时报》的意见。最后，在传统的"三要素"上，又加了一条："事实恶意"。在"多数意见书"里，有这么一段关键的话，第一次使用了"事实恶意"的概念：

我们认为，宪法（对媒体自由）的保证，需要制定一条联邦规则：如果媒体对一个公职官员的公务进行了错误中伤，我们需要禁止这位官员追究媒体的责任。除非这位官员能证明媒体所犯的错误是出于"事实恶意"——就是说事先明知的错误，或罔顾事实。

这就是说，最高法院打算建立一条全国通用的原则。在当时来说，这条原则只适用于公职官员的公务行为——虽然以后这条原则也适用于公众人物。

最高法院在"事实恶意"这个字眼上加了引号，因为他们知道这是一个专门术语，而不是人们通常所指的用意，他们给出了一个定义。

沙利文先生既是公职官员，被"诽谤"的又是"公务"——警务。显然，他不能证明"事实恶意"，因此最后也就没能获得这 500 万美元的赔偿。

尽管沙利文很可能是个南方种族主义者，但这位先生还是值得我们同情一把的。当时情况很可能是：沙利文本人并没有留意到这则广告。有人告诉他被诽谤了，于是他把广告找来看。看了之后，他大概还不觉得自己被诽谤，于是有人细致地分析给他听。沙利文听完后，很可能说："啊，那没什么大不了吧。"但是有人对他说，如果他容忍诽谤，后果将非常严重——那人大概还告诉他罗伊·罗杰斯的故事。沙利文先生当时大概对诽谤法一无所知，可当他询问律师时，律师自信地对他说，法律上规定，只要你能证明"三要素"，你就能胜诉。于是他花钱请律师替他打这场官司。他花了四年——本地法庭判决说他应该得到赔偿；对方上诉，更高一级法院维持原判。他大概做梦也不会想到他的案子会一直上诉至最高法院——很可能这位先生这辈子都没去过首都华盛顿——在那里，根本不认识他的 9 位大法官，很可能对阿拉巴马州也并无特别了解，就对他说："我们现在认为，像你这样的人应该证明'第四要素'，这是符合公众利益的。虽然我们事先并未给出任何警告，这是我们现在才作出的决定；但这将应用于你四年前发生的案子。因为你无法证明这'第四要素'，因此你将败诉。"难道沙利文先生不值得我们同情一把？从理论上来说，法律本应帮助我们做决定，告诉我们规则是什么。按照这个规则，沙利文没有理由不胜诉。但是当他依照这个法律上诉时，他们却告诉他，规则从你开始，要完全改变！

当然，如果沙利文不败诉，这个规则不被改变的话，法律也不会变得更完善。《纽约时报》的抗辩确实是有理的。事实是，这是一个非常重要的案例，就像美国诽谤法历史上的一次地震，永远地改变了它。

选自：孙莹编译，《美国传媒人的法律读本》，南方日报出版社 2010 年版，第 43–54 页；参看：《简明中外新闻事业史》第十六章。

"红狮案"

——都是吹牛惹的祸

这个问题是在 1969 年解决的，所涉案例名为"红狮广播公司对联邦通讯委员会"（Red Lion Broadcasting Co. v. FCC）。下面我们就来讲讲这个故事。

一、库克成了顺口吹牛的陪葬品

1959 年，纽约市某报有两个记者，分别名为弗雷德·库克（Fred J. Cook）和尤金·格里森（Eugene Gleason）。两人是做深度调查的拍档，1959 年他们合作撰写了许多头版新闻报道，都是关于纽约市政府腐败的。

两人迅速成名，后来在一个电视脱口秀节目中，主持人问他们："曾有人试图向你们行贿吗？"格里森以前曾告诉过库克，说有人试图向他行贿，事实上这样的事情并没有发生过。没有人知道为什么格里森会向库克撒这么一个谎，也许是两人一起去酒吧喝酒，醉醺醺的时候格里森顺口吹牛。

结果，在这个现场直播的脱口秀中，当主持人问出这个问题，格里森奇怪地保持了缄默。他当时大概是愣住了。这时库克回答说："是的，曾有人试图向格里森行贿。格里森，你跟他们说说。"

于是主持人转向格里森，请他详述当时的情况。格里森只好顺口胡诌："他们说，只要我们不发那篇关于腐败的新闻，就可以给我们一笔钱，名义上是市政府给我们的妻子发工资。"

这显然引发了主持人更多的兴趣，于是他问道："这个行贿者目前仍然在职吗？"

格里森说："是"。

读者们读到这里，大概也猜到事情闹大了。果然，不久曼哈顿检控官就来找格里森，要求他说出行贿者的姓名，以便起诉。这时格里森害怕了，只好承认撒了谎。

报社立即开除了格里森，但是他们不知道应该如何处理库克。库克没有做错任何事，他只是轻信了拍档吹的牛。但是他是格里森的长期拍档，在这件被称为"格里森—库克贿赂指控"的事件中卷入太深，连累了报社的声誉。因此报社劝库克另谋高就。

此事引起了全国关注。《时代》周刊的"媒体观察"栏目在1959年12月发表的一篇文章（如图1所示），详述了此事，还配发了格里森和库克的照片。文中引用了检控官和格里森的对话记录：

图1 《时代》周刊对"格里森——库克贿赂指控"的报道

问："这个高级官员是否试图向你行贿？是还是不是？"

答："不是。"

问： "那么你撒了两次谎：一次是向库克；第二次是在昨晚的电视节目上？"

答："呃，我顺口吹牛，一时没收住。"

　　显然，对于库克来说，再找一份报社工作并不容易，因为他的声誉已经严重受损。

二、红狮案始末

　　现在，我们要插入谈谈当年的总统政治。在 20 世纪 60 年代，肯尼迪被选为总统，他的副总统名叫林登·约翰逊（Lyndon B. Johnson）。民主党人希望肯尼迪和约翰逊能在 1964 年总统大选中继续胜出连任，但肯尼迪在 1963 年遇刺。在共和党这边，来自亚利桑那州的议员巴里·格瓦特（Barry Goldwater）呼声很高。

　　民主党决定给格瓦特写一本批评他的小传——有人说这是肮脏的政治伎俩；也有人说这只不过是告诉人们这个人不适合当总统的真相——总之，民主党全国委员会决定委托某人写一本批评格瓦特的小传。当时正四处找工作的库克，接受了这个委任。

　　数年后，《纽约时报周日杂志》刊登了一则头条，详细报道了"红狮广播公司"一案。如图 2 所示就是当年的封面。左上角是库克的照片，他的纸皮书《巴里·格瓦特——极端右倾主义者》被放在中央。从本书的书名，我们就可以知道，作者对传主的评价是非常负面的。左下角的照片，是时任总统肯尼迪和副总统约翰逊的对话。编辑是想暗示在 20 世纪 60 年代早期，格瓦特可能会成为 1964 年总统大选的共和党候选人，肯尼迪、约翰逊和其他民主党人担心，许多持保守立场的小电台会大量广播支持格瓦特的节目。民主党认为，如果能提醒这些小电台有关"公平原则"，能使它们的广播内容听起来不那么向着格瓦特。有些人认为，民主党人这是试图利用"公平原则"，滥用政府权力来压制保守派的声音。也有些人认为，"公平原则"对于许多广播从业者只是书本上的教条，提醒他们有客观公正的义务，并没有坏处。

　　右上角的这个家伙，是一个右翼福音传教士，名叫比利·詹姆斯·哈吉斯（Billy James Hargis）。有些读者大概知道，在美国的许多地方，教会是最早申请电台经营执照的组织之一。福音会等很快意识到电台能扩大他们的受众范围，并带来更多的潜在捐款者。

　　哈吉斯主持一个每期只有 15 分钟的电台节目。他每次到电台主持这个节目时，都带上一些剪报，对报上的消息加以评论。他的政治观点十分保守。一天，哈吉斯谈起民主党给格瓦特写的传记，他说库克所著的这本书引起他的强烈不满。他带上了正如图 2 所示的那篇报道（不过他在节目中错误地说成是《新闻周刊》）。以下引自哈吉斯那天在广播中所说的话：

"现在，弗雷德·J.库克所著的这本纸皮书名叫"格瓦特——极端右倾主义者"。库克是谁？库克是被《纽约世界电讯报》开除的记者，因为他无中生有地在电视上公开指控一位不知名的纽约市政府官员。纽约出版商和1959年12月7日的《新闻周刊》杂志，报道了弗雷德·库克和他的拍档——尤金·格里森，曾虚构了一个故事，后来又向纽约区检控官弗兰克·侯根供认作假。丢掉工作以后，库克服务于左翼刊物《民族》……其编辑克里·麦威廉与许多阴谋都有关系，这些阴谋中的相当一部分，已被司法

图2　《纽约时报周日杂志》封面

部长和其他联邦机构确认为颠覆国家……现在，弗雷德·库克给《民族》写的稿子中，有一篇为苏联间谍阿尔杰·希斯（Alger Hiss）开脱，竟说他没有做错任何事……库克还写了一篇长达208页的文章，攻击联邦调查局和局长胡佛；库克先生还攻击中央情报局……现在这个家伙写了这本书来抹黑巴里·格瓦特，名叫"巴里·格瓦特——极端右倾主义者!"

显然，首先库克并不是被开除的，被开除的是格里森，库克只是被劝退——有人会说这好像也没多大差别；但也有人说这差别大了去了，我们应该公平地对待库克，因为他不过是他拍档随口吹牛的陪葬品。其次，所谓"无中生有地在电视上公开指控"，这句话只能说是说对了一半，因为库克只是回答主持人的提问说"是的，曾有人试图向格里森行贿"，而这个谎实际上是格里森撒的，而不是库克。而哈吉斯的这种说法，说得好像库克是这个谎言的主要责任人似的。

接着，哈吉斯提到《时代》周刊的报道，根据他所说的内容，好像在这个弥天大谎中，库克和格里森似乎应该各打五十大板。而实际上，我们都知道，撒谎的并不是库克。还有，向检控官供认作假的是格里森，也不是库克。

且不论真假，这简直是一篇典型的个人攻击。可以说，库克这个人成了争议的中心。根据"公平原则"，如果电台攻击一个人，电台有义务找到这个人，告诉他这个攻击的内容，并提供机会让他为自己辩护。

不过，从一开始，在哈吉斯这个案子里，这个原则就比较难以监督执行。因为哈吉斯的这番话，是通过录音带的形式发到各个小电台的。这些小电台

根本不知道库克在哪里——那时候因特网还远远没有流行，找一个人实在是费时又费力。库克当时也不是什么名人。有人说当时库克住在佛罗里达州。但民主党是知道库克所在地的，他们找到库克，告诉他哈吉斯是怎么说他的，而且数百个小电台都曾播出过这个评论。民主党人对库克说："根据'公平原则'，应该有人通知你。我们建议你写一封信给所有这些小电台，说你被攻击了，根据'公平原则'，你要求答辩权。"

库克依言写了抗议信，民主党支付了邮寄到所有小电台的费用。可是收到库克信的大多数小电台，直接就把信扔到废纸篓里了。"公平原则"对于他们来说只是教条而已，小电台里的有些人甚至根本不知道自己有这样的法律义务。

红狮广播公司就是收到库克信的其中一个小电台，位于宾州一个叫"红狮"的地方。图2右下角的图片就是这个地方的街景，还有"红狮客栈"的牌子。红狮广播公司是唯一给库克回复的小电台，但这份回复十分无礼，因为他们给库克回的是一份广告价目表，说如果你要为自己辩护，请付多少多少钱。

有人曾告诉我说——尽管这听起来有点不可置信——那张价目表上列的价钱不过是7.5美元就可以买到15分钟的广告时间。但是，显然重要的是原则问题：如果为自己辩护要花钱，那么要这数百个小电台为自己辩护，也是一笔不小的费用。这也是不符合"公平原则"精神的。

因此库克向联邦通讯委员会投诉。联邦通讯委员会认为红狮广播公司违反了"公平原则"，而红狮广播公司则称"公平原则"是违宪的：如果政府不能强迫报纸和杂志出版商印刷他们不想说的话，为什么就可以强迫我们？

此案一直上诉到最高法院，这也是"公平原则"首次经受宪法考验。1969年最高法院裁定"公平原则"并没有违宪。大法官们认同，电波频段的有限性与印刷媒体的无限性是有区别的，因此使用电波者有更大的义务服务公众，所以"公平原则"并不违宪。

选自：孙莹编译，《美国传媒人的法律读本》，南方日报出版社2010年版，第182–187页；参看：《简明中外新闻事业史》182–187页。

与白宫对抗

——时报刊载五角大楼文件案件

"越战最高机密文件"抗争始末

为揭发与刊载美国如何卷入越战始末的最高"国防部机密文件",时报冒着风险,与政府展开了15天的艰苦与紧张的讼争,获得美国最高法院作出有利于时报的终审判决,新闻自由不受限制与约束的原则得以伸张,时报为此获得1972年普利策新闻奖,以及新闻界与社会的肯定。

"国防部机密文件"为何?时报如何取得机密文件?如何准备与进行报道计划?如何决策、衡量?报道方式如何取舍?时报法律顾问之反对与更换,最高法院判决要义对时报批评的一面,以及雷斯顿为时报立场之辩护,都是本文要说明的。

在《纽约时报》历史中,最光辉的一页应该是1971年时报揭发与刊载美国国防部对如何卷入越战始末的最机密文件。时报为此与美国政府之间展开权利冲突的诉讼。这个关系国家最高机密之不容泄漏,以及新闻自由不容政府干预与限制的抗争,最后经由美国最高法院作出终审判决,支持时报继续刊完这份"最高机密文件"。这不仅是时报的胜利,也是整个美国新闻界不同凡响的胜利。

这场胜利得来不易。时报冒着触犯间谍法的指控,以及报纸败诉的风险,在报社原有法律顾问强烈反对的情况下,毅然作出刊载的决定,实在展示出了不凡的勇气。

当这庞大的机密文件落在时报采访国防新闻的特派员尼尔·席汉(Neil Sheehan)手上以后,时报已经处于非登不可的处境,因为新闻界有责任报道属于自己控制的资讯,何况是这么重要的资讯。

准备刊载是一件浩大艰巨的工程和负担，30 余名时报记者、编辑、研究员及助理们，花费了两个半月的时间，在极端保密的情况下，把 7000 页长达 250 万字的文件，整理、研究、消化并与相关历史书籍资料参照比较，分门别类地改写与编辑浓缩到 30 万字。

从 1971 年 6 月 13 日开始刊载这项历史性的机密文件，引起了政府的强烈反应，展开对抗性的诉讼，直到最高法院终审判决，先后 15 天悬而不决、紧张不安到无以复加的地步。

6 月 13 日是一个星期日，时报特别选择在政府机关放假的星期天开始发表"国防部机密文件"，以免引起立即过分的注意。

可是 6 月 14 日（星期一）上午，国防部长赖依（Melvin Laird）已提出警告，表示政府将"采取行动"。当晚 7 点 30 分，司法部长米切尔（John Mitchell）发了一个电报给时报的发行人兼社长彭区·索尔兹伯格，要求时报立即停止刊登"国防部机密文件"，并将这些文件归还给国防部。两个小时以后，时报的执行副社长班克若夫（Harding Bancroft）代表发行人打电话给主管国内安全部门的司法部副部长马瑞坦（Rober C. Maridan）表示，时报"拒绝主动停止刊载"。时报连续在 14 日（星期一）及 15 日（星期二）刊登"机密文件"。

15 日（星期二）司法部向纽约联邦法庭法官葛尔芬（Judge Murray I. Gurfein）提出停止刊登的"禁制令"（Injunction）之申请，法官在听取政府指控及时报答辩之前，先颁发了《临时约束令》（Temporary Restriaining Order），这个"约束令"到 6 月 19 日（星期六）下午 1 时有效，在此期间，《纽约时报》不得继续刊登"国防部机密文件"。法官葛尔芬还定于 18 日（星期五）开庭听取政府指控及时报的答辩，并决定一天以后宣布他的决定。

19 日（星期六）下午 1 点 30 分，法官葛尔芬宣布了他的决定，不同意颁发对时报的"禁令"。司法部纽约特区检察官西摩（Whitney North Seymour, Jr）立即向上诉法庭法官考夫曼（Judge Irving R. Kaufman）提出上诉。这位法官先准予"临时约束令"，并定于 21 日（星期一）召集另两位上诉法官一同听证。三位法官又认为此案关系重大，必须由上诉法庭全部八位法官一并听证为妥。

八位法官组成的上诉法庭，于 22 日（星期二）听取双方的辩论，决定将该案交回原始法庭的法官葛尔芬，一方面表示时报可以继续刊登机密文件，但设定"可以刊登的限制"，对政府所指有违"国家安全"的文件不得刊登。时报不能接受上诉法庭所设"限制"，乃于 24 日（星期四）向联邦终审最高法院提出听证的上诉。最高法院于 25 日（星期五）下午决定接受上诉案之听证，并决定于 26 日（星期六）举行公听，这是一桩稀有的决定。

26 日上午最高法院法庭爆满，全国注目，代表《时报》的四位律师，当庭提出 60 页长的辩诉状，全体大法官听取了半小时的口头辩论，全案的命运在此一举。

6 月 30 日（星期三）的下午 2 点 40 分，最高法院宣布了对时报有利的"六对三"的判决。消息传到纽约，整个时报大楼欢声雷动、惊喜若狂。发行人彭区·索尔兹伯格及总编辑罗森索等立即在时报大楼大礼堂举行记者招待会，欢迎最高法院的判决，并称颂这是"法治自由的响亮胜利"（Ringing Victory for Freedom Under Law）。

时报编辑部从一片欢欣庆祝的声浪中归于沉静，大家迅速地展开准备，继续刊登所余的"机密文件"和相关的新闻。7 月 1 日的时报，原定出版 76 页，增加到 96 页，其中 16 个整页是与"国防部机密文件"有关。

紧接着报纸上的报道，所有资料立即收集成书在 7 月内出版发行，畅销全球，其中平装本印行 150 万册，精装本达 3 万册，其他相关的书籍、杂志及电视特别节目陆续推出，可谓轰动。

这是一件值得仔细记述的新闻历史，尽管我所参与的只是新闻组合作业过程的一小部分，但也深感有幸能身临其境，体验到这个历史性的事件，并作如下介绍：究竟这种"国防部机密文件"是些什么？《纽约时报》怎样取得这种"机密文件"？时报如何准备进行报道的计划？时报如何决策、如何衡量？报道方式之如何取舍？时报法律顾问之反对与更换，最高法院判决之要点，对时报批评的一面，雷斯顿为时报立场的辩护等。

与揭载"国防部最高机密文件"有重大关系与贡献的时报华盛顿特派员席汉，要单独另文介绍。时报为刊载"国防部机密文件"于 1972 年 5 月 2 日获得普利策新闻公众服务奖（Public Service Award）。普利策新闻奖评选小组，曾推荐席汉与时报平分新闻奖，但是作最后决定的哥大新闻评议会只把新闻奖颁发给《纽约时报》，而没有颁奖给功劳卓著的席汉，认为这是一种"刊登决定"（Publishing Decisions），把重点放在发行人"担当"刊载"国防部最高机密"的"决定"上，很多新闻同业都为席汉的杰出贡献抱屈。

"国防部机密文件"是什么？

这里所说的最"机密文件"，英文简称为 The Pentagon Papers，也就是"五角大楼文件"。美国国防部所在地是一座"五角大楼"的建筑，因此五角大楼就是美国国防部，乃有"国防部文件"之称。

在 1967 年中，当时的国防部长麦克纳马拉（Robert McNamara）聘请了 36 位专家学者，组织成一个专门委员会，彻底研究美国是如何卷入越南战争的。这 36 位专家学者里，包括了国防部与国务院里文职及武职的专家，以及政府资助的专门研究机构的专家与学者。他们先后花费了一年半的时间完成了这一任务。

他们的心血成果，收集在 47 册的报告书里，时报所收到的只有 45 册，其余 2 册被专家认为是"真正具有保密必要的资料"并未交给时报。

45 册共有 7000 页，其中 3000 页是研究人员对 25 年来美国在越南及中南半岛各国战争中所担当的任务及所扮演角色的叙述或分析，并附有为数 4000 页的有关官方的文件，总数达 250 万字。

这些报告书包括从二次世界大战起，至 1968 年 8 月 5 日巴黎和谈开始这段时期，美国如何逐渐卷入越南及中南半岛战争的经过，也包括从杜鲁门总统以来四位美国总统任内，对越战所作之政治及军事决定。

这 36 位被称为政府的"越战史家"，触及了这段时期内所有政府的文件，但是，这里面并没有包括所有总统的文件，而许多计划也多是为偶发事件准备的"应变计划"。这些文件当然被国防部列为"最机密的文件"，而这些文件也被认为是有关越战最丰富的政府资料。

时报怎样取得这些文件？

时报是在 1971 年 3 月下旬得到了这批"机密文件"的，很显然那都是些原始文件的复印本，而接受这大宗文件的，是时报采访国防新闻的席汉。对于递送这批文件的人是谁，一直是一个谜。直到同年 6 月 16 日，一位前《纽约时报》的记者西德尼·泽恩（Sidney Zion）在一家电台上透露，才知道此人为参与研究越战报告之一的艾斯伯格（Daniel Ellsberg）。

当年 40 岁的艾斯伯格，在 1967 年是以政府资助的加州兰德研究所（Rand Corp.）研究员的身份，参加国防部越战研究工作，因此有机会掌握"秘密文件"。他当年是很受信赖的政府官员，加入兰德研究所以前（1964—1967 年），他曾先后为国防部主管安全事务助理部长的助理，及驻西贡大使馆主管越南各省绥靖政策的主要助理。

在那段时期，艾氏是有名的"鹰派"发言人，曾多次力辩反越战分子。从 1966 年开始，根据他实际了解的情况，对美国在越南努力之可能完成发生了疑虑。到 1967 年，他对友人表示，他觉得任何战略上的改变，或对人力资源之调配，将无从挽回越战的局面。他曾就他的观感，向麦克纳马拉部长提出报告。

但从 1967 年到 1969 年春，他还是以兰德研究所专家的地位始终参与越战的计划。到了 1970 年，他开始谈论越战的"道义良心的问题"（Moral Issues），于是他便辞去了这一政府资助的研究所的工作，而受聘于麻省理工学院国际研究所，担任研究员。从此他成为名正言顺的"鸽派人物"，不断参与反战活动了。

艾斯伯格被指认为秘密文件的"提供人"以后，他只有出面向司法机关投案，并公开承认他向新闻界传递文件，但他拒不指出是哪些报社。他说，他的做法是为了"赎罪"，因为他曾参与了越战的策划，那是很大的"罪过"。他相信他对"秘密文件"的提供与揭发，有助于越战的早日结束，因而，即使为此坐牢，他也心甘情愿。

艾氏虽然承认向新闻界提供了"秘密文件"，但《纽约时报》闷不出声，坚持拒绝表示意见。这是基于时报及美国新闻界一贯的传统，对"新闻来源"绝对保密。只有对"新闻来源"维持保密的原则，时报才能不断获得各方面对新闻线索的提供。

根据民主党参议员麦嘉文（Sen. George Mc Govem）透露，艾斯伯格曾与他接洽，表示愿将"越战秘密文件"交予发表，但麦氏称，他经慎重考虑，深感自身是一位联邦参议员，不能做此违法泄露秘密文件之事，同时，他业已宣布为民主党总统提名候选人，就政治立场而言，也有不便之处，乃建议艾斯伯格将该文件交给"一家负责的报纸"。艾氏显然遵照麦嘉文的建议行事，而这家"负责的报纸"当然就是《纽约时报》了。

最高法院判决要义

最高法院是把《纽约时报》以及《华盛顿邮报》有关刊登"越战机密文件"案件合并处理了，所以6月30日的判决，不仅时报获胜，《华盛顿邮报》也一并获胜，但时报在这件案件中，仍是占先。时报被政府控诉而被"约束"刊登长达十五天之久，其次是《华盛顿邮报》，共为十一天。另外《波士顿环球报》也被政府指控而"约束"刊登为期八天，《圣路易斯邮讯报》则为四天。很多报纸都收到这种"机密文件"，政府只作选择性的法律行动，但是《纽约时报》实为主要对象，因为时报是第一家刊登的报纸。

最高法院有六位大法官主张时报等可以继续发表"国防部越战机密文件"，三位表示异议，可是九位大法官在相同及相异的意见中仍有同中相异与异中相同的意见，因此，九位大法官作出了九个不同的意见书，这是非常少见的事。

选自：李子坚著，《纽约时报的风格》，长春出版社1999年版，第350-371页；参看：《简明中外新闻事业史》361页。

"水门事件"

1972 年 6 月 17 日，星期六。这一天，在《华盛顿邮报》的历史上来说，算得上是一个值得纪念的日子，但是，对于美国总统尼克松来说，却是总统任期内倒霉之日的开始。

这天凌晨，美国警方在华盛顿水门大楼内捕获了 5 名撬窃分子，当时他们似乎正在撬窃民主党全国委员会竞选总部，这在犯罪率一度居高不下的美国首都并不稀奇。但当时采访这个事件的《华盛顿邮报》的两位青年记者——卡尔·伯恩斯坦（Carl Bemstein）和鲍勃·伍德沃德（Bob Woodward）却特别感兴趣。谁也没想到，当时看来并不惊人的一个普通事件，在这两位青年记者的追踪之下，日后竟暴露成为轰动美国与世界的"水门事件"！

起初，被捕的 5 名窃贼在提审过程中没有交代任何有价值的线索。两位青年记者如何下手？首先是寻找线索。他们发现，在两个窃贼的电话地址簿上都有一个名叫亨特的人，并有"白宫"字样的电话号码。他们又发现在另一个窃贼的迈阿密银行账簿里，存着一张只有达尔伯格签字才能提取的 25 000 美元的支票，所有这些都引起了他们的警觉。

紧接着是追踪溯源。两位记者通过打电话、询问白宫有关人员，发现亨特是尼克松总统的顾问查尔士·科尔森的顾问。通过查简报、挂长途，他们又发现达尔伯格是 1968 年尼克松竞选运动的筹款人，这 25 000 美元是他募集的捐款，后来交给了"争取总统连任委员会"（简称"连委会"）的财务主任。

为了获得内幕情况和核实已有的材料，两位记者利用统治集团内部的矛盾，有意识地在白宫要害部门建立了种种内线关系。所谓内线关系，专指熟悉内幕情况并能够提供秘密情况的高层人士。在白宫、在参事务委员会，甚至在守口如瓶的水门事件特别检察厅内，两位内线。其中最著名的内线关系莫过于"深喉"（deep-throat）了。所谓"深喉"，其实是一位深知"连委会"和白宫内幕，对尼克松心怀不满的高级官员的绰号。每到关键时刻，"深喉"就会根据相互约定的暗号同伍德沃德秘密会面。"深喉"为伍德沃德提供了大量有关"连委会"、白宫及尼克松本人的内部情况，证实了伍德沃德从他处调查得来的许多材料。就这样，两位记者顺藤摸瓜，穷追猛打，经过长期不懈的调查，终于发现了窃贼与"连委会"、与白宫直至与总统的秘密联系。原来，那些所谓"窃贼"只不过是尼克松总统班底为确保竞选总统连任成功而窃听竞争对手——民主党竞选总部等全部竞选战略的一个组成部分。

在整个调查过程中，两位记者建立了自己的资料档案：有剪报，有人名卡，有事件卡。水门事件尚未结束，他们总结自己调查经过的名著——《总统的全班人马》即已完稿。

1974 年 8 月 8 日，尼克松总统因面临国会弹劾而被迫宣布辞职。历时 26 个月的"水门事件"，从一个"三等撬窃案"开始，终于以美国历史上第一次总统辞职而告结束。

从大背景上看，水门事件是美国权势集团之间相互争斗的结果。一般认为，它实际上同美国权势集团内部"牛仔"与"北方佬"之间的矛盾斗争密切相关。所谓"牛仔"，就是指美国南部和西部靠石油钻探、航空工业等起家的新兴富豪，而"北方佬"则是指美国东部权势稳固的老牌富豪。牛仔与北方佬的分裂是第二次世界大战以来美国权势集团内部斗争的主要根源。"这种宗派的分裂凌驾于民主党与共和党的党争之上，也凌驾于国会与总统之间的分裂之上，还凌驾于有组织的利益集团之间的小倾轧上。"

尼克松本人是来自美国西部"靠个人奋斗而发迹"的人，他曾把毕生中的许多年华用来取得老牌东部权势集团的信任。但是，由于他也亲近美国掌权阶层中的暴发户——"牛仔"们，从而使东部权势集团中那些权势很大的人对他丧失了信任。

因此，在东部权势集团看来，尼克松必须下台。这就是水门事件被揭露的大背景和必然性。但是，如果没有《华盛顿邮报》两位青年记者的顺藤摸瓜和穷追不舍，没有《华盛顿邮报》老板的鼎力支持，"水门事件"也可能揭露不出来，那么权势集团之间的相互争斗可能以其他形式表现出来，这是水门事件被揭露的偶然性。《华盛顿邮报》的"水门事件"报道获得了 1973 年的"公共服务"类普利策新闻奖。当年的青年记者鲍勃·伍德沃德现在已担任该报的助理责任总编。

"水门事件"的报道确立了《华盛顿邮报》在政府报道和调查性报道方面的声誉。

选自：明安香著，《美国：超级传媒帝国》，社会科学文献出版社 2005 年版，第 82–84 页；参看：《简明中外新闻事业史》369–370 页。

法尔勃：拒绝透露消息来源

　　《纽约时报》的记者法尔勃（Myron A. Farber），于 1978 年 7 月 24 日因拒绝法官裁示交出所有采访笔记和录音带等资料，以藐视法庭罪，被判入牢，直到他遵守裁示命令，交出所有资料之日为止。法官同时裁定，法尔勃除了坐牢，每天还要缴出 1000 美元的罚金。此外，法官裁定《纽约时报》也藐视法庭，在记者法尔勃每坐牢一天罚金 1000 美元外，时报每天还要缴罚金 5000 美元，直到记者交出所有资料之日为止。

　　法尔勃为藐视法庭罪总共坐了 40 天牢，时报先后交付罚金 28.6 万元。这是时报记者有史以来第一次为拒绝交出新闻采访笔记而受到监禁。时报本身也是第一次为了支持记者，坚持新闻自由原则，付出了很大的代价。记者与时报认为，如果交出采访笔记及录音带等资料，消息来源将被泄露，而消息来源不能保密，将使所有消息来源受到威胁，不敢出头提供重大新闻线索和新闻事实，也不敢自供或指控，使新闻自由及公众知悉权利受到极大的威胁与损害，这也正是记者与时报付出偌大代价力求保障消息来源的原因。时报当时的执行总编辑罗森索对新闻界表示，时报在此案所付出的，包括罚金及诉讼费用，总数在 100 万美元以上。

　　这件案子起因于 1965 年到 1966 年间，有 13 个人在离奇不可解的情况下，死于新泽西州奥拉德尔（Oradell）市的瑞夫德尔（Riverdell）医院。当年地方司法机关调查的结果并未发现可资起诉的罪证，调查即告中止。十年以后，也就是在 1975 年间，一位妇女向《纽约时报》提出密报，《时报》指派记者法尔勃进行调查。他花费了四个月的时间，查出该医院一位医生与五个死者的致死有关，提出了一个系列的专案报导，新闻中并没有指名道姓，仅称一位名叫"Dr. X"的医生，以南美洲印第安人用在箭头上的称为"箭毒"（Curare）的毒药对五个病人注射针剂，而致死亡。

　　法尔勃的报道，登在时报第一版显著的位置上。新泽西州北部贝根郡

（Bergen County）的检察官，重启 13 人死亡疑案，交由大陪审团进行调查，大陪审团经过六个月的听证，于 1976 年 5 月 18 日对一位阿根廷籍的医生贾斯卡拉维奇（Dr. Mario E. Jascalevich）提起公诉，指称这位瑞夫德尔（Riverdell）医院的外科主任医生是以注射一种帮助肌肉松弛的强力"箭毒"药剂，而使五个病人神秘死亡。

在审讯之前，法官在五个死亡案的两个死者尸体化验中，并没有查出含有任何"箭毒"的成分，而确定不能对此二死者负责，因此，被告医生是以造成三个病患死亡嫌疑进行审判。检察官指控贾斯卡拉维奇医生以注射"箭毒"针剂杀死病人，以嫁祸并损害主治该等病人的医生，从而有助于他在医院内的事业升迁。

这三个死者均以非致命性的普通病症进入医院治疗，被告贾斯卡拉维奇医生的律师布朗（Raymond A. Brown）在审讯中指出，该三病人之死亡是各患者主治医师疏忽职责的结果，与被告医生毫无关联。

被告律师布朗在审判中，向主审法官阿诺德（Judge William J. Amold）提出请求，请法官向时报记者要求交出全部采访笔记、录音带等资料。他说，这种资料对被告辩护及取得公平审判有重大帮助与影响。阿诺德法官同意被告律师的请求，乃向记者法尔勃及《纽约时报》发出两张传票，要记者及《时报》交出全部采访所获的资料，包括笔记、录音带、相关文件及照片等。

记者法尔勃根据新泽西州"盾法"（Shield Law）的规定，对记者消息来源的保密应有所保障，并引据宪法第一修正案对新闻自由的广泛保障解释，拒绝交出所有采访资料。《时报》强力支持记者的主张，并发表社论指出，如果被迫交出采访资料，透露了消息来源，背叛了消息来源，则无疑是杜绝新闻来源，报纸将无法为社区提供更好的服务了。

《时报》社论说："法尔勃与《时报》为了保护消息来源所付出的重大代价，事实上已经使得所有消息来源受到了威胁。"社论进一步指出，"有多少记者宁愿进入铁窗呢？有多少报纸又能付出这样重的诉讼费用与罚款呢？"

通常是检察官向记者要求提出采访资料，可是在此谋杀疑案中，被告律师要求记者的采访资料还是头一遭，很多观察家都认为这位被告辩护律师真是很有"创意"。这位律师说，没有记者提供采访资料将无法证明被告并非受人"罗织或是构陷"。主审法官认为，《时报》记者不让他看到所有采访资料，是一种"对法庭的傲慢表现"。记者法尔勃则坚决表示，即使对法官泄漏消息来源，也是背叛了提供消息者的信托。这个因谋杀疑案所延伸出来的藐视法案，才是《时报》记者坐牢及《时报》被处罚高额罚金的原因所在。

这个医生被控对三个病患注射"箭毒"的谋杀疑案，经过八个月的陪审团审问，于 1978 年 10 月 24 日宣判无罪。陪审员们认为，控方检察官并未能充分证明被告医生有罪，表示控方证据不足。被告医生和他的家人对"无罪"判决惊喜万分，医生也结束了他的职业，全家迁返阿根廷，另行开业。

《时报》记者法尔勃在贾斯卡拉维奇医生被判无罪之前两天即被开释。囚禁法尔勃的法官表示，该谋杀案业已审理终结，陪审团也在进行辩论以决定判决，被告律师主张的记者采访资料交不交出对该案审判已毫无影响，因此，记者法尔勃已无继续受监禁的必要，乃予开释。

法尔勃为了坚守"拒不透露消息来源"的原则，而失去 40 天的自由，心安理得。出牢后，他以两年多的时间，写了《有人说谎：X 医生的故事》（*Somebody is Lying，the Story of Dr. X*）一书，于 1982 年 9 月由《双日》（*Double day*）书局出版。

他在书中说："如果我放弃了采访笔记和录音带等资料，我将毁损了我的职业人格，并丧失了新闻同业的信誉。更重要的，我这种做法，无疑是公开宣布，《时报》这份最有声誉的报纸已不再是任何人可资信赖的对象。"

法尔勃说，其实他也很愿意在不透露消息来源的情况下，提供一些采访笔记资料，但他却反对提供被告律师及法官所要求的"全部资料"。由于被告和法官坚持"全部资料"的要求，使他毫无选择地抗拒不交。法尔勃说，他和《时报》虽然付出很大的代价，却升华了宪法对新闻自由权利保障的意义。

法尔勃及《纽约时报》对藐视法庭的处分与处罚，曾向新泽西州的最高法院提起上诉，除了引据新泽西州"盾法"对消息来源保密之保障以外，并引据宪法第一修正案对新闻自由权利广泛之保障。新泽西州最高法院在裁决中，对被告应受公平审判权利之保障较为同情。裁决书中指出，第一修正案对新闻自由权利之保障，与第六修正案对被告应受公平审判权利之保障，均为宪法基本特权的保障，在两项权利相互冲突的情况下，认为第一修正案权利之保障应作"让步"（The FirstAmendment Must Give Way）。州最高法院在衡量两者之间，显然认定了被告的"人权"重于新闻自由的权利。

《时报》及法尔勃不服，乃向联邦最高法院提出上诉，可是，联邦最高法院却裁决"不予受理"，这个案子便告终结。据说，这与联邦最高法院首席大法官华伦的观点有关，华伦是力主维护被告公平审判权利之保障的。由于联邦最高法院未予受理此案，对第一与第六修正案之保障，究应谁优谁让，以及究应如何求取平衡，自无明确的观点。

在此案中，时报与记者法尔勃并未一味强调主张第一修正案权利之"至高无上"，他们愿意提供除消息来源以外的资料，可是被告律师及法官却在要求"全部资料"，毫无妥协余地，才造成"僵局"。

　　《时报》在此"藐视法庭案"中得到很大的启示，那就是新闻自由权利的维护，是要不断地争取，不断地抗争，否则政府当权者会骑到头上来的。同时，新闻自由权利是要付出很大代价的。

　　1982 年 1 月，新泽西州州长伯恩（Gov. Brendan T. Byme）行使州长特权，赦免了时报记者法尔勃及《时报》所被控的藐视法庭罪，并下令退还时报已缴付罚金中的 11.1 万美元，减轻了《时报》些许负担。那位被控谋杀又被判无罪开释的贾斯卡拉维奇医生，于 1985 年 9 月因心脏病死于阿根廷，享年 57 岁。法尔勃继续他的采访工作，多数是与"调查新闻"有关，直到退休。

　　选自：李子坚著，《纽约时报的风格》，长春出版社 1999 年版，第 340 - 345 页；参看：《简明中外新闻事业史》第十六章。

珍妮特·库克和吉米的世界

《华盛顿邮报》在建立更高的新闻道德和职业标准方面一直是急先锋，但正是这份报纸刊登了当代最著名的假新闻，这则假新闻的每一个部分都与月球上的蝙蝠人一样令人震惊。该报道戏剧化地描述了一位年仅8岁的瘾君子，该文作者珍妮特·库克为他取名"吉米"。这篇头版新闻的标题是《吉米的世界：8岁的瘾君子为毒品而生》。《邮报》的画家麦克·纳特克把想象中吉米得到毒品时的模样画成一幅感人的画面配发在该文上，伴随着这幅插图，库克的文章开始了：

吉米年仅8岁，是第3代瘾君子。他是个早熟的小男孩，有一头浅棕色的头发和一双温和的褐色眼睛。他那有着婴儿般光滑皮肤的褐色的纤细胳膊上布满了针眼。

文章继续栩栩如生地描绘着华盛顿东南部那个阴郁的、无望的"吉米的世界"。他和曾做过妓女的母亲以及她的情人罗恩住在一起，正是罗恩使吉米沉迷于海洛因。吉米想和罗恩一样做个毒品贩子。文章说道："他不常去上学，宁可和大一些的男孩们混在一起——他们的年龄在11岁到16岁之间，整日都在吸食大麻和'天使粉'（一种麻醉剂和致幻药——译注）寻求快感，同时也做些小生意换点儿零钱。"在文章结尾，库克描述了吉米注射海洛因后"兴奋"的情形：

罗恩回到家，手里拿着一支皮下注射器走进起居室，把小男孩招呼到他椅边："让我看看你的胳膊。"

他抓住吉米的左胳膊，大手紧紧地环在孩子小胳膊的手肘上部。针头滑进男孩柔软的皮肤，就像一根稻草插入一块新烤的蛋糕。皮下注射器里的液体慢慢消失了，代之以鲜红的血液。接着，血又被注回孩子的体内。

整个过程中，吉米始终紧闭双眼。但现在他睁开眼，迅速向房子四周看了看，然后爬进一把摇椅坐下，脑袋慢慢垂下，又突然抬起，陷入了瘾君子们所说的"打瞌睡"状态。

"太快了，小伙子，"罗恩说，"你得学会自个儿干。"

吉米的故事令华盛顿难过、气恼、愤怒，市长也不例外。他下令找到这个孩子。警长威胁说如果库克和《邮报》编辑不透露吉米是何许人，就让他们受到法庭传唤。《邮报》律师答复说宪法第一修正案赋予了新闻媒介保护新闻来源的权利。《邮报》经受住了法律的挑战，但是3星期以后，主编要城市版编辑找到吉米并"把珍妮特一起带来"。库克说她最近又去了那所房子，但他们已经搬走了。就是这样，吉米走了。

《邮报》用这篇报道去角逐普利策奖，评委几乎毫无异议地将特稿奖授予这个作品——只有《圣彼得斯堡时报》的编辑尤金·帕特森投了反对票，他说这个报道是"一种歪曲"，本不应该发表的。这样，只在《华盛顿邮报》工作了8个多月的库克在这一年为自己赢得了一项普利策奖。

但是，接着她的谎言就暴露了。《邮报》曾提交过一份从她求职书中摘录的个人简历。简历声称她是瓦萨大学的φBK联会（美国大学优秀生和毕业生的荣誉组织，成立于1776年——译注）毕业生，曾在《托莱多剑报》工作两年并获过一次奖；会说法语和西班牙语。但是作为普利策奖获奖人填写简历，她却说自己获得过硕士学位，在巴黎的巴黎大学文理学院进修过高级课程，在《托莱多剑报》工作时获过6次奖，能够讲流利的葡萄牙语、意大利语、法语和西班牙语。

《剑报》决定以库克为主角做一篇"本地杰出妇女"报道时，发现美联社所发的简历中的信息与该报自己的前雇员记录不符。的确曾在瓦萨大学学习过一年，但之后就回到了托莱多市，并在托莱多大学获得学士学位；她上高中和大学时学过法语，但谈不上流利。

《剑报》编辑将他们的发现传送给《邮报》编辑。第二天一早，库克便向编辑承认《吉米的世界》是假报道。她从未遇到过或采访过一个8岁的瘾君子。吉米只是社会工作者向她谈及的年轻的瘾君子"综合体"。她就此辞职，《邮报》退回了普利策奖。

她为什么这样做？造假行为刚刚被揭发出来的时候库克拒绝接受采访。但是9个月后，她接受了菲尔·多纳休的采访，在NBC的《今日》节目中露面。她对多纳休说她花费了两个月的时间寻找新闻来源说过的那个8岁瘾君子，却发现他已经不在那里了。当时她"全心全意地接受了《华盛顿邮报》的作风：他肯定在某处，此事正在被掩饰，我必须找到他"。她决定虚构一个8岁的瘾君子，她说因为"我能做的最后一件事就是走到编辑面前，对他说：

'我做不了'。"库克说她没有"为发生过的事找借口：我做错了。我本来不该那样做的……我只是想……不能失败"。问她为什么要在求职书上撒谎，库克说她认为不那样做就得不到工作，她觉得"有美化的必要"。

　　选自：罗恩·史密斯著，《新闻道德评价》，新华出版社2001年版，第125-128页；参看：《简明中外新闻事业史》第十六章。

BBC 凯利事件

作为发动伊拉克战争的根据，英国政府武器核查小组的报告指出，萨达姆的确拥有威胁世界安全的大规模杀伤性武器。而且还特别提到，伊拉克能在 45 分钟内部署部分大规模杀伤性武器。2003 年，伊拉克战争开始后不久，英国最权威的武器专家凯利博士私下向包括 BBC 广播四台《今天》节目的安德鲁·吉利根（Andrew Gilligan）和《新闻夜话》的苏珊·瓦特（Susan Watt）等几个 BBC 记者透露工党政府错误使用了关于大规模杀伤性武器的特工情报，"45 分钟"一说是被夸大了的。这一消息通过 BBC 广播和《星期天邮报》公之于众，全国哗然。工党政府随即开始向吉利根调查消息的来源。凯利也因受到政府的压力对此深表不安。2003 年 7 月 18 日，凯利出席外交事务委员会的调查三天后割腕身亡。公众和媒体普遍认为凯利是由于"承受不了巨大的精神压力"而自杀的。英国国防大臣杰夫·胡恩（Geoff Hoon）发表声明表示英国政府决定由审理过前智利总统皮诺切特一案的英国资深法官霍顿勋爵领导一个独立调查组，立即对凯利死亡一事展开详细调查。

经过近半年的调查取证，霍顿勋爵于 2004 年 1 月 28 日在伦敦皇家高等法院公布了长达 328 页的最终调查报告。这份报告得出了以下结论：凯利是自杀的，没有牵涉第三者；英国广播公司（BBC）记者吉利根，指责政府在有关伊拉克武器的情报文件中做手脚的报道是"没有根据的"；BBC 高层对吉利根报道的审查是有问题的；凯利会见记者超越了其工作权限；凯利自杀是因为失望和心理压力过大。

对于凯利事件，霍顿调查为英国政府开脱了一切罪责，对国防部做了轻微批评，却把矛头全部指向 BBC。《霍顿报告》作出的结论对 BBC 非常不利。报告公布的当天下午，53 岁的 BBC 董事会主席戴维斯即宣布了辞职决定。他的下台也被外界认为标志着久负盛名的 BBC 将面临其成立 82 年来最严重的一次危机。同一天 BBC 总裁戴克也宣布辞职。第二天，临时任命的董事会代主席赖德爵士（Lord Ryder）拉下脸在电视上发表了"卑微的道歉"。隔一天后，风波的始作俑者、BBC记者吉利根也黯然离去。2月1日，BBC董事会考虑集体辞职，后被劝阻。

《霍顿报告》的公布让布莱尔成了最大的赢家。但多份民意调查表明，大部分英国人都要求"政府对伊拉克动武的证据"进行独立的公开调查；而在野的保守党也表示，准备向议会提交动议，对英国为何跟随美国卷入伊拉克战争进行调查。BBC认为政府不应随便使用纳税人的钱卷入战争。随着时间的推移，BBC再从监督政府的角色出发，发现布莱尔政府出兵伊拉克的不合理性，此时布莱尔政府弱势一面无所遗漏地展现在受众面前，这里包含英国工党与保守党的矛盾、美国与英国间的国家利益趋向的矛盾等。

一、《霍顿报告》偏袒政府，各界哗然

英国各界对《霍顿报告》的反应不一。政府方面：《霍顿报告》为BBC引来了朝野强烈的抨击。霍顿勋爵报告不但谴责BBC未能对记者的相关报道加以核实，称其新闻编辑工作也存在缺陷。他认为，对于像吉利根这种有关政府的报道，编辑应该在广播以前就对其措辞进行仔细斟酌；而且英国在野的保守党领袖霍华德也指出，BBC独自订立章程的理由从来都不是充分的，其董事会不能既对该公司进行管理又为自己订立章程。另有议员认为，三人的辞职不足以对凯利事件负责。

英国《星期天泰晤士报》2004年1月31日首次公开了BBC前总裁格雷格·戴克（Greg Dyke）在几个月前写给首相布莱尔的一封私人信件。戴克在信中批评首相新闻办公室经常向媒体"隐瞒实情"。英国舆论认为，这封信件无疑令公众对《霍顿报告》的可信程度更加怀疑。戴克在2003年3月21日写给布莱尔的信中说："在我担任总裁职务期间，由坎贝尔先生领导的唐宁街新闻办公室谴责多次拒绝后被证明属实的新闻报道，我至少可以举出半打相关例证。作为政府媒体公关事务的负责人，他（坎贝尔）否认消息并非因为不是事实，而纯粹是唐宁街不希望被报道出来罢了。"尽管他在信中明确谴责英国政府对有关伊拉克战争的报道存在"威逼"和"胁迫"的"不公正待遇"，但负责调查武器专家凯利自杀事件的高级法官霍顿却对这抱怨"置之不理"。英国广播公司方面也证实说，霍顿在进行司法调查的过程中从未理会过戴克的这封信函，这说明布莱尔政府的确曾就此事件施加巨大的政治压力。

戴克在2004年1月30日表示，他认为霍顿的调查报告"缺乏平衡，有错误"。他强调说："我对报告内容感到非常惊讶。很明显，政府中几乎所有的人都得益于它的判断，而英国广播公司则无人受益。"1月31日，几千名英国广播公司职员集资并签名，在英国大报中发行量最大的《每日电讯报》上做了一整版广告，支持戴克在担任英国广播公司总裁期间所坚持的新闻报道原则。他们在广告词中宣称："格雷格·戴克代表了勇敢、独立的BBC新闻理念。该理念一向指导我们无所畏惧地追求事实真相。我们坚定不移地相信，BBC为追求真理而调查真相的决心不应受到任何束缚。戴克以他的热情和正直引导我们制作最精良的节目和创意。我们为他的离去感到遗憾，但我们会继续坚定地延续他所取得的成就和他的新闻独立的信念，不遗余力地把公共服务放在首位。"31日傍晚，200多名不满《霍顿报告》结论的抗议者还在唐宁街首相府外焚烧了《霍顿报告》，要求就英国政府对伊动武证据展开公正调查。

据《星期天泰晤士报》在2004年1月31日公布的最新民意调查结果显示，多达55%的英国观众认为《霍顿报告》有为政府"粉饰"过失的嫌疑。另有54%的受访者又持就伊拉克战争相关情报的真实性重新进行调查。在《星期天邮报》进行的民意调查中，后一比例更高，达61%。英国几家全国性报纸也评论说，《霍顿报告》为政府文过饰非。右翼报纸《每日邮报》发表社论说："我们面对的现实是，当BBC主席不幸辞职，爱利斯特·坎贝尔（Alistair Campbell）却站在他的粪堆上洋洋得意。我的勋爵，难道这个判决真的用事实说话了么？"《每日快报》以"霍顿文过饰非，疑问悬而未决"为题，暗示《霍顿报告》没有涉及问题的核心，即布莱尔政府发动战争的理由是否证据确凿。另一方面，左翼报纸《卫报》和《每日镜报》等平时虽支持工党，却反对伊拉克战争，并对吉利根的反战立场表示同情。

默多克在英国的媒体从来对有着不同游戏规则的BBC不吝批评，希望可以动摇BBC的公共经费支持政策，从而进一步扩大其在英国的媒体王国。BBC此番遭到政府的打压，在某种程度上来讲是偶然中的必然。默多克旗下的《太阳报》《世界新闻报》素以BBC为敌，讨好政府，在BBC与政府乱战之时，一律倾向政府，向BBC这位同行发难，在BBC危难时刻更是落井下石。当BBC在凯利死后公开承认凯利确实是BBC的消息来源后，《世界新闻报》指责："对BBC的傲慢自大就没有什么限制了吗？BBC应该对凯利之死负责。"默多克一箭双雕，不但打击BBC，降低它的收视率，使它的报道不再为英国人所信任，而且能够讨得英国政府的欢心。这些对于他抢占英国传媒市场的制高点将会产生重要的影响。

也有很多人认为，毫无疑问，英国政府对伊拉克开战的理由是建立在错误的信息之上的。试图指出这一错误的人为此失去了生命，而发动战争的人却没有一个人对他的死负责。与之相比，BBC 所受到的打击实在是过于严厉。英国媒体业界有人认为，如果严格按照《霍顿报告》的要求，英国的调查性新闻将受到钳制。因为随着英国媒体在商业化和煽情的道路上越走越远，更需要一个像 BBC 这样没有偏见、消息灵通并广受信任的新闻和最新消息来源。凯利事件对于 BBC 的形象确实造成了潜在伤害，因为它提出了一个问题：BBC 作为一个新闻机构，是否依然值得信赖？

选自：唐亚明、王凌浩著，《英国传媒体制》，南方日报出版社 2007 年版，第 175–179 页；参看：《简明中外新闻事业史》第十八章。

无所不在的窃（听）：
"窃（听）门"丑闻始末

因涉嫌窃听丑闻，默多克新闻集团旗下的英国报纸《世界新闻报》在2011年7月10日发行最后一期后永久停刊，"终结版"狂卖500万份。在该报末期头版头条位置，醒目的"谢谢，再见"抢人眼球。从此，读者再也不会看到这份历经168年沧桑的报纸。

拥有《世界新闻报》的默多克传媒帝国在英国遇到了前所未有的考验：失去了天空广播公司的收购权，经营多年的政界资源毁于一旦，诚信受到巨大挑战。当英国小报遇上默多克，一个不惜一切代价挖新闻，一个追求利益最大化，本来是珠联璧合的"美好姻缘"，这次为何出了差错？

一、事件的爆发

2011年的7月4日，英国《卫报》头条报料，英国老牌报纸《世界新闻报》在2002年非法窃听失踪少女米莉·道勒及家人的电话，扰乱警方破案。消息一出，举国哗然。随后，更多"深水炸弹"被引爆，《世界新闻报》窃听阀门被彻底打开，丑闻如洪水涌出，在英国掀起惊涛骇浪。"窃听门"事件由此爆发。

1. 少女米莉之死

2002年3月21日，英国萨里郡泰晤士河畔的沃尔顿市，13岁的米莉·道勒失踪了。女孩的家人焦急地给她打电话，但是电话一直处于留言状态。在无计可施的情况下，他们报了警。

案情毫无头绪，米莉的亲朋好友不断给她的手机留言，用近乎哀求的口吻请求她尽快跟家里联系。很快，米莉的信息存满了，人们的希望一点点消逝。

但是，没过多久，亲人们意外地发现米莉的留言信箱又可以留口信了。这让家人喜出望外，因为这意味着米莉可能自己删除了部分信息——她还活着。

4月14日，《世界新闻报》甚至还刊登过一则消息称："一个名为米莉·道勒的女孩在一家招聘中介找工作，她向中介提供的正是真实的电话号码。随后，中介拨打了该号码并留下口信。这发生在米莉失踪6天后。"

这不仅让米莉的家人重拾希望，而且误导了警方的判断。在米莉失踪一个月的时间内，警方都没有过多怀疑被谋杀的可能。

道勒一家还为此接受了《世界新闻报》的独家专访，米莉的母亲说："如果米莉走进家门，我们肯定会激动地说不出话，只会擦干喜悦的泪水，给她一个大大的拥抱。"

然而，事情并非人们料想般美好。6个月后，米莉的尸体在树林中被发现，警方证实她被一名夜总会守卫绑架并谋杀。

那么，米莉的手机怎么了？是谁删了信箱里已经存满的信息，让悲剧在继续？又是谁窃听了这些善良人们的留言，使这场悲剧蒙上了更多阴霾和疑问呢？

2. 暗处的窃听黑手

事实上，见不得光的窃听者，就是进行独家专访的《世界新闻报》，只是暂时无人注意罢了。在米莉失踪后很短的时间内，《世界新闻报》的记者就开始执行他们的标准法则：雇用私家侦探获得需要的新闻故事。

他们先雇佣了一名汉普郡的私家侦探斯蒂夫·怀特摩尔，找来米莉的家庭住址。他从沃尔顿区选举登记处发现了三个名为道勒的有效地址，经过对固定电话的窃听，他排除了其中两家，最后成功获得米莉的家庭住址和电话。

随后，另一个全职侦探格伦·穆尔凯尔通过固定电话获得了女孩的手机信息，并入侵了她的手机留言信箱。《卫报》报道称："《世界新闻报》记录了女孩父母恳求她回家的每一个字。"

当米莉手机存满手机信息时，记者为了获取更多新信息，私自删除了一些信息，以留出更多内存。

这一切都是在伦敦南部一间逼仄的办公室里完成的，格伦·穆尔凯尔做着他惯常的"工作"。他和《世界新闻报》有一份价值104 988英镑、名为"研究和信息服务"的合同，还从该报额外拿12 300英镑的现金。他帮着《世界新闻报》完成过多次"窃听"任务，几乎没有一次失手。

电话窃听在英国是违法的，不过这也就是说说罢了。曾在《世界新闻报》任职编辑的保罗·麦克米兰说："所有人都这样做，你实在没有理由不这样。"

曾在《世界新闻报》任职的记者霍尔表示，电话窃听的意义还远在新闻报料之上。他认为，电话窃听的优势在于它确认了谣言内容的真实性。一旦有记者通过电话窃听确认了某件新闻的真实性，他会拿这条新闻跟当事名人的新闻发布官沟通做交易。

"记者通常会说，我知道这一切，你有什么跟我做交易？"新闻官通常会提供一份新闻通稿，报纸则会停止对当事名人的供给，与此同时，原始信息依然为报界所掌握，而且一旦有需要就可以派上用场。"这已经不完全是新闻操作了，"霍尔说，"它成了谈判。"实际上，我们甚至可以把它看作是"新闻敲诈"。

2003 年，英国对隐私数据和政府透明度进行调查的机构——信息专员办公室，曾对另一位私家侦探史蒂夫·惠特摩尔进行了调查，结果显示，此人为多家英国报纸提供信息。在 3 年时间里，超过 300 名记者雇佣过惠特摩尔。这些报纸不仅限于各种小报，而是涵盖整个英国新闻界。《每日邮报》是最主要的顾客，《世界新闻报》排名第 15，新闻集团的《泰晤士报》和《星期日泰晤士报》也位列其中，另外还有卫报传媒集团的《观察家报》。

除了电话窃听，还有其他一些"黑魔法"，例如欺诈（装作电话公司或银行，套取个人信息），非法搜索警察局和政府部门的内部信息，或者利用手机号码获取私人地址等。

二、导火索爆发

第一个曝光窃听丑闻的人，是英国《卫报》的著名记者尼克·戴维斯。

为《世界新闻报》工作的私家侦探格伦·穆尔凯尔，因在 2005 年报道威廉王子膝盖受伤一事被捕，当时的报纸主编库尔森辞职。警方在其家中获取一张列有大批公众人物资料的名单。随着时间的流逝，人们对威廉王子窃听案逐渐淡忘，但戴维斯却始终没有停止追查。他怀疑窃听电话的行为相当普遍，于是他凭借自己在《卫报》工作 30 年里建立起来的人脉，展开调查。

2009 年，英国《卫报》披露《世界新闻报》非法窃听 3000 名政客名人的电话，并经警方确认，"窃听丑闻"被曝光。戴维斯在那篇报道中报料，默多克的报纸支付了超过 160 万美元解决有关电话窃听的法律诉讼。此外，报纸还涉嫌非法查阅政界人士、演员和体育明星的纳税记录、社会保险档案和银行账单。

《卫报》穷追不舍，又于当年 7 月 21 日报道称，《世界新闻报》搞窃听，受害者可能高达 3000 人。2010 年，《卫报》继续揭发称，一名叫马克思·克利福德的公共关系顾问从《世界新闻报》获得 100 万英镑 "封口费"。

随着舆论压力的增加，2011 年 1 月，伦敦警察厅正式展开了名为 "威廷行动" 的调查。库尔森迫于压力，辞去了政府发言人一职。

整个事件就像潜藏的暗流，一点一点推进着。

2011 年 4 月，因窃听女演员西耶娜·米勒手机一事东窗事发，《世界新闻报》副总编辑伊恩·艾德蒙被捕。

2011 年 6 月底，工党议员汤姆·沃森告诉下议院，在米莉失踪四个月后，《世界新闻报》又窃听了两名 10 岁女孩的家人，这两个女孩在 2002 年 8 月 4 日被绑架撕票。

2011 年 7 月 4 日，导火索终于爆发！《卫报》头条刊登了戴维斯的一篇报道，揭露《世界新闻报》在 2002 年非法窃听失踪少女米莉·道勒及其家人的电话，干扰警方破案。

英国小报素有窃听电话、付费购买名人隐私等传统，《世界新闻报》当然也不例外。该报通过各种方法挖出了很多 "猛料"，也被称为 "全英名人第一刽子手"。以下是其近年来挖出的 "猛料"：

1. 保守党副主席嫖妓

1986 年，《世界新闻报》披露：英国保守党副主席杰弗里·阿切尔为了避免桃色新闻，资助一个叫莫妮卡·科格伦的妓女暂避国外。消息发布当天，阿切尔宣布辞去保守党副主席职务。

2. 策划绑架 "辣妹"

2002 年 11 月《世界新闻报》声称在卧底记者和英国警方的密切配合之下，制止了一起 "重大恶性绑架案" 的发生，从而拯救了贝克汉姆之妻 "辣妹" 维多利亚。一时间，这一绑架案轰动全球。不过后来警方调查显示，这起案件竟然是该报一手策划的。该报暗中支付了一位在黑帮卧底的线人数万英镑，并由他向黑帮成员提出了绑架辣妹的建议和步骤。

3. FIA 主席性丑闻

2008 年 3 月 30 日，《世界新闻报》报道，时任国际汽车联合会（FIA）主席的马克思·莫斯利与 5 名妓女大玩性爱派对。该报从一名妓女那里购买到的视频显示，平时西装笔挺的莫斯利身穿一套纳粹军官服，而 5 名女子则一丝不挂地趴在地上。

4. 披露菲尔普斯吸毒

2009 年 1 月，就在北京奥运会 "八金王"、美国著名游泳选手菲尔普斯风生水起之际，《世界新闻报》曝光了他吸食大麻的图片。最终，菲尔普斯公开道歉。

5. 揭露伍兹性丑闻

2009 年，另一位美国体育大鳄老虎伍兹更是被《世界新闻报》害得不轻，伍兹性丑闻被曝光后，老虎妻离子散，事业一落千丈，至今仍未东山再起。

6. 台球高手希金斯赌球

2010 年 5 月，《世界新闻报》用最擅长的 "钓鱼术"（即用记者冒充各种人物，去挖掘名人的阴暗面）骗了台球名将希金斯，该报记者伪装成中间人，向希金斯提出了打假球的要求，希金斯不仅欣然同意，还主动报价 30 万欧元。随后希金斯遭到国际台联调查。

以前英国人以娱乐的心态阅读《世界新闻报》上的各种名人报料，因此很容易原谅该报此前的 "名人窃听"。但米莉事件改变了事情的性质，报纸的窃听行为极大地伤害了这个悲剧的家庭，缺乏对人性的尊重。更为重要的是，这让英国人突然意识到，任何一个普通人都可能成为攻击目标，所有的人都开始担心自己的隐私安全，一下子人心惶惶。《世界新闻报》对这个无辜女孩的所作所为，终于点燃了国民的怒火，也将自己引向了 "死亡" 的境地。

然而，这一切还只是冰山一角。7 月 7 日，伦敦 "7·7" 恐怖袭击案周年纪念日，英国《每日电讯报》等报又披露，《世界新闻报》窃听的对象还包括伦敦地铁袭击案的遇难者家属以及英军阵亡士兵的家人。顿时，英国社会舆论哗然。当天，《世界新闻报》的主要广告商几乎全部撤出，这也成为压垮《世界新闻报》的最后一根稻草。

三、事件的插曲

2011 年 8 月 2 日，伦敦威斯敏斯特地方法院宣判，7 月 19 日在议会关于《世界新闻报》电话窃听案听证会上袭击传媒大亨鲁珀特·默多克的英国男子乔纳森·梅·鲍尔斯，被判入狱 6 周。法庭的判决称，鲍尔斯将于服刑期间，在狱中服务 3 周，并赔偿受害者 15 英镑，以及支付 250 英镑的诉讼费。

这名来自伯克郡的 26 岁袭击者自称为 "强尼·马布尔斯"，是一名喜剧演员。他在 7 月 19 日听证会即将结束之时，突然从旁听席冲上前，将手中 "盛满剃须泡沫的纸碟" 向默多克砸去，泡沫击中了默多克的衣服。坐在后排的默多克的妻子邓文迪迅速起身护夫，掌掴袭击者鲍尔斯的头顶，鲍尔斯随后被制服。

窃听丑闻爆发以来，随着美国联邦调查局的介入、英国议会的审查、网络上掀起的反对默多克帝国的活动愈演愈烈，默多克亲手打造的传媒帝国正在逐渐分崩离析。就连默多克的老家也不安宁。澳大利亚总理吉拉德表示，澳大利亚民众对窃听事件感到十分不安，希望新闻集团澳洲分公司就该事件接受质询。

因为在英国的窃听丑闻，这位一生充满争议的传媒界的传奇人物深陷漩涡，可谓"成也萧何，败也萧何"。默多克能否逃过此劫？套用英国著名剧作家莎士比亚的那句名言：生存还是死亡，这是个问题。

选自：刘笑盈著，《"窃听门"真相——默多克传媒帝国透视》，新华出版社 2011 年版，第 1-6、28-39 页；参看：《简明中外新闻事业史》第十八章。

图书在版编目（CIP）数据

外国新闻传播史资料汇编/刘勇，刘丽编．—合肥：合肥工业大学出版
社，2017.12

ISBN 978－7－5650－3734－4

Ⅰ．①外…　　Ⅱ．①刘…②刘…　　Ⅲ．①新闻事业史—史料—国外
Ⅳ．①G219.19

中国版本图书馆 CIP 数据核字（2017）第 329351 号

外国新闻传播史资料汇编

刘　勇　刘　丽　编　　　　　　　责任编辑　朱移山

出　版	合肥工业大学出版社	版　次	2017 年 12 月第 1 版
地　址	合肥市屯溪路 193 号	印　次	2018 年 1 月第 1 次印刷
邮　编	230009	开　本	710 毫米×1010 毫米　1/16
电　话	总　编　室：0551－62903038	印　张	22
	市场营销部：0551－62903198	字　数	355 千字
网　址	www.hfutpress.com.cn	印　刷	安徽联众印刷有限公司
E-mail	hfutpress@163.com	发　行	全国新华书店

ISBN 978－7－5650－3734－4　　　　　　　定价：49.00 元

如果有影响阅读的印装质量问题，请与出版社市场营销部联系调换。